新世纪

新世纪高职高专
经济管理类课程规划教材

西方经济学

XIFANG JINGJIXUE

新世纪高职高专教材编审委员会 组编
主 编 范一青
副主编 陈 端 苏颖宏
参编 江 健 王盛勇 潘晓佳 林晓鸿

大连理工大学出版社
DALIAN UNIVERSITY OF TECHNOLOGY PRESS

图书在版编目(CIP)数据

西方经济学 / 范一青主编. —大连: 大连理工大学出版社,2009.11(2011.12 重印)
新世纪高职高专经济管理类课程规划教材
ISBN 978-7-5611-5174-7

Ⅰ.①西… Ⅱ.①范… Ⅲ.①现代资产阶级经济学—高等学校:技术学校—教材 Ⅳ.①F091.3

中国版本图书馆 CIP 数据核字(2009)第 191073 号

大连理工大学出版社出版
地址:大连市软件园路 80 号 邮政编码:116023
发行:0411-84708842 邮购:0411-84703636 传真:0411-84701466
E-mail:dutp@dutp.cn URL:http://www.dutp.cn
大连理工印刷有限公司印刷 大连理工大学出版社发行

幅面尺寸:185mm×260mm 印张:19 字数:423 千字
印数:3001~6000
2009 年 11 月第 1 版 2011 年 12 月第 2 次印刷

责任编辑:张剑宇 责任校对:郝 倩
封面设计:张 莹

ISBN 978-7-5611-5174-7 定 价:38.00 元

新世纪高职高专经济管理类教材建设
指导委员会

曾韶华　江夏学院
张祥艳　福州职业技术学院
章月萍　福建商业高等专科学校

泉州地区(按拼音排序)

丁其宝　黎明职业大学
傅霞玲　德化陶瓷职业技术学院
关　行　黎明职业大学
贺毅行　泉州华光摄影艺术职业学院
沈永希　泉州经贸职业技术学院
苏天高　德化陶瓷职业技术学院
王　耕　泉州理工职业学院
翁长武　泉州理工职业学院
许敏贤　泉州信息职业技术学院
杨一波　泉州华光摄影艺术职业学院
钟国柱　泉州经贸职业技术学院

厦门地区(按拼音排序)

陈　洪　厦门华厦职业学院
冯宇蕾　厦门华厦职业学院
刘荣锋　厦门兴才职业技术学院
缪明聪　厦门海洋职业技术学院
苗慕时　厦门华天涉外职业技术学院
彭礼明　厦门兴才职业技术学院
韦新德　厦门东海职业技术学院
杨　雄　厦门华天涉外职业技术学院
张　军　厦门城市职业学院
张懋平　厦门兴才职业技术学院

漳州地区(按拼音排序)

胡　琳　漳州城市职业学院
林文杰　漳州职业技术学院

龙岩地区

吴国章　闽西职业技术学院

莆田地区

黄爱美　湄洲湾职业技术学院

三明地区(按拼音排序)

蔡维灿　三明职业技术学院
李应春　三明职业技术学院

宁德地区(按拼音排序)

汤临峰　宁德职业技术学院
游国斌　宁德师范高等专科学校

总序

我们已经进入了一个新的充满机遇与挑战的时代，我们已经跨入了21世纪的门槛。

20世纪与21世纪之交的中国，高等教育体制正经历着一场缓慢而深刻的革命，我们正在对传统的普通高等教育的培养目标与社会发展的现实需要不相适应的现状作历史性的反思与变革的尝试。

20世纪最后的几年里，高等职业教育的迅速崛起，是影响高等教育体制变革的一件大事。在短短的几年时间里，普通中专教育、普通高专教育全面转轨，以高等职业教育为主导的各种形式的培养应用型人才的教育发展到与普通高等教育等量齐观的地步，其来势之迅猛，发人深省。

无论是正在缓慢变革着的普通高等教育，还是迅速推进着的培养应用型人才的高职教育，都向我们提出了一个同样的严肃问题：中国的高等教育为谁服务，是为教育发展自身，还是为包括教育在内的大千社会？答案肯定而且唯一，那就是教育也置身其中的现实社会。

由此又引发出高等教育的目的问题。既然教育必须服务于社会，它就必须按照不同领域的社会需要来完成自己的教育过程。换言之，教育资源必须按照社会划分的各个专业（行业）领域（岗位群）的需要实施配置，这就是我们长期以来明乎其理而疏于力行的学以致用问题，这就是我们长期以来未能给予足够关注的教育目的问题。

众所周知，整个社会由其发展所需要的不同部门构成，包括公共管理部门如国家机构、基础建设部门如教育研究机构和各种实业部门如工业部门、商业部门，等等。每一个部门又可作更为具体的划分，直至同它所需要的各种专门人才相对应。教育如果不能按照实际需要完成各种专门人才培养的目标，就不能很好地完成社会分工所赋予它的使命，而教育作为社会分工的一种独立存在就应受到质疑（在市场经济条件下尤其如此）。可以断言，按照社会的各种不同需要培养各种直接有用人才，是教育体制变革的终极目的。

随着教育体制变革的进一步深入，高等院校的设置是否会同社会对人才类型的不同需要一一对应，我们姑且不论。但高等教育走应用型人才培养的道路和走研究型（也是一种特殊应用）人才培养的道路，学生们根据自己的偏好各取所需，始终是一个理性运行的社会状态下高等教育正常发展的途径。

高等职业教育的崛起，既是高等教育体制变革的结果，也是高等教育体制变革的一个阶段性表征。它的进一步发展，必将极大地推进中国教育体制变革的进程。作为一种应用型人才培养的教育，它从专科层次起步，进而应用本科教育、应用硕士教育、应用博士教育……当应用型人才培养的渠道贯通之时，也许就是我们迎接中国教育体制变革的成功之日。从这一意义上说，高等职业教育的崛起，正是在为必然会取得最后成功的教育体制变革奠基。

高等职业教育还刚刚开始自己发展道路的探索过程，它要全面达到应用型人才培养的正常理性发展状态，直至可以和现存的（同时也正处在变革分化过程中的）研究型人才培养的教育并驾齐驱，还需要假以时日；还需要政府教育主管部门的大力推进，需要人才需求市场的进一步完善发育，尤其需要高职教学单位及其直接相关部门肯于做长期的坚忍不拔的努力。新世纪高职高专教材编审委员会就是由全国100余所高职高专院校和出版单位组成的旨在以推动高职高专教材建设来推进高等职业教育这一变革过程的联盟共同体。

在宏观层面上，这个联盟始终会以推动高职高专教材的特色建设为己任，始终会从高职高专教学单位实际教学需要出发，以其对高职教育发展的前瞻性的总体把握，以其纵览全国高职高专教材市场需求的广阔视野，以其创新的理念与创新的运作模式，通过不断深化的教材建设过程，总结高职高专教学成果，探索高职高专教材建设规律。

在微观层面上，我们将充分依托众多高职高专院校联盟的互补优势和丰裕的人才资源优势，从每一个专业领域、每一种教材入手，突破传统的片面追求理论体系严整性的意识限制，努力凸现高职教育职业能力培养的本质特征，在不断构建特色教材建设体系的过程中，逐步形成自己的品牌优势。

新世纪高职高专教材编审委员会在推进高职高专教材建设事业的过程中，始终得到了各级教育主管部门以及各相关院校相关部门的热忱支持和积极参与，对此我们谨致深深谢意，也希望一切关注、参与高职教育发展的同道朋友，在共同推动高职教育发展、进而推动高等教育体制变革的进程中，和我们携手并肩，共同担负起这一具有开拓性挑战意义的历史重任。

新世纪高职高专教材编审委员会

2001年8月18日

前　言

西方经济学是一门实用的基础学科，也是高职高专经管类专业的重要基础课程之一。该课程既涉及市场经济运行所需的微观经济和宏观经济的基础知识，又包含了当前经济领域中存在的问题和最新研究成果，同时还包含了运用简单的数学模型建立起来的实证分析技术。本教材根据高职高专院校学生特点及教学要求编写而成，介绍西方经济学的理论知识。主要内容包括：西方经济学概述，需求、供给和均衡价格理论，消费者行为理论，生产者行为理论，成本理论，市场理论，分配理论，微观经济政策，国民收入核算理论，国民收入决定理论，宏观经济政策，失业与通货膨胀，经济周期与经济增长理论。其中部分内容为选学模块，可针对学生的实际情况和各专业的不同要求灵活选用，在目录中和章节前用"※"表示。

本教材较为系统和简洁，适合高职高专院校经管类专业的学生使用，也可供企事业单位管理人员及社会读者学习参考。

本教材由江夏学院（福建金融职业技术学院）范一青拟定编写大纲并担任主编，江夏学院（福建金融职业技术学院）陈端、厦门城市职业学院苏颖宏任副主编，德化陶瓷职业技术学院江健、三明职业技术学院王盛勇、厦门华厦职业学院潘晓佳、福建华南女子职业学院林晓鸿参加编写，全书由范一青、陈端修改定稿。具体编写分工为：范一青编写第一、二、五、七、九章及附录，陈端编写第十、十二、十三章，苏颖宏编写第四章，江健编写第三章，王盛勇编写第六章，潘晓佳编写第八章，林晓鸿编写第十一章。

本教材在编写的过程中广泛参考了多位专家、学者、同仁的研究成果，借鉴了有关教材的部分内容，利用了各种媒体所提供的资料，得到了大连理工大学出版社和部分兄弟院校同仁的帮助与支持，借此机会表示感谢。由于编写人员水平所限，加之时间紧迫，书中难免会有不当之处需要修改、完善，衷心希望经济学界同仁、教材使用者及广大读者提出宝贵意见，以便进一步修改完善。

所有意见和建议请发往：dutpgz@163. com
欢迎访问我们的网站：http://www. dutpbook. com
联系电话：0411-84707492　84706104

编　者
2009 年 11 月

目录

第一章

西方经济学概述

知识目标

掌握经济学研究的出发点，经济学研究的对象，明确经济学的主要内容、研究方法，掌握学习经济学的意义。

技能目标

学会运用经济学的眼光去看待现实生活中的各种现象，初步懂得从经济学的角度来分析各种社会问题。

导入新课

自古以来，人们就为各类经济问题所困扰，比如，居民如何作出消费决策，企业如何作出生产决策，为什么存在收入的差距，为什么有的年份失业率比较高，而有的年份物价则以比较快的速度上升，等等。实际上，所有的经济问题都根源于资源的稀缺性。进入21世纪以来，经济失衡、贫富对立、国际冲突等，依然是世界各国所面临的难题。因此，如何合理地配置和利用有限的资源，就成为人类社会永恒的问题。经济学正是为解决这个问题而产生的。

本章从资源的稀缺性入手，介绍西方经济学研究的基本问题、主要内容、研究方法和学习的意义。

第一节　西方经济学的研究对象

经济问题产生的根源在于资源的稀缺性。了解西方经济学的研究对象，必须从研究稀缺性开始，将稀缺性作为出发点，研究稀缺资源的配置和利用问题。

一、资源的稀缺性

人类社会要生存与发展，就得不断地用物质产品和劳务来满足人们日益增长的需求。需求源于欲望，欲望是一种缺乏的感受与求得满足的愿望，人类的欲望是无限的。

人的欲望要用各种物质产品或劳务来满足，物质产品或劳务要用各种资源来生产，所谓资源是指用来生产能满足人们需要的物品的东西和劳务。资源可分为经济资源和自由取用资源。前者是稀缺的，以至于要得到它就必须付出一定的代价；后者如阳光、空气，其数量如此丰富以至于人们不付分文就可以得到它。判断一种资源是经济资源还是自由取用资源的标准是价格，经济资源是有价格的，而自由取用资源是无价格的。

经济资源可分为劳动、土地、资本和企业家才能。劳动即人力资源，是指人的体力与脑力的运用与开发；土地是一切自然资源的简称，包括土地本身、矿藏、原始森林、水域等；资本也称资本品，是由以上两种资源生产出来的厂房、设备、原料等；企业家才能是使其他经济资源组织起来，并使之具有活力的能力，包括组织、经营、管理、创新、承担风险等活动的能力。这些经济资源也被称为生产要素。

一个社会的经济资源在一定时期内总是有限的，即相对于人类的无穷欲望而言资源总是不足的，这种资源的相对有限性就是稀缺性。这里所说的稀缺性不是指资源绝对数量的多少，而是指相对于人的无限的欲望而言，社会用于满足人们欲望的资源总是不足的，再多的资源也是稀缺的。稀缺性是人类社会面临的永恒问题，即稀缺性的存在是绝对的，它存在于一切社会和人类历史的各个时期。从现实看，无论是贫穷的，还是富裕的国家；无论是富可敌国的富豪，还是一贫如洗的难民，都要面对着资源的稀缺性，只是稀缺的内容有所不同。所以，只要有人类社会，就会有稀缺性。经济学所研究的基本问题正是由这种稀缺性所决定的。

二、资源的选择与配置

在一定的技术条件下和资源有限的前提下，一个经济社会所能生产出来的物品永远不能满足人的无限欲望，产出水平是不足或稀缺的。稀缺性决定了每一个社会和个人都必须作出选择。选择是指用有限的资源去满足不同欲望的决策，或者说，如何使用有限资源的决策。

我们假定一个社会用它的全部资源可以生产出满足人们一定需要的两种物品，如小麦和大豆。如果只生产小麦可以生产 5 万吨，只生产大豆可以生产 15 万吨，在这两种极端的可能性之间，还存在着小麦和大豆的不同数量组合。假设这个社会在决定小麦与大豆的生产时，提出了 A、B、C、D、E、F 六种组合方式，则可以作出表 1-1。

表 1-1　　小麦与大豆的生产可能性组合

生产可能性组合	小麦（万吨）	大豆（万吨）
A	0	15
B	1	14
C	2	12
D	3	9
E	4	5
F	5	0

从表 1-1 中可以看到，小麦与大豆之间存在着替换关系，多生产一单位小麦就要少生产一定单位的大豆；反之，多生产一单位大豆就要少生产一定单位的小麦。相对于人类无穷的欲望而言，这个社会在一定时期的小麦与大豆的产量总是有限的。人类社会在资源一定的条件下不可能生产无限的小麦与大豆。这就表明社会资源存在稀缺性。在稀缺性存在的情况下，人们必须作出究竟该生产多少小麦和多少大豆的决策。这就是人类始终面临的选择问题。

经济学家把选择概括为三个方面：

第一，生产什么与生产多少。资源的有限性决定了不能生产人们所需要的所有产品，而必须有所取舍。用小麦与大豆的例子来说，就是生产小麦还是生产大豆；或者生产多少小麦，多少大豆，即在小麦与大豆的各种可能性组合中选择哪一种。

第二，如何生产。是指用什么方法来进行生产。生产方法实际就是如何对各种生产要素进行组合，是多用资本，少用劳动，用资本密集型方法来生产；还是少用资本，多用劳动，用劳动密集型方法来生产。不同的生产方法尽管可以达到相同的产量，但经济效率是不相同的。

第三，为谁生产。是指生产出来的产品和财富如何在社会成员之间进行分配。如小麦与大豆按什么原则分配给社会各阶层与各个成员。

稀缺性是人类社会各个时期和各个社会所面临的永恒问题，所以，选择，即"生产什么"、"如何生产"和"为谁生产"的问题，也就是人类社会所必须解决的基本问题。这三个问题被称为资源配置问题。所谓资源配置，就是把资源分配到各种可供选择的用途中，以生产出满足人们不同需要的不同物品。

经济学正是为了解决这三个基本问题而产生的。正是从这个意义上，一般认为，经济学就是研究稀缺资源在各种可供选择的用途中进行合理配置的科学。

三、资源利用

人类社会往往面临这样一种矛盾：一方面资源是稀缺的，另一方面稀缺的资源得不到充分利用，存在稀缺资源的浪费。而且，人类社会为了发展，还要使既定的资源生产出更大更多的产品。因此，如何有效地利用稀缺资源生产出尽可能多的物品来满足人们的需要，就成为经济学研究的另一个基本问题，即资源利用问题。

（一）生产可能性曲线

生产可能性曲线也叫生产可能性边界，它表示一个经济社会在一定的技术条件下，充分利用既定的社会资源所能生产的各种商品的最大数量的不同组合。

假定一个社会的人口、技术、资本和自然资源等都是既定的，再假设这个社会所需要的仅是 X 与 Y 两类商品。用横轴表示 X 商品的数量，用纵轴表示 Y 商品的数量，那么，如果这个社会所有资源都用于生产 X 商品，可以生产 OA 的数量；如果这个社会所有的资源都用于生产 Y 商品，可以生产 OB 的数量；如果这个社会所有资源在这两类商品之间分配使用，那么就能生产这两类商品可能的不同组合，如 C 点、D 点、E 点、F 点等。把这些所有可能的组合点连接起来，就得到了一个社会的生产可能性曲线，即曲线 AB。如图 1-1 所示。

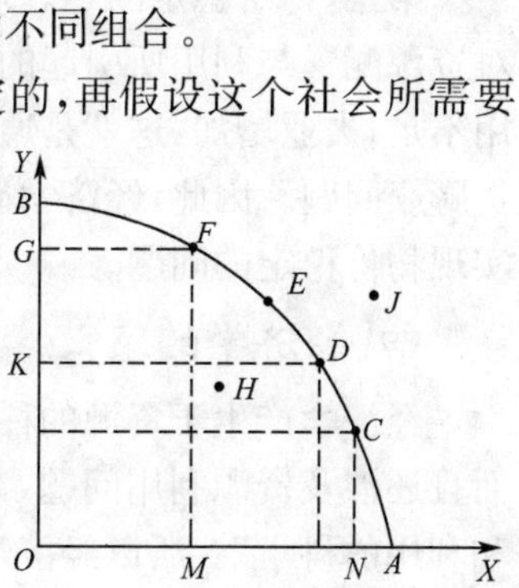

图 1-1　生产可能性曲线

生产可能性曲线把坐标平面分成两个部分，落在曲线以内的点如 H 点，表示在没有充分利用现有资源的条件下生产出来的 X 商品与 Y 商品的组合；落在曲线以外的点如 J 点，表示即使充分利用现有社会资源也不可能生产的两类商品的组合。只有在生产可能性曲线上的点，才是可能的有效的生产组合，亦即资源得到充分有效的使用，从而有可能最大限度地满足人们需要的组合。

但是，既然在生产可能性曲线上的所有点，都表示充分利用现有资源可能生产的产品组合，那么，哪一点表示的商品组合为最优组合或最佳资源配置呢？或者说，哪一点表示的产品组合能最大限度地满足人们的需要呢？这就有一个选择的问题，因为选择不同的点所代表的满足程度是不同的。例如，选择 F 点意味着这个社会将会生产较多数量的 Y 商品和较少数量的 X 商品；而选择 C 点，则意味着这个社会将会生产较多数量的 X 商品和较少数量的 Y 商品。但是无论怎样，由于社会资源是稀缺的，它要多生产一种商品，就得付出少生产另一种商品的代价，这就是机会成本或选择成本。

将生产可能性曲线上的任意两点进行比较，可以看出，若一种商品生产多了，就必然会减少另一种商品的生产。很清楚，对于一个社会来说，首先要充分利用稀缺的资源，实现在生产可能性曲线上的生产，然后再根据经济目标，在曲线上的点所代表的各种生产可能性组合之间进行选择。而且，人类社会的发展，也不能仅仅满足于达到生产可能性曲线的水平，还要使既定的资源生产出更大的产量（如达到 J 点），这涉及技术进步的问题。因此，资源的稀缺不仅引起了资源的配置问题，而且还引起了资源的利用问题。

（二）资源利用

资源利用就是人类社会如何更好地利用现有的稀缺资源，使之生产出更多的物品。研究资源利用即要解决以下三个相关问题：

第一，充分就业问题。即如何使稀缺资源得到充分利用，经济生活中既不存在资源的闲置，也无资源的浪费，并且使社会既定资源所能实现的产量达到最大。

第二，经济波动和经济增长问题。资源的充分利用不仅是一个时点的要求，它还是一个时期的要求。但在现实中，在相同的资源限制条件下，一国的产量不能始终保持最大，产量会时高时低，这表现为一国经济的周期性波动。研究资源的充分利用就是要考虑如何用既定资源生产出更多的物品，即实现经济的持续增长。

第三，物价稳定问题。现代社会是一个以货币为交换媒介的商品社会，物价的变动对资源配置与利用所引起的各种问题的解决都影响很大。物价水平过低会导致资源利用不足，失业增加，这就是通货紧缩问题；物价水平过高可能导致资源利用过度，造成通货膨胀问题。因此，经济学研究资源的充分利用，就必须涉及货币购买力的变动，即如何实现物价稳定的问题。

四、经济学的定义

经济学产生于资源的稀缺性，资源的稀缺性不仅引起人们的选择即资源配置问题，而且还涉及资源利用问题。正因为如此，经济学家认为经济学就是“研究稀缺资源配置和利用的科学”。所以经济学研究的对象就是稀缺资源的配置和利用。

尽管各个社会都存在稀缺性，但解决稀缺性的方法并不相同。人类社会的各种经济活动都是在一定的经济体制下进行的。在不同经济体制下，资源配置与资源利用问题的解决方法是有所不同的。经济体制就是一个社会作出选择的方式，或者说解决资源配置与资源利用的方式。

当前世界上经济体制基本有两种：一是市场经济体制，即通过市场上价格的调节来决定生产什么、如何生产和为谁生产；一是计划经济体制，即通过中央计划来决定生产什么、如何生产和为谁生产。

经济学家从经济效率、经济增长和收入分配来比较这两种经济体制。应该说，这两种经济体制各有利弊。从20世纪宏观经济运行状况来看，市场经济优于计划经济。可以说，经济上成功的国家都建立了市场经济体制。

市场经济作为一种良好的经济活动组织方式成为绝大多数人的共识，但市场经济并非完美无缺。因此，还需要政府用各种干预手段来纠正市场经济的不足。经济学家把这种以市场调节为基础，又有政府适当干预的经济体制称为混合经济，又叫现代市场经济。

既然稀缺性问题的解决离不开具体的经济体制，那么，经济学的定义就应该是，研究在一定经济体制下稀缺资源配置与利用的科学。

第二节　西方经济学的分类

经济学研究的基本问题包括资源配置与资源利用，由此西方经济学被分为微观经济学和宏观经济学。

一、微观经济学

(一)微观经济学的含义

微观经济学是指以单个经济单位为研究对象，通过研究单个经济单位的经济行为和相应的经济变量单项数值的决定来说明价格机制如何解决社会资源的配置问题。

在理解微观经济学概念时应注意以下几点：

1. 研究的对象是单个经济单位。单个经济单位是指经济活动中的最基本单位——居民户(家庭)与厂商(企业)。居民户是经济中的消费者和生产要素的提供者，它以实现效用(即满足程度)最大化为目标。厂商是经济中的生产者和生产要素的需求者，它以实现利润最大化为目标。微观经济学研究居民户与厂商的经济行为就是研究居民户如何把有限的收入分配到各种物品的消费中，以实现满足程度最大化；厂商如何把有限的资源用于各种物品的生产，以实现利润最大化。

2. 解决的问题是资源配置。资源配置即生产什么、如何生产和为谁生产的问题。解决资源配置问题就是要使资源配置达到最优化，即在这种资源配置下能给社会带来最大的经济福利。微观经济学从研究单个经济单位的最大化行为入手，来解决社会资源的最优配置问题。

3. 中心理论是价格理论。在市场经济中，居民户和厂商的行为要受价格的支配，生产什么、如何生产和为谁生产都由价格决定。价格像一只看不见的手，调节着整个社会的经济活动，从而使社会资源的配置实现最优化。因此，价格理论是微观经济学的中心理论，其他内容则围绕这一中心理论。正因为如此，微观经济学也被称为价格理论。

4. 研究方法是个量分析。个量分析是对单个经济单位和单个经济变量的单项数值及其相互关系所作的分析。例如，某种商品的价格、某种产品的产量就属于价格和产量这类经济变量的单项数值。微观经济学就是分析这类个量的决定、变动及其相互之间的关系。

（二）微观经济学的基本假设

经济学的研究是以一定的假设条件为前提的。微观经济学有三个基本假设条件：

1. 市场出清。市场出清是指市场供求相等，或者说产品既无过剩，又无不足。在理想的状态下，价格机制可以自发地实现市场出清。市场出清可以表现出市场运动的方向和终点。市场出清假设可以使我们把复杂的动态研究转化为简化的静态分析。

2. 完全理性。完全理性是指消费者和厂商都是理性经济人，其行为动力是利己，行为目标是最大化。在这一假设下，价格调节资源配置最优化才是可能的。

3. 完全信息。完全信息是指消费者和厂商可以无条件而迅速地获得各种市场信息。消费者和厂商只有具备完全而迅速的市场信息才能及时对价格信号作出反应，以实现其行为的最优化。

只有在以上三个假设条件之下，微观经济学关于价格调节实现资源配置最优化，以及由此引出自由放任的经济政策，才是正确的。但事实上，这三个假设条件并不一定具备，这也是传统微观经济学受到现代经济学家质疑的重要原因。

（三）微观经济学的基本内容

1. 均衡价格理论（价格理论）。研究商品的价格是如何决定的，以及价格如何调节整个经济的运行。它是微观经济学的中心。

2. 消费者行为理论。研究消费者如何把有限的收入分配到各种物品的消费上，以实现效用最大化。

3. 生产者行为理论。研究生产者如何把有限的资源用于各种物品的生产上，以实现利润的最大化。包括研究生产要素与产量之间关系的生产理论，研究成本与收益的成本收益理论，以及研究不同市场条件下厂商行为的厂商理论。

4. 分配理论。研究产品按什么原则分配给社会各成员，即工资、利息、地租和利润如何决定。

5. 一般均衡理论与福利经济学。研究全社会的所有市场如何实现均衡，经济资源怎样实现最优配置，社会经济福利怎样实现最大化。

6. 微观经济政策。研究政府有关价格管理、消费与生产调节，以及实现收入分配平等化政策。这些政策属于国家对价格调节经济作用的干预，是以微观经济理论为基础的。

二、宏观经济学

（一）宏观经济学的含义

宏观经济学是指以整个国民经济为研究对象，通过研究经济中各有关总量的决定及其变化来说明资源如何才能得到充分利用。

在理解宏观经济学概念时应注意以下几点：

1. 研究的对象是整体经济。也就是说，宏观经济学所研究的不是经济活动中的各个单位，而是由这些单位所组成的整体。宏观经济学主要研究整体经济的运行方式与规律，从总体上分析经济问题。

2. 解决的问题是资源利用。宏观经济学把资源配置作为既定的前提，分析现有资源未能得到充分利用的原因，达到充分利用的途径，以及如何增长等问题。

3. 中心理论是国民收入决定理论。宏观经济学把广义国民收入(值等总量概念)作为最基本的总量,以国民收入的决定为中心来研究资源利用问题,分析整个国民经济的运行。国民收入决定理论被称为宏观经济学的核心。其他理论则是运用这一理论来解释整体经济中出现的各种问题。

4. 研究方法是总量分析。总量是指能反映整个经济运行情况的经济变量。这种变量有两类:一类是个量的总和,如国民收入是组成整个经济的各个单位的收入总和,总投资是各个企业的投资总和等。另一类是平均量,如价格水平是各种商品与劳务的平均价格等。总量分析就是分析这些总量的决定、变动及其相互关系,并通过这种分析说明经济的运行状况,决定经济政策。因此,宏观经济学也被称为总量经济学。

(二)宏观经济学的基本假设

1. 市场机制是不完善的。自从市场经济产生以来,市场经济各国的经济就是在繁荣与萧条的交替中发展的,若干年一次的经济危机成为市场经济的必然产物。尤其是20世纪30年代的大危机使经济学家认识到,如果单靠市场机制的自发调节,就无法克服经济危机与失业,就会在资源稀缺的同时,产生资源的浪费。稀缺性不仅要求资源得到有效配置,而且还要使资源得到充分利用。要做到这一点,仅仅靠市场机制就不够了。

2. 政府有能力调节经济,纠正市场机制的缺点。人类不是只能顺从市场机制的作用,而是能在尊重基本经济规律的前提下,对经济进行调节。其调节的主体是政府。政府可以通过研究,了解经济运行的规律,并采取适当的手段进行调节。整个宏观经济学正是建立在对政府调节经济能力信任的基础之上的。

3. 各种经济变量之间存在错综复杂的相互关系。宏观经济学研究的是总量,它就必须考虑各种个量之间的关系,如一个变量的变动是否必然引起另一个变量的变动以及在多大程度上相互关联。比如,失业率上升1%会使国内生产总值减少多少,失业率上升是否会减弱通货膨胀等。与微观经济学相比,宏观经济学更能反映出现实的假设,使它更为复杂化。

(三)宏观经济学的基本内容

1. 国民收入核算理论。宏观经济学研究整个社会的经济活动,首先要定义和计量总产出或总收入的一套方法。国民收入核算就是这套方法。在西方经济学理论体系中,核算国民经济活动的核心指标是国内生产总值。

2. 国民收入决定理论。国民收入是衡量一国经济资源利用情况和整个国民经济状况的基本指标。国民收入决定理论就是要从总需求和总供给的角度出发,分析国民收入决定及其变动的规律。国民收入决定理论是宏观经济学的中心理论。

3. 失业与通货膨胀理论。失业与通货膨胀是各国经济中最主要的问题。宏观经济学把失业与通货膨胀和国民收入联系起来,分析其原因和相互关系,以便找出解决这两个问题的途径。

4. 经济周期与经济增长理论。经济周期指国民收入的短期波动,经济增长是国民收入的长期增长趋势。这一理论主要分析国民收入短期波动的原因、长期增长的源泉等,以期实现经济长期稳定的增长。

5. 宏观经济政策。宏观经济学是为国家干预经济服务并为它提供理论依据,而宏观经济政策是要为这种干预提供具体的措施。政策问题包括政策目标、政策工具以及政策效应。

经济学界对经济运行的认识和分析不同，提出的政策主张和建议不同，形成了不同的经济学流派，如货币学派、供给学派和理性预期学派等。

三、微观经济学和宏观经济学的关系

从微观经济学与宏观经济学的含义及其理解可以看到，微观经济学和宏观经济学在研究的对象、解决的问题、中心理论和分析方法上都有所不同。可以用表1-2进行比较。

表1-2　　微观经济学与宏观经济学比较

	微观经济学	宏观经济学
研究的对象不同	单个经济单位	整个国民经济
解决的问题不同	资源配置	资源利用
中心理论不同	价格理论	国民收入决定理论
分析方法不同	个量分析	总量分析

尽管微观经济学和宏观经济学存在着差别，但作为经济学的不同组成部分，它们之间又有着密切的联系，主要表现在以下几方面：

第一，微观经济学与宏观经济学是互相补充的。经济学的目的是要实现社会经济福利的最大化。为了达到这一目的，既要实现资源的最优配置，又要实现资源的充分利用。微观经济学是在假定资源已实现充分利用的前提下，分析如何达到最优配置的问题；宏观经济学则是在假定资源已实现最优配置的前提下，分析如何达到充分利用的问题。它们从不同的角度分析社会经济问题。从这个意义上来说，微观经济学与宏观经济学不是互相排斥的，而是相互补充的，它们共同组成西方经济学的基本原理。

第二，微观经济学与宏观经济学的研究方法都是实证分析。微观经济学与宏观经济学都把社会经济体制作为既定的前提，不分析社会经济体制变动对经济的影响。也就是说，它们都是把市场经济体制作为一个既定的存在，分析在这一经济体制下的资源配置与利用问题。这种不涉及体制问题，只分析具体问题的方法就是实证分析。从这种意义上看，微观经济学与宏观经济学都属于实证经济学的范畴。

第三，微观经济学是宏观经济学的基础。单个经济单位之和构成整体经济，宏观经济学分析的经济总量就是由经济个量加总而成的，对宏观经济行为和经济总量的分析是以一定的微观经济学分析为基础的。例如，失业理论和通货膨胀理论作为宏观经济学的重要组成部分，总要涉及劳动供求和工资决定理论，以及商品价格如何决定的理论，而充分就业的宏观经济模型，正是建立在以完全竞争为假定前提的价格理论和工资理论基础之上的。

第三节　西方经济学的研究方法

经济学对稀缺性所引起的资源配置与利用问题的分析方法一般采用实证分析和规范分析两种。

一、规范经济学

规范经济学是指依据一定的价值判断作为出发点，提出某些分析处理问题的标准，并研究如何才能符合这些标准的理论和政策。

在理解规范经济学时，应注意：

第一，规范经济学中提出的价值判断，是指经济事物的社会价值，即对某一经济事物的好与坏的判断。价值判断属于社会伦理学范畴，具有强烈的主观性和阶级性。规范经济学解决“应该是什么”的问题。

第二，规范经济学所提出的行为标准，说明事物本身的发展趋势，对社会具有十分重要的意义。但是，不同的世界观，不同的价值观，处于不同阶级地位，就具有不同的价值判断标准。不同的阶级对经济制度“好”、“坏”的判断标准不同，这是由不同的阶级立场和不同的思维方法所决定的。

规范经济学所采用的规范分析方法包括：

第一，科学的抽象法。科学的抽象法是运用人们思维的抽象力，从大量的社会经济现象中，抽去外部的偶然的非本质的联系，找出内部的必然的本质的联系，并加以概括，得出概念、原理和规律，形成理论体系的方法。科学抽象法的一般过程是：在理论研究时，从具体到抽象，从现象到本质；在理论叙述时，从抽象到具体，从本质到现象，从而形成理论体系。

第二，逻辑与历史相统一的方法。在理论分析时，首先要注重逻辑的方法。逻辑方法，就是在研究社会经济现象时采用的思想推理法，即按照经济概念的逻辑关系进行分析推理，从而得出结论。其次要注重历史方法，就是按历史进程，用历史的观点来进行比较分析，从中得出结论。逻辑方法与历史方法是一致的，一般来说，历史从哪里开始，逻辑就从哪里开始，它们是相互统一的。

二、实证经济学

实证经济学是指超脱或排斥价值判断，只研究经济本身的内在规律，并根据这些规律来分析和预测经济行为的后果。

在理解实证经济学时，应注意：

第一，为使经济学具有客观科学性，避开了价值判断，只研究经济本身的客观规律性，分析经济变量之间的关系，并用于经济分析与预测。实证经济学解决的是“是什么”的问题。

第二，实证经济学是一种根据事实加以验证的陈述，而这种陈述则可以简化为某种能根据经验数据加以证明的形式。实证经济学的内容具有客观性，是不以人的意志为转移的。

第三，实证分析所得到的理论可以用多种表达方式进行表达，主要有：叙述法、列表法、图形法、模型法等方法。其中，叙述法是指用文字来表述经济理论的方法；列表法是指用表格来表述经济理论的方法；图形法是指用几何图形来表述经济理论的方法；模型法是指用一系列数学方程式组成经济模型，运用经济模型预测未来发展趋势的方法。

第四，实证分析的哲学基础是西方实证主义哲学。它是由美国哲学家波普在 20 世纪 30 年代首先提出的。实证主义哲学认为，科学家的任务是证伪。世界上任何的理论都是暂时的，不断被将来的科学所证伪。因此，科学哲学的方法是：假说（猜测）—证伪—再假说（再猜测）。应用到经济学中，实证分析的方法也就成为“定义—假设—假说—预测—验证—修改—理论”这样一个实证分析的理论形成过程。

三、实证分析方法

经济学中的实证分析方法来自哲学上的实证主义方法。运用实证分析方法研究经济问题的目的，是最终建立起能够用于解释经济现象的理论，并以此为根据作出预测，这也是形成经济理论的过程。实证经济学的研究方法可以从理论研究的步骤、程序、工具、方法和理论表述等方面来考察。

（一）理论的组成

一个完整的理论由定义、假设、假说和预测四个部分组成。

定义是对经济学所研究的各种变量规定出明确的含义。变量是一些可以取不同数值的量。按决定变量的因素不同可分为内生变量与外生变量。内生变量是一种理论内所要解释的变量；外生变量是一种理论内影响其他变量，但本身由该理论外的因素所决定的变量。内生变量又称因变量，外生变量又称自变量。按决定变量的时间维度差异可分为存量和流量。存量是指在一定点上存在的变量的数值，流量是指一定时期内发生的变量的数值。

假设是某一理论所适用的条件。任何一种理论都是有条件的、相对的，所以假设在理论形成中非常重要。比如，需求定理是在假设消费者收入、偏好、相关商品价格不变的前提下，来分析需求量与价格之间的关系。这里的消费者收入、偏好、相关商品价格不变就是需求定理的假设，离开这些假设，需求定理所表明的商品需求量与价格反方向变动就不存在或没有意义。

假说是对两个或两个以上的经济变量的关系的阐述，即未经证明的理论。假说在理论形成中十分重要，某种假说是对某些观察到的经济现象的经验性概括或总结，该假说一旦得到验证，就成了具有普遍意义的理论。

预测是根据假说对未来进行预期的推断。预测是否正确是对假说的根本验证，预测正确，假说就能成立，就转化为理论。反之，则应该修改甚至放弃假说。

（二）理论的形成

运用实证分析方法建立一种理论，要经过以下几个步骤，如图 1-2 所示。

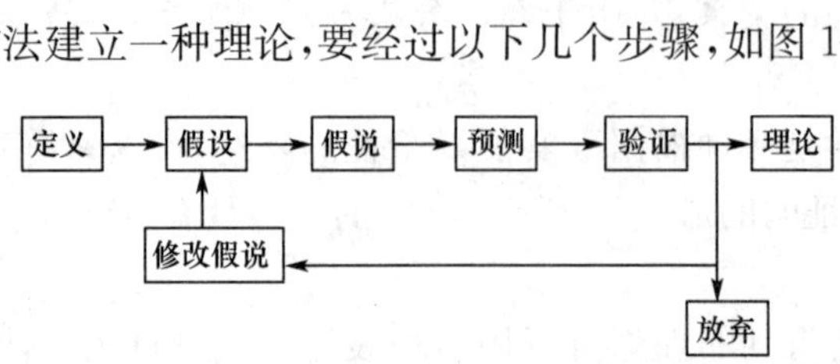

图 1-2　理论的形成

第一步是在实际观察的基础上，提出各种经济变量并且规定明确定义。

第二步是提出假设，即理论或假说成立的约束条件。

第三步是提出假说。

第四步是根据假说进行预测。

第五步是运用事实来验证这一预测是否正确。

第六步如果预测正确，假说就是正确的理论；如果预测不正确，这种假说就不正确，就要对假说进行修改，或放弃假说。

(三)实证分析的工具

实证分析有许多工具，如定性与定量分析、均衡与非均衡分析、静态与动态分析、边际分析、弹性分析、短期与长期分析、局部与一般分析等。在学习各种理论之前，我们需要对分析工具有一个基本了解。

1. 定性与定量分析

定性分析泛指一切不包括数字的分析方法，它主要用于说明经济现象的性质及其运动的规律性。如某种商品价格下降需求量会增加，便属于定性分析。其主要优点是简单明了，主要缺点是不够准确。定量分析研究的是经济现象之间的量的关系。如价格下降10%，会使需求量上升20%，就是一种定量分析。它更具有应用价值，但是其结论可能只适用于特定环境而缺乏普遍意义。

无论定性还是定量分析，都可以使用数学工具。以数学方程规定变量的定义及其行为，并通过数学推导得出结论，这就是人们所说的数理经济学。将经济统计数值代入这种模型，对其进行检验并用分析结果进行预测，这就是人们所说的经济计量学或计量经济学。

2. 均衡与非均衡分析

均衡是物理学的概念，指的是物体由于所受各方向外力正好相互抵消而处于静止状态。在经济分析中，均衡是指变动着的各种经济力量正好平衡，从而经济系统变动趋势为零的状态。例如，若供给量和需求量相等使得价格不变，我们就称该价格处于均衡状态。实际上，均衡在现实世界中并不存在，世间万物都处于不断运动之中。正因为如此，均衡分析才凸显其理论价值。它使分析得以简化，使我们可以了解经济运动的方向及其最终结果。在均衡分析中，制度、社会和文化等因素通常作为外生变量，即模型中不予考虑的变量。

非均衡分析研究各种力量不平衡所引起的经济系统的变动。例如，经济史研究就是一种非均衡分析。在非均衡分析中，制度、社会和文化等因素都是重要的研究对象。

西方经济学主要运用均衡分析来研究经济运行。其优点在于它相对简化，并可获得定量的结论。但是，正因为它把现实简化了，得出的结论可能脱离现实。

3. 静态与动态分析

静态分析是抽掉时间因素和运动过程的分析；动态分析则是引入时间因素和运动过程的分析。

鉴于西方经济学主要围绕均衡分析研究经济运行，我们可以得到静态均衡分析、比较静态均衡分析和动态均衡分析三种基本分析工具。

静态均衡分析完全抽掉时间因素，考察各经济变量之间的关系、实现均衡所需要的条件以及变量均衡值的大小。

比较静态均衡分析研究原有的假设条件发生变化之后，新的均衡状态与原有均衡状态会有哪些区别。它并不考虑从一种均衡状态过渡到另一种均衡状态需要多少时间，也不考察变量的运动过程。

动态均衡分析则把时间因素和运动过程纳入均衡分析。它把一段时间划分为一系列时期，说明每个时期变量是如何运动的，直至经济系统达到均衡状态。

其他分析工具将在后面的章节中进行介绍。

（四）经济理论与经济政策

经济学具有强烈的实用性，是为现实服务的。经济学既包括理论，又包括政策，是两者的结合。

经济理论是对各种经济问题的分析，力图说明经济现象本身的客观规律。经济政策是根据经济规律所制定的。因此，经济理论是经济政策的基础，没有正确的经济理论就难以制定出科学的经济政策；经济政策是经济理论的应用。从这种意义上说，经济理论是基础，这也正是经济理论受到重视的原因。

但是，从实际情况来看，也并不一定是先有经济理论而后有经济政策。常见的情况是，先有了解决某个实际问题的经济政策，而后才有为之服务、对之作出解释的经济理论。例如，20 世纪 30 年代的大危机中就是先有国家干预经济的政策，而后才有对这种政策进行解释的凯恩斯主义宏观经济理论。然而，这并不能否认经济理论的重要意义。尽管政策可能先于理论，并要求理论对之作出解释，但缺乏正确理论基础的政策可能是盲目的、不完善的，只有以正确的理论为依据，政策才会完善。因此，整个政策的制定、发展和验证都离不开理论。同样，理论也只有为政策服务，并通过政策实施的结果才能证明其正确性。正因为如此，我们在研究经济学时既要研究理论，也要研究政策，把两者有机地结合起来。

一般来说，经济政策可以大致分为微观经济政策和宏观经济政策。前者是以微观经济理论为基础，从中引申出来的；而后者则是以宏观经济理论为基础，从中引申出来的。微观经济理论与微观经济政策的结合就是微观经济学，而宏观经济理论与宏观经济政策的结合就是宏观经济学。本教材就是从理论与实际相结合的角度来介绍西方经济学的基本内容的。

四、学习西方经济学的意义

经济学作为一门社会经济理论科学，在整个人类社会经济发展实践中，具有十分重要的地位和作用。因此，学习经济学理论，对于每一个社会成员和经济工作者都具有十分重要的意义。

第一，学习西方经济学，可以为学习其他经济学科和管理学科打好基础。因为经济学是其他经济学科和管理学科的理论基础，为它们提供理论指导。同时，学好经济学，有助于更好地学习和掌握其他经济学科的理论，懂得科学技术发展和运用的特点，达到讲求经济效率，实现现代化的科学管理，按经济规律办事。

第二，学习西方经济学，有助于了解你生活的世界是如何运行的。有许多经济问题会激起你的好奇心。比如，你可以知道，近年来为什么房地产市场价格出现不断上涨的状况；石油价格上涨，而航空公司的机票价格为什么有时可以打两折、四折；同样，你还可以明白，为什么一个国家某些年份通货膨胀率高，而在另一些年份找工作却很困难。学习经济学课程有助于你回答这些问题。

第三，学习西方经济学，有助于你正确地作出个人决策。在你的一生中，你需要作出许多经济决策。比如，当你大学毕业的时候，你需要决定是继续深造，还是去工作；在工作以后，你要决定如何使用你的收入，将多少用于现在的消费，多少用于储蓄。有一天你若成为一个企业的老板或经理，你要作出更多的经济决策，你要为你的产品制定价格策略。为什么人们要作出各种决策？因为资源是有限的。比如，你的时间有限，收入有限，如果你参加工作，就不能继续深造；如果你把钱用于买房子，你就不能再用于买汽车。所以你必须在各种需求之间分配你有限的资源。学习经济学本身不会使你富有，但它却能给你致富的工具、方法，使你变得聪明起来。

第四，学习西方经济学，有助于你理解政府的政策。每个社会都有政府，学习了经济学，你会明白我们为什么需要政府，什么是政府应该做的，什么是政府不应该做的。我们需要政府，是因为单靠市场不能使所有的资源都得到有效配置。比如，如果没有政府的干预，追求利润最大化的企业可能会使你呼吸受污染的空气；我们可能无法拥有良好的社会治安，无法保证个人财产和人身安全；市场交易也没有人们必须遵循的规则和秩序；对于不断上涨的房价，工薪阶层或普通老百姓只能望而却步。但政府对市场干预过多也会导致产品供给不足、价格扭曲、资源浪费、垄断横行。政府的政策选择正确与否，不仅影响整个社会的资源配置效率，而且也会影响每个公民的经济利益。所以当你决定支持哪一种政策时，当你希望政府制定某种政策的时候，你必须谨慎考虑这种政策的不利后果，经济学常识有助于你思考这样的问题。

经济学理论可以运用到生活中的许多方面。那么怎样才能学好西方经济学？以下做法同学们可以参考：

1.用系统的方法熟悉教材整体。西方经济学中知识点很多，但全书内容仍有着逻辑上的联系，章节之间排列有序。最好能先通读一遍留下总体印象，然后从粗到细，使之逐步立体化起来。阅读中注意把自己存疑的地方标识出来，及时与同学、老师交换意见。

2.用思考的方法利用已有资料和相关学科知识。在以往的日常学习生活中，大部分同学已从侧面获得不少经济学知识。今天学习西方经济学，要把所了解到的有关经济学知识调动起来，纳入自己的新知识体系。比如，商品经济、体制改革、企业扭亏等许多问题过去我们已经听老师讲过，或者从媒体上得到不少具体数据和案例，要把这些材料吸纳到西方经济学的有关章节中。另外，高职阶段所学的其他经管类课程，也都与西方经济学有多种联系，也需要互相穿插，互相补充。

3.用概括的方法找到基本要点。学习任何一门知识都要抓住重点、认真消化。学完一章，自己归纳一下关键词语、关键句子，完成由“厚”到“薄”的过程。然后通过继续学习，使前面的知识更加丰富，在今后的工作中还要随时翻阅、推敲，使旧知识由“薄”到“厚”，才能达到使用知识、提高能力的学习目的。

4.用实践的方法全面认识问题。理论来自于实践。我们亲历了中国社会主义市场经济体制建立的过程，可以通过访问、参观、调研甚至亲自参与，去对照教材上的内容，进行验证、完善，乃至提出自己的独特见解，通过研究性、开发性的学习提高处理具体问题的能力。

※第四节 西方经济学简史

古代就已经有许多思想家开始研究经济问题,并提出了不少今天看来仍有影响的思想。在西方,最早出现的经济学思想可以追溯到古希腊时期。但是,西方经济学作为一门独立的学科则是与资本主义生产方式的形成同时产生的。西方经济学从它产生到现在,经历了重商主义、古典经济学、新古典经济学和当代经济学四个重要发展时期。

一、重商主义——经济学的萌芽时期

重商主义产生于15世纪,终止于17世纪中期。这个时期是资本主义生产方式的形成与确立时期。重商主义的主要代表人物有英国经济学家威廉·配第、约翰·海尔斯、威廉·斯塔福德、托马斯·曼,法国经济学家安·德·孟克列钦等人。主要代表作是威廉·配第的《赋税论》和托马斯·曼的《英国得自对外贸易的财富》。

重商主义的基本观点是:金银形态的货币是财富的唯一形态,一国的财富来自对外贸易,增加财富的唯一方法就是扩大出口、限制进口,这样就必须实行国家对经济的干预,即用国家的力量来扩大出口、限制进口。重商主义的这些观点,反映了资本原始积累时期资本主义经济发展的要求。重商主义仅限于对流通领域的研究,其内容也只是一些政策主张,并没有形成一个完整的经济学体系,只能说是经济学的萌芽时期。

二、古典经济学——经济学的形成时期

古典经济学从17世纪中期开始,到19世纪70年代前为止。主要代表人物有英国经济学家亚当·斯密、大卫·李嘉图、马尔萨斯,法国经济学家让·巴蒂斯特·萨伊、布阿吉尔贝尔、西斯蒙第等。最重要、最杰出的代表人物是亚当·斯密,其代表作是1776年出版的《国民财富的性质和原因的研究》(简称《国富论》)。

《国富论》的发表被认为是经济学发展过程中对重商主义的革命。以亚当·斯密为代表的古典经济学家的贡献,是建立了以自由放任为中心的经济学体系。古典经济学研究的中心是如何增加国民财富。他们强调财富是物质产品,要增加国民财富就必须通过增加资本积累和分工来发展生产。因此,他们研究了经济增长、价值、价格和收入分配等广泛的经济问题。古典经济学的政策主张是自由放任,主张通过价格这只"看不见的手"来调节经济的运行,使人们在追逐自己利益的过程中实现社会资源合理而有效的配置。古典经济学自由放任的思想反映了自由竞争时期经济发展的要求。古典经济学家把经济研究从流通领域转到生产领域,使经济学成为一门真正独立的学科。

三、新古典经济学——微观经济学的形成与发展时期

新古典经济学从19世纪70年代的"边际革命"开始,到20世纪30年代结束。这一时期经济学的中心仍然是自由放任,它是古典经济学的延伸。但由于它用新的方法论述了自由放任思想,并建立了说明价格如何调节经济的微观经济学体系,因而称为新古典经济学。

19世纪70年代初,奥地利经济学家门格尔、英国的杰文斯、瑞士的瓦尔拉斯几乎同

时但又各自独立地提出了边际效用价值论，揭开了“边际革命”的序幕。边际效用价值论者认为：效用是价值的源泉，而边际效用是衡量价值的尺度，物品的价值量则是由该物品合理使用时产生的最小效用所决定的。这里采用了一种新的分析方法，即边际分析法。正是这种分析方法使经济学进入了一个新的时期，标志着新古典经济学的开始。其后，1890年英国经济学家阿弗里德·马歇尔综合了当时的各种经济理论，出版了《经济学原理》一书。他把边际效用价值论和生产费用论等结合起来，应用供求均衡原理建立了一个以“均衡价格理论”为核心的经济学体系，奠定了现代微观经济学的理论基础。因此该书被称为新古典经济学理论的代表作，马歇尔则被认为是新古典经济学理论的主要代表和创始人。

虽然新古典经济学的政策主张仍然是自由放任，但其明确地把资源配置作为经济学研究的中心，论述了价格如何使社会资源配置达到最优化，从而在理论上证明了市场机制的完善性。他们把需求分析与供给分析结合在一起，建立了现代微观经济学的框架体系。由于该体系是以完全竞争为前提的，所以在20世纪初出现垄断后便与现实发生了冲突。1933年，英国经济学家J·罗宾逊和美国经济学家E·张伯伦分别出版了《不完全竞争经济学》和《垄断竞争理论》，分析了不完全竞争或垄断竞争条件下的资源配置问题，对马歇尔所创立的微观经济学体系做了最重要的补充，为微观经济学确立了完整的理论体系，是对微观经济学的重大发展。

四、当代经济学——宏观经济学的形成与发展时期

当代经济学是以20世纪30年代凯恩斯主义的出现为标志的。这一时期，经济学得到了全面而深入的发展，但由于各国资本主义发展的特点不同，以及经济学家的研究角度、理论观点、分析方法与政策主张不同，又形成了许多不同的经济学流派。这一时期的经济学可以分为三个阶段。

第一阶段是凯恩斯革命时期。这一时期从20世纪30年代到50年代之前。1929～1933年资本主义国家所爆发的空前的经济大危机，使得新古典经济学论述的市场调节的完善性的神话被打破。传统的经济理论与经济现实发生了尖锐的冲突，经济学面临着它有史以来的第一次危机。在此形势下，1936年英国经济学家J·M·凯恩斯发表了《就业、利息和货币通论》(简称《通论》)一书。这本书从总需求的角度分析国民收入，并用有效需求不足来解释失业存在的原因。在政策上则提出了国家干预经济的主张，并提出了一整套国家干预经济进行需求管理的办法。凯恩斯的这些观点被绝大部分西方经济学家所接受，他的政策主张也被西方发达国家的政府采纳，史称凯恩斯革命。这次革命所产生的以国民收入决定理论为中心，以国家干预为基调的理论和政策主张，形成了当代宏观经济学体系。因此，凯恩斯被称为当之无愧的宏观经济学之父。

第二阶段是凯恩斯主义发展时期。这一时期从20世纪50年代到60年代末。战后，西方各国都加强了对经济生活的全面干预，凯恩斯主义得到了广泛的传播与发展。美国经济学家P·萨缪尔森等人把凯恩斯主义的宏观经济学与新古典经济学的微观经济学结合起来，建立了一个适合于当代资本主义需要的、既有微观经济理论又有宏观经济理论的新体系，形成了新古典综合派。

第三阶段是自由放任思想复兴时期。这一时期始于20世纪70年代。凯恩斯主义

的经济理论和政策在西方各国推行之后，引起了许多问题，出现了经济停滞与失业和通货膨胀并存的“滞胀”局面，导致资本主义经济面临恶化。凯恩斯主义陷入困境，而以美国经济学家M·弗里德曼为首的货币主义所主张的自由放任思想却得以复兴。他们从不同的角度论述了市场机制的完善性，提出了减少国家干预、充分发挥市场机制作用的主张。

20世纪80年代中期以后，新经济自由主义的理论和政策又受到人们的普遍怀疑，国家干预主义又重新抬头。美国一些有主见的中青年学者——新一代凯恩斯主义者，如哈佛大学的曼昆、萨墨斯等，他们在继承凯恩斯主义传统和基本学说的基础上，从理论上和分析技术上改进原凯恩斯主义，对宏观经济学的微观基础进行了重新构建，提出了许多新的研究成果和实证结论，形成了标明“新凯恩斯主义经济学”的一个新学派，在西方经济学界崭露头角并迅速成为影响最大的学派之一。

从经济学发展的历史脉络中，我们可以清楚地看出，经济学是为现实服务的，经济学的形成、确立与发展是与资本主义市场经济的建立与发展相适应的。

案例分析1-1　人生离不开选择

由于资源是稀缺的，而人的欲望是无限的，因此人们在现实生活中总是面临着各种选择，正如一句谚语所说：“天下没有免费的午餐。”为了得到我们喜爱的一件东西，通常就不得不放弃另一件我们喜爱的东西。作出决策要求我们在多个目标之间有所取舍。

我们考虑一个学生决定如何配置他的最宝贵的资源——时间。他可以把所有的时间用于学习经济学，或者把所有的时间用于学习心理学，或者把时间分配在这两个学科上。他把某一个小时用于学习一门课时，他就必须放弃本来可以学习另一门课的一小时。而且对于他用于学习一门课的每一个小时，他都要放弃本来可用于睡眠、运动、娱乐或打工赚点零花钱的时间。

一个家庭如何使用自己的家庭收入？他们可以购买食物、衣服、日常用品，或者将收入用于旅游、储蓄、保险等。由于家庭收入是固定的，当他们选择增加上述物品中的一种(如食物)的支出时，他们在其他物品上的消费就要减少。

一个国家也面临着各种不同的交替关系。典型的交替关系是“大炮与黄油”之间的交替，我们把更多的钱用于国防(大炮)，以保卫我们的国家免受外国入侵时，我们能用于提高国内生活水平的个人物品(黄油)的消费就少了。

社会面临的另一种交替关系是效率与平等之间的交替。效率是指社会能从其稀缺资源中得到的最多东西，平等是指这些资源的成果公平地分配给社会成员。换句话说，效率是指经济蛋糕的大小，而平等是指如何分割这块蛋糕。在设计政府政策的时候，这两个目标往往是不一致的。例如，我们来考虑目的在于实现更平等地分配经济福利的政策。如福利制度或失业保障，是要帮助那些最需要帮助的社会成员。另一些政策，如个人所得税，是要求经济上成功的人士对政府的支持比其他人更多。虽然这些政策对实现平等有好处，但它以降低效率为代价。当政府把富人的收入再分配给穷人时，就减少了对辛勤工作的奖励。结果，人们工作少了，生产的物品与劳务也少了。换句话说，当政府想要把经济蛋糕切为更均等的小块时，这块蛋糕也就变小了。

认识到人们面临交替关系本身并没有告诉我们，人们将会或应该作出什么决策。一个学生不应该仅仅由于要增加用于学习经济学的时间而放弃心理学的学习。社会不应该仅仅由于环境控制降低了我们的物质生活水平而不再保护环境，也不应该仅仅由于帮助穷人扭曲了工作激励而忽视了他们。然而，认识到生活中的交替关系是重要的，因为人们只有了解自己可以得到的选择，才能作出良好的决策。而如何作出选择，根据什么作出选择，有什么标准表明我们作出的选择是明智的、智慧的、理性的呢？经济学可以在这些方面为我们提供指导。

按照诺贝尔经济学奖获得者詹姆斯·布坎南的说法："科学（比如经济学）所做的，或者应该做的事情，就是要让普通人……达到天才的高度。"经济学是能够帮助我们作出科学合理的选择、理解现实世界的一种强有力的工具，因此，掌握正确的经济学知识，将经济学研究问题的方法运用到日常生活中来，使我们能够更加理性地面对生活中的各种琐事，小到油盐酱醋，大到谈婚论嫁，从而减少生活中的诸多郁闷和不快，多一些开心，多一些欢笑。

研究经济学可以提高我们的理解和预测能力。经济学有助于回答我们所面临的许多问题，因为它能够解释事物为什么是现在这个样子，并能够预测事物在某些特定条件下的可能变化。

研究经济学还能使我们学到某些改变世界的思想。经济学家约翰·梅纳德·凯恩斯认为"经济学家和政治哲学家的思想无论是否正确，其影响都比通常所想象的大得多。事实上，世界总是受这些思想统治的。许多自以为不受任何理论影响的实践家都往往是某个已故经济学家的奴隶"。当然"经济学并没有提供一套立即可用的完整结论。它不是一种教条，只是一种方法，一种心灵的器官，一种思维的技巧，帮助拥有它的人得出正确的结论"。

（资料来源：刘华，李克国. 经济学案例教程. 大连：大连理工大学出版社，2007.10.）

问题：1. 为什么要学习西方经济学？

2. 你大学毕业后，准备如何选择？（参考选择：继续深造、就业、创业、其他）

本章小结

1. 经济学产生于资源稀缺性的存在。稀缺性不仅引起了资源配置问题，而且还引起了资源利用问题。经济学是一门研究稀缺资源配置和利用的科学。

2. 经济学分为两个领域：微观经济学和宏观经济学。微观经济学研究单个经济单位的经济行为；宏观经济学研究整体经济的运行规律。

3. 实证分析法回答世界是什么的问题。规范分析法回答世界应该是什么的问题。经济学的主要任务是认识世界，在经济学中运用较多的是实证分析法。

4. 运用实证分析法阐述经济理论时，经济学家作出适当的假设并建立了简单化的经济模型，它使我们更容易解释经济世界的运行规律。

5. 经济学是一种方法、一种工具、一种思维方式。学习西方经济学有助于我们用经济学的方法、工具分析现实问题，并作出正确的决策。

6. 西方经济学作为一门独立的学科则是与资本主义生产方式的形成同时产生的。西方经济学从它产生到现在，经历了重商主义、古典经济学、新古典经济学和当代经济学四个重要发展时期。

关键概念 稀缺性 资源配置 资源利用 微观经济学 实证分析

复习思考题

1. 单项选择题

(1)在任何一个经济中(　　)。

A. 因为资源是稀缺的，所以不会存在资源的浪费

B. 因为存在资源浪费，所以资源并不稀缺

C. 既存在资源稀缺，又存在资源浪费

D. 资源稀缺和浪费都不存在

(2)作为经济学的两个组成部分，微观经济学与宏观经济学是(　　)。

A. 互相对立的　　B. 没有任何联系的

C. 相互补充的　　D. 部分联系的

(3)微观经济学要解决的问题是(　　)。

A. 资源配置　　B. 资源利用

C. 实现最大化　　D. 收入决定

(4)微观经济学与宏观经济学的关系是(　　)。

A. 微观经济学和宏观经济学都是个量分析

B. 宏观经济学是微观经济学的基础

C. 宏观经济学和微观经济学都是以价值判断为研究的出发点

D. 微观经济学是宏观经济学的基础

2. 问答题

(1)如何理解经济资源的稀缺性?

(2)经济学的基本问题是什么？如何理解?

(3)简述微观经济学与宏观经济学之间的区别与联系。

(4)简述实证经济学与规范经济学的特点表现。

(5)学习经济学有哪些意义?

阅读书目

[1] 辛宪. 经济学的第一堂课. 清华大学出版社，2006.

[2] 高鸿业. 西方经济学. 中国人民大学出版社，2000.

[3] [美]曼昆. 经济学原理. 梁小民，译. 北京大学出版社，2004.

第二章

需求、供给与均衡价格理论

知识目标

掌握需求、供给、弹性等概念及其影响因素，均衡价格的形成及其对现实经济生活的影响。

技能目标

学会从理性的角度来看待和分析日常经济现象，理解需求的含义、影响因素，明确如何区分需求（供给）量的变动和需求（供给）的变动，懂得分析均衡价格的影响因素及变化程度，掌握市场需求、价格调查方法和预测技术。

导入新课

第二次世界大战后，很多西方人爱上了汽车，并逐步迁居到郊区，对汽车和其他石油产品的需求急剧上升。到了20世纪70年代，由于石油供给限量，石油国战争等原因，石油生产受到限制，从而在1973年和1979年以后国际油价陡然上升。此后，由于日本、美国等国发起的节能运动、小型汽车的开发及其价格战，又导致石油的价格猛跌，每加仑（加仑为废止单位，美国1加仑约为3.8升，英国为4.5升）汽油从1980年的2.50美元跌至1996年的1.40美元左右。这一事例中价格波动背后的机理是什么？解答这类问题以及解释经济环境中许多其他方面的变化，经济学有个非常有力的分析工具，被称为供给和需求理论。这一理论说明消费者的偏好如何决定商品的消费需求，同时企业成本又如何成为商品供给的基础。如果你能理解供给和需求如何运作，那么，你就朝理解市场经济机理迈进了一大步。需求和供给是市场经济运行的两大力量，它们决定了每种物品的产量和价格。生活中任何一种不确定事件的发生和政策变动都会通过影响需求和供给影响价格，而市场经济中的资源配置是通过价格机制来实现的。因此，需求、供给和均衡价格理论是经济学的一个非常重要的分析工具，它是微观经济学的核心内容。

本章介绍需求、供给的概念，需求和供给如何决定市场价格、市场价格如何实现稀缺资源的配置，政府价格政策的影响，以及弹性理论等内容。

第一节　需求理论

需求是经济学中最基本的概念，我们首先研究需求及其影响因素，进而研究需求量与价格的变动方向，从而得出需求定理。

一、需求及其影响因素

（一）需求的定义

需求是指消费者在某一特定时期内，在每一价格水平时愿意而且能够购买的商品量。

理解需求概念，应把握好以下几点：

第一，需求不同于需求量。需求量是在某一既定的价格下，消费者愿意而且能够购买的数量。例如某一品牌的空调，价格为 2 600 元/台时，2008 年 6 月某地市场的需求量为 1 000 台，7 月份价格降至 2 400 元/台时，需求量为 1 200 台，8 月份价格降至 2 200 元/台时，需求量为 1 450 台，9 月份价格降至 2 000 元/台时，需求量为 1 750 台，10 月份价格降至 1 800 元/台时，需求量为 2 100 台。而需求则是不同价格下所对应的不同需求量的统称。如上例中空调每一价格所对应的需求量的统称为空调的需求，也就是说需求是一个多量组合，而需求量是一个单量。

第二，需求必须同时具备两个条件：一是消费者必须具有购买意愿；二是具有支付能力。意愿是需求的前提，支付能力是需求的核心，两者缺一不可。仅有第一个条件，只能是被看成欲望和需要，而不是需求。

第三，需求是一个预期概念，它是指消费者愿意或打算购买的数量。由于受供给、相关商品价格或消费者预期等因素的影响，需求量与消费者实际购买的量不一定相等。

第四，需求是一个流量概念，消费者对商品或劳务的需求，只能按一定时期如每周、每月或每年进行计量。

（二）影响需求的因素

在一种商品市场上，影响该商品市场需求的因素主要有以下几种：

第一，商品本身的价格。一般来讲，在其他条件不变时，商品本身价格越高，需求量越小；商品本身价格越低，需求量越大，需求量的多少与商品本身价格的高低成反比。例如苹果价格为每 500 克 4 元时，某消费者原来希望购买 2 千克，但当价格上涨到每 500 克 5 元时，该消费者对苹果的需求量就会减少，只购买 1 千克。

第二，相关商品的价格。相关商品之间的关系有两种：一种是互补关系，一种是替代关系。互补关系是指两种商品互相补充共同满足人们的同一种欲望，如录音机与磁带，汽车与汽油；替代关系是指两种商品可以互相代替来满足同一种欲望，如鸡蛋与鸭蛋，茶与咖啡。由于相关商品之间的不同关系，导致了相关商品价格的变动引起某种商品需求的变动方向也就不同。对于互补品，一种商品（汽油）的价格上升，消费者对另一种商品（汽车）的需求就会减少；反之亦然。即一种商品的价格与其互补品的需求量呈反方向变动。对于替代品，一种商品（鸡蛋）的价格上升，消费者对另一种商品（鸭蛋）的需求就会增加；反之亦然。即一种商品的价格与其替代品的需求量呈同方向变动。因为作为理性的消费者总在追寻用最小的成本来满足同一欲望。

第三，消费者的收入水平以及社会收入分配的平等程度。收入水平与社会收入分配平等程度的提高会导致需求增加，反之，收入水平下降，社会收入分配不平等会导致需求减少。例如，近年来人们的生活水平比 20 世纪八九十年代有很大提高，人们对家电、汽车等的需求也明显增加。

第四，消费者偏好。偏好也叫嗜好，是指消费者对某种商品的喜欢和偏爱。消费者对某种商品的偏爱程度会对该商品的需求量产生影响，偏爱程度越高，需求量越大；相反，偏爱程度越低，需求量越小。当许多人对某一商品产生相同的偏爱倾向时，就形成了某种消费风尚，将促使消费者在商品价格未发生变化的情况下增加对该商品的需求。例如，中国人较西方国家的人更偏爱喝茶水，人均茶叶的需求量大于西方国家。

第五，消费者对未来的预期。包括对商品价格水平和自己收入水平的预期。如果消费者预期某种商品价格将上涨，就会做出增加当前购买的决定，致使当前需求增加；如果消费者预期某种商品价格将下降，就会做出减少当前购买的决定，致使当前需求减少，反之亦然。同样，如果消费者预期到未来收入水平提高，就会导致当前需求的增加，反之亦然。例如，某消费者预期到自己将面临失业的威胁，就会减少一些非生活必需品的开销，致使当前需求减少。

第六，其他。包括人口数量变动、人口结构变动、政府的经济政策等。一般来讲，人口数量的增减会使需求发生同方向变动。人口结构的变动主要影响需求的结构，从而影响某些商品的需求，例如，人口老龄化的国家，时髦服装、滑雪等刺激性运动项目的需求会减少，而保健品和老年常用药的需求会增加。政府会通过采取一些鼓励需求或抑制需求的政策来调节需求，如政府实行消费贷款制度会鼓励消费，而提高利息率的政策则会减少消费。

总之，影响需求的因素是多种多样的，有的主要影响需求欲望(如消费者嗜好和消费者对未来预期)，有的主要影响需求能力(如消费者收入水平)。这些因素共同作用决定了需求。

二、需求函数

需求函数是用来表示某一特定时期内消费者对商品的需求与影响需求的各种因素之间的依存关系的函数式。我们把影响需求的各种因素作为自变量，用 $a,b,c,d,\cdots,n$ 表示，把需求作为因变量，用 D 或者 Q_d 表示，则需求函数为

$$D=f(a,b,c,d,\cdots,n)$$

为了简化分析，可以假定影响需求的其他因素不变，仅分析商品本身价格与需求量之间的关系，并以 P 表示价格，则需求函数可以表示为

$$D=f(P)$$

如果某商品需求量与价格之间是线性关系，即需求曲线是一条直线，则需求函数为

$$D=a-bP$$

三、需求表和需求曲线

需求还可以用需求表和需求曲线更为直观地表示。

需求表是表示某种商品的各种价格与其所对应的需求量之间关系的表格。如表 2-1 所示，通过表格将空调的价格与在每一价格水平时所对应的空调的需求量联系起来，就构成了空调的需求表。

表 2-1　　空调的需求表

	a	b	c	d	e
价格(元/台)	2 600	2 400	2 200	2 000	1 800
需求量(台)	1 000	1 200	1 450	1 750	2 100

需求曲线是某种商品价格与需求量之间关系的图形表示形式，即表示商品价格与需求量之间关系的曲线。可依据空调的需求表绘制空调的需求曲线，如图 2-1 所示。

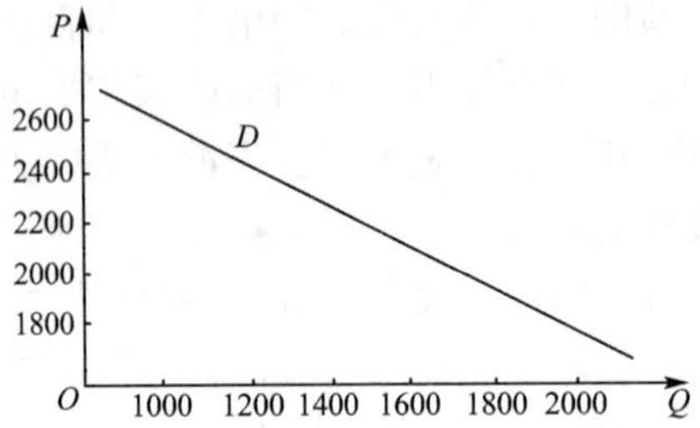

图 2-1　需求曲线

在图 2-1 中，横轴 *OQ* 代表需求量，纵轴 *OP* 代表价格，*D* 为需求曲线。需求曲线向右下方倾斜，表明需求量与价格呈反方向变动。需求曲线的形状可能是曲线，也可能是直线。

四、个人需求与市场需求

需求可以分为个人需求和市场需求。个人需求是指单个消费者(个人或家庭)对某种商品的需求；市场需求是消费者全体对某种商品需求的总和。从理论上讲，将每一价格水平上的所有个人或家庭的需求量逐一相加，便可得到每一价格水平上的市场需求，因而个人需求的总和就构成了该商品的市场需求。

设某苹果市场上有 A、B、C 三个消费者，如表 2-2 所示，它表明在不同价格水平时，三个消费者愿意而且能够购买的苹果量。苹果价格为 1 元/千克时，A 的月需求量为 10 千克；B 的月需求量为 6 千克；C 的月需求量为 4 千克；当价格上涨为 2 元/千克时，A 的月需求量为 9 千克，B 的月需求量为 5 千克；C 的月需求量为 3 千克。这种个人需求差异产生的原因可能来源于以下几个方面：一是 A、B、C 三个消费者对苹果的喜爱程度不同；二是他们拥有的可支配货币量不同；三是他们对未来收入与苹果市场价格变动的预期有所不同。为分析问题的方便，假设整个苹果市场只有 A、B、C 三个消费者，将 A、B、C 三个消费者的个人需求水平叠加就得到了市场需求。

表 2-2　　个人需求与市场需求表

苹果的价格(元/千克)	A 的需求量(千克/月)	B 的需求量(千克/月)	C 的需求量(千克/月)	市场需求(千克/月)
1	10	6	4	20
2	9	5	3	17
3	8	4	2	14
4	7	3	1	11
5	6	2	0	8

依据表 2-2 给定的数据，我们可以绘出 A、B、C 三个消费者的个人需求曲线以及整个市场的需求曲线，如图 2-2 所示。图 2-2(a)为 A 的个人需求曲线，图 2-2(b)为 B 的个人需求曲线，图 2-2(c)为 C 的个人需求曲线，图 2-2(d)为市场需求曲线。从图中可以看出，在价格为 3 元/千克时，A 的需求量为 8 千克，B 的需求量为 4 千克，C 的需求量为 2 千克，市场需求量为 14 千克。

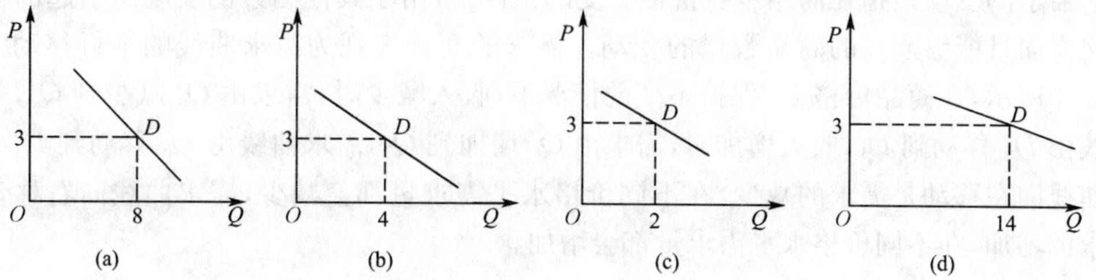

图 2-2　个人需求与市场需求

五、需求定理

无论是个人需求曲线还是市场需求曲线，无论是线性的需求曲线还是非线性的需求曲线，都是从左上方向右下方倾斜的，表明了价格与需求量之间的反方向变动关系，这就是需求定理，即：在其他条件不变的情况下，某商品的需求量与价格之间成反方向变动，即需求量随商品本身价格的上升而减少，随商品本身价格的下降而增加。需求定理强调其他因素不变这一前提，即在相关商品价格、消费者偏好、消费者收入等因素保持不变的情况下，研究需求量随价格的变动关系。离开了这一前提，需求定理就无法成立。

为了从理论上解释需求规律，即需求量与价格之间存在反向关系的原因，我们可以通过替代效应和收入效应共同作用对此做进一步的解释。

替代效应是指在假定消费者实际收入不变的条件下，由于商品价格发生变化而导致消费者增加对价格较低商品的购买，而减少其替代品的购买。比如鸡蛋价格下降消费者会减少其替代品鸭蛋的购买，多买鸡蛋(替代效应)。收入效应是指在假定货币收入不变的条件下，由于某种商品价格变化引起消费者实际收入的变化，从而引起的对该商品需求量的变化；比如鸡蛋价格下降，相当于消费者实际收入增加，从而导致需求量增加(收入效应)。

值得注意的是，需求定理反映的是一般规律，这一定理也有例外情况。珠宝、豪华型轿车等炫耀性商品，在一定程度上代表消费者的身份和地位，价格上涨，需求量会增加，价格下降，需求量反而会减少。而某些低档生活必需品在特定的条件下，价格上涨，人们的购买量反而会增加，这种商品被称为“吉芬商品”。英国经济学家吉芬发现，在 1854 年爱尔兰发生灾荒时，土豆的价格虽然上涨，但许多低收入的家庭反而更多地消费土豆。其原因是在灾荒时期，低收入家庭生活困难，不得不增加低档食品的消费。此外，有价证券和黄金等投机性商品，当它们价格小幅度升降时，需求按正常情况波动，大幅度升降时，受“买涨不买落”心理和预期等因素的影响，需求曲线出现不规则的变化。

六、需求量的变动与需求的变动

在分析需求变动时，要区分需求量的变动和需求的变动。需求量的变动是指在其他因素不变的条件下，只是由于商品本身价格变动所引起的消费者愿意而且能够购买的商品数量的变动。需求量的变动表现为同一需求曲线上的点的移动，如图 2-3 所示，当价格为 P_1 时，需求量为 Q_1，当价格由 P_1 下降到 P_2 时，需求量由 Q_1 增加到 Q_2，在需求曲线上表现为从 a 点向 b 点移动。向左上方移动是需求量的减少，向右下方移动是需求量的增加。

需求的变动是指在商品本身价格不变的条件下，由于其他因素的变动所引起的消费者愿意而且能够购买的商品数量的变动。需求的变动表现为需求曲线的平行移动。如图 2-4 所示，在商品价格 P_0 保持不变的情况下，收入减少时，需求由 Q_0 减少到 Q_1，需求曲线由 D_0 移动到 D_1，收入增加时，需求由 Q_0 增加到 Q_2，需求曲线由 D_0 移动到 D_2。需求曲线向左移动是需求的减少，在不同价格水平需求量都会减少，需求曲线向右移动是需求的增加，在不同价格水平需求量都会增加。

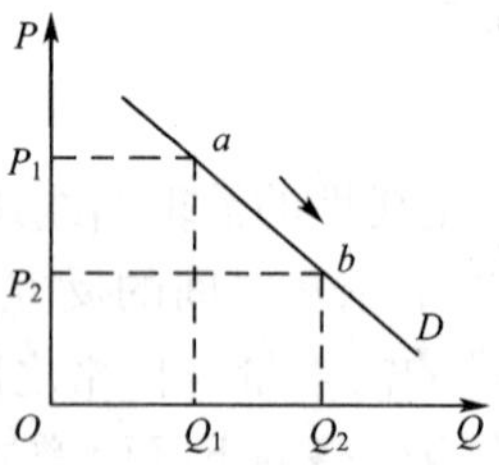

图 2-3 需求量的变动

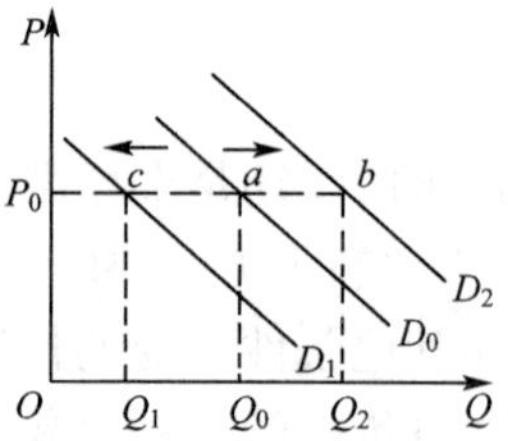

图 2-4 需求的变动

总之，需求量的变动与需求的变动的引发因素不同，变化表现形式亦不同，而且需求的变动会引起需求量的变动，而需求量的变动不一定引起需求的变动。例如，当苹果的价格上涨时，若其他条件不变，改变的只是苹果的需求量，苹果的需求并不产生变动。明确二者区别，便于正确理解政府的微观经济政策，比如政府规定“香烟包装必须明确标注吸烟有害健康”，这一政策将改变人们对香烟的需求，使其减少。再比如，2004 年政府对吉林、黑龙江、上海、西藏、北京、天津、浙江、福建八个省区市实行了免收农业税政策，对 13 个粮食主产省区实施增加农业补贴政策，这都将会使农民收入增加，并将有效地刺激需求的增加。

案例分析 2-1　　日本人“鬼”在哪里？

1987 年，福建省某机械厂要进口一套设备，当时国际上有许多国家出售该设备，价格为 1 000 万～1 300 万美元。该厂预测经过艰苦谈判，最多能争取到 1 200 万美元，不料日本商人找上门来，开价 1 000 万美元。该厂厂长心想，其中一定有鬼，但考察结果是，货真价实，无可挑剔，于是成交。

该设备使用一年后，许多零部件需要更换，结果该厂发现国际上只有日本企业生产的零部件型号相配。而日商的供货价格提高了一倍，明知不合理，该厂也不得不接受这个条件。几年下来，整套设备比最早预期的 1 200 万美元价格高出了许多。

学习了经济学以后，该厂厂长明白了其中的道理，恍然大悟：“日本人真鬼！”你能否用西方经济学原理分析其中的道理？

评析:当企业提供严格意义上的互补产品时——即被同时使用或买方同时购买,便有可能利用两者之间的紧密联系来考虑定价策略。其思路是,通过有意识地以优惠甚至亏本的价格出售一种产品,而达到促进销售赢利更多的产品的目的。

在零售业中这种做法被称之为"亏本领先"。将某些产品的价格定在成本甚至低于成本的水平,以吸引那些对优惠很敏感的买方光顾商店。希望这些买方在光顾时也购买商店中其他赢利较多的产品。

在人们称之为"剃刀与刀片"的这种涉及互补产品的战略中,同样的定价原理发挥了作用。将剃刀以成本价或接近成本的价格出售,目的是促使买方在将来购买更多的、利润较高的替换刀片。同样的策略也常运用于手机、游戏机、飞机发动机以及电梯产品的销售中。涉及的互补产品可以是消耗性的(如电话费)、非消耗性的(加带有电子游戏的软盘)、阶梯形部件(如飞机发动机部件)或者是服务(如电梯维护和修理)。上述案例就是利用了互补产品中"交叉补贴"的定价策略。

在本案例中,日本商人利用了互补产品之间的价格关系赚了大钱。由于国际市场竞争激烈,成套设备的主机极富弹性,而专用零配件几乎完全无弹性。因此,日商的销售策略是先在主机上让价,把你套住以后再在零配件上提价,这叫"堤内损失堤外补"。该厂厂长最后深有感慨地说:"这本是营销ABC,不能说日本人鬼,只能怪自己笨——无知!"因此,在购买外国产品、引进成套设备时,由于它们富有价格弹性,在谈判中应力争主动,以最有利的价格购进。对一些必需的附件等,尽量与主机同时一次购入,并在合同中详细写明售后服务项目。在销售产品时,也可以适当降低主机和成套设备的利润率,以扩大需求,占领市场;而与这些主机有关联的附件等,则可适当提高利润率,以求较好的综合经济效益。(案例来源:黎诣远.微观经济分析.北京:清华大学出版社,2003.3)

问题:你对"日本人鬼"这种做法有何看法?

第二节　供给理论

供给也是市场供求中的一方和决定价格的关键因素之一。供给与需求是相对应的概念,需求的实现与满足来源于供给。

一、供给及其影响因素

(一)供给的定义

供给是指厂商(生产者)在某一特定时期内,在每一价格水平上愿意而且能够出售的商品量。理解供给概念同样需要把握好以下几点:

第一,供给不同于供给量,供给量是在某一既定的价格下,生产者愿意而且能够出售的数量。例如某一品牌的空调,价格为2 600元/台时,2008年3月某地市场的供给量为2 000台,4月份价格降至2 400元/台时,供给量为1 700台,5月份价格降至2 200元/台时,供给量为1 450台,6月份价格降至2 000元/台时,供给量为1 200台,7月份价格降至1 800元/台时,供给量为1 000台。而供给则是不同价格下所对应的不同供给量的统称,即价格与其供给量之间的价格-数量组合关系,因而供给是一个多量组合,而供给量是一个单量。

第二，作为供给也需要具备两个条件：一是生产者愿意出售，二是生产者有供给能力，两者缺一不可。

第三，供给量不一定等于实际销售量，有时供给量大于实际销售量。

第四，供给是一个流量概念，是以一定时期来计量的变量。厂商的供给中既包括新生产的商品，也包括以前生产的存货。

（二）影响供给的因素

影响供给的因素很多，有经济因素，也有非经济因素，概括起来主要有：

第一，厂商的目标。在经济理论中，经济学家常假设厂商以最大利润为经营目标，那么供给取决于这些供给量是否能给他带来最大利润。事实上，厂商也可能以拥有较大的生产规模并占有相当大的市场份额为目标，或者以其他政治的或社会道义责任为目标，那么供给就会因目标而有所不同。例如，在发生自然灾害时，某厂商出于社会道义责任以成本价出售商品。

第二，商品本身的价格。一般来讲，商品本身价格越高，供给量越大；商品本身价格越低，供给量越小。例如，鸡蛋的价格为4元/千克时，某地市场月供给量为2.5万千克，当鸡蛋价格上涨为6元/千克时，月供给量增长到4万千克。

第三，相关商品的价格。对于互补品，一种商品（录音机）的价格上升，消费者对另一种商品（磁带）的需求就会减少，引起这种商品的价格下降，因而供给减少；反之亦然。即一种商品的价格与其互补品的供给呈反方向变动。对于替代品，一种商品（猪肉）的价格上升，消费者对另一种商品（牛肉）的需求就会增加，引起这种商品的价格上升，因而供给增加；反之亦然。即一种商品的价格与其替代品的供给呈同方向变动。

第四，生产要素的价格。生产要素价格的变化直接影响到商品的生产成本，从而影响供给。在商品价格不变的情况下，生产要素价格下降，生产成本下降，利润增加，供给会增加；反之，生产要素价格上涨，供给会减少。例如，在葡萄酒价格等因素不变的条件下，如果葡萄的价格上涨，意味着厂商的生产成本增加，供给将会减少。

第五，生产技术。生产技术的提高会使资源得到更充分的利用，从而增加供给。例如，某炼钢厂采用了新的燃煤技术，煤的使用量降低三分之一，生产成本大大下降，因而在产品价格保持不变的情况下，厂商愿意供应更多的产品。

第六，厂商对未来的预期。厂商对未来经济持乐观态度，会增加供给；持悲观态度，则会减少供给。例如，如果厂商预期到下个季度某商品的价格将上涨，则会多生产，因而供给增加。

第七，政府的政策。政府采取鼓励投资与生产的政策（如减税），可以刺激生产，增加供给。反之，政府采取限制投资与生产的政策（如增税），则会抑制生产减少供给。

二、供给函数

如果把影响供给的各种因素作为自变量，用 $a,b,c,d,\cdots,n$ 表示，把供给作为因变量，用 S 或者 Q_s 表示，则可以用函数关系来表示供给与其影响因素之间的关系，也就是供给函数，即：表示某一特定时期内市场上某种商品的各种可能的供给量和决定这些供给量的因素之间的关系。其公式为

$$S=f(a,b,c,d,\cdots,n)$$

为了简化分析，可以假定影响供给的其他因素不变，仅分析商品本身价格与供给量之间的关系，并以 P 表示价格，则供给函数可以表示为

$$S=f(P)$$

如果某商品供给量与价格之间是线性关系，即供给曲线是一条直线，则这种供给函数就是线性供给函数，其公式为

$$S=-c+dP$$

三、供给表和供给曲线

可以用供给表和供给曲线来表示商品的供给量和价格之间的关系。

供给表是表示商品的供给量与价格之间函数关系的表格，如表 2-3 所示。

表 2-3　空调的供给表

	a	*b*	*c*	*d*	*e*
价格(元/台)	2 600	2 400	2 200	2 000	1 800
供给量(台)	2 000	1 700	1 450	1 200	1 000

供给曲线是表示商品的供给量和价格之间函数关系的图形。将表 2-3 所列的价格与供给量之间的关系用图示法表示出来即得到供给曲线，如图 2-5 所示。

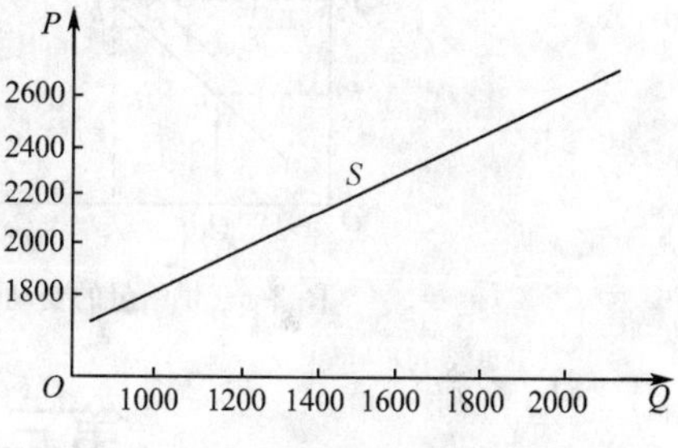

图 2-5　供给曲线

在图 2-5 中，横轴 OQ 代表供给量，纵轴 OP 代表价格，S 为供给曲线。供给曲线向右上方倾斜，表明供给量与价格呈同方向变动。

四、供给定理

根据上述分析，我们可以把商品价格与供给量之间的关系概括为如下供给定理：在其他条件不变的条件下，某商品价格上涨，供给量就会增加，价格下降，供给量就会减少，即商品的供给量与价格成同方向变动。其他条件不变是指影响供给的其他因素不变。供给定理是在假设影响供给的其他因素不变的前提下，说明商品本身价格与供给量之间的关系。离开了这个前提，供给定理就无法成立。

需要注意的是，供给定理反映的是一般商品的规律，这一定理也有例外情况。

一是有些商品的供给量是固定的，如名画、古玩，即使出售价格再高也无法增加供给数量。

二是某些厂商在大规模生产时平均成本锐减，这时商品价格虽有所下降，但厂商仍愿意提供更多的商品。此类商品往往是那些可适于机械化大批量生产的高技术产品，如小汽车和电视机的生产等等。

三是劳动的供给有其特殊性，当工资开始提高时，劳动的供给会增加，当工资水平上升到一定程度后，劳动者感到对货币的需要并不迫切了，这时工资再提高，劳动者也不会再供给更多的劳动量，而对休息、娱乐和旅游更感兴趣。

四是某些商品小幅度升降价时，供给按供给定理正常变动，而大幅度升降价时，供给则会出现不规则的变化。证券、黄金市场就常是如此。以股票为例，当市场上某种股票

价格大幅度下降时,股票持有者害怕其进一步贬值,会抛售这种股票,使股票的供给不仅不会随其价格的下跌而减少,反而增加。其他有价证券的供给也是这样。还有如粮食在非正常时期,也会出现不正常的变化,比如粮食歉收时,粮价上涨,并不能立即引起粮食供给量的增加,甚至会因生产者囤积居奇而减少;丰收时,粮价下降也不能立即引起供给量的减少。

五、供给量的变动与供给的变动

如同我们要区分需求量的变动与需求的变动一样,我们也要区分供给量的变动与供给的变动。在其他因素不变的条件下,商品本身价格变动所引起的供给数量的变动称为供给量的变动。供给量的变动表现为同一供给曲线上点的移动,如图 2-6 所示。在商品本身价格不变的条件下,由其他因素变动所引起的供给量的变动称为供给的变动。供给的变动表现为供给曲线的平行移动,如图 2-7 所示。

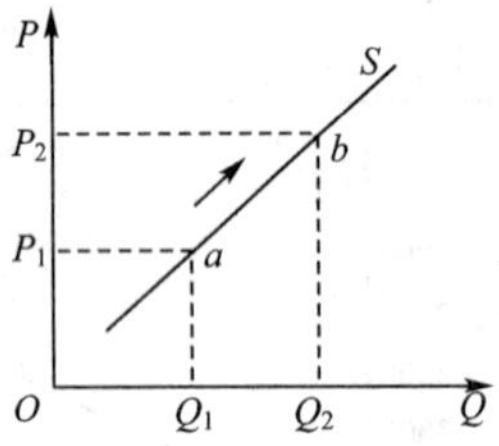

图 2-6 供给量的变动

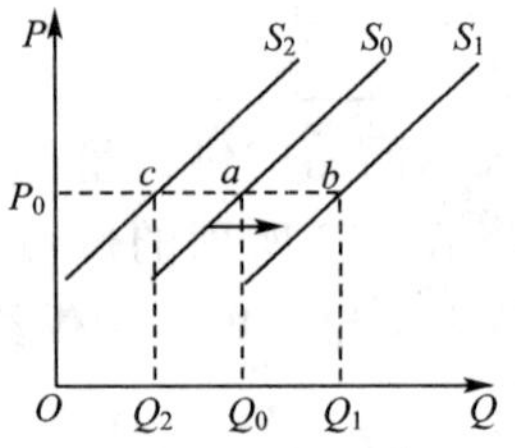

图 2-7 供给的变动

第三节 均衡价格

供给和需求是任何社会形态分析社会经济活动的有效工具,供给和需求关系所形成的市场均衡价格的分析,是微观经济分析中最基本的经济原理。

一、市场均衡价格的形成

均衡是一个物理学名词,在经济学中,均衡是指各种对立的、变动着的力量处于一种力量相当,相对静止、不再变动的状态。均衡一旦形成,若有某种力量使它离开原有的均衡位置,则会有其他力量使之恢复到均衡。可见,均衡是有条件的,在一定条件下才能达到并保持均衡。条件变化后,均衡便会被破坏,在新的条件下会形成新的均衡。市场均衡是指在某段时间内,某一市场中商品的需求量正好和商品的供给量相等时的状态。

需求定理说明了消费者希望以最低的价格购买他所想买的商品,而供给定理则说明了生产者希望以最高的价格销售他所想卖的商品。需求价格是指消费者对一定量商品所愿意支付的最高价格;供给价格则是指生产者为提供一定量商品所愿意接受的最低价格。在某种商品的各种可能的价格中必然有一个双方都愿意接受的价格,这个价格称为均衡价格,即一种商品需求价格与供给价格相等时的价格。

对均衡价格的理解应注意三点:

第一,均衡是指经济中各种对立的变动着的力量处于一种相对静止的状态。均衡一旦形成之后,如果有另外的力量使它离开原来均衡的位置,则会有其他力量使之恢复到均衡。但是，在市场上均衡是相对的，不均衡才是绝对的。

第二，决定均衡的力量是需求和供给双方。需求与供给决定价格，它们就像一把剪刀的两边一样起作用，因此，需求与供给的变动都会影响均衡价格变动。

第三，市场上各种均衡价格是市场竞争的最后结果，其形成过程是在市场的背后进行的。

均衡价格是在市场上供求双方的竞争过程中自发地形成的。均衡价格的形成也就是价格的决定过程。因此，价格也就是由市场供求双方的竞争所决定的。

在均衡价格下，需求量等于供给量被称为均衡数量。依据表 2-4 的数据将需求曲线与供给曲线绘制在一张图上。

表 2-4　　空调的需求表与供给表

	a	*b*	*c*	*d*	*e*
价格(元/台)	2 600	2 400	2 200	2 000	1 800
需求量(台)	1 000	1 200	1 450	1 750	2 100
供给量(台)	2 000	1 700	1 450	1 200	1 000

在图 2-8 中，需求曲线与供给曲线相交于 E_e 点，即均衡点为 E_e，均衡价格 P_e 为 2 200，均衡数量 Q_e 为 1 450。从图中可以看出，当市场价格为 1 800 元/台时，空调的需求量是 2 100 台，而生产者在这个价格下愿意供给的数量仅为 1 000 台，需求大大超过供给，这就会刺激市场价格上升，这一方面能减少消费者对空调的需求，另一方面又能刺激生产者增加供给量；如果价格为 2 600 元/台时，生产者在这个价格下愿意供给的数量达到了 2 000 台，而此时由于价格较高，消费者愿意购买的数量仅为 1 000 台，供给量远大于需求量，表明供给过剩，有 1 000 台空调卖不出去，这将会导致市场价格下跌，致使生产者供给数量减少，同时又会刺激消费者对空调的需求量增加。这种调整过程一直会持续到价格为 2 200 元/台时，即需求价格与供给价格相等时为止，此时消费者对空调的需求量与生产者的供给量均为 1 450 台，此时空调市场达到了均衡。

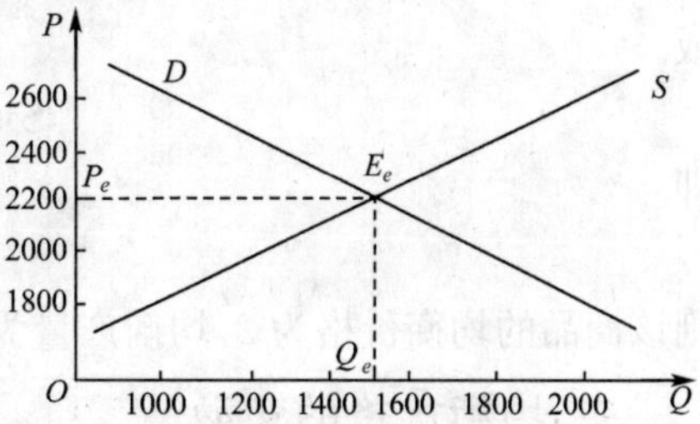

图 2-8　均衡价格与均衡数量

从几何意义上说，供求均衡出现在该商品的市场需求曲线与市场供给曲线相交的交点上，该点称为均衡点。均衡点以上需求与供给所夹区域为供给过剩区，均衡点以下需求与供给所夹区域为供不应求区。

从上面的叙述可知，市场经济中存在着这样一条基本规律：当需求量大于供给量时会刺激市场价格上升；当需求量小于供给量时能促使市场价格下降。在这个过程中，市场上的需求者和供给者会调整自己的需求和供给，一直到供求相等时为止，市场的这种自我调节机制被亚当·斯密比作一只"看不见的手"。

均衡价格形成过程也可以用经济模型来表示，均衡价格决定的条件为

$$D=a-bP$$
$$S=-c+dP$$

$$D=S$$

联立解方程得

$$P_e=\frac{a+c}{b+d}$$

$$Q_e=\frac{a(b+d)-b(a+c)}{b+d}$$

例如，某商品的需求函数为 $D=20-4P$，供给函数为 $S=-4+8P$，求其均衡价格和均衡产量。

解 根据均衡条件 $D=S$ 求出均衡价格 P_e

$$20-4P=-4+8P$$

$$P_e=2$$

将 $P_e=2$ 代入需求函数或供给函数，求得均衡产量 Q_e

$$D=20-4\times2=12$$

即

$$Q_e=12$$

或

$$S=-4+8\times2=12$$

即

$$Q_e=12$$

则该商品的均衡价格为 2，均衡产量为 12。

二、均衡价格的变动

均衡价格是由需求与供给决定的，而需求与供给是不断变化的，所以，需求或供给任何一方的变动都会引起均衡价格的变动。

从图 2-8 可以看出，一种商品的均衡价格是由该商品市场的需求曲线和供给曲线的交点所决定的。因此，需求曲线或供给曲线的位置的移动都会使均衡发生变动，也就是说需求或供给的变动将引发均衡的变动。我们用图 2-9 和图 2-10 来分别说明需求和供给变动对均衡的影响。

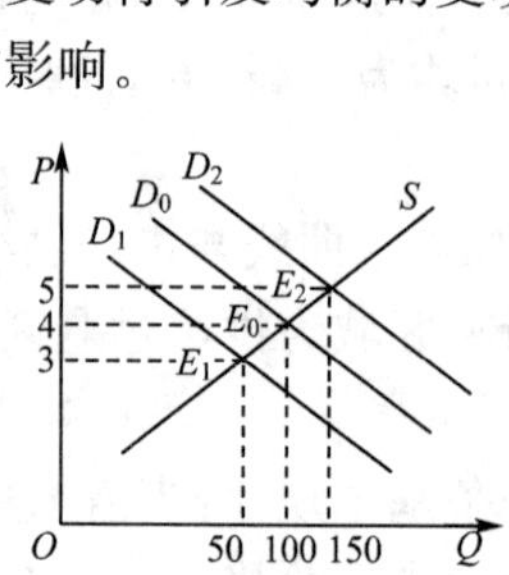

图 2-9 需求变动效应

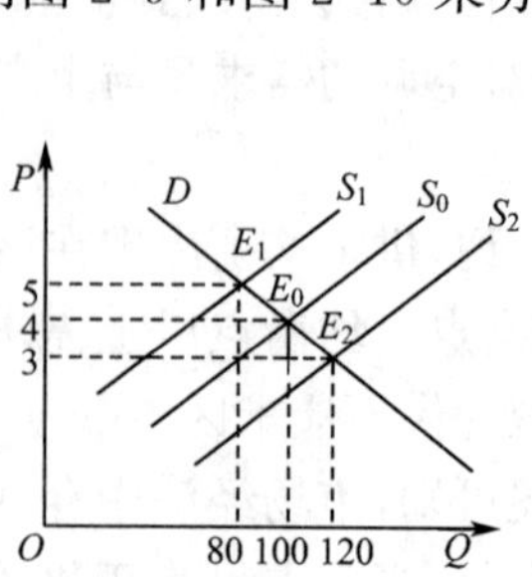

图 2-10 供给变动效应

（一）需求变动对均衡的影响

在图 2-9 中，D_0 是期初需求曲线，D_0 与供给曲线 S 相交于点 E_0，决定了均衡价格为 4，均衡数量为 100。

需求增加，需求曲线向右上方移动，需求曲线由 D_0 移动至 D_2，D_2 与 S 相交于 E_2，决定了新的均衡价格为 5，均衡数量为 150。这说明需求增加将会引起均衡价格的上升和均衡数量的增加。

需求减少，需求曲线向左下方移动，即由 D_0 移动至 D_1，D_1 与 S 相交于 E_1，决定了新的均衡价格为 3，均衡数量为 50。这说明需求减少将会引起均衡价格的下降和均衡数量的减少。

这里，需求的变动是指除价格以外的因素引起的需求变化，均衡价格也随之变化。如相关商品的价格、收入的变化、预期的变化等等，当这些因素发生变化影响到需求时，导致需求曲线的平行移动，引起均衡价格的变动。

（二）供给变动对均衡的影响

在图 2-10 中，S_0 是期初供给曲线，S_0 与需求曲线 D 相交于点 E_0，决定了均衡价格为 4，均衡数量为 100。

供给增加，供给曲线向右下方移动，供给曲线由 S_0 移动至 S_2，S_2 与 D 相交于 E_2，决定了新的均衡价格为 3，均衡数量为 120。这说明供给增加将会引起均衡价格的下降和均衡数量的增加。

供给减少，供给曲线向左上方移动，即由 S_0 移动至 S_1，S_1 与 D 相交于 E_1，决定了新的均衡价格为 5，均衡数量为 80。这说明供给减少将会引起均衡价格的上升和均衡数量的减少。

同理，供给的变动也是指除价格以外的因素引起的供给变化，均衡价格也随之变化。如相关商品的价格、生产成本的变化、自然条件的变化等等，当这些因素发生变化影响到供给时，导致供给曲线的平行移动，引起均衡价格的变动。

此外，还有可能供给与需求同时发生变动，在此我们不做讨论。

（三）供求定理

从上述关于需求与供给变动对均衡的影响分析可以得出供求法则：

第一，需求的增加引起均衡价格上升，需求的减少引起均衡价格下降。

第二，需求的增加引起均衡数量增加，需求的减少引起均衡数量减少。

第三，供给的增加引起均衡价格下降，供给的减少引起均衡价格上升。

第四，供给的增加引起均衡数量增加，供给的减少引起均衡数量减少。

即在其他条件不变的情况下，需求变动将引起均衡价格和均衡数量同方向变动；供给变动将引起均衡价格反方向和均衡数量同方向变动。

此外，还有需求与供给同时变动的情况，它们要根据变动的程度大小来确定均衡价格与均衡数量变动的情况。供求反向变动，当程度相等时，均衡价格与需求同方向变动，均衡数量不定。当程度不等时，需求增加大于供给减少，均衡价格上升，均衡数量增加；需求增加小于供给减少，均衡价格上升，均衡数量减少；需求减少大于供给增加，均衡价格下降，均衡数量减少；需求减少小于供给增加，均衡价格下降，均衡数量增加。供求正向变动，当程度相等时，均衡数量与供给同方向变动，均衡价格不定，当程度不等时，需求增加大于供给增加，均衡价格上升，均衡数量增加；需求增加小于供给增加，均衡价格下降，均衡数量增加；需求减少大于供给减少，均衡价格下降，均衡数量减少；需求减少小于供给减少，均衡价格上升，均衡数量减少。这里不作详细的说明，我们仅仅列出表 2-5 来阐明。

表 2-5 供求变动对均衡的影响

			供求变动	价格趋势	数量趋势
供给不变			需求增加	上升	增加
供给不变			需求减少	下降	减少
需求不变			供给增加	下降	增加
需求不变			供给减少	上升	减少
供求变动	反向	程度相等	需求增加与供给减少程度相等	上升	—
供求变动	反向	程度相等	需求减少与供给增加程度相等	下降	—
供求变动	反向	程度不等	需求增加大于供给减少	上升	增加
供求变动	反向	程度不等	需求增加小于供给减少	上升	减少
供求变动	反向	程度不等	需求减少大于供给增加	下降	减少
供求变动	反向	程度不等	需求减少小于供给增加	下降	增加
供求变动	正向	程度相等	供求增加程度相等	—	增加
供求变动	正向	程度相等	供求减少程度相等	—	减少
供求变动	正向	程度不等	需求增加大于供给增加	上升	增加
供求变动	正向	程度不等	需求增加小于供给增加	下降	增加
供求变动	正向	程度不等	需求减少大于供给减少	下降	减少
供求变动	正向	程度不等	需求减少小于供给减少	上升	减少

供求定理是经济学中一个非常重要的定理，它具有广泛的实用价值。当影响需求或供给的因素发生变动时，将引发需求或供给的变动，原有的均衡将被打破，经济学上将这种原均衡与新均衡的比较分析称为比较静态分析。

三、均衡价格在经济中的作用

均衡价格是调节经济的“看不见的手”，但是，要让“看不见的手”发挥作用还需要一些条件，换言之，市场经济中价格的调节作用以三个重要的假设为前提条件：第一，人是理性的。这就是说，人是经济人，每一个人都自觉地追求自己的个人利益最大化。只有这样，价格才能引导人们的经济行为。第二，市场是完全竞争的。这就是说，每一个消费者或生产者都不能通过人为的关系改变由市场决定的价格，只有在市场的背后由供给和需求双方共同决定。第三，信息是完全的。这就是说，市场上任何一个消费者或生产者都可以免费得到作出决策所需要的信息。任何一方都不能利用信息优势欺骗对方。

在这样的前提下，美国经济学家弗里德曼把价格在经济中的作用归纳为三种。第一，传递情报；第二，提供一种刺激，促使人们采用最节约的办法进行生产；第三，决定谁可以得到多少产品。这三种作用实际上解决了资源配置的三个问题：生产什么、如何生产和为谁生产的问题。其作用可以具体化为：

第一，作为指示器反映市场的供求状况。市场供求受各种因素的影响，每时每刻都在变化。这种变化必然要反映在价格上，人们通过价格的波动来了解供求的变动。

第二，价格的变动可以调节市场需求。消费者为了实现效用最大化，一定要按价格的变动来进行购买与消费。当某种商品的价格下降时，消费者就会多买，当某种商品的价格上升时，消费者就会少买。

第三，价格的变动可以调节市场供给。生产者为了实现利润最大化，一定要按价格的变动来进行生产与销售。当某种商品的价格下降时,生产者就会少生产,当某种商品的价格上升时,生产者就会多生产。

第四,价格可以使资源配置达到最优化。通过价格调节需求与供给,最终会使需求与供给相等,实现消费者的效用最大化,同时实现生产者的利润最大化,达到消费者与生产者的均衡,实现资源配置的最优化。

案例分析 2-2　　美国的特大号童装价格

近年来,美国出现一个问题,就是儿童超重的现象日益增多。根据统计,美国现今有600万名肥胖儿童,比20年前增加了1倍。有的小女孩不过八九岁,体重却有60公斤,童装无法穿得下,只能买成人的衣服,拿回家后再把衣服的下摆、裤腿和袖子裁掉一截。

特大号童装是十分有利可图的。美国的童装比成人服装价格高,特大号童装的价格更贵。有的品牌是在相同的标准型上加收2美元,有的特大号干脆单独定价。一件加大牛仔裤价格为40～60美元不等,裙子也差不多,T恤略便宜,也要25～50美元。如果是推出的新款,价格还会更高。例如,一件新款的牛仔披肩,可以卖到58美元。而且,特大号童装总是奇货可居,即使在减价季节也不打折。

评析:美国的特大号童装价位比较高的原因在于:肥胖儿童的增多,使得特大号童装的需求扩大,导致最终需求数量的上升,也导致其均衡价格的升高;童装的供给商没有增加特大号童装的供给数量,使其均衡价格在需求单方面增大的影响下保持着较高的价位。

资料来源:《环球时报》,2002年5月9日第19版

问题:试分析需求的变动对均衡价格产生的影响。

第四节　弹性理论

需求定理和供给定理只是告诉我们,商品的需求量和供给量都会随着自身价格的变动而变动,但却没有说明需求量和供给量的变动对商品自身价格变动的反应程度,属于定性分析。弹性理论正是从量的角度对这方面的问题进行分析的理论,说明价格变动与需求量或供给量变动之间的量的关系。

一、需求弹性

弹性原是物理学名词,指一物体对外部力量的反应程度。比如对球来说,弹性就是球弹的高度对拍球的力量的灵敏度,即在我们稍微多用一点力量拍球时,球会多弹起多少高度。弹得高说明弹性大,否则弹性小。在经济学中,弹性是指经济变量之间存在函数关系时,因变量对自变量变化的反应程度。弹性的大小可用弹性系数来表示。弹性系数是因变量 Y 变动的比率与自变量 X 变动的比率的比值,用 E 来表示,公式为

$$E=\frac{\text{因变量变动的百分比}}{\text{自变量变动的百分比}}=\frac{\Delta Y/Y}{\Delta X/X}=\frac{\Delta Y}{\Delta X}\cdot\frac{X}{Y}$$

(一)需求价格弹性

1. 需求价格弹性的含义

需求的价格弹性简称需求弹性,是指价格变动的比率所引起的需求量变动的比率,

它反映了需求量变动对价格变动的敏感程度。不同商品需求量变动对价格变动的敏感程度不同，即需求弹性不同。一般用需求弹性系数来表示弹性的大小，以 E_d 来表示，Q 代表需求量，ΔQ 代表需求量的变动量，P 代表价格，ΔP 代表价格的变动量，则需求弹性系数可用公式表示为

$$E_d=\frac{\text{需求量变动的百分比}}{\text{价格变动的百分比}}=\frac{\Delta Q/Q}{\Delta P/P}=\frac{\Delta Q}{\Delta P}\cdot\frac{P}{Q}$$

由于需求量与价格呈反方向变动，因而需求价格弹性系数为负值，在实际运用中，为方便起见，一般将负号省略。如 $E_d=1.8$，其含义是价格每上升 1%，会引起需求量下降 1.8%，或是价格每下降 1%，会引起需求量上升 1.8%。

2. 点弹性与弧弹性

根据价格和需求量变动幅度的大小，需求的价格弹性中分为点弹性和弧弹性，它们在表示需求量变化的百分比之间的比率上是一样的，但它们所涉及的范围有所不同，计算方法也不一样。

点弹性是指需求曲线上某一点的弹性。它等于需求量微小的变化比率与价格微小变化比率之比。设商品原价格为 P_1，变化后的价格为 P_2，需求量原为 Q_1，变化后为 Q_2，则点弹性的公式为

$$E_d=\frac{(Q_2-Q_1)/Q}{(P_2-P_1)/P}=\frac{\Delta Q}{\Delta P}\cdot\frac{P}{Q}$$

当 $\Delta P\to 0$ 时，则

$$E_d=\lim_{\Delta P\to 0}\frac{\Delta Q}{\Delta P}\cdot\frac{P}{Q}=\frac{dQ}{dP}\cdot\frac{P}{Q}$$

需求价格点弹性是需求曲线上一点及其邻近范围的弹性。

如果商品价格与需求量的变化都比较大，就要计算需求曲线上两点之间一段弧的弹性，即弧弹性，弧弹性公式为

$$E_d=\frac{(Q_2-Q_1)}{(P_2-P_1)}\cdot\frac{(P_1+P_2)/2}{(Q_1+Q_2)/2}=\frac{\Delta Q}{\Delta P}\cdot\frac{(P_1+P_2)/2}{(Q_1+Q_2)/2}$$

例如，某商品价格从 4 元降至 3 元，需求量从 10 增加到 12，则该商品的需求价格弹性可以取两点的中值计算得到：

$$E_d=\frac{\Delta Q}{\Delta P}\cdot\frac{(P_1+P_2)/2}{(Q_1+Q_2)/2}=\frac{12-10}{4-3}\cdot\frac{(3+4)/2}{(12+10)/2}=0.64$$

3. 需求价格弹性的分类

根据需求价格弹性的大小，可将其分为五类，见表 2-6。

第一，需求完全无弹性，即 $E_d=0$。需求曲线是一条与横轴垂直的线，表示无论价格如何变动，需求量都不改变。例如，一些特殊的药品像胰岛素，对于一些糖尿病人至关重要，无论价格如何上升或下降，他们都不会改变购买量。

第二，需求缺乏弹性，即 $0<E_d<1$。需求曲线是一条比较陡峭的线，表示需求量变化幅度小于价格变化幅度。例如，米、面、食盐等生活必需品，农产品等。

第三，需求单位弹性，即 $E_d=1$。需求曲线是一条正双曲线，表示需求量变化幅度等于价格变化幅度。例如，报纸等。

第四，需求富有弹性，即 $1<E_d<\infty$。需求曲线是一条比较平坦的线，表示需求量变化幅度大于价格变化幅度。例如，空调、汽车等高档生活用品，旅游和专业服务等。

第五，需求完全有弹性，即 $E_d\to\infty$。需求曲线是一条与横轴平行的线，表示价格既定时，需求量是无限的。例如，货币等。

表 2-6　　需求弹性分类表

分类	含义	实例	数值	图形
完全无弹性	无论价格如何变化，需求量都不变	胰岛素等	$E_d=0$	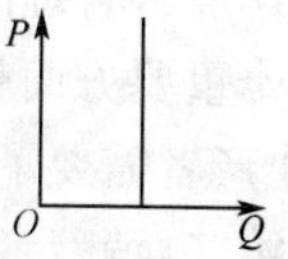
缺乏弹性	需求量变化幅度小于价格变化的幅度	食物、衣服、农产品、饮料等必需品	$0<E_d<1$	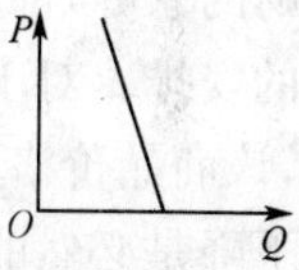
单位弹性	需求量变化幅度等于价格变化的幅度	报纸等	$E_d=1$	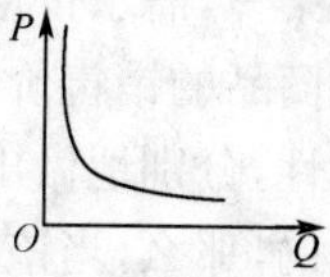
富有弹性	需求量变化幅度大于价格变化的幅度	汽车、旅游、专业服务等奢侈品	$1<E_d<\infty$	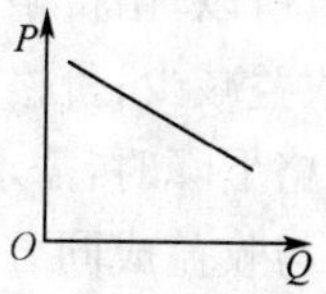
完全有弹性	当价格为既定时，需求量无限	货币等	$E_d\to\infty$	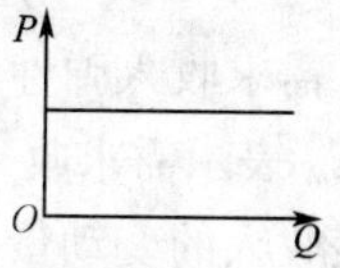

4. 影响需求价格弹性的因素

不同商品的需求价格弹性不同，造成这种差异的原因主要是以下几种因素：

第一，消费者对某种商品的需求程度。像粮食、油、盐、酱、醋等生活必需品，需求程度大而稳定，因而需求价格弹性就小。而奢侈品、高档消费品的需求价格弹性就较大。

第二，商品的可替代程度。可替代品越多，可替代程度越高，需求价格弹性则越大；反之，则越小。因为价格上升时，消费者会购买其替代品，而价格下降时，消费者会多购买该商品而取代其替代品。

第三，商品消费支出占消费者收入的比重。如果商品消费支出占消费者收入的比重小，商品价格变动对需求的影响就小，需求价格弹性就小，像毛巾、香皂、火柴之类的商品。反之，消费支出占消费者收入比重大的商品，像空调、珠宝之类的商品，价格变动对需求的影响大，其需求弹性也大。

第四，商品本身用途的广泛性。一般来讲，用途较广的商品，当其价格上涨时，消费者就会只买较少的数量用于其最重要的用途上，而当其价格下降时，消费者的购买量就会逐渐增加，将商品越来越多地用于其他用途，因而其需求价格弹性就大；相反，用途较窄的商品，其需求价格弹性就小。

5. 需求价格弹性分类的意义

第一，生产者可以用需求价格弹性的原理对自己的产品进行市场预测。任何一个进行科学经营管理的企业，都应该经常了解其商品产销现状及中、短期的变化趋势。其中的一个重要方面就是了解商品的市场价格变化会引起市场购买量发生怎样的变化。这样，生产者需要了解需求价格弹性。

第二，消费者可以用需求价格弹性的原理对自己的消费进行市场分析。任何一个合理理财的家庭，都应该了解市场状况，家庭喜好的商品的价格和需求价格弹性，以便做出合理的安排。对于耐贮存的必需品应在价格较低时大量购买，买足买够，不必分批购买，因为，该商品价格不降低。对于奢侈品应在最需要用时购买，不要做储备，因为，该商品价格下降是必然的。

第三，需求价格弹性分析可以帮助企业采取既灵活又科学的价格策略。企业要科学地对商品的销售价格做出决策，就必须了解需求价格弹性，根据各个商品不同的需求价格弹性，分别地做出提价销售或者降价销售等决策。例如：如果某种商品的需求是富有弹性的，那么，当该商品的价格下降时，需求量（从而销售量）增加的幅度大于价格下降的幅度，所以，由价格乘销售量所得到的收益会增加。价格与收益成反方向变动，即价格上升，收益减少；价格下降，收益增加。如果某种商品的需求是缺乏弹性的，那么，当该商品的价格下降时，需求量（从而销售量）增加的幅度小于价格下降的幅度，所以收益会减少。价格与收益成同方向变动，即价格上升，收益增加；价格下降，收益减少。

（二）需求收入弹性

需求收入弹性是表示消费者对某种商品需求量的变动相对于收入变动的反应程度。以 E_m 表示需求收入弹性系数，Q 代表需求量，ΔQ 代表需求量的变动量，I 代表收入，ΔI 代表收入的变动量，则需求收入弹性系数的一般表达式为

$$E_m=\frac{\text{需求量变动的百分比}}{\text{收入变动的百分比}}=\frac{\Delta Q/Q}{\Delta I/I}=\frac{\Delta Q}{\Delta I}\cdot\frac{I}{Q}$$

一般来讲，消费者的收入与需求量是同方向变动的。但各种商品的需求收入弹性大小并不相同，依据需求收入弹性数值，可将商品分为以下几种：一是正常品，需求收入弹性系数为正值。说明这种商品的需求量将随着收入的增加（减少）而增加（减少），经济学称为正常品。其中需求收入弹性系数介于 0 和 1 之间的商品，需求量变动的幅度小于收入变动的幅度，经济学称为必需品，如粮食、服装等；需求收入弹性系数大于 1 的商品，需求量变动的幅度大于收入变动的幅度，经济学称为奢侈品，如珠宝、笔记本电脑等。二是劣等品，需求收入弹性系数为负值。说明这类商品的需求量将随着收入的增加（减少）而减少（增加），经济学称为劣等品，如土豆、玉米面、高粱米等。

研究和了解需求收入弹性可以解决下列一些问题：

第一，利用需求收入弹性可以分析国民经济各部门，各地区的收入现状，便于制订合

理的收入政策。对同一商品来说，如果在某地区的需求收入弹性大于另一地区的收入弹性，说明该地区的收入水平还相对较低，国家就可以想办法有针对性地制订收入调节措施，以达到地区间的收入平衡。

第二，利用需求收入弹性来协调国民经济各种商品发展的合理比例。由于各种商品的需求收入弹性不一致，相同的收入变动比率所要求的需求量变动也不一致。因此，在制订国民经济发展计划时，就不应强求各种商品发展速度的一致，对需求收入弹性较大的商品，其发展速度可以超过国民经济发展速度，占比例也大。反之，那些需求收入弹性较小的商品，其发展速度可以低于国民经济发展速度，占比例小些。

第三，利用需求收入弹性原理确定合理的出口商品结构。国际贸易已成为各国重要的经济活动，进口国经济的波动对出口国的出口有较大影响，为尽量避免这种影响，可以根据商品需求收入弹性的大小来安排出口结构。出口商品收入弹性大，说明收入变动对商品出口量影响就大。当进口国经济繁荣时，无疑会增加进口，对出口国有利，但当进口国经济不景气时，就会减少进口，对出口国不利。因此可以采取需求收入弹性大小搭配的出口商品结构，以减少在进口国经济衰退时可能遭受的出口大滑坡而带来的损失。

（三）需求交叉弹性

需求交叉弹性是需求交叉价格弹性的简称，它表示一种商品的需求量变动对另一种商品价格变动的反应程度。若以 X、Y 代表两种商品，E_{XY}表示需求交叉弹性系数，P_Y 表示 Y 商品的价格，ΔP_Y 表示 Y 商品价格的变动量，Q_X 表示 X 商品原来的需求量，ΔQ_X 表示因 Y 商品价格的变动所引起的 X 商品需求量的变动量，则需求交叉弹性系数的一般表达式为

$$E_{XY}=\frac{\text{X 商品需求量变动的百分比}}{\text{Y 商品价格变动的百分比}}=\frac{\Delta Q_X/Q_X}{\Delta P_Y/P_Y}=\frac{\Delta Q_X}{\Delta P_Y}\cdot\frac{P_Y}{Q_X}$$

需求交叉弹性可以是正值，也可以是负值，它取决于商品间关系的性质，即两种商品是替代关系还是互补关系。替代品，需求交叉弹性为正值。表示随着 Y 商品价格的上升，消费者会减少 Y 商品的购买进而增加对其替代品 X 商品的需求量。而且需求交叉弹性越大，两种商品之间的替代性就越强。互补品，需求交叉弹性为负值。表示随着 Y 商品价格的上升，消费者会减少 Y 商品的购买，因而对其互补品 X 商品的需求量也会减少。而且需求交叉弹性绝对值越大，两种商品之间的互补性就越强。此外，若两种商品的交叉弹性系数为零，则说明 X 商品的需求量并不随 Y 商品的价格变动而发生变动，两种商品既不是替代品，也不是互补品。

需求交叉弹性主要应用在以下两个方面：

第一，通过需求交叉弹性，生产者可以知道对自己产品的需求会因其他产品价格变化可能引起的反应。这将有助于企业制定自身的价格策略；有助于分析与各种产品之间有联系的风险问题。对于拥有许多条生产线、各种产品相互之间存在着明显的替代关系或互补关系的企业来说，这一点特别重要，它关系到这类企业的产品结构是否合理。

第二，企业可以利用交叉弹性来测定行业间的相互关系。例如从表面看，某个企业完全控制了市场，因为它是该商品的唯一供给者，但是，如果该企业的产品与某个有关行业的产品之间存在的需求交叉弹性较大且为正值，那么这个企业若提高价格，就会把一

些销售额让给有关行业的其他企业，可见该企业只能算是狭义上的垄断者。

二、供给价格弹性

（一）供给价格弹性的含义

供给价格弹性是指价格变动所引起的供给量变动的比率，它反映了供给量变动对价格变动的敏感程度。不同商品供给量变动对价格变动的敏感程度不同，一般用供给弹性系数来表示弹性的大小，以 E_s 来表示，Q 代表供给量，ΔQ 代表供给量的变动量，P 代表价格，ΔP 代表价格的变动量，则供给价格弹性系数可用公式表示为

$$E_s=\frac{\text{供给量变动的百分比}}{\text{价格变动的百分比}}=\frac{\Delta Q/Q}{\Delta P/P}=\frac{\Delta Q}{\Delta P}\cdot\frac{P}{Q}$$

（二）供给价格弹性的分类

根据不同商品供给价格弹性的大小，一般把商品分为五类：

第一，供给完全无弹性，即 $E_s=0$，它是一条垂直于横坐标的直线，表示无论价格怎么变化，供给量都固定不变，如图 2-11 中的 A 曲线所示。如一些无法复制的珍贵名画、土地等。

第二，供给完全有弹性，即 $E_s\to\infty$，它是一条平行于横坐标的直线，表示在某一既定的价格下，供给者可以无限地提供产品。如图 2-11 中的 B 曲线所示。如劳动力严重过剩地区劳动力的供给。

第三，供给单位弹性，即 $E_s=1$，它是一条过原点并向右上方倾斜的线，这表明价格上升的百分比等于供给量增大的百分比，如图 2-11 中的 C 曲线所示。如某些机械类产品。

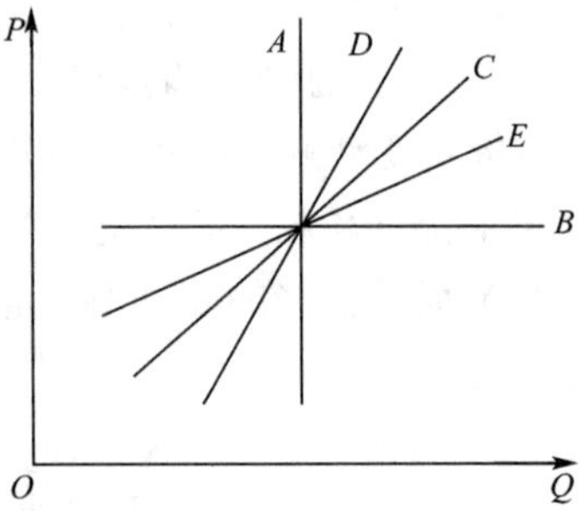

图 2-11 供给价格弹性

第四，供给缺乏弹性，即 $0<E_s<1$，它是一条向右上方倾斜且能与横轴相交的线，表示供给量的变动百分比小于价格变动的百分比，如图 2-11中的 D 曲线所示。如资本技术密集型产品。

第五，供给富有弹性，即 $E_s>1$，它是一条向右上方倾斜且能与纵轴相交的线，表示供给量的变动百分比大于价格变动的百分比，如图 2-11 中的 E 曲线所示。如劳动密集型产品。

在现实经济生活中，供给单位弹性、供给完全无弹性和供给完全有弹性比较少见，大多数商品的供给不是富于弹性就是缺乏弹性。

（三）影响供给价格弹性的因素

第一，生产成本的变化。在其他条件不变的情况下，如果生产成本随着产量的增加不会增加太多，则产品的供给弹性就大，相反，如果产品增加促使成本显著增加，则供给弹性就小。

第二，生产时期的长短。当商品价格发生变化时，厂商对产量的调整需要一定的时间。由于在短期内，厂商的生产设备等无法改变，如果厂商要根据商品的涨价及时地增加产量，或根据商品的降价减少产量，都存在程度不同的困难，则供给弹性小，反之，供给弹性大。

第三，生产规模变化的难易程度。一般来说，生产规模大的资本密集型企业，因受设计和专业化设备等因素的制约，其生产规模变动较难，调整时间长，因而其产品的供给弹性小。反之，规模较小的劳动密集型企业，其产品的供给弹性大。

第四，生产的难易程度。一般来说，容易生产的产品，如技术要求低，生产周期很短，则产量调整比较快，供给弹性大，反之，较难生产的产品，供给弹性小。

第五，生产要素的供给情况。生产要素供给充足，或生产要素价格较低，供给弹性大；反之，供给弹性小。

三、弹性理论的运用

(一)需求价格弹性与总收益

某种商品的价格变动时，厂商出售该商品时所能得到的总收益与它的需求弹性的大小是密切相关的。因为价格的变动引起了销售量的变动，不同商品的需求弹性不同，价格变动引起的需求量的变动程度也就不同，从而总收益的变动也就不同。分析需求富有弹性的商品与缺乏弹性的商品的需求价格弹性与总收益之间的关系就显得十分必要。

总收益也可以称为总收入，是指厂商出售一定量商品所得到的全部收入，即销售量与价格的乘积。如果以 TR 表示总收益，Q 表示销售量，P 表示价格，则

$$TR=Q\cdot P$$

从这个公式上看，似乎只要提高价格，就会增加总收益，降低价格，总收益就一定减少。实际上并非如此，由于各种商品的需求价格弹性不同，所以，价格变动对总收益的影响也就不同。下面就分析需求富有弹性的商品与缺乏弹性的商品的需求价格弹性与总收益之间的关系。

1.需求富有弹性商品的总收益与需求价格弹性的关系

如果某种商品的需求是富有弹性，那么，当该商品的价格下降时，需求量增加的幅度大于价格下降的幅度，所以，总收益会增加；当该商品的价格上升时，需求量减少的幅度大于价格上升的幅度，所以，总收益会减少。

以某一品牌的空调为例。假定空调的需求价格弹性为 2，当价格为 5 000 元/台，销售量为 100 台时，总收益为

$$TR=P\cdot Q=5\ 000\times100=500\ 000\text{ 元}$$

现在假定空调的价格下降 10%，即 $P=4\ 500$ 元/台，因为 $E_d=2$，所以销售量增加 20%，即 $Q=120$ 台，这时的总收益为

$$TR_1=P\cdot Q=4\ 500\times120=540\ 000\text{ 元}$$

$$TR_1-TR=540\ 000-500\ 000=40\ 000\text{ 元}$$

这表明，由于空调价格下降了，总收益增加了。

如果某种商品的需求是富有弹性的，那么，当该商品的价格上升时，需求量减少的幅度大于价格上升的幅度，所以，总收益会减少。

仍然以空调为例。假定空调的价格上升了 10%，即 $P=5\ 500$ 元/台，因为 $E_d=2$，所以销售量减少 20%，即 $Q=80$ 台，这时总收益为

$$TR_2=P\cdot Q=5\ 500\times80=440\ 000\text{ 元}$$

$$TR_2-TR=440\ 000-500\ 000=-60\ 000\text{元}$$

这表明，由于空调价格上升了，总收益减少了。

根据需求富有弹性的商品涨价与降价所引起的总收益变化可以得出这样的结论：如果某种商品是需求富有弹性的，则价格与总收益成反方向变动，即价格上升，总收益减少；价格下降，总收益增加。可以用图2-12来说明。

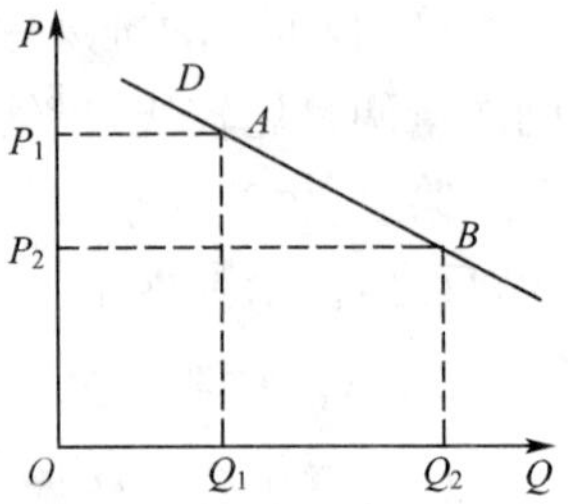

图2-12 需求富有弹性与总收益的关系

在图2-12中，D是某种需求富有弹性商品的需求曲线，当价格为P_1时，需求量为Q_1，总收益为OQ_1AP_1，当价格为P_2时，需求量为Q_2，总收益为OQ_2BP_2，$OQ_2BP_2>OQ_1AP_1$，当价格由P_1降到P_2时，总收益由OQ_1AP_1增加到OQ_2BP_2；相反，当价格由P_2上升到P_1时，总收益由OQ_2BP_2减少到OQ_1AP_1。

2. 需求缺乏弹性商品的总收益与需求价格弹性的关系

如果某种商品的需求是缺乏弹性的，那么，当该商品的价格下降时，需求量增加的幅度小于价格下降的幅度，所以，总收益会减少。

以面粉为例。假定面粉的需求价格弹性为0.5，当价格为2元/千克，销售量为100千克时，总收益为

$$TR=P\cdot Q=2\times100=200\text{元}$$

现在假定面粉的价格下降10%，即$P=1.8$元/千克，因为$E_d=0.5$，所以销售量增加5%，即$Q=105$千克，这时总收益为

$$TR_1=P\cdot Q=1.8\times105=189\text{元}$$

$$TR_1-TR=189-200=-11\text{元}$$

这表明，由于面粉价格下降，总收益降低了。

如果某种商品的需求是缺乏弹性的，那么，当该商品的价格上升时，需求量减少的幅度小于价格上升的幅度，所以，总收益会增加。

以面粉为例。假定面粉的价格上升了10%，即$P=2.2$元/千克，因为$E_d=0.5$，所以销售量减少5%，即$Q=95$千克，这时总收益为

$$TR_2=P\cdot Q=2.2\times95=209\text{元}$$

$$TR_2-TR=209-20=9\text{元}$$

这表明由于面粉价格上升，总收益增加了。

根据需求缺乏弹性的商品涨价与降价所引起的总收益的变化可以得出这样的结论：如果某种商品是需求缺乏弹性的，则价格与总收益成同方向变动，即价格上升，总收益增加；价格下降，总收益减少。可以用图2-13来说明。

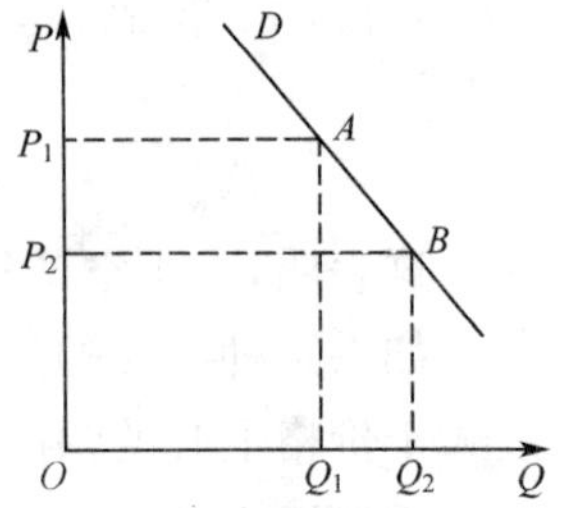

图2-13 需求缺乏弹性与总收益的关系

在图2-13中，D是某种需求缺乏弹性商品的需求曲线，当价格为P_1时，需求量为Q_1，总收益为OQ_1AP_1，当价格为P_2时，需求量为Q_2，总收益为OQ_2BP_2，$OQ_1AP_1>OQ_2BP_2$，当价格

由 P_1 降到 P_2 时，总收益由 OQ_1AP_1 减少到 OQ_2BP_2；相反，当价格由 P_2 上升到 P_1 时，总收益由 OQ_2BP_2 增加到 OQ_1AP_1。

需求弹性与总收益之间的关系对我们理解许多经济现象和做出经济决策具有指导意义：

第一，需求富有弹性的商品价格下降而总收益增加，就是我们一般所说的“薄利多销”的原因所在。“薄利”就是降价，降价就能“多销”，“多销”则会增加总收益。所以，能够做到“薄利多销”的商品必然是需求富有弹性的商品。

第二，需求缺乏弹性的商品价格下降而总收益减少，就是我们一般所说的“谷贱伤农”的原因所在。“谷贱”就是降价，降价则会减少总收益，必然会“伤农”。所以，属于“谷贱伤农”的商品必然是需求缺乏弹性的商品。

总之，需求价格弹性与总收益的关系是经济学中十分重要的基本原理。

(二)蛛网理论

蛛网理论是运用弹性理论来分析价格波动对产量的影响，以解释不连续生产的商品价格与产量是怎样波动的。由于描述价格和产量周期波动的图形好像蛛网，所以称为蛛网理论。

蛛网理论是 20 世纪 30 年代出现的一种早期动态均衡分析方法。动态均衡分析引入时间因素来分析均衡状态的变动过程，即研究一种均衡向另一种均衡变动的过程。蛛网理论就是要运用动态均衡分析来考察市场均衡的变动过程和稳定条件。

1. 蛛网理论的基本假设

蛛网理论是用于分析不连续生产的商品，如粮食、水果、猪、牛、羊等价格与产量的波动的，基本假设是：(1)供给量的变动存在时滞性，即从开始生产到生产出产品需要一定的时间，而且在这段时间内生产规模无法改变；(2)本期的产量决定本期的价格；(3)本期的价格决定下期的产量；(4)产品本身不易储存，须尽快出售。

在以上假设条件下，根据需求弹性与供给弹性的不同关系，价格和产量的变化过程主要有三种情况，即：收敛型蛛网、发散型蛛网、封闭型蛛网。

2. 供给弹性小于需求弹性：收敛型蛛网

供给弹性小于需求弹性，在图形中表现为需求曲线比供给曲线平缓，意味着价格变动对供给量的影响小于对需求量的影响。这时，价格波动对产量的影响越来越小，价格与产量的波动越来越弱，最后自发地趋于均衡。这种情况形成一个向内收敛的蛛网，称为收敛型蛛网，如图 2-14 所示。

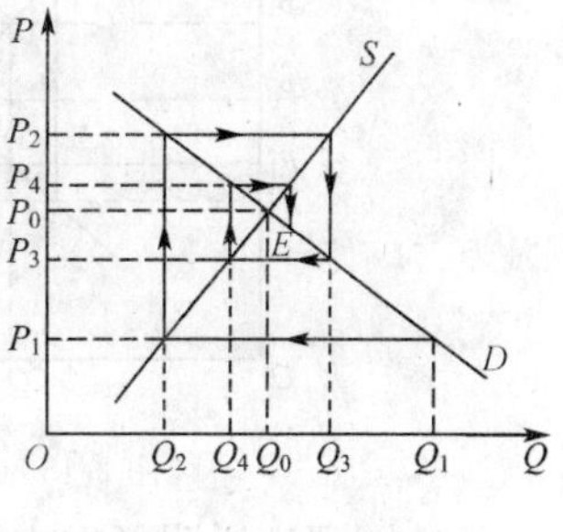

图 2-14　收敛型蛛网

在图 2-14 中，横轴 OQ 代表产量，纵轴 OP 代表价格，S 为供给曲线，D 为需求曲线。需求曲线 D 与供给曲线 S 相交于 E 点，E 为均衡点，P_0 为均衡价格，Q_0 为均衡数量。如果市场价格高于或低于均衡价格，就会引起产量波动，产量又引起下一期价格波动，如此下去就是价格与产量的波动。

假如产品第一生产周期丰收了，产量增加到 Q_1，Q_1 大于均衡数量 Q_0。供过于求，价格下降，购买全部 Q_1，消费者愿意支付的价格为 P_1。这个价格导致生产者在第二周期减少商品的生产，即生产者按 P_1 的价格决定将产量减少到 Q_2，Q_2 小于均衡数量 Q_0，出现供不应求，价格上升到 P_2。第三期，生产者根据 P_2 的价格决定将第三期的产量增加到 Q_3。于是又供过于求，价格跌到 P_3。第四期，生产者又按 P_3 的价格，把产量减少到 Q_4，供不应求，价格又上升到 P_4。如此反复下去，价格与产量的波动幅度逐渐缩小，最后趋向均衡点 E。

3. 供给弹性大于需求弹性：发散型蛛网

供给弹性大于需求弹性，在图中表现为需求曲线比供给曲线陡峭，意味着价格变动对供给量的影响要大于对需求量的影响。这时，价格与产量的波动越来越强，越来越远离均衡点。这种蛛网波动称为发散型蛛网，可用图 2-15 来说明。

在图 2-15 中，供给曲线 S 与需求曲线 D 相交于 E 点，决定了均衡价格为 P_0，均衡数量为 Q_0。如果市场价格高于或低于均衡价格，就会引起产量波动，产量波动又会引起下一期价格波动，如此下去就是产量与价格的波动。在第一期，产量为 Q_1，Q_1 大于均衡产量 Q_0，产量 Q_1 决定了价格为 P_1，需求量为 Q_1，$P_1<P_0$。第二期，P_1 决定了产量为 Q_2，供给量又决定了价格为 P_2，需求量为 Q_2，$P_2>P_0$。第三期，P_2 决定了产量为 Q_3，供给量 Q_3 决定了价格为 P_3，需求量为 Q_3，$P_3<P_0$。如此反复下去，价格和产量的波动越来越大，离均衡点越来越远。因此，供给弹性大于需求弹性被称为蛛网不稳定条件。

在图 2-15 中，曲线说明了价格随着时间的推进越来越远离均衡价格 P_0。

4. 供给弹性等于需求弹性：封闭型蛛网

供给弹性等于需求弹性，意味着价格变动对供给量的影响和对需求量的影响是一样的。这时，价格和产量的波动幅度相同，既不趋向均衡点，又不远离均衡点，价格与产量始终保持相同的波动程度。这种蛛网波动称为封闭型蛛网，见图 2-16。

在图 2-16 中，第一期产量为 Q_1，Q_1 大于均衡产量 Q_0，决定价格降至 P_1。第二期，价格 P_1 决定第二期产量为 Q_2，Q_2 小于 Q_0，决定价格升至 P_2。第三期，价格 P_2 决定第三期产量为 Q_1，这一产量仍然与第一期产量相同，这就开始了同上次完全相同的波动。

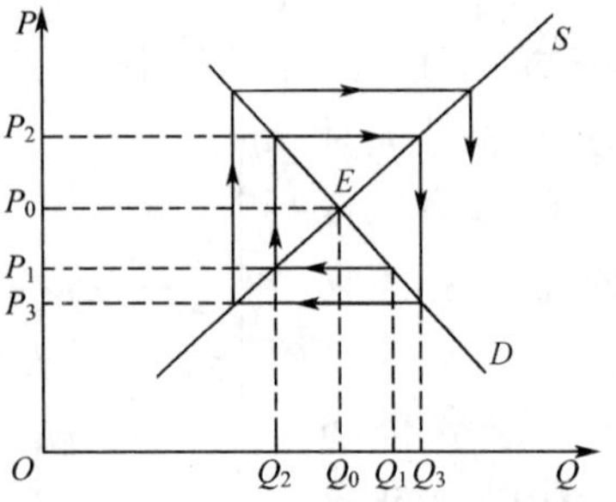

图 2-15 发散型蛛网

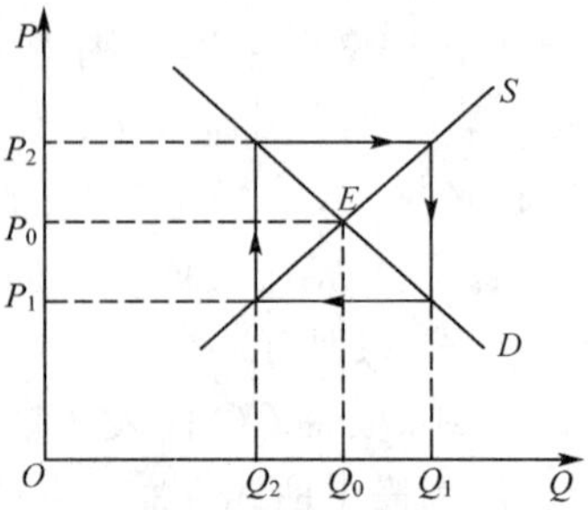

图 2-16 封闭型蛛网

蛛网理论说明了在市场机制自发调节的情况下，农产品市场上必然发生蛛网型周期波动，从而影响农业生产和农民收入的稳定。一般而言，农产品的供给对价格变动的反应大，但需求较为稳定，对价格变动反应程度小，即农产品的供给弹性大于需求弹性，因此，发散型蛛网波动正是农业生产不稳定的重要原因。

案例分析 2-3　胡萝卜价格变动对需求量的影响

从前有个村子住着一位老奶奶和她的小孙女。有一天，她可爱的小孙女突然病了。虽然老奶奶悉心照料，但孙女的病情仍不见好转。老奶奶很担心，就请来了大夫。大夫告诉她，需要花很多钱去买药。

老奶奶于是就开始高价卖胡萝卜。可是并不如愿，价格高了不好卖。老奶奶就向人们求情说孙女得了重病，急需用钱，求大家都买点。可只有几个好心肠的人买了点，大部分人只是摇了摇头，就走开了。

"太贵了，谁买它啊？"

"这该如何是好啊？"老奶奶又犯愁了。突然老奶奶又想出个好办法来。"对了，对了。把胡萝卜价格降低点，10 个捆成一捆卖，大家就会认为便宜，就会来买的。唉，我怎么早没想到呢？"10 个一捆，价格定得低一些，结果大家都纷纷来买了。老奶奶的如意算盘实现了。结果老奶奶一天就卖够了孙女治病的钱。当然孙女的病也就治好了。剩下的胡萝卜也都卖光了。

老奶奶有点莫名其妙了。"哎呀，奇怪！明明价格很低，怎么挣得还多呢……价格高，卖得少，还不如价格低，卖得多获利多啊。"

价格高时，卖得少，剩下的胡萝卜有不少都烂掉了。价格低时，卖得多，没有腐烂扔掉的，清扫容易，早点卖完还可以回家休息休息。以后黄瓜、大葱、萝卜、白菜也这么卖吧。

资料来源：(韩)金商奎. 小猪家的摇钱树. 文化艺术出版社，2006 年版

问题：试用需求的价格弹性原理帮老奶奶解开她的困惑。

第五节　均衡价格理论的应用

微观经济学的核心是要论证价格机制的完善性，证明市场经济体系本身能运行自如。事实上，价格机制的调节作用并不像理论上所讲的那样完善，比如某些生活必需品严重短缺时，价格会大幅度提高，在此价格水平上，收入水平低的家庭便难以维持最低水平的生活，从而不利于社会稳定。因而政府有必要通过制定微观经济政策来克服这些副作用。

一、限制价格

限制价格是指政府为了限制某些生活必需品的物价上涨而规定的这些商品的最高价格，限制价格低于市场均衡价格。如图 2-17 所示，某商品由供求关系所决定的均衡价格为 P_e，均衡数量为 Q_e，但在这一价格水平时，部分生活贫困的人将买不起，因而政府对这一部分商品实行限制价格政策，限制价格为 P_1，$P_1 < P_e$，此时商品实际供给量为 Q_s，需求量为 Q_d，供给量小于需求量，产品供不应求。因而为了维持限制价格，政府就要实行配给制。

限制价格的作用可以用住房的限制价格为例来说明：

第一，住房供给严重不足。在计划经济体制下，决定住房供给的并不是价格，而是国家计划。所以，住房不足的基本原因不能归纳于租金的高低，但应该指出，除了计划失误外，房租过低也是原因之一。由于房租过低，甚至比住房的维修费用还少，这就造成住房部门资金严重不足，建房困难。

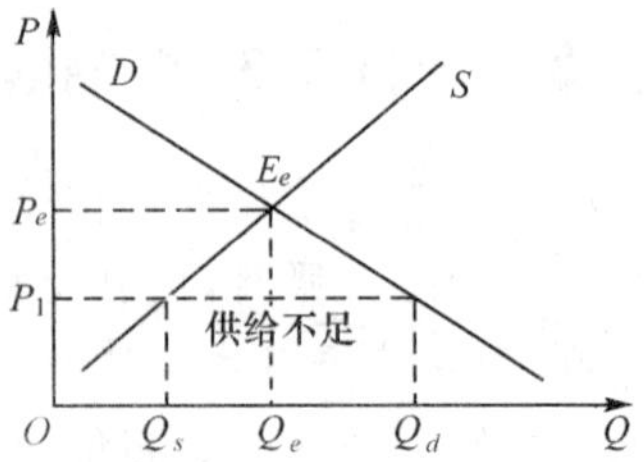

图 2-17　限制价格

第二，寻求活动、黑市和寻租。在房租受到严格管制，住房严重短缺的情况下，就会产生寻求活动和黑市。在计划经济体制下以各单位拥有住房为主，在这种情况下寻求活动就是：想尽办法分到国家住房。这种想办法走门子就是一种寻求活动。这种寻求活动增加了住房的交易成本。黑市活动包括两方面：以极高的价格租用私人住房，以及个人把分配到的住房高价出租。除了寻求活动和黑市外，在租金受到严格限制，住房采取配给的情况下，必然产生寻租现象。这就表现在，掌握分配住房权力的人，利用权力接受贿赂。

解决住房问题的出路，一是住房市场化。一方面通过有偿转让使公有住房私有化；另一方面开放对房租限制，由住房市场的供求决定房租。二是完善住房市场。由于住房市场开发成本、供需错位和开发商人为等因素导致我国目前房地产价格虚高不下，但由于职工收入水平低，工资中实际不包括买房支出，造成普通百姓购房困难。因而必须加大政府宏观调控力度，规范住房市场，促进住房市场健康发展。

根据上述实例，对于限制价格的利和弊可以概括如下：限制价格有利于社会平等的实现，有利于社会的安定。但这种政策也会引起严重的不利后果。第一，价格水平低不利于刺激生产，从而会使产品长期存在短缺现象。第二，价格水平低不利于抑制需求，从而会在资源短缺的同时又造成严重的浪费。第三，限制价格之下所实行的配给，会引起社会风气败坏，产生寻求活动、黑市和寻租。正因为以上原因，一般经济学家都反对长期采用限制价格政策，一般在战争或自然灾害等特殊时期使用。

二、支持价格

支持价格又称最低限价，是政府为了扶植某一行业的发展而规定的该行业产品的最低价格，支持价格高于市场均衡价格。如图 2-18 所示，该行业某商品由供求关系所决定的均衡价格为 P_e，均衡数量为 Q_e，政府为了扶植该行业的发展而制定的支持价格为 P_1，$P_1>P_e$，此时供给量为 Q_s，需求量为 Q_d，供给量大于需求量，产品出现过剩。为了防止价格下跌，政府就要收购剩余产品，因而支持价格政策的实施增加了政府财政支出。

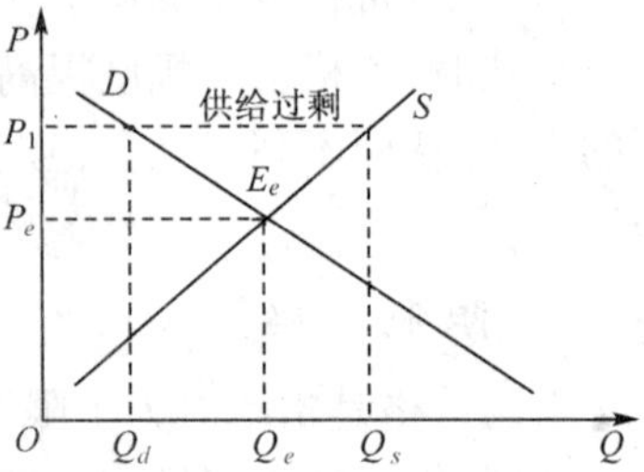

图 2-18　支持价格

支持价格的作用可以用农副产品支持价格为例来说明：

许多自然条件较好的国家，由于农产品过剩，为了克服农业危机，往往采取农产品支持价格政策，以稳定农业。农产品支持价格一般采取两种形式：一种是缓冲库存法，即政府或其代理人按照某种平价收购全部农产品，在供大于求时增加库存或出口，在供小于求时减少库存，以平价进行买卖，从而使农产品价格由于政府的支持而稳定在某一水平上。另一种是稳定基金法，即政府按某种平价收购农产品，在供大于求时维持一定的价格水平，供小于求时使价格不至于过高，但不建立库存，不进行存货调节，在这种情况下，收购农产品的价格是稳定的，同样可以起到支持农业生产的作用。

美国根据平价率来确定支持价格。平价率是指农场主销售农产品所得收入与购买工业品支付的价格之间的比率关系。按平价率来调节农产品的支持价格。法国是建立政府、农场主、消费者代表组成的农产品市场管理组织来制定支持价格。欧共体 1963 年成立欧洲农业指导委员会和保证基金，用于农产品的收购支出和补贴出口。

供大于求的情况下，如果不使用支持价格政策，将导致这样的结果：一是存货调节。当市场供大于求，价格低时，生产者把部分产品作为库存贮藏起来，不投入市场，从而不形成供给，这就会使供给减少，价格上升。反之，当市场上供给小于需求，价格高时，生产者把原来的库存投入市场，这就在产量无法增加的情况下增加了供给，从而价格下降。这种自发存货调节，对市场的稳定起到作用，但却为投机提供方便。二是地区套利。在现实中，市场往往是地区性的。这样在总体上供求平衡时，也会出现地区性不平衡。这种地区间供求不平衡所引起的价格差就产生了跨地区套利活动。这种活动就是把供大于求、从而价格低的地区的产品运到供小于求、从而价格高的地区。只要这种价格差大于运输费用，这种投机活动就不会停止。这种投机活动有利于市场机制更好地发挥作用，也有利于经济稳定，是市场经济本身的一种"内在稳定器"。此外，还有交易双方先签约而后在规定时间按预先协商确定的价格进行实物交割等交易方式，即远期交易等等。

支持价格的运用对于经济发展的稳定和制止投机活动有着极其重要的意义。其作用是：第一，稳定生产，减缓经济危机的冲击。第二，通过对不同产业产品的不同的支持价格，可以调节产业结构，使之适应市场变动。第三，对农产品的支持，可以扩大农业投资，促进农业劳动生产率的提高。但支持价格会使财政支出增加，政府背上沉重的包袱，降低政府对宏观经济的调节作用。

三、税收问题

如果政府想要限制某一商品的生产和消费，可以对这种商品生产征税。如图 2-19 所示，商品原均衡点为 E_0，均衡价格为 3 元，原均衡数量为 30，现在假定政府决定对生产出的商品每单位征税 2 元，我们来分析一下对产品的价格和销售的影响。显然，这种征税对需求曲线不会产生影响，购买者对于价格中是否包括税金并不关心，他们关心的只是价格的高低。价格如果提高了，需求量就减少；反之，就增加。所以，征税对需求曲线没有影响。但征税对供给曲线有影响。在征税前，生产者生产 30 个单位的产品，要求的价格是 3 元。现在假定征了 2 元的税，那么价格必须是 5 元，生产者才愿意生产并出售 30 个单位的产品，因而，征税会使生产者的供给曲线向左上方平行移动，移动的垂直距离为征税额 2 元，新的均衡点为 E_1，均衡价格为 4.5 元，均衡数量为 20。可见，征税后，商品的均衡价格上升了，均衡数量下降了。

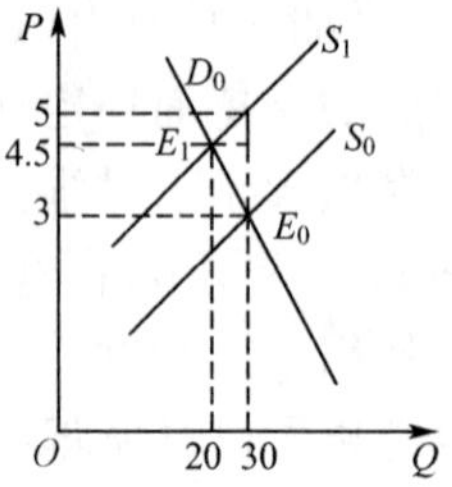

图 2-19 税收变动效应

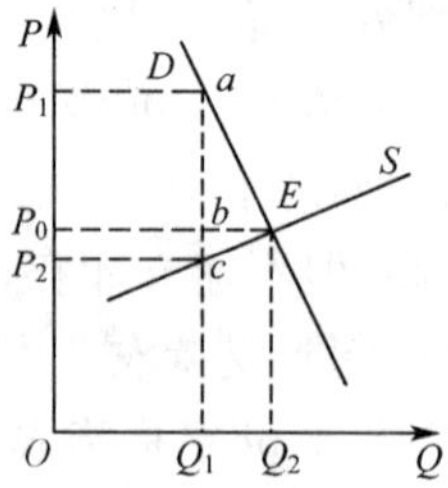

图 2-20 税收分摊(一)

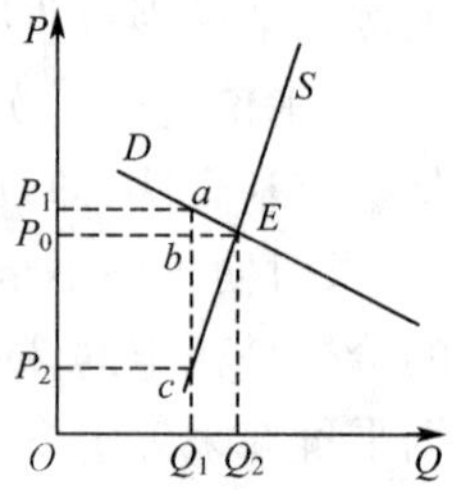

图 2-21 税收分摊(二)

如果引入需求弹性和供给弹性，税收分摊问题就显得更加复杂了。

如果某种商品需求缺乏弹性而供给富有弹性，这就是说，消费者对这种商品的价格变化反应不敏感，无法及时根据价格调整自己的需求，而生产者对这种商品的价格反应敏感，可以根据价格调整自己的供给。那么，税收就主要落到消费者身上。在图 2-20 中，需求曲线的需求弹性为缺乏弹性，供给曲线的供给弹性为富有弹性。P_1P_0 较大，消费者分摊的税收较大；P_0P_2 较小，生产者分摊的税收较小。

如果某种商品需求富有弹性而供给缺乏弹性，这就是说，生产者对这种商品的价格变化反应不敏感，无法及时根据价格调整自己的供给，而消费者对这种商品的价格反应敏感，可以根据价格调整自己的需求。那么，税收就主要落到生产者身上。在图 2-21 中，需求曲线的需求弹性为富有弹性，供给曲线的供给弹性为缺乏弹性。P_1P_0 较小，消费者分摊的税收较小；P_0P_2 较大，生产者分摊的税收较大。

案例分析 2-4　石油输出国组织在世界石油市场的行为及其影响

在过去几十年间对世界经济最具破坏性的大多数事件源于世界石油市场。在 20 世纪 70 年代，石油输出国组织(欧佩克)的成员决定提高世界石油价格，以增加收入。这些国家通过共同减少它们提供的石油产量而实现了这个目标。从 1973 年到 1974 年，石油价格上升了 50%以上。几年之后欧佩克又一次故伎重演。1979 年石油价格又上升了 14%，随后 1980 年上升了 34%，1981 年上升了 34%。

但欧佩克发现要维持高价格是困难的。从 1982 年到 1985 年，石油价格一直每年下降 10%左右。由此引起的不满与混乱很快蔓延到欧佩克各成员国。1986 年欧佩克成员国之间的合作完全破裂了，石油价格猛跌了 45%。1990 年石油价格(根据总体通货膨胀进行了调整)又回到 1970 年开始时的水平，而且在 20 世纪 90 年代的大部分年份中一直保持在这一低水平上。

问题：试用供给、需求和弹性的经济分析工具来考察石油输出国组织在世界石油市场的行为及其影响。

本章小结

1. 需求曲线表示需求量和价格反方向变动，因此，需求曲线向右下方倾斜。

2. 决定需求的因素包括商品本身的价格、消费者收入、相关商品价格、消费偏好以及预期。由商品本身价格变动引起的量的变动称为需求量的变动,表现为同一条需求曲线上的点的移动;由商品本身价格以外的其他因素中任何一种发生变动引起的量的变动称为需求的变动,表现为需求曲线的移动。

3. 供给曲线表示供给量和价格成同方向变动,因此,供给曲线向右上方倾斜。

4. 决定供给的因素包括商品本身的价格、生产要素的价格、技术以及预期。由商品本身的价格变动引起的量的变动称为供给量的变动,表现为同一条供给曲线上的点的移动。由商品本身的价格以外的其他因素中任何一种发生变动引起的量的变动称为供给的变动,表现为供给曲线的移动。

5. 均衡价格是一种商品需求和供给相等时的价格。这时该商品的需求价格与供给价格相等称为均衡价格,该商品的需求量与供给量相等称为均衡量。均衡价格是在市场上供求双方的竞争过程中自发形成的。

6. 需求价格弹性衡量需求量对价格变动的反应程度。可以用需求量变动百分比除以价格变动百分比来计算需求价格弹性;如果弹性小于1,需求量变动比例小于价格,则需求缺乏弹性;如果弹性大于1,需求量变动比例大于价格,则需求富有弹性。

7. 需求价格弹性取决于物品的必需程度、物品的可替代程度、消费支出在总预算支出的比例,以及时间的长短。对于缺乏弹性的物品来说,总收益与价格成同方向变动。对于富有弹性的物品来说,总收益与价格成反方向变动。

8. 供给价格弹性衡量供给量变动对价格变动的反应程度。可以用供给量的变动百分比除以价格变动百分比来计算供给价格弹性。如果弹性小于1,供给量变动的比例小于价格,则供给缺乏弹性;如果弹性大于1,供给量变动的比例大于价格,则供给富有弹性。供给价格弹性取决于生产的难易程度和时间的长短。

9. 支持价格是政府规定的某种物品的最低价格。农产品保护价是一个例子。支持价格高于均衡价格,引起了过剩。限制价格是政府规定的某种物品的最高价格。专家门诊挂号费就是一个例子。限制价格低于均衡价格,引起了短缺。

10. 税收归宿取决于供给和需求的价格弹性。奢侈品税收负担倾向于落在缺乏弹性的生产者一方,因为生产者难以改变产量来对税收作出反应。

关键概念 需求量 供给量 需求定理 供给定理 均衡价格 均衡数量 需求价格弹性 供给价格弹性 支持价格 限制价格

复习思考题

1. 单项选择题

(1) 当汽油的价格上升时,消费者对小汽车的需求量将(　　)。

A. 减少　　B. 保持不变　　C. 增加　　D. 不在乎

(2) 当咖啡的价格急剧上升时,消费者对茶叶的需求量将(　　)。

A. 减少　　B. 保持不变　　C. 增加　　D. 不在乎

(3) 下列(　　)情况发生会使啤酒的需求增加。

A. 消费者收入水平降低　　B. 啤酒行业进行大规模的广告宣传

C. 凉夏　　D. 生产成本增加

(4)均衡价格随着(　　)。

A. 需求与供给的增加而上升　　B. 需求的减少和供给的增加而上升

C. 需求的增加和供给的减少而上升　　D. 需求与供给的增加而下降

(5) 大米的供给量增加是指(　　)。

A. 大米的需求量增加而引起的　　B. 大米的价格上升而引起的

C. 由于收入的增加而引起的　　D. 由于成本的增加而引起的

(6) 下列鼓励生产者提高供给的政策是(　　)。

A. 产品实行支持价格政策　　B. 对产品实行限制价格政策

C. 提高产品的生产税　　D. 降低产品的生产税

2. 问答题

(1)影响需求的因素有哪些?

(2)用图形区分需求量的变动与需求的变动。

(3)用需求价格弹性理论来解释“谷贱伤农”这一“丰收悖论”。

(4)什么是市场均衡价格? 阐述均衡价格的形成过程?

(5)已知某商品的市场需求曲线为 $D=100-2P$,供给曲线为 $S=50+3P$,试求其均衡价格和均衡数量。如果政府对该商品实行支持价格政策,支持价格为20,将有多少产品过剩? 政府应如何处置这些过剩产品?

实训指导

主题:市场需求调查与总结

要求:1. 组织学生进行市场需求调查,增加对市场需求的感性认识。

2. 对调查结果进行分析总结。

建议:1. 选定某一产品,设计调查问卷。

2. 在小范围内进行问卷科学性测试。

3. 对调查结果进行统计分析。

4. 撰写调查报告。

阅读书目

[1] 辛宪. 经济学的第一堂课. 清华大学出版社,2006.

[2] [美]曼昆. 经济学原理. 梁小民,译. 北京大学出版社,2004.

[3] 李国政. 经济学原理与实务. 清华大学、北京交通大学出版社,2006.

第三章

消费者行为理论

知识目标

掌握效用、总效用、边际效用递减规律、无差异曲线、边际替代率等概念；理解效用最大化及消费者均衡的条件。

技能目标

要学会分别用边际效用分析和无差异曲线分析的方法来说明消费者行为理论，明确消费者如何通过对所购商品的选择使有限的收入获得最大满足，了解需求规律和需求曲线背后的原因。

导入新课

我们每天都要就如何配置有限的钱和时间作出许多选择，也就是说，决定买什么，买多少，能做什么，做些什么？在生活中我们不断做出这些决定。当我们平衡各种需求和欲望的时候，我们就在作出决定自己生活方式的选择。因此，要进一步了解需求，就必须了解消费者行为是如何决定的。消费者行为理论就是研究消费者如何作出选择，以及如何对价格和收入的变动作出反应。

本章主要分析效用、预算和购买，即消费者均衡，进而分析消费者行为的运用。

第一节　效用理论

效用理论是消费者行为理论的基础。消费者是指经济中独立作出消费决策的经济主体，它可以是个人，也可以是家庭。消费者作为理性的经济人，其消费的目的是在收入有限的条件下最大限度地满足欲望，即实现效用最大化。因而，弄清什么是欲望，什么是效用及效用评价方法，成为研究消费者行为理论的出发点。

一、欲望

欲望就是人们的需要（不是需求），是一种缺乏的感觉与求得满足的愿望。也就是说，欲望是不足之感与求足之愿的统一，二者缺一不可。

欲望具有无限性和层次性两个特点：

欲望的无限性是指人们的欲望永远不可能完全满足，一种欲望满足之后又会产生其他欲望。需要强调的是，欲望的无限性是欲望总体不能得到完全满足，而不是指每一种欲望都永远不能满足。

欲望的层次性是指人类的欲望总体尽管是无限的，但不同的欲望又有轻重缓急之分，可以划分为不同的层次。人们总是在满足了或部分满足了较低层次的欲望之后，才会产生较高层次的欲望。欲望层次性的论述最著名的是美国的心理学家A·马斯洛，他在《动机与人格》一书中把人的欲望划分为五个层次：

(1)生理的需要。指人类对衣、食、住、行、医药等生存基本条件的需要。这是人类首先要满足的基本欲望。

(2)安全的需要。主要指人类对现在与未来生活保障的需要，包括人们对工作、财产、人身安全等需要，它是基本生理需要的延伸。

(3)归属和爱的需要。这是一种作为社会人的精神层次的需要，包括友谊、爱情、归属感等方面的需要。

(4)尊重的需要。包括自尊与来自别人的尊重。这是更高层次的社会需要。

(5)自我实现的需要。这种需要包括对自我道德的完善、对自身价值的体现及对理想与抱负的追求，是人类最高层次的欲望。

欲望虽然是无限的，但却可以有不同的满足程度。欲望的满足程度可以用效用大小来进行比较和计量。因此，研究消费者行为就要研究效用问题。

二、效用

效用是指物品满足人的欲望的能力，或者说是指消费者在消费物品的时候所感受到的满足程度。消费者消费某种物品获得的满足程度高就是效用大，满足程度低就是效用小。如果消费者从消费某种物品中感受到痛苦，则是负效用。

理解效用概念必须注意以下几个特点：

第一，效用的主观性。效用是对欲望的满足，因而它和欲望一样是一种主观心理感受。同一数量的同一物品的效用大小没有客观标准，完全取决于消费者在消费当时的主观感受。对不同的人而言，同样的物品所带来的效用是不同的。例如，一支香烟对吸烟者来说有很大的效用，而对不吸烟者来说是毫无效用，甚至是有负效用的。对同一个人而言，同一物品在不同时间与地点的效用也是不同的。例如，同一件棉衣，在冬天或寒冷地区给人带来的效用很大，但在夏天或热带地区也许只能带来负效用。效用还具有递减性和再生性。例如，连续消费面包，第一块感觉较好，效用大，第二块感觉一般，效用一般等，表现为效用递减。但是，我们也可以发现，如果一段时间没有消费面包，则对面包的感觉又会恢复到第一块那样较好的感觉。这就说明效用的大小与有无完全是一种主观感受，因人、因时、因地而不同。

第二，效用与物品本身的使用价值不同。效用来源于使用价值，但不同于使用价值。使用价值是物品本身所具有的属性，它由物品本身的物理或化学性质所决定。使用价值是客观存在的，不以人的感受为转移。例如，香烟无论对吸烟者还是不吸烟者，都具有使用价值，但效用强调了消费者对某种物品带来满足程度的主观感受。所以，香烟对吸烟者来讲是有效用的，但对于不吸烟者来说是没有效用的。

第三，效用不含伦理学判断。只要能满足人们某种欲望的物品就有效用，而这种欲望本身是否符合社会道德规范则不在效用评价范围之内。例如，毒品能满足吸毒者吸毒的欲望，它就有效用，而不能因为毒品对吸毒者身体的损害，以及对社会的危害就否定其效用的客观存在。

第四，效用计量可大可小，可正可负。人们通过消费活动获得了欲望的满足，则为正效用；若感到痛苦或不适，则为负效用。例如，在亲朋喜庆相聚的宴会上，适当喝点酒既可增强热闹气氛，又可满足喝酒者的欲望，具有正效用；可是，一旦饮酒过量，既破坏了喜庆气氛，也会伤及身体，带来身心痛苦，则为负效用。

三、效用评价

既然效用是用来表示消费者在消费商品时所感受到的满足程度，于是，就产生了对这种“满足程度”即效用的度量问题。在这一问题上，一些经济学家认为效用可以用具体数字来表示；另一些经济学家则认为效用作为一种心理现象，是不能用具体数字来表示的。由此就产生了两种不同的消费者行为理论和分析方法：基数效用论与序数效用论，它们分别是基数效用论者的边际效用分析方法和序数效用论者的无差异曲线的分析方法。

基数效用论是研究消费者行为的一种理论。其基本观点是：效用是可以计量并加总求和的，因此，效用的大小可以用基数(1，2，3，…)来表示，正如长度单位可以用米来表示一样。所谓效用可以计量，就是指消费者消费某一物品所得到的满足程度可以用效用单位来进行衡量。例如，我们可以说某消费者喝一瓶饮料所得到的满足程度是3个效用单位。所谓效用可以加总求和是指消费者消费几种物品所得到的满足程度可以加总而得出总效用。例如，某消费者喝一瓶饮料所得到的满足程度是3个效用单位，听一张音乐唱片所得到的满足程度是5个效用单位。那么，这个消费者消费这两种物品所得到的总满足程度就是8个效用单位。基数效用论采用的是边际效用分析法。

序数效用论是为了弥补基数效用论的缺点而提出来的另一种分析消费者行为的理论。其基本观点是：效用作为一种心理现象是无法计量的，也不能加总求和的，只能表示出满足程度的高低与顺序。因此，效用只能用序数(第一，第二，第三，……)来表示。例如，消费者消费饮料与唱片，他从中得到的效用是无法衡量，也无法加总求和的，更不能用基数来表示，但他可以比较从消费这两种物品中所得到的效用。如果他认为消费饮料所带来的效用大于消费唱片所带来的效用，那么就可以说，饮料的效用是第一，唱片的效用是第二。序数效用论采用的是无差异曲线分析法。

在以下各节中，我们将分别介绍这两种理论对消费者行为所进行的分析。应该指出的是，这两种理论所用的分析方法尽管不同，但所得出的结论是相同的。

案例分析 3-1　迈克尔·杰克逊“谢幕”演唱会门票约5小时售罄

美国流行歌星迈克尔·杰克逊将在伦敦举行的“谢幕”演唱会的门票于2009年3月13日发售，当天只用了约5小时就全部卖光。

据路透社报道，杰克逊的演唱会门票从13日早晨7时开始销售。歌迷们在伦敦O2Arena体育馆的售票点前排起了长龙，很多歌迷是从世界各地专程前来购票。为确保有机会一睹偶像风采，不少歌迷前一天晚上就在售票点前“安营扎寨”。

此次演唱会的票价分为50英镑、65英镑和75英镑。主办方表示，就在杰克逊3月5日宣布复出后的两天内，已有36万人预订了门票。

现年50岁的杰克逊起初宣布，将在今年7月在可容纳2万人的伦敦O2Arena体育馆举行10场演唱会，杰克逊称之为“谢幕”演出，届时他将“演唱歌迷们喜爱的歌曲”。这将是杰克逊12年来首次举行系列演唱会。

据报道，由于歌迷们的热情分外高涨，演唱会由最初计划的10场增加到50场，将从今年7月8日一直持续至2010年2月24日。

评析：迈克尔·杰克逊的演唱技巧及演唱风格深受人们的喜爱，歌迷能够从他的演唱会中获得心理满足(即获得效用)。特别是当杰克逊宣布这一系列的演唱会为他的“谢幕”演出时，今后歌迷恐怕只能通过其唱片来欣赏其表演，因此歌迷对他的这一次演出的评价很高，对这次的演出的支付意愿也就高，才会出现一票难求的局面。

问题：为什么迈克尔·杰克逊“谢幕”演唱会门票销售会如此火爆？试用效用理论分析。

第二节 边际效用分析

在运用边际效用分析法来分析消费者行为时，首先要了解总效用与边际效用这两个重要的概念，进而掌握边际效用递减规律和效用最大化。

一、总效用与边际效用

(一)总效用

总效用(用TU表示)是指消费者从消费一定量的某种物品中得到的总满足程度。假定消费者消费商品或劳务的数量为Q。则总效用函数为

$$TU=f(Q)$$

(二)边际效用

边际效用(用MU表示)是指消费者每增加1个单位某种物品的消费所增加的总效用。边际的含义是增量，是指自变量增加所引起的因变量的增加量。在边际效用中，自变量是某物品的消费量，而因变量则是满足程度或效用。消费量变动所引起的效用的变动即为边际效用。如果用ΔTU表示总效用的增量，用ΔQ表示物品的增量，其函数表示为

$$MU=\frac{\Delta TU}{\Delta Q}$$

(三)总效用与边际效用的关系

表3-1给出一个消费者吃汉堡包的总效用和边际效用的数值，以此说明总效用与边际效用的关系。

表 3-1　　总效用和边际效用的关系

汉堡包/个	总效用(*TU*)	边际效用(*MU*)
0	0	—
1	12	12
2	18	6
3	21	3
4	22	1
5	22	0
6	20	−2

由表 3-1 可以看出，消费者在没有吃汉堡包的时候，当然也就没有获得效用。当他吃了第 1 个汉堡包后，对这个汉堡包的效用评价是 12 个效用单位，因而这个汉堡包的总效用和边际效用都是 12 个单位。当他吃了第 2 个汉堡包以后，总效用继续增加，达到 18 个效用单位。第 2 个汉堡包的边际效用是 6 个单位，即总效用由 12 个单位增加到了 18 单位。以此类推，第 3 个汉堡包的边际效用是 3 个单位，第 4 个汉堡包的边际效用是 1 个单位。当消费者吃完第 5 个汉堡包时，他感觉到满足程度没有继续增加，吃第 4 个与吃第 5 个汉堡包时的总效用是相同的，都是 22。这时，由于消费者已经吃饱了，不想再吃了，因而总效用也达到了最大值。相应的，第 5 个汉堡包的边际效用为 0。如果消费者继续吃第 6 个汉堡包时，只能给消费者带来不适的感觉，因而总效用不但没有增加，反而由 22 下降到了 20，即第 6 个汉堡包的边际效用是负值，为－2。

也可以用图 3-1 来说明总效用与边际效用之间的关系。

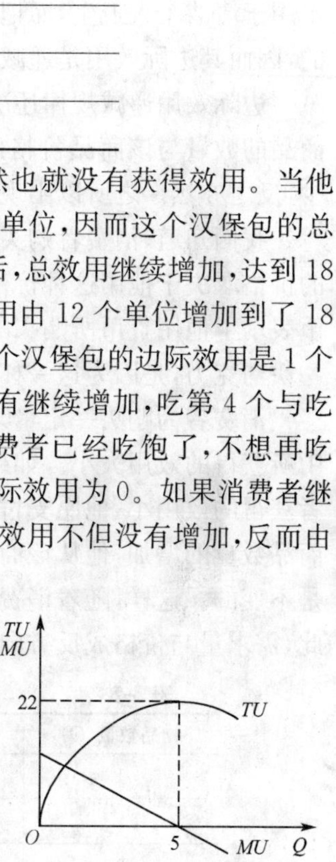

图 3-1　总效用与边际效用

在图 3-1 中，横轴代表汉堡包的消费量，纵轴代表总效用和边际效用。从表 3-1 中可以看出，当消费第 1 个汉堡包时，总效用为 12 个效用单位。当消费第 2 个汉堡包时，总效用为 18，边际效用为 6，以此类推，当消费第 5 个汉堡包时，总效用与消费第 4 个汉堡包时的总效用是一样的，都是 22，即第 5 个汉堡包的边际效用是 0，当消费第 6 个汉堡包时，总效用是 20，边际效用为－2。由此可以看出，总效用与边际效用的关系是：当边际效用为正数时，总效用是增加的；当边际效用为零时，总效用达到最大；当边际效用为负时，总效用减少。

二、边际效用递减规律

从表 3-1 和图 3-1 中可以看出，随着消费的汉堡包的数量增加，边际效用是递减的。这种情况普遍存在于一切物品的消费中，这种现象称为边际效用递减规律。边际效用递减规律可以表述为：在一定时期内，在其他商品的消费数量保持不变的情况下，随着消费者对某种商品消费量的增加，消费者从该商品连续增加的每一消费单位中所得到的效用增量即边际效用是递减的。在西方经济学中，对边际效用递减规律的解释有两个理由：

第一，生理或心理的原因。人们的消费行为是对人的生理和心理的刺激过程，人们的欲望得到满足，即获得效用，是对这种刺激过程的反应。随着消费数量的不断增加，即同一刺激的不断重复，人们在生理上和心理上所作出的反应会逐渐减小，直至没有反应，这就表现为边际效用递减。

第二，物品本身用途的多样性。每一种物品都有多种用途，不同作用的重要性是不同的。消费者总是把第 1 个单位的物品用于最重要的用途，因而其边际效用最大；把第 2 个单位物品用于次要的用途，其边际效用就会递减；以此类推，由于物品的用途越来越不重要，其边际效用就越来越小。例如，消费者有 3 桶水，他可能会饮用第 1 桶水，把第 2 桶水用于清洁个人卫生，而把第 3 桶水用于浇花。由于这 3 桶水用途的重要性是依次降低的，因而其边际效用是递减的。

边际效用递减规律还决定着需求定理。需求定理表明，消费者愿意买进的任何一种商品的数量与该商品价格成反方向变动关系。即商品价格提高，则对该商品需求量减少，反之亦然。之所以出现这种关系，根源在于边际效用递减规律。

我们知道，消费者购买各种物品是为了从消费这些物品中获得效用，他所愿意支付的价格取决于他用这种价格所购买商品的效用大小。也就是说，消费者所愿意付出的货币表示了他用货币所购买的商品的效用。例如，某消费者愿意用 3 元钱购买一杯饮料或一块巧克力，是因为这一杯饮料或一块巧克力给消费者所带来的效用是相同的。

消费者为购买一定量某种物品所愿意支付的货币的价格取决于他从这一定量商品中所获得的效用大小。如果消费者获得的效用大，他愿支付的价格就高；相反，如果消费者获得的效用小，他愿支付的价格就低。根据边际效用递减规律，随着消费者消费某种商品数量的增加，他从该商品的消费中所获得的边际效用是递减的，而货币的边际效用是不变的。这样，随着消费者购买商品数量的增加，他所愿意支付的价格也在下降。因此，需求量与价格成反方向变动。

表 3-2　　边际效用与需求定理

物品数量(Q)	边际效用(MU)	需求价格(P)	货币的边际效用(MU_M)
1	50	10	5
2	45	9	5
3	25	5	5
4	10	2	5
5	5	1	5

从表 3-2 中可以看出，消费者在既定的货币收入下，单位货币所获得的边际效用均为 5 个效用单位。当消费者购买第一单位商品时，消费欲望最高，所获得的边际效用为 50，他愿意支付的价格为 10 元；随着消费者消费欲望的降低，他从商品中所获得的边际效用也逐渐降低，依次为 45、25、10、5。相应的，他所愿意支付的价格也依次降为 9 元、5 元、2 元、1 元。由此可见，边际效用递减规律决定了消费者对某商品的需求量与价格之间的反方向变动关系。

三、消费者均衡

消费者均衡是研究单个消费者如何把有限的货币分配在各种商品的购买中以获得最大的效用，即研究消费者在既定收入水平下实现效用最大化的均衡条件。

(一)实现消费者均衡的假设条件

1. 消费者的偏好是既定的

前面我们提到,效用是消费者的一种主观评价,同一消费者对同一种商品组合的效用评价会因时间、地点等因素的不同而有所差别。确定最佳的消费决策只能是在消费者的消费行为发生在一个既定的时间、地点,即消费者的偏好既定的条件下才有意义。

2. 消费者的收入是既定的

消费者不同的收入购买到的商品数量是不同的,而不同的商品购买数量又会引起效用的差异。只有在既定收入条件下的不同消费决策中选择效用最大化的消费决策才是有意义的。

3. 商品的价格是既定的

商品的价格变化会引起消费组合的变化,因此研究消费者均衡必须假定商品价格是不变的。

4. 货币的边际效用是相同的

货币同其他商品一样也具有边际效用,同样也存在货币的边际效用递减规律。我们必须假定货币的边际效用是不变的,才能用货币的效用去衡量其他商品的效用。

(二)消费者均衡的条件

消费者在决策时,要受到一定条件的限制,这里的限制条件就是各种商品的价格和消费者的货币收入。这两个因素构成了消费者决策的约束条件。现假设消费者只购买 X 和 Y 两种商品,则限制条件可表示为

$$M=P_X \cdot Q_X+P_Y \cdot Q_Y$$

其中,M 表示消费者的货币收入,P_X 和 P_Y 分别为 X 商品和 Y 商品的价格,Q_X 和 Q_Y 分别为购买 X 商品和 Y 商品的数量。这个公式表示,消费者购买两种商品的总支出不能超出其收入水平,否则购买不能实现;但是也不能小于收入水平,否则不能实现既定收入达到效用最大化。

消费者实现效用最大化的均衡条件为:当消费者的收入和商品的价格既定时,消费者应该使自己所购买的各种商品的边际效用与价格之比相等。即消费者应使自己花费在各种商品购买上的最后一元钱所带来的边际效用相等。即

$$\frac{MU_X}{P_X}=\frac{MU_Y}{P_Y}$$

为什么达到上述条件,就能保证达到消费者均衡?如果 $MU_X/P_X>MU_Y/P_Y$,则意味着用于 X 商品的最后一单位货币所购买到的 X 商品的边际效用大于用于 Y 商品的最后一单位货币所购买到的 Y 商品的边际效用。这时如果减少购买 1 元钱的 Y 商品,而把这 1 元钱用于购买 X 商品,那么,由于 X 商品购买量增加的效用,将大于由于 Y 商品购买数量减少而减少的效用,这样,总效用在不多花钱的情况下增加了,这个调整过程一直到 $MU_X/P_X=MU_Y/P_Y$ 时为止。这时的总效用最大。

反之,如果 $MU_X/P_X<MU_Y/P_Y$,情况正好相反。在这种情况下,消费者将少购买 X 商品而多购买 Y 商品,一直到 $MU_X/P_X=MU_Y/P_Y$,即最后 1 元钱购买 X 商品所得到的边际效用与最后 1 元钱购买 Y 商品所得到的边际效用相等。这时总效用达到最大化,实

现了消费者均衡。

如果消费者购买 n 种商品，则其达到消费者均衡的限制条件和实现条件为

$$M=P_1\cdot Q_1+P_2\cdot Q_2+\cdots+P_n\cdot Q_n$$

$$\frac{MU_1}{P_1}=\frac{MU_2}{P_2}=\cdots=\frac{MU_n}{P_n}$$

由此可以得出消费者均衡的条件是：消费者用全部收入所购买的各种商品所带来的边际效用，与为购买这些商品所支付的价格的比例相等，或者说每 1 单位货币所得到的边际效用都相等。

例如，我们知道某消费者的货币收入为 9 货币单位，即 $M=9$，他所要购买的 X 商品与 Y 商品的价格均为 1 货币单位，即 $P_X=1$，$P_Y=1$。同时我们也知道他对 X 商品与 Y 商品的边际效用评价如表 3-3 所示。

表 3-3　某消费者的边际效用表

商品数量(Q)	1	2	3	4	5	6	7	8	9
商品 X 的边际效用(MU_X)	12	11	10	8	7	6	5	4	3
商品 Y 的边际效用(MU_Y)	19	17	15	14	13	10	8	6	4

要实现该消费者消费效用最大化的商品购买组合，应该按照这样的思路进行分析：从表 3-3 中可以看出，商品的边际效用是连续下降的，在此情况下，消费者只有使花费每 1 元钱货币所带来的边际效用最大，才能使总效用最大。所以，理性的消费者应将第 1 元钱用于购买商品 Y，因为商品 Y 可以使他获得最大的效用单位，即 19 个效用单位，而不应去购买商品 X，因为那样只能获得 12 个效用单位。同理，它应将第 2、第 3、第 4、第 5 元钱继续用于购买商品 Y，可以分别获得 17、15、14、13 个效用单位，因为它们都大于购买第一件商品 X 所获得的 12 个效用单位。然后，他应将第 6 元钱转而购买第一件商品 X，所获得的 12 个效用单位大于第 6 件商品 Y 的 10 个效用单位。最后，他用剩余的第 7、第 8 和第 9 元钱分别购买第二、第三件商品 X 和第六件商品 Y。这时，分别花在这两种商品上的最后一元钱的边际效用是相等的，都是 10 个效用单位。所以 3∶6 的组合是消费者的最优选择，该选择给消费者带来了效用最大化。至此，消费者均衡实现。

消费者的这种选择可以通过上述消费者均衡的限制条件和实现条件的公式进行验证。

$$P_X\cdot Q_X+P_Y\cdot Q_Y=1\times3+1\times6=9=M$$

$$\frac{MU_X}{P_X}=\frac{MU_Y}{P_Y}=\frac{10}{1}=MU_M$$

所以可以得出消费者的最佳购买组合结论：购买 X 商品 3 件与购买 Y 商品 6 件，这样的组合就能实现消费效用最大化。按照基数效用论的理论观点，效用是可以计量并能加总求和的。所以，该消费者获得的最大总效用是 121 个效用单位。即：19＋17＋15＋14＋13＋10＋12＋11＋10＝121。

在现实生活中，消费者不可能在消费之前就能准确知道每一单位商品给消费者带来的边际效用。那么，消费者均衡理论还有现实意义吗？答案应该是肯定的。因为这种消费者均衡的条件实际也是对我们日常生活中经验的一种理论概括。例如，假如某消费者

有 7 元钱，在饥饿难耐时他面临着面包和汽水的选择。而每只面包和每瓶汽水的价格假定都是 1 元钱。他应该如何在面包和汽水上分配这 7 元钱，才能获得最大的效用？他如果一次性地任意购买 4 个面包加 3 瓶汽水或 6 个面包加 1 瓶汽水或其他任意组合，该组合都不一定是最佳的。他如果按照前面案例的方法去比较每一元货币所带来的边际效用，其最终实现的消费组合一定是最佳的。当他准备花第 1 元钱时，它可以比较自己这时是最想吃一个面包，还是最想喝一瓶汽水。若最想吃面包，则说明这时面包的边际效用大于汽水的边际效用。当吃完第一个面包后，他再考虑第二元钱最想得到什么。以此类推，最终将 7 元钱全部花光，其消费决策一定是最合理的。

四、消费者剩余

消费者剩余这一概念是 19 世纪末 20 世纪初英国经济学家 A·马歇尔首先提出的，它是指消费者对某种商品所愿意付出的代价超过他实际付出的代价的余额。这个余额可以用来衡量消费者额外的满足，所以被称为消费者剩余。例如，某个歌迷为听一场他所喜欢的歌星的演唱会愿意支付的价格是 200 美元，但是实际票价是 150 美元，他节省下的 50 美元就是他的消费者剩余。

根据基数效用论的观点，消费者对每种商品愿意支付的价格取决于它的边际效用。由于边际效用递减规律，消费者对同种商品的不同数量愿意支付的价格不同。即当这种商品的数量较少时，消费者对其效用的评价较高，愿意支付较高的价格；当商品数量较多时，支付的价格则较低。但是商品的市场价格大都定在某一价格水平上，也就是说，消费者购买任何数量的该种商品实际支付的价格是相同的。这样，消费者根据其边际效用大小而愿意支付的价格总额与他实际支付的价格总额之间就会出现差额，这个差额就是消费者剩余。

表 3-4 说明了如何计算消费者剩余。

表 3-4　　消费者剩余

商品需求量	消费者愿付价格/元	消费者实付价格/元	消费者剩余/元
1	12	4	8
2	10	4	6
3	8	4	4
4	6	4	2
5	4	4	0
合　计	40	20	20

我们可以利用图 3-2 来进一步说明消费者剩余。在图 3-2 中，D 曲线为消费者对汉堡包的需求曲线，该曲线表明了消费者对不同数量的汉堡包所愿意支付的价格，P 为实际市场价格，消费者对第一个汉堡包的评价最高，他为这个汉堡包愿意支付的价格为 12 元，而实际市场价格为 4 元，消费者从中获得了 8 元的剩余。由于边际效用递减，他对后面的汉堡包的评价是递减的，所愿意支付的价格也在递减，分别为 10 元、8 元、6 元、4 元，这时消费者购买第 2、3、4 个汉堡包时分别获得了 6 元、4 元、2 元的消费者剩余。在购买第 5 个汉堡包时消费者没有获得消费者剩余。这样，消费者在消费了 4 个汉堡包时，获得的总剩余为 20 元。

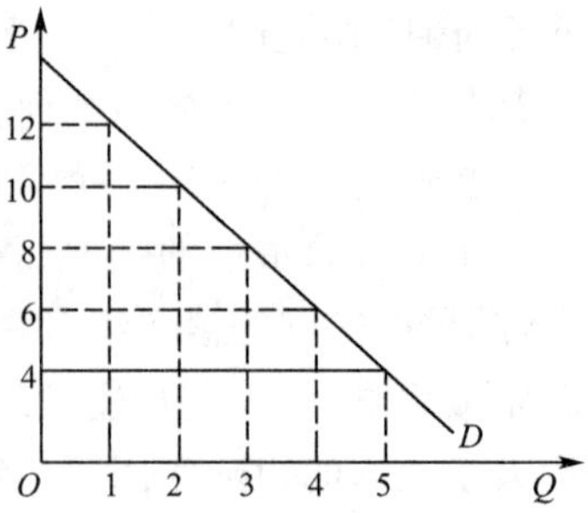

图 3-2 消费者剩余

在理解和运用消费者剩余概念时，要注意以下两点：

第一，消费者剩余并不意味着实际收入的增加，而只是一种心理感觉。这一概念是分析某些问题时的一种重要工具。例如，在分析垄断存在所引起的社会福利损失时就运用了这个概念。第二，生活必需品的消费者剩余大。这是因为消费者对这类商品的效用评价高，愿意付出的价格也高，但这类商品的市场价格一般并不高。

消费者在消费某种商品时，随着商品数量的增加而边际效用是递减的，因此他购买一定数量的商品时，愿意支付的价格是由其边际效用决定的，即消费者是按照一定数量中最后一个单位的效用来支付货币的。由于其他商品的效用都大于最后一个单位商品的效用，消费者便从前面每一单位商品中得到了效用的剩余。同时，随着消费者对商品消费量的增加，其效用在递减，消费者愿意支付的价格也在递减，因此，需求量与价格必然成反方向变动。

案例分析 3-2 从春晚看边际效用递减规律

大约从 20 世纪 80 年代初期开始，我国老百姓在过春节的年夜饭中增添了一套诱人的内容，那就是春节联欢晚会。记得 1982 年第 1 届春节联欢晚会的出台，在当时娱乐事业尚不发达的我国引起了极大的轰动。晚会的节目成为全国老百姓在街头巷尾和茶余饭后津津乐道的题材。

晚会年复一年地办下来了，投入的人力物力越来越大，技术效果越来越先进，场面设计越来越宏大，节目种类也越来越丰富。但不知从哪一年起，人们对春节联欢晚会的评价却越来越差了，原先在街头巷尾和茶余饭后的赞美之词变成了一片骂声，春节联欢晚会成了一道众口难调的大菜，晚会也陷入了“年年办，年年骂；年年骂，年年办”的怪圈。

评析：我们可以用边际效用递减规律来解释这一现象。边际效用递减规律是指在其他条件不变的前提下，当一个人在消费某种物品时，随着消费量的增加，他从中得到的总效用的增加量是越来越少的。由于观众连续多年反复地接受春晚节目的刺激，反应神经越来越迟钝，节目的刺激作用不断地弱化。因此，尽管春晚节目本身的质量在整体提升，但人们对晚会节目的感觉却越来越差了。

问题：你是如何理解边际效用递减规律的？试用现实生活中的例子解释之。

第三节 无差异曲线分析

序数效用论是用无差异曲线分析方法来说明消费者效用最大化，即消费者均衡是如何实现的。

一、无差异曲线

序数效用论者认为，效用作为一种心理现象是无法用具体的数值来衡量的，更不能加总求和，物品的效用只能用顺序来表示。他们提出了消费者偏好的概念，取代了基数效用论者的关于效用大小可以用“效用单位”来表示的说法。序数效用论者认为：消费者对于各种不同的商品组合的偏好程度是有差别的，这种偏好程度的差别决定了不同商品组合效用的大小顺序。

序数效用论者对消费者偏好进行了三个假设。

第一，对于任何两个商品组合 A 和 B，消费者总是可以作出，而且也仅仅只能作出三种判断中的一种：对 A 的偏好大于对 B 的偏好；对 A 的偏好小于对 B 的偏好；对 A 和 B 的偏好相同。对 A 和 B 具有相同的偏好，称为 A 和 B 是无差异的。

第二，对于任何三个商品组合 A、B、C，如果消费者对 A 的偏好大于对 B 的偏好，对 B 的偏好大于对 C 的偏好，那么该消费者对 A 的偏好大于对 C 的偏好。

第三，如果两个商品组合的区别仅在于其中一种商品的数量的不同，那么消费者总是偏好于含有这种商品数量较多的那个组合。

(一)无差异曲线的概念及特征

无差异曲线又称等效用线，表示在消费偏好既定的条件下，消费者所获满足程度相等的商品组合点的轨迹。我们用两种商品组合来说明无差异曲线。

假设，有 X 和 Y 两种商品，它们有 a、b、c、d、e、f 六种组合方式，这六种组合方式能给消费者带来相同的效用。我们可以作出表 3-5，并根据表 3-5 可以作出图 3-3(a)。

表 3-5　　无差异曲线表

组合方式	X 商品	Y 商品
a	5	30
b	10	18
c	15	13
d	20	10
e	25	8
f	30	7

无差异曲线的特征：

1. 无差异曲线是一条向右下方倾斜的曲线，其斜率为负值。这表明，在消费者消费两种商品的数量都未达到饱和之前，消费者为了保证总效用不变，在增加一种商品的消费时，减少另一种商品的消费。两种商品不能同时增加或减少。如图 3-3(a)所示。

2. 同一平面上可以有无数条无差异曲线。同一条无差异曲线上的不同点所代表的不同消费组合给消费者带来相同的效用，不同的无差异曲线上的不同消费组合给消费者带来不同的效用。离原点越近的无差异曲线所代表的效用水平越低，离原点越远的无差异曲线所代表的效用水平越高。如图 3-3(b)所示，在图中，I_1、I_2、I_3 是 3 条不同的无差异曲线，它们分别代表不同的效用水平，其效用大小为 $I_1 < I_2 < I_3$。

3. 在同一平面上，任意两条无差异曲线永不相交。为了说明这一结论，我们假设在同一平面上两条无差异曲线 I_1 和 I_2 相交于 B 点。如图 3-3(c)所示，A、B 两点在同一条无差异曲线 I_1 上，A、B 两点的效用是相同的；A、C 两点在另一条无差异曲线 I_2 上，A、C 两点的效用也相同。根据推理，B、C 两点的效用也是相同的。但是 C 点与 B 点相比，包含了更多的 X 商品和 Y 商品，因而 C 点的效用应大于 B 点的效用。而这与“B、C 两点效用是相同的"这一结论是相悖的。因此，在同一平面上，任意两条无差异曲线是不可能相交的。

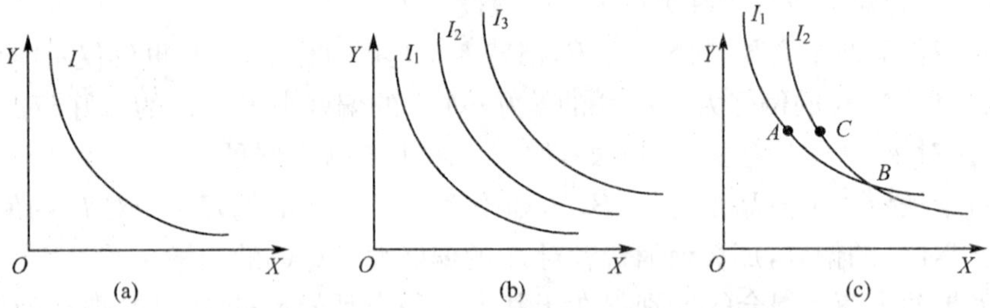

图 3-3 无差异曲线的特征

4. 无差异曲线是一条凸向原点的曲线。这一特征是由商品的边际替代率递减所决定的。商品的边际替代率是一个重要概念，我们将在下面进行讨论。

(二)边际替代率与边际替代率递减规律

在无差异曲线分析中，以边际替代率代替了边际效用，以边际替代率递减规律代替了边际效用递减规律。边际替代率是在维持效用水平不变的前提下，消费者减少的一种商品的消费量与增加的另一种商品的消费量之比。

如果以 ΔX 表示 X 商品的增加量，ΔY 表示 Y 商品的减少量，MRS_{XY}表示以 X 商品替代 Y 商品的边际替代率，边际替代率的公式可以表示为

$$MRS_{XY}=\frac{\Delta Y}{\Delta X}$$

在这里要注意，在保持效用相同时，增加一种商品就要减少另一种商品，因此边际替代率是负值。但为方便起见，一般采用其绝对值。

根据表 3-5 的资料来计算在商品组合方式转换中的商品的边际替代率，并做成表3-6。

表 3-6　　边际替代率表

变动情况	ΔX	$-\Delta Y$	MRS_{XY}
$a \to b$	5	12	2.4
$b \to c$	5	5	1
$c \to d$	5	3	0.6
$d \to e$	5	2	0.4
$e \to f$	5	1	0.2

从表 3-6 中我们可以看出，边际替代率变动的趋势是逐渐变小的，这就是边际替代率递减规律。它表示：在维持效用水平不变的前提下，消费者为每增加 1 个单位的某种商品的消费所要放弃的另一种商品的消费数量是递减的。

商品的边际替代率递减规律存在的原因是商品的边际效用递减规律。在用商品 X 替代 Y 的过程中，随着商品 X 消费数量的增加，它的边际效用在递减，随着商品 Y 消费数量的减少，它的边际效用在递增。这样，每增加 1 个单位商品 X 的消费，它所能替代的商品 Y 的数量就越来越少。或者说，在公式 $MRS_{XY}=\Delta Y/\Delta X$ 中，当分母 ΔX 不变时，分子 ΔY 越来越小，因而分数值即商品的边际替代率在不断变小。可见，商品的边际替代率

递减规律实际上就是用无差异曲线的形式来表述的边际效用递减规律。

边际替代率的几何意义是无差异曲线的斜率。因为边际替代率为负值，所以无差异曲线是向右下方倾斜的，又因为边际替代率是递减的，所以无差异曲线凸向原点。

（三）边际替代率的特殊情形

无差异曲线告诉我们消费者用 种物品交换另一物品的意愿。当物品很容易得到替代时，无差异曲线不太凸向原点；当物品难以替代时，无差异曲线非常凸向原点。为了说明这种情况的正确性，我们考虑两个极端的情况。

1. 完全替代品

考虑一个消费者在购买商品后找零的情形。商店只提供 5 元和 1 元的零钱组合。消费者会如何对这些不同的组合进行排序？很可能的情况是，消费者只关心每种组合的总货币的价值。无论组合中的 5 元和 1 元纸币有多少，他总愿意用 1 张 5 元的纸币替代 5 张 1 元的纸币。这样，他在 5 元和 1 元纸币之间的边际替代率是一个不变的数——5。见图 3-4(a)。在这幅图中，我们看到，由于边际替代率是不变的，无差异曲线是一条直线。在这种极端的直线性无差异曲线的情况下，这两种物品是完全替代品。

2. 完全互补品

考虑一个近视患者选择眼镜镜片与镜架的情形。商店给他提供了 10 对镜片和 6 个镜架。在这种情况下，消费者只关心两者的配对情况。6 个镜架和 10 对镜片的组合只能配成 6 副眼镜，即多给的 4 对镜片对他来说是没有价值的。我们可以用图来进行描述。在图 3-4(b)中，6 个镜架和 6 对镜片与 6 个镜架和 10 对镜片的组合是相同的。因此，无差异曲线是直角形。在这种极端的直角形无差异曲线的情况下，我们说这两种物品是完全互补品。

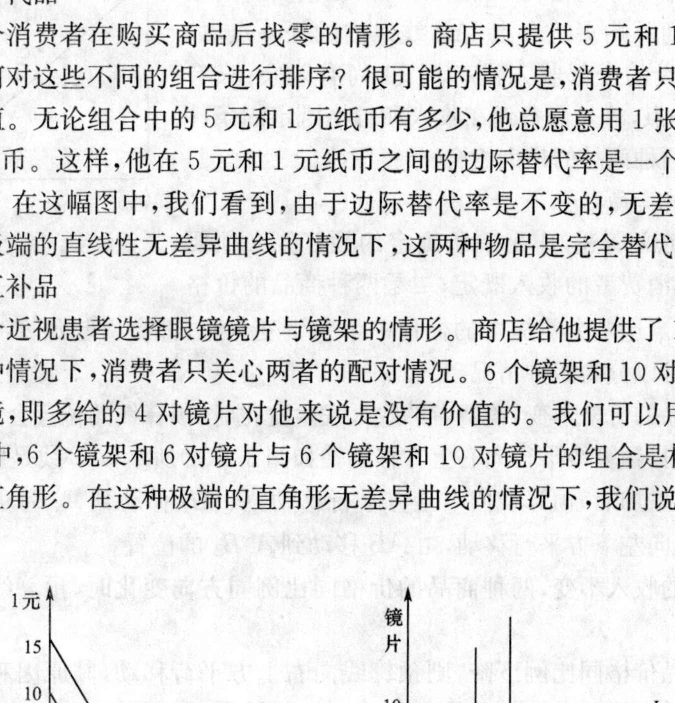

(a)完全替代品　　(b)完全互补品

图 3-4 完全替代品与完全互补品的无差异曲线

当然，在现实生活中，大多数物品既不是完全替代品也不是完全互补品。更典型的情况是，无差异曲线凸向原点，但不像直角形那样凸向原点。因此，边际替代率递减规律在现实生活中仍然是适用的。

二、预算线

消费者进行选择时，考虑的一个重要因素是收入。在不考虑借贷的条件下，消费者不能无限制地选择他所喜爱的商品。反映消费者收入约束的概念就是预算约束。

（一）预算线的含义

预算线又称为消费可能线、等支出线或价格线。它是一条表明在消费者收入与商品价格既定的条件下，消费者用全部收入所能购买到的两种商品不同数量的各种组合的曲线。

为了便于研究，西方经济学一般都用两种商品的组合来说明预算线。

假设消费者的收入为50元，他面临着X和Y两种商品的选择，X的价格为2元，Y的价格为5元。如果将全部收入用于X，可以买25单位，如图3-5中的A点；如果全部用于Y，可买10单位，如图3-5中的B点；如果购买这两种商品的各种组合，消费者的所有可能选择都会表现在AB线上。

在图3-5中，预算线AB把平面坐标图划分为三个区域：AB线以外的区域中的任何一点，如C点，是消费者的收入不可能实现的商品购买组合点；AB线以内的任一点，如D点，表示消费者的全部收入没有用完，尚有剩余；只有AB线上的任何一点，才是消费者在收入和价格既定的条件下可能购买的这两种商品的最大组合。

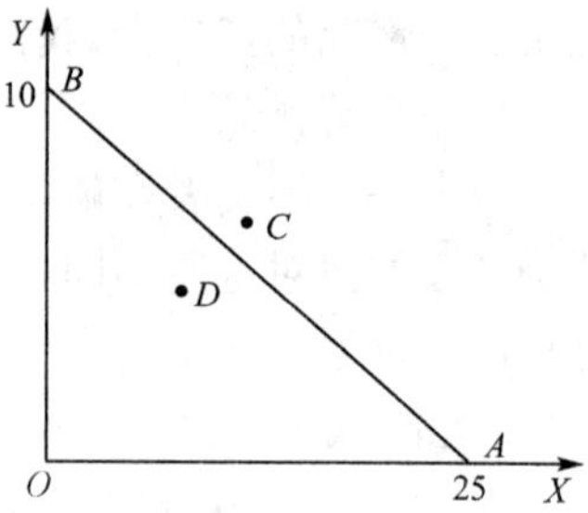

图3-5 消费者预算线

（二）预算线的变动

如预算线的定义所述，作出一条确定的预算线必须要有两个前提：一是消费者的收入既定；二是两种商品的价格既定。也就是说，当这两个前提中的任何一个发生变化时，都会引起预算线的变动。预算线的变动大致可以分为四种情况。

1. 当两种商品的价格不变，消费者的收入发生变化时，预算线的位置会发生平移。

当收入增加时，预算线平行向右上方移动。如图3-6(a)所示，AB线是原收入条件下的预算线，当收入增加后，预算线向右上方平行移动，从AB移动到A_1B_1的位置；反之，收入减少，预算线向左下方平行移动，由AB移动到A_2B_2的位置。

2. 当消费者的收入不变，两种商品的价格同比例同方向变化时，预算线的位置也会发生平移。

如果两种商品价格同比例下降，则预算线向右上方平行移动，其原因和价格不变而消费者收入提高是一样的；反之，若两种价格同比例提高，则预算线向左下方平行移动。如图3-6(b)所示。

3. 当消费者收入和两种商品价格都同比例、同方向变化时，预算线不发生变化。这种变化使消费者的实际购买能力没有发生任何的变化。

4. 当消费者收入不变，一种商品价格不变，而另一种商品价格发生变化，则预算线的斜率和在横轴或纵轴上的截距发生变化。如图3-6(c)、(d)所示。

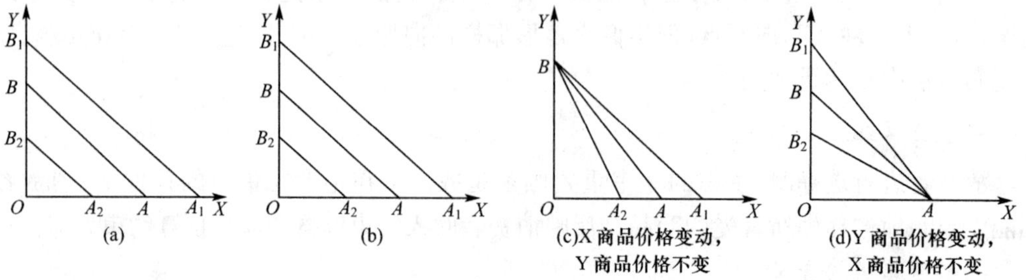

图3-6 预算线的变动

三、消费者均衡

消费者的偏好决定了消费者的无差异曲线，一个消费者关于任何两种商品的无差异曲线组合都可以有无数条；消费者的收入和商品的价格决定了消费者的预算线，在收入既定和商品价格已定的情况下，一个消费者关于两种商品的预算线只能有一条。当一个消费者面临一条既定的预算线和无数条无差异曲线时，应如何才能获得最大的效用呢？序数效用论认为，只有既定的预算线与其中的一条无差异曲线的相切点，才是消费者获得最大效用的均衡点。

如图 3-7 所示，I_1、I_2、I_3 是 3 条效用水平不同的无差异曲线，$I_1<I_2<I_3$。AB 为在消费者收入和商品 X 和 Y 的价格既定条件下的预算线。AB 线与 I_2 线相切于 E 点，E 点即是消费者均衡点。

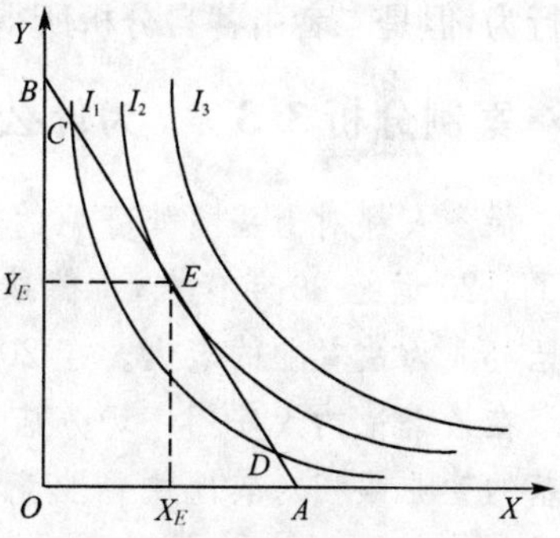

图 3-7　消费者均衡

为什么只有在 E 点才能实现消费者均衡？从图可以看出，I_3 的效用大于 I_2，但 I_3 与 AB 没有交点，说明消费者在现有的收入与商品价格条件下，无论怎样的消费组合也不可能达到 I_3 所表示的效用水平。AB 线与 I_1 线相交于 C、D 两点，说明消费者利用现有收入是可以购买到无差异曲线 I_1 上的 C、D 两点的商品组合的。它所实现的是无差异曲线 I_1 的效用水平。另外，AB 线与 I_2 相切于 E 点，说明按 E 点进行消费组合也是现有收入所能达到的，其实现的是 I_2 所代表的效用水平。由于 I_2 的效用水平高于 I_1，因而按 E 点进行消费组合的效用水平会高于 C 点和 D 点。由于无差异曲线是互相平行的，因而能和既定的预算线 AB 相切的无差异曲线只有一条，即图中的 I_2。因此，E 点是在收入与价格既定条件下效用最大化的消费组合点。在均衡点 E 上，消费者关于 X 和 Y 商品的最优购买数量的组合为(X_E, Y_E)。

下面运用数学公式分析的方法，来说明序数效用论与基数效用论所得的消费者均衡条件的一致。

根据边际效用分析，消费者均衡的条件是

$$\frac{MU_X}{P_X}=\frac{MU_Y}{P_Y}$$

无差异曲线分析，消费者均衡在无差异曲线与预算线的相切之点实现，在这一点上预算线的斜率与无差异曲线的斜率是相等的。为了便于计算，在这里，斜率取绝对值。

在图 3-7 中，预算线 AB 在 E 点的斜率的绝对值与整条预算线的斜率绝对值是相等的，为 P_X/P_Y。

无差异曲线 I_2 在 E 点的斜率就是在该点以 X 商品代替 Y 商品时的边际替代率，即 MRS_{XY}。假定商品的效用是可以用基数来衡量的，则商品的边际替代率 MRS_{XY} 可以表示为两种商品的边际效用 MU_X 和 MU_Y 之比。原因是：由于在保持效用水平不变的前提下，消费者增加某种商品的消费量所带来的效用的增加量和相应减少的另一种商品的消费量所带来的效用的减少量必定是相等的，即有

$$MU_X \Delta X=MU_Y \Delta Y$$

因此，边际替代率可以表示为

$$MRS_{XY}=\frac{\Delta Y}{\Delta X}=\frac{MU_X}{MU_Y}$$

又因为在 E 点，预算线 AB 与无差异曲线 I_2 的斜率绝对值是相等的，所以有

$$\frac{MU_X}{MU_Y}=\frac{P_X}{P_Y}$$

即有

$$\frac{MU_X}{P_X}=\frac{MU_Y}{P_Y}$$

因此，虽然基数效用论和序数效用论在不同的假设条件下以不同的方法来分析消费者行为，但是二者由各自分析所得出的消费者效用最大化的均衡条件的本质是相同的。

案例分析 3-3　为什么肯德基在亚洲比在美国更受欢迎

很多人都对街头随处可见的有白胡子老头的招牌不陌生，人们知道，肯德基快餐店到了。20 世纪 90 年代末，肯德基在亚洲各国的业务量都在不断增长，在中国、韩国，肯德基已经成为快餐业的老大。在 2000 年，肯德基在中国国内的营业额大约为 20 亿元人民币。在最繁忙的天安门广场分店，701 个座位每年会接待 250 万人次。然而，在美国，肯德基的营业额相对其他快餐业竞争者却在萎缩。在 1991 年，其在美国的营业额甚至下跌了 5%。

评析：为什么肯德基在亚洲和美国的业绩回报出现如此的不同呢？其秘密就在于亚洲人和美国人的饮食偏好是不同的。我们用图 3-8 来表示这两种偏好。

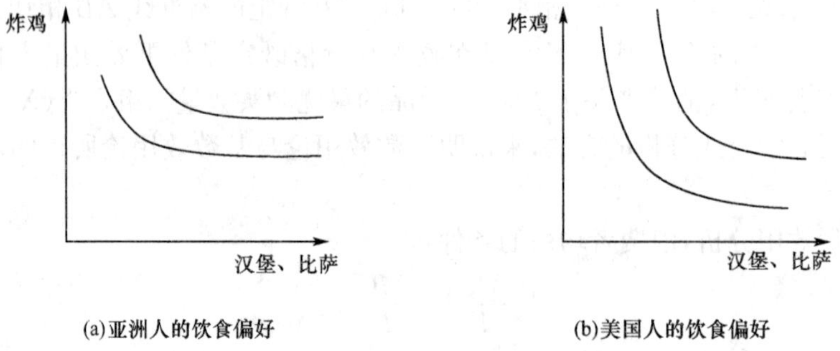

图 3-8　对肯德基的不同偏好

大家都知道，肯德基的特点在于它提供一系列的炸鸡类食品：原味鸡块、上校鸡块、香辣鸡翅等。这类炸鸡很符合亚洲人的胃口。亚洲人本来就有吃鸡的传统，没有哪个民族或宗教是反对吃鸡肉的（当然有的宗教反对吃所有动物的肉）。因而相对于其他的快餐类食品，如汉堡类、比萨类，肯德基就以其符合亚洲人偏好而大行其道。如图 3-8(a)所示是亚洲人的偏好。在图中，炸鸡对汉堡、比萨的边际替代率特别大。

然而在美国，由于富裕的美国人越来越注重健康，他们担心炸鸡类食品会导致心脏病，因而对肯德基的需求不断降低。如图 3-8(b)所示，在美国，人们更偏好汉堡、比萨类食品。

本案例说明了近些年来一个有趣的现象：作为一种大众化的快餐，肯德基在亚洲国家比在它的发源地美国更受欢迎。从经济学角度来说，这其实很好解释：消费者的偏好是在不断变化的。肯德基作为刚刚大规模登陆亚洲国家的新事物注定要在亚洲受欢迎，而在它的发源地，它已成为平淡无奇的旧食品，自然很难再调动起人们的激情，健康的考虑不过是更强化了这种趋势。然而，随着消费者偏好的变化，谁能保证肯德基今后在亚洲受欢迎的趋势会一直持续下去呢？

这个案例也佐证了美国当代著名经济学家萨缪尔森在他的《经济学》中的话："市场经济最终是被两个主宰所控制的，即消费者和技术"，消费者的偏好决定了市场提供什么。很多时候一种产品流行而其同类产品却在市场上消失，就是因为消费者的偏好选择了前者。

（资料来源：张卫东. 微观经济学. 北京：首都经济贸易大学出版社，2003 年版）

问题：消费者的消费偏好对不同品牌、不同档次的手机销售量有何影响？

第四节 消费者行为理论的应用

在前面的分析中，我们是以消费者的货币收入和商品价格不变作为前提的，但实际上，收入和价格这两个因素都在不断地变化，这对消费者均衡会产生很大的影响。

一、价格变动对消费者选择的影响

在消费者偏好和收入不变的情况下，当某种商品价格变化时，消费均衡点会因此而发生移动。这条运动的轨迹所形成的曲线，我们称之为价格-消费曲线（*PC*）。如图 3-9 所示。

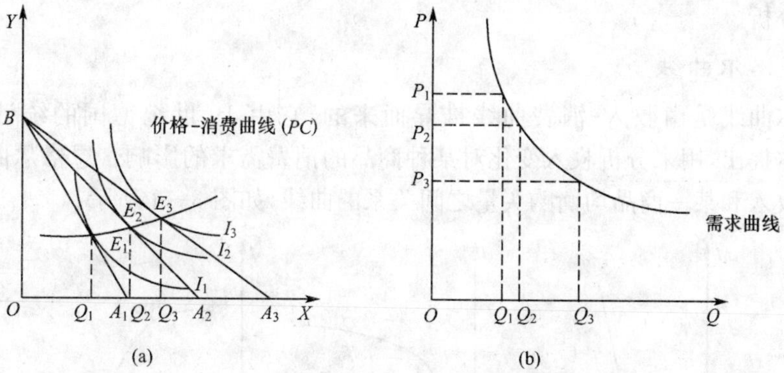

图 3-9 价格—消费曲线与需求曲线

假设 X 商品的价格 P_X 连续变化而 Y 商品的价格不变，得到多条的预算线 A_1B、A_2B、A_3B…，这多条预算线在纵轴的截距相等，但是斜率各不相同，随着 X 商品价格的下降，消费者对 X 商品的购买量不断增加而对 Y 商品的购买量不变。这些不同斜率的预算线与众多条表示不同效用水平的无差异曲线分别相切，得到多个切点。连接这些切点 E_1、E_2、E_3…，得到一条价格-消费曲线。它是在消费者收入不变的条件下，如果价格发生变动时，消费者均衡点或消费者最佳购买行为的变动趋势。

我们可以把价格-消费曲线转化为对于X商品的需求曲线。随着X商品价格的降低，预算线斜率的绝对值不断缩小，对X商品的均衡购买量不断增加，如图3-9(a)中与各个X商品的价格(这种价格隐含在各条消费可能线中)对应的消费者购买的X商品的数量(Q_1,Q_2,Q_3)，可以描绘出消费者对X商品的需求曲线。即可以在价格数量空间中建立X商品的价格与需求量之间的对应关系，如图3-9(b)所示。由此可见，用无差异曲线分析法也可以推导出表明价格与需求量成反方向变动的、向右下方倾斜的需求曲线。

二、收入变动对消费者选择的影响

在商品价格不变的情况下，收入的变化将引起预算线的平行移动。这样，我们可以得到许多条相互平行的预算线。这些预算线分别与众多的无差异曲线相切，得到若干个切点，连接这些切点就得到一条收入-消费曲线(IC)。如图3-10所示。

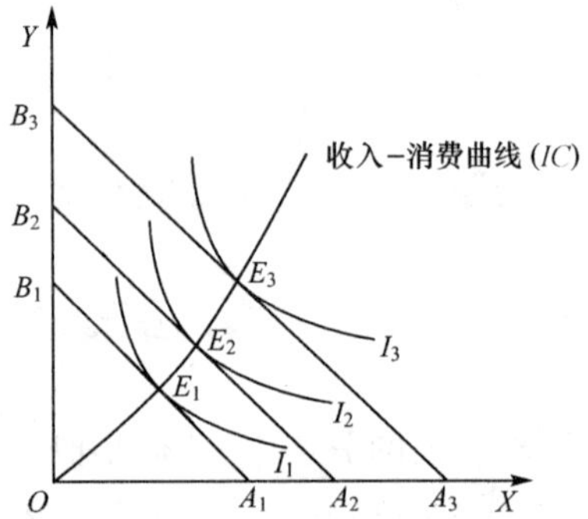

图3-10 收入—消费曲线

在图3-10中，随着消费者收入的变化，预算线发生平移，得到A_1B_1、A_2B_2、A_3B_3等若干条预算线。这些预算线分别与无差异曲线I_1、I_2、I_3等相切，得到E_1、E_2、E_3等若干个切点。连接这些切点，得到一条收入-消费曲线。在收入-消费曲线上的任何一点，都是消费者在相应收入水平下能选择使自己获得最大满足程度的商品组合点。在商品价格不变的条件下，收入越多，均衡点的位置离原点越远。这表明消费者能获得更高效用水平的消费组合方式，或者说，消费者将获得越来越多的商品消费，这就是收入对消费的影响作用。

收入-消费曲线可以推导出恩格尔曲线，这是收入-消费曲线应用的例子，我们将在下面进行分析。

三、恩格尔曲线

恩格尔曲线是由收入-消费曲线推导而来的，它由19世纪德国的统计学家恩斯特·恩格尔提出，用来分析收入变化对某种商品的消费需求的影响。恩格尔曲线是表示消费者的收入和某一商品均衡购买量之间关系的曲线，如图3-11所示。

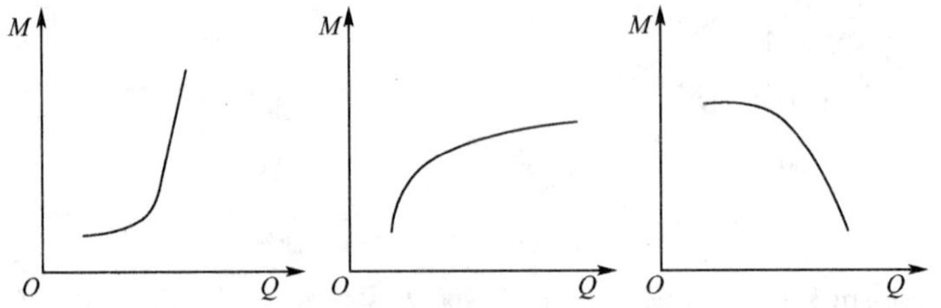

(a)一般商品的恩格尔曲线 (b)高档商品的恩格尔曲线 (c)低档商品的恩格尔曲线

图3-11 不同商品的恩格尔曲线

在图3-11中，横轴Q代表商品需求量，纵轴M代表收入。当收入不断增加时，消费者对商品的需求量也在不断增加，但不同商品的恩格尔曲线的变化趋势是不同的。在分析收入变动对商品的需求量变动趋势时，我们将商品分为一般商品，高档商品(也叫奢侈品)和低档商品。图 3-11(a)反映了一般商品的恩格尔曲线变化趋势,商品的消费量随着消费者收入的增加而增加,但需求量的增加速度要慢于收入的增加速度。图 3-11(b)反映了高档商品的恩格尔曲线变动趋势,商品的消费量是随着消费者收入的增加而增加,但需求量的增长速度要快于收入的增加速度。图 3-11(c)反映了低档商品的恩格尔曲线变动趋势,商品需求量则随着消费者收入的增加而不断减少。

恩格尔从长期统计资料分析中发现,随着人们收入的增加,用于食品方面的支出在全部支出中所占的比率越来越小,这被称作恩格尔定律。食物支出在全部支出中所占的比例,称为恩格尔系数。如表 3-7 所示。

表 3-7　　恩格尔系数表　　单位:%

家庭类型	各项支出占总支出比例					
	食物	衣服	住宅	燃料	文化	合计
劳动家庭	62	16	12	5	5	100
中等家庭	55	18	12	5	10	100
富裕家庭	50	18	12	5	15	100

在表 3-7 中,食物支出随着收入的增加而减少;衣服、住宅、燃料的费用支出随着收入的增加而较小幅度增加或不变;而文化费用的支出则会随着收入的增加而较大幅度地增加。恩格尔系数常被用来衡量一个家庭或一个国家的生活水平与富裕程度。恩格尔系数越小,表明生活水平与富裕程度越高,相反,则表明生活水平与富裕程度越低。

根据联合国粮农组织提出的标准,恩格尔系数在 59%以上为贫困,50%~59%为温饱,40%~50%为小康,30%~40%为富裕,低于 30%为最富裕。1993 年,我国城镇居民的恩格尔系数首次低于 50%。2006 年城镇居民家庭恩格尔系数为 35.8%,历史以来达到最低。结合我国的情况,城镇居民恩格尔系数见表 3-8。

表 3-8　　1981~2007 年我国城镇居民家庭恩格尔系数　　单位:%

1981 年	58.66	1990 年	52.24	1999 年	41.9
1982 年	59.65	1991 年	51.63	2000 年	39.2
1983 年	60.20	1992 年	50.89	2001 年	38.2
1984 年	57.96	1993 年	49.45	2002 年	37.7
1985 年	52.25	1994 年	47.67	2003 年	37.1
1986 年	52.43	1995 年	48.49	2004 年	37.7
1987 年	53.47	1996 年	46.21	2005 年	36.7
1988 年	51.36	1997 年	44.5	2006 年	35.8
1989 年	52.50	1998 年	42.9	2007 年	36.3

资料来源:历年《中国统计年鉴》

从表 3-8 中我们可以看到:

第一,从 1981 年~2003 年,我国的恩格尔系数总趋势下降,符合世界经济发展的基本情况。但 1985~1989 年属于时高时低阶段,不能代表一种规律。

第二,1985~1989 年的时高时低阶段,是由于副食品、烟酒以及其他食品支出比重上升的结果,粮食食品比重是不断下降的。

第三,1993 年的恩格尔系数为 49.45%,从温饱转向小康,1996 年恩格尔系数为

46.21%，相当于韩国、泰国、马来西亚1960年的水平。

第四，2000年恩格尔系数为39.2%，我国城镇居民开始步入富裕状态。2006年城镇居民家庭恩格尔系数为35.8%，历史以来达到最低。2007年城镇居民家庭恩格尔系数为36.3%，比2006年上升0.5%。

四、消费政策

消费者行为理论是以消费者具有完全的理性和完全的自由为假设前提的，但在现实生活中，消费者由于受社会文化、教育、习惯等影响，并不可能具有完全的理性，也不能自觉地追求满足程度的最大化。他们的消费行为要受到许多因素的影响。在市场中消费者是弱小的，消费者的利益总是要受到各种的损害。因此，为了指导消费者的消费行为，并保护消费者的利益，就需要有各种保护消费者的政策。

1. 确保商品的质量。应该由政府及有关组织颁布商品质量的国家标准或行业标准，规定任何商品都必须符合相应的质量标准，由政府的有关机构对商品进行检验。同时，要求企业把商品的成分和商品可能的效用向消费者公布，不得保密，使消费者能享受到合乎质量标准的产品。

2. 正确的宣传引导。这首先要求商品广告的商品说明书必须诚实可靠，对广告要有一定的限制。例如，烟和烈性酒等不利于健康的商品不得进行广告宣传，广告要对商品作如实的介绍等。其次，还要通过学校教育与其他宣传形式向公众进行有关商品效用的介绍，指导消费者正确地进行消费。

3. 禁止不正确的消费。例如，禁止出售枪支和毒品，通过宣传、税收或其他强制性措施，限制烟、烈性酒及某些刺激性药物等的销售与消费。特别是为保护未成年人的身心健康，不让未成年人消费一些不利于其成长的商品，诸如禁止未成年人进入网吧，禁止出售给未成年人一些不健康的玩具或书刊等。

4. 在价格管制政策中包含的限制价格政策，也是对消费者的一种保护。这种政策可以防止消费者受到垄断厂商的剥削，并能保证社会上所有的人都得到基本生活品。如对粮食、公用事业服务、房租等商品与劳务的价格限制，在保护消费者方面，可以起到一定的作用。

5. 建立"消费者协会"这类组织，保护消费者的利益。这种组织尽管是非官方的，但它可以接受消费者对产品与劳务质量、价格等方面的投诉，代表消费者向企业提出诉讼，以及通过其他各种形式，为保护消费者的利益服务。

这些政策措施对保护消费者的利益、指导正确消费起到了积极的作用。但是，这些政策的实施也会产生不利的影响。例如，政府为此要花费一定的支出，企业受的限制较多会不利于生产效率的提高等。还有一些在执行中会遇到许多困难，效果也并不十分理想。因此，政府在消费政策方面，应有一个适度的管制范围。不管不行，管得太多太死也不利于消费者和整个社会。

可见，个人消费不仅仅是个人问题，而且是整个社会的问题，如何既能尊重消费者的个人自由，又能维护整个社会的利益，是一个非常重要的理论与政策问题。

案例分析 3-4　近年来我国老百姓的消费趋势新变化

从1999年开始，我国开始推行黄金周。每到“五一”、“十一”黄金周，随意去各个旅游休闲类网站上转转，你都能看到一个个诸如“丽江七日攻略”“五台山自驾车征同行”的帖子。如今的人们，越来越会享受生活的快乐。

而对老一辈人而言，逢年过节的回忆，除了热闹，更多的是吃。在物质贫乏的年代，节日是大家“打牙祭”的最好机会。1952年，我国职工年均工资仅为445元，1987年这个数字是1 459元。2007年全国城镇单位在岗职工年平均工资为24 932元。富裕起来的老百姓，不再只是注重吃的内容，而是越来越注重生活的质量和品位，近年来汽车、通信、旅游业的火爆直接反映了这一点。

另据中国汽车工业协会数据显示，2007年中国汽车生产达到888.24万辆，同比增长22.02%；销售879.15万辆，同比增长21.84%。产销衔接情况良好，各月汽车产销率均超过90%，其中，5月、8月、9月和12月产销率均超过100%。

评析：恩格尔定律是指随着人们收入的增加，用于食品方面的支出在全部支出中所占的比重越来越小。2007年中国人均国内生产总值为2 461美元，根据国际经验，一个国家人均GDP超过2 000美元，消费将进入快速增长期。随着我国人均收入水平的不断提高，人们必然会减少食品支出的比重，转而在教育、娱乐及汽车等方面的开支的比重相应地越来越高。因此，这种现象正好说明了我国人民的恩格尔系数不断下降，人民生活水平在不断提高。

资料来源：人大经济论坛(http://www.pinggu.org)

问题：试用恩格尔定律解释我国汽车、旅游市场火暴的原因。

本章小结

1. 消费者行为理论研究消费者在一定预算约束之下，如何作出购买决策，使其效用即满足程度最大化。

2. 基数效用论用边际效用分析法研究消费者行为。一种物品的边际效用随其数量的增加而减少被称为边际效用递减规律。可用边际效用递减规律解释需求定理。在货币效用不变的条件下，消费者愿对某种物品付出的价格，取决于他对该物品效用的主观评价，随着所购买物品数量增加，该物品的边际效用递减，消费者愿付出的价格也就降低。因此，物品的需求量与价格成反方向变动。

3. 消费者剩余是消费者在购买一定数量的某种商品时愿意支付的总支出和实际支付的总支出之间的差额，它通常被用来分析社会福利问题。

4. 无差异曲线是用来表示给消费者带来相同效用的两种商品的不同数量组合的轨迹。预算线是一条表明在消费者收入与商品价格既定的条件下，消费者用全部收入所能购买到的两种商品不同数量的各种组合的曲线。

5. 序数效用论认为，在一定的预算约束下，为了实现最大的效用，消费者应选择最优的商品组合，使得两种商品的边际替代率等于两种商品的价格之比。而这一点正好是无差异曲线与预算线相切之点。

6. 价格-消费曲线是在消费者的偏好、收入以及其他商品价格不变的条件下，与某一种商品的不同价格水平相联系的消费者效用最大化的均衡点的运动轨迹。由消费者的价格-消费曲线可以推导出消费者的需求曲线。

7. 收入-消费曲线是在消费者的偏好和商品的价格不变的条件下，与消费者的不同收入水平相联系的消费者效用最大化的均衡点的运动轨迹。由收入-消费曲线可以推导出消费者的恩格尔曲线。

关键概念 总效用 边际效用 边际效用递减规律 消费者均衡 无差异曲线 预算线 边际替代率 恩格尔系数

复习思考题

1. 单项选择题

(1)如果某种商品的边际效用为零，意味着该商品(　　)。

A. 总效用达到最大　　B. 总效用降到最小

C. 总效用为零　　D. 总效用为负

(2)在同一平面图上有(　　)。

A. 无数条无差异曲线　　B. 三条无差异曲线

C. 有许多但数量又有限的无差异曲线　　D. 只有一条无差异曲线

(3)消费可能线上每一点所反映的可能购买的两种商品的数量组合是(　　)。

A. 不同的　　B. 相同的

C. 在某些情况下相同　　D. 在某些情况下不相同

(4)两种商品的价格按相同的比例下降，消费者的收入不变，则消费可能线(　　)。

A. 向左下方平行移动　　B. 向右上方平行移动

C. 原地不动　　D. 向右下方平行移动

(5)同一条无差异曲线的不同点表示(　　)。

A. 效用水平相同，但两种商品的数量组合不同

B. 效用水平相同，两种商品的数量组合也相同

C. 效用水平不同，但两种商品的数量组合相同

D. 效用水平不同，两种商品的数量组合也不相同

(6)消费者的收入为 100 元，$P_X=4$ 元，$P_Y=5$ 元，现该消费者准备购买 20 单位的 X 商品和 4 单位的 Y 商品，X 商品的边际效用为 40，Y 商品的边际效用为 60，要达到消费者均衡，该消费者应该(　　)。

A. 增加 X 商品而减少 Y 商品的购买量

B. 减少 X 商品而增加 Y 商品的购买量

C. 同时增加 X 和 Y 商品的购买量

D. 同时减少 X 和 Y 商品的购买量

(7)若消费者消费的 X 商品的 *MU* 为所消费的 Y 商品的 *MU* 的 2 倍，要保证该消费

者处于均衡点，则(　　)。

A. X 商品的价格为 Y 商品价格的 2 倍

B. X 商品的价格为 Y 商品价格的一半

C. X 商品的价格等于 Y 商品的价格

D. X 商品的数量必须等于 Y 商品的数量

2. 问答题

(1)试说明边际效用与总效用之间的相互关系。

(2)对于同一个消费者来说，同样数量的商品是否总是能提供同等量的效用？为什么？

(3)什么是边际效用递减规律？为什么存在边际效用递减规律？

(4)什么是消费者均衡？消费者消费多种商品的消费均衡条件是什么？

3. 计算题

假设在一条无差异曲线的斜率为 $-200/X^2$ 时，消费者实现均衡，此时该消费者的收入为 120 元，$P_X=6$ 元，$P_Y=3$ 元，计算该消费者对 X、Y 商品的均衡需求量各为多少。

实训指导

主题：分析本班级同学的消费行为(如吃饭、学习、购物、娱乐等)的特点。

要求：1. 运用消费行为理论的相关知识，观察、收集本班级同学的相关消费资料。

2. 分析统计数据，对本班级的基本消费状况进行说明。

3. 分析本班级同学的消费行为特点的表现，并提出相应的消费建议。

建议：1. 利用课余时间在学校食堂、宿舍、超市等场所等了解、观察同学们的生活消费状况。

2. 走访学校相关部门(如班主任、辅导员、学生处等)，查阅相关的数据资料。

3. 撰写分析报告。

阅读书目

[1] 辛宪. 经济学的第一堂课. 清华大学出版社，2006.

[2] 曼昆. 经济学原理. 北京大学出版社，2000.

[3] 萨缪尔森. 经济学. 人民邮电出版社，2005.

[4] 茅于轼. 寻求社会致富之道. 四川人民出版社，2002.

第四章

生产者行为理论

知识目标

掌握生产函数的概念，区别短期生产函数与长期生产函数，短期产量曲线的关系，边际产量递减规律，生产的三阶段；掌握等产量曲线、等成本曲线的特征，生产要素的最佳组合及规模经济。

技能目标

学会分析短期产量变动的规律和三大产量之间的关系，边际产量递减规律和规模报酬规律，学会运用这些知识为厂商作出最合理的投入和生产要素最优组合的生产决策。

导入新课

一个经济社会的大多数商品和劳务，从面包到汽车，都是在企业里生产出来的。我们穿的衣服是服装厂生产的，吃的粮食是农民生产的，住的房子是房地产公司生产的，骑的自行车是自行车厂生产的。一个经济社会是由成千上万家企业组成的。这些企业不仅规模大小不一，而且生产的产品也是五花八门的。要想了解企业是怎样生产的，首先必须要求企业合理使用生产要素，理性进行成本分析，才能达到其生产目的。

本章通过对企业的生产活动抽象为生产函数的形式，在此基础上研究企业要实现利润最大化如何使自己的有限资源得到有效配置。

第一节　生产函数

西方经济学中企业就是商品市场的供给者或生产者，也称为厂商。它是指能够独立作出生产决策的经济单位。我们在分析生产者行为时，假定生产者是具有完全理性的经济人。

一、企业行为目标

任何一种企业，作为理性经济人所追求的生产目标一般是利润最大化。如果企业在经营中一直发生亏损，肯定难以为继，无法生存，更谈不上发展。因为利润才是说明企业目标的最有力、最持久、最普遍的力量，所以，企业总是要取得尽可能多的利润。在激烈竞争的市场环境中,企业只有靠利润才能求得生存,才能寻求发展所需的资金。利润对所有企业来说是一种最强有力的刺激。如何实现利润最大化是生产者行为理论的核心问题。

经济学家经过进一步分析认为,企业追求的目标实际是多元化的,不断变化的。例如,有的企业是以追求销售收入最大化为目标的。因为销售收入的多少在一定程度上反映了企业在市场上的竞争地位和实力,在销售额排行榜中名列前茅的企业一般被认为是一个充满生机和活力的企业,是一个经营良好的企业,所以,企业十分注重销售收入的多少,并把追求销售收入最大化作为企业的目标。销售收入也是衡量一个企业绝对规模的一个重要指标。

有的企业是以市场份额最大化为追求目标的。市场份额是衡量一个企业在本行业中地位和作用的一个重要指标。许多企业十分注意自己的产品在行业中所占的比重,从某种意义看,市场份额大要比销售收入大重要得多。市场份额越大,说明企业对市场的影响力越大,顾客对它的依赖度也越大,企业对抗市场风险的能力也越大。如果企业在市场中占有支配地位,对它实现销售收入和利润目标等都是十分有利的。

另外,有的企业更注重社会责任与道义,能够主动承担一些社会责任,积极实现与社会的和谐发展;有的企业则把稳定与增长作为目标,追求的是适度利润。当然,也有企业在一定时期是以追求亏损最小化为目标的。

二、生产要素

生产要素是指生产活动中所投入的各种经济资源。这些经济资源从物质形态上可以千差万别,但它们可以归类为四种基本形式:劳动、资本、土地、企业家才能。劳动是指劳动者所提供的服务,可以分为脑力劳动和体力劳动。劳动力是劳动者劳动的能力。在西方经济学中,劳动和劳动力一般不作严格的区分。资本是指生产中所使用的资金。资本有两种形式,其一是指物质资本,如厂房、设备、原材料、流动资金等;其二是指人力资本,它指的是体现在劳动者身上的体力、文化、技术状态等。在生产理论中所使用的资本概念主要是指物质资本。土地是指生产中所使用的,以土地为主要代表的各种自然资源,它是自然界中本来就存在的。例如,土地、水、原始森林、各类矿藏等。企业家才能是指企业家对整个生产过程的组织与管理工作。经济学家特别强调企业家才能对生产的作用,认为把劳动、资本、土地等生产要素合理配置起来,生产出最多、最好的产品的关键因素就是企业家才能。

三、生产函数

生产函数表示在一定的技术水平之下,生产要素的数量与某种组合同它所能生产出来的最大产量之间依存关系的函数。应注意的是,任何生产函数都是以一定时期的技术水平既定为前提的,一旦技术水平发生了变化,原有的生产函数就会发生变化,从而形成新的生产函数。新的生产函数可以表现为相同的生产要素及其组合生产出更多或更少的产量,也可以是变化了的生产要素及其组合生产出相同的产量。

如果以 Q 表示总产量,L、K、N、E 分别代表劳动、资本、土地、企业家才能这四种生产要素,则生产函数的一般表达式是

$$Q=f(L,K,N,E)$$

在分析生产要素与产量的关系时，一般把土地作为固定的生产要素，企业家才能又难以具体计算，为了简化分析，因此，生产函数可以简写为

$$Q=f(L,K)$$

这一生产函数式表明，在一定的技术条件下，厂商产量为 Q，需要投入一定数量的劳动与资本的组合。同样，生产函数还可以表明，在劳动与资本的数量为已知时，根据生产函数可以推算出企业可能达到的最大产量，而估算和研究生产函数，对于经济学理论研究和生产实践都具有一定意义。

资料 4-1　　“柯布-道格拉斯”生产函数

在 20 世纪 30 年代初，美国数学家 C·柯布与经济学家 P·道格拉斯通过研究美国 1899～1922 年间的工业生产统计资料，计算出这一时期美国的生产函数为

$$Q=AL^{\alpha}K^{1-\alpha}$$

这就是经济学中著名的“柯布-道格拉斯生产函数”。在这个生产函数中，A 与 α 为常数，其中：$1>\alpha>0$。α 表示劳动在总产量中的贡献份额。$1-\alpha$ 表示资本在总产量中的贡献份额。柯布与道格拉斯计算出在该时期美国的工业生产中，A 为 1.01，α 为 0.75，所以柯布-道格拉斯生产函数可以具体写成

$$Q=1.01L^{0.75}K^{0.25}$$

从上式可以看出：

(1)柯布-道格拉斯生产函数是线性齐次生产函数；

(2)在总产量中，劳动的贡献份额约占 75%，而资本的贡献份额约占 25%；

(3)若要增加产量，应该按 3∶1 的比例增加劳动投入和资本投入。

四、生产函数分类

(一)技术系数

在生产不同产品时，各种要素的配合比例是不同的。为生产一定量某种产品所需要的生产要素的实物配合比例称为技术系数。如果这个比例是不可改变的，就是固定技术系数，它表明各种生产要素之间不能替代，例如，每生产 1 单位某产品必须投入一定的劳动和资本，随产量增加或减少，两种要素按固定的比例增加或减少，如汽车运输业，一辆汽车配一名司机，两辆汽车配两名司机，这种固定技术系数的生产函数称为固定比例的生产函数。如果配合比例是可以改变的，则是可变技术系数，它表明生产要素间可相互替代，如果多用某种生产要素，就可少用另一种生产要素。例如，某农场进行农业生产，可以多用劳动力少用机械，也可以少用劳动力多用机械，这种可变技术系数的生产函数就是可变比例的生产函数。大多数产品的生产要素的组合比例在一定限度内是可以改变的，如农业生产中多用劳动力少用机械称为劳动密集型农业，少用劳动力多用机械称为资本密集型农业。

(二)短期生产函数和长期生产函数

经济学中，根据企业能否调整生产要素的投入，可以将生产函数分为短期生产函数与长期生产函数。

1. 短期生产函数

短期是指企业不能全部调整所有生产要素的时期。就是说，在短期内，企业的生产要素分为可变投入与固定投入。生产者在短期内可以进行数量调整的那部分要素投入叫可变投入，如原材料、燃料、劳动等。生产者在短期内无法进行数量调整的那部分要素投入，叫固定投入，如厂房、机器设备等。产量将随可变投入的变动而变动。短期生产函数为 $Q=f(L,K)$。由于 K 不变，所以 $Q=f(L)$。

2. 长期生产函数

长期是指一个足够长的时期，企业能够调整所有的生产要素投入，包括技术水平和资本投资，因而只有可变投入，没有固定投入。长期生产函数为 $Q=f(L,K)$。

应该注意的是，短期与长期的划分并不是以自然时间的长短为界限，主要取决于生产要素投入变动所需要的时间，不同行业中的短期与长期也不同。

第二节　短期生产函数:一种生产要素的合理投入

微观经济学通常以一种可变生产要素的生产函数考察短期生产理论，而一种可变要素的生产函数通常也被称为短期生产函数，可以写成

$$Q=f(L,\overline{K})$$

该函数形式由生产函数 $Q=f(L,K)$ 出发，假定资本投入量是固定的，用 $\overline{K}$ 表示，劳动投入量是可变的，用 L 表示。它分析了只有一种可变投入量的生产函数，反映在一定技术水平下，当其他生产要素投入量固定不变时，总产出量与一种可变投入量之间的函数关系。如在企业的厂房、机器设备等投入量保持不变时，连续增加劳动者人数，则在产出量与劳动投入量之间便具有这样一种函数关系。

一、总产量、平均产量、边际产量

短期生产函数 $Q=f(L,\overline{K})$ 表示在资本投入量固定时，由劳动投入量变化所带来的最大产量的变化。为了说明劳动与资本投入量变动对产量的影响，在此需引入总产量、平均产量和边际产量几个概念。其中，可变生产要素 L 投入量是自变量，产量 Q 是因变量。

总产量是指一定量的某种生产要素所生产出来的全部产量。劳动的总产量（TP_L）即指与一定的可变要素劳动的投入量相对应的最大产量。

平均产量是指平均每单位生产要素所生产出来的产量。劳动的平均产量（AP_L）指平均每单位劳动所生产出来的产量，等于总产量除以劳动投入量。

边际产量是指每增加一单位生产要素所增加的产量。劳动的边际产量（MP_L）即增加一单位可变要素劳动投入量所增加的产量，等于总产量的增量除以劳动的增量。

如果以 L 代表生产要素投入的数量，ΔL 代表某种生产要素的增加量，以 TP 代表总产量，以 AP 代表平均产量，以 MP 代表边际产量，则这三者之间的数量关系是

$$TP=AP\cdot L,AP=\frac{TP}{L},MP=\frac{\Delta TP}{\Delta L}$$

二、总产量、平均产量、边际产量的相互关系

假定在某产品生产过程中所使用的生产要素是资本和劳动，其中资本的投入量是固定不变的，劳动的投入量是可变的。根据上述关系作表 4-1。

表 4-1　劳动投入与总产量、平均产量、边际产量之间的关系表

资本量(*K*)	劳动投入量(*L*)	总产量(*TP*)	平均产量(*AP*)	边际产量(*MP*)
20	0	0	0	0
20	1	3	3	3
20	2	8	4	5
20	3	12	4	4
20	4	15	3.8	3
20	5	17	3.4	2
20	6	17	2.8	0
20	7	16	2.3	−1
20	8	13	1.6	−3

根据表 4-1，可以作出图 4-1。

在图 4-1 中，横轴代表劳动投入量，纵轴代表产量。*TP* 为总产量曲线，*AP* 为平均产量曲线，*MP* 为边际产量曲线。三条曲线都呈倒 U 形，即随着劳动投入量 *L* 的增加，总产量、平均产量、边际产量都是先上升达到各自的最大值，而后呈下降趋势。*N* 为总产量曲线的拐点，对应于边际产量递增与递减的转折点。*S* 为总产量曲线的切点，对应于边际产量与平均产量相交的点。*R* 为总产量曲线的最大点，对应于边际产量为零的点。

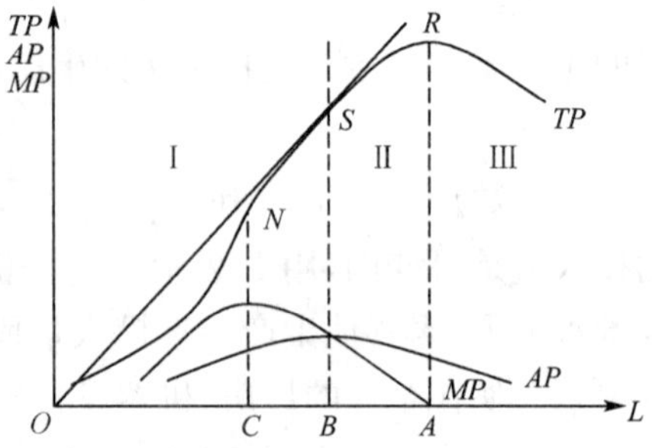

图 4-1　总产量、平均产量、边际产量之间的关系

根据图 4-1，可以看出总产量、平均产量、边际产量之间的关系有如下特点：

第一，总产量与平均产量的关系。从图上可以看出，总产量曲线先以递增的速度增加，到拐点以后，以递减的速度增加，过最大点后变为递减。在 *O* 到 *B* 之间，随着劳动投入的增加，总产量随之不断增加，与之相对应的平均产量也不断增大。在 *B* 点，平均产量达到极大值。在 *B* 点以后，随着劳动投入的继续增加，总产量先以递减速度增加而后减少，与之相对应的平均产量则减少。

第二，总产量与边际产量的关系。从图中可以看到，总产量与边际产量之间有对应关系。在 *O* 到 *C* 之间，随着劳动投入的增加，总产量以递增速度增加，与之相对应的边际产量也不断增大。到了 *C* 对应点，边际产量最大。在 *C* 到 *A* 之间，随着劳动投入的继续增加，总产量以递减速度增加，与之相适应的边际产量减少。到了 *A* 对应点，总产量最大。过了 *A* 对应点以后，随着劳动投入的继续增加，总产量递减，与之相对应的边际产量为负值。

第三，平均产量与边际产量的关系。从图中可以看出，边际产量曲线通过平均产量曲线的最高点。在 *B* 点左边，边际产量大于平均产量，平均产量递增。在 *B* 点右边，边际

产量小于平均产量，平均产量递减。在 B 点，边际产量等于平均产量，平均产量最大。

三、生产三阶段

根据总产量、平均产量、边际产量的关系，我们可以把图 4-1 划分成三个区域，表示可变生产要素的三个投入阶段。

第一个阶段（Ⅰ），是劳动投入量从零增加到 B 点的阶段。在这一阶段，随着劳动投入的不断增加，总产量在不断增加，平均产量也在不断增加。说明在这一阶段，相对于不变的资本量而言劳动投入量不足，所以劳动投入量的增加可以使资本利用效率越来越高，不但总产量可以增加，而且劳动生产率，也就是劳动的平均产量也是递增的。由此看来，劳动投入量不应该停止在第一个阶段，而至少要增加到 B 点为止。否则，资本的利用效率就不充分。

第二个阶段（Ⅱ），是劳动投入量从 B 点到 A 点的阶段。在这一阶段，随着劳动投入的不断增加，不变的资本越来越接近被充分利用。然而，由于劳动生产率在这一阶段开始下降，平均产量则开始递减。在这一阶段，虽然边际产量继续下降，但还是正值，因而总产量还是在不断增加，只是增加的幅度越来越小。在劳动量增加到 A 点时，总产量可以达到最高。

第三个阶段（Ⅲ），是劳动投入量超过 A 点以后的阶段。在这一阶段，随着劳动投入的继续增加，不变的资本已经被完全充分利用，已经不再有增加产量的潜力。在这一阶段，不但平均产量在继续下降，而且边际产量已成为负值，也就是总产量开始绝对减少。很显然，劳动投入量超过 A 点之后是不利的。

综合上述分析，合理的劳动投入水平既不应该在生产的第一阶段，也不应该在生产的第三阶段，而只应该在生产的第二阶段，即在 B 点和 A 点之间。但劳动投入量应该在第二阶段的哪一点上，则要结合厂商的生产目标来具体分析。

例如，如果企业将生产目标定为平均产量最大，这时应将可变的生产要素投入量增加到 B 点。如果企业将生产目标定为总产量最大，这时应将可变的生产要素投入量增加到 A 点。一般而言，在市场经济条件下，厂商生产的目标既不是平均产量最大，也不是总产量最大，而是追求利润最大化。那么，在此情况下就要考虑成本、产品价格等因素。因为平均产量最大时，并不一定是利润最大；总产量最大时，利润也不一定最大。

四、边际产量递减规律

边际产量递减规律又称边际收益递减规律，或边际报酬递减规律。它的基本内容是：在技术水平和其他生产条件不变的前提下，当把一种可变的生产要素投入到一种或几种不变的生产要素中时，最初这种生产要素的增加会使产量增加，但当它的增加超过一定限度时，增加的产量将会递减，最终还会使产量绝对减少。例如，一个面包房有 2 个面包烤炉为其固定投入，当可变投入劳动从一个工人增加到两个工人时，面包烤炉得到充分利用，工人的边际产量递增，但如果工人的数量增加到 3 个、4 个甚至更多时，几个人共用一个面包烤炉，每个工人的边际产量自然会出现递减，甚至成为负数。

在理解边际产量递减规律时，要注意以下几点：

第一，这一规律发生作用的前提是技术水平不变。技术水平不变是指生产中所使用的技术没有发生重大变革。现在，技术进步的速度很快，但并不是每时每刻都有重大的技术突破，技术进步总是间歇式进行的，只有经过一定时期的准备之后，才会有重大的突破。短期内无论是农业还是工业，一种技术水平一旦形成，总会有一个相对稳定的时期，这一时期就可以称为技术水平不变时期。

第二，这一规律所指的是生产中使用的生产要素分为可变的与不变的两类。边际产量递减规律研究的是把不断增加的一种可变生产要素，增加到其他不变的生产要素上时对产量所产生的影响。这种情况也是普遍存在的。在农业中，当土地等生产要素不变时，增加施肥量；或者在工业中，当厂房、设备等生产要素不变时，增加劳动力都属于这种情况。

第三，在其他生产要素不变时，一种生产要素增加所引起的产量或收益的变动可以分为三个阶段：第一阶段表现为产量递增，即这种可变生产要素的增加使产量或收益增加。第二阶段表现为边际产量递减，即这种可变生产要素的增加仍可使总产量增加，但增加的比率，即增加的每一单位生产要素的边际产量是递减的。第三阶段表现为产量绝对减少，即这种可变生产要素的增加会使总产量减少。

边际产量递减规律是从科学实验和生产实践中得出来的，在农业中的作用最明显。早在 1771 年，英国农学家 A·杨格就用在若干相同的地块上施以不同量肥料的实验，证明了肥料施用量与产量增加之间存在着这种边际产量递减的关系。以后，国内外学者又以大量事实证明了这一规律。这一规律同样存在于其他部门。工业部门中劳动力增加过多，会使生产率下降。行政部门中机构过多，人员过多也会降低行政办事效率，造成官僚主义。我国俗话所说的“一个和尚挑水吃，两个和尚抬水吃，三个和尚没水吃”，正是对边际产量递减规律的形象表述。

资料 4-2　　马尔萨斯与边际报酬递减规律

边际报酬递减规律的应用范例之一出自 19 世纪早期的经济学家托马斯·马尔萨斯。马尔萨斯关注农业问题，依照马尔萨斯的分析，在土地供给数量不变和人口增加的条件下，每个额外的人口所生产的额外粮食产出会下降，因为每个农民所耕种的土地数量减少了。随着每一英亩土地上劳动的人数不断增加，总产出会不断增加，但是，每个新增加的农民生产的数量会少于前一个人。在马尔萨斯看来，世界人口增加的比例会大于粮食供给增加的比例。因此，除非能够说服人们少生孩子，否则饥荒在所难免。在今天某些最穷困的国家中，马尔萨斯的预言成真了，因为这些国家的人口增长率超过了其经济增长率。但是在发达国家中以及就整个世界而言，由于使用化肥和机器等技术水平变革手段，极大地提高了农业劳动生产率，使得粮食的增长远远超过了人口的增长，从而使世界上很大一部分人目前为止得以避免马尔萨斯所预言的命运。

资料来源：[美]斯蒂格利茨. 经济学. 北京：中国人民大学出版社，2000.

第三节　长期生产函数：生产要素最适组合

长期是相对于短期而言，是指厂商可以调整全部生产要素数量的时间周期。在长期，生产者可以调整全部的要素投入。例如，生产者根据企业的经营状况，可以缩小或扩大生产规模，甚至还可以加入或退出一个行业的生产。由于在长期中生产者可以调整全部的要素投入，因此也就不存在可变投入要素和固定投入要素的区分。

在长期内，所有的生产要素的投入量都是可变的，多种可变生产要素的长期生产函数可以写为

$$Q=f(X_1,X_2,\cdots,X_n)$$

式中，Q 为产量，$X_i(i=1,2,\cdots,n)$ 为第 i 种可变生产要素的投入数量。该生产函数表示：长期内在技术水平不变的条件下由 n 种可变生产要素投入量的一定组合所能生产的最大产量。

在生产理论中，为了简化分析，通常以两种可变生产要素的生产函数来考察长期生产问题，但分析的结果适用于两个以上的可变投入要素。假定生产者使用劳动和资本两种可变生产要素来生产一种产品，则长期生产函数可表示为

$$Q=f(L,K)$$

式中，L 和 K 分别表示可变要素劳动和资本的投入量，Q 为产量。

长期中生产要素的最适组合，与消费者最优购买决策是很相似的。消费者均衡是分析如何把既定的收入分配于两种产品的购买与消费上，以达到效用最大化；生产要素的最适组合，是分析生产者如何把既定的成本分配在两种生产要素的购买与生产上，以达到利润最大化。因此，分析这两个问题所用的方式也基本相同，即等量分析法。在用等产量分析法分析生产要素的最适组合时，首先要了解两个基本概念：等产量线和等成本线。

一、等产量线

等产量线是表示两种生产要素的不同数量的组合可以带来相等产量的一条曲线，或者说是表示某一固定数量的产品，可以用所需要的两种生产要素的不同数量的组合生产出来的一条曲线。

假如，现在用资本与劳动两种生产要素，它们有 A、B、C、D 四种组合方式，这四种组合方式都可以达到相同的产量。这样，可作出表 4-2。

表 4-2　　生产要素投入组合表

组合方式	劳动量(L)	资本量(K)	产量(Q)
A	1	6	20
B	2	3	20
C	3	2	20
D	6	1	20

根据上表，可作出图 4-2。

在图 4-2 中，横轴 OL 代表劳动量，纵轴 OK 代表资本量，Q 为等产量线，即该线上任何一点所表示的资本与劳动不同数量的组合，都能生产出相等的产量。

等产量线的特征表现在以下几个方面：

第一，它是一条向右下方倾斜的线，其斜率为负值。这就表明，在生产者的资源与生产要素价格既定的条件下，为了达到相同的产量，在增加一种生产要素时，必须减少另一

种生产要素。两种生产要素的同时增加是资源既定时无法实现的;两种生产要素的同时减少,不能保持相等的产量水平。

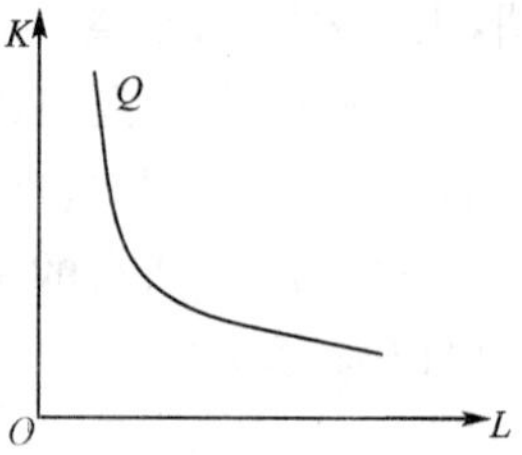

图 4-2 等产量曲线图

第二,在同一平面图上,可以有无数条等产量线。同一条等产量线代表相同的产量,不同的等产量线代表不同的产量水平。离原点越远的等产量线所代表的产量水平越高,离原点越近的等产量线所代表的产量水平越低。

第三,在同一平面图上,任意两条等产量线不能相交。因为在交点上两条等产量线代表了相同的产量水平,与第二个特征相矛盾。

第四,等产量线是一条凸向原点的曲线。这是由边际技术替代率递减规律所决定的。

边际技术替代率($MRTS$)就是在维持产量水平不变的条件下,增加一种生产要素的投入量与减少另一种生产要素的投入量之比。以 ΔL 代表劳动的增加量,ΔK 代表资本的减少量,$MRTS$ 代表以劳动代替资本的边际技术替代率,则有

$$MRTS_{LK}=\frac{\Delta K}{\Delta L}$$

上式中,当 $\Delta L\to 0$ 时,则边际技术替代率的公式为

$$MRTS_{LK}=\lim_{\Delta L\to 0}\frac{\Delta K}{\Delta L}=\frac{\mathrm{d}K}{\mathrm{d}L}$$

等产量曲线上某一点的边际技术替代率就是等产量曲线在该点斜率的绝对值。

边际技术替代率应该是负值,因为一种生产要素增加,另一种生产要素就要减少。但是,为了方便起见,一般用其绝对值。

二、等成本线

等成本线又叫企业预算线。它是一条表明在生产者成本既定,生产要素价格既定条件下,生产者所能购买到的两种生产要素最大数量组合的线。

等成本线表明了企业进行生产时的限制条件,即它购买生产要素所花费的钱不能大于或小于它所拥有的货币成本。等成本线可以用公式表示,即

$$M=P_L\cdot Q_L+P_K\cdot Q_K$$

其中:M 为货币成本,P_L、P_K、Q_L、Q_K 分别为劳动与资本的价格与购买量。上式也可以写为

$$Q_K=M/P_K-P_L/P_K\cdot Q_L$$

这是一个直线方程式,其斜率为 $-P_L/P_K$。

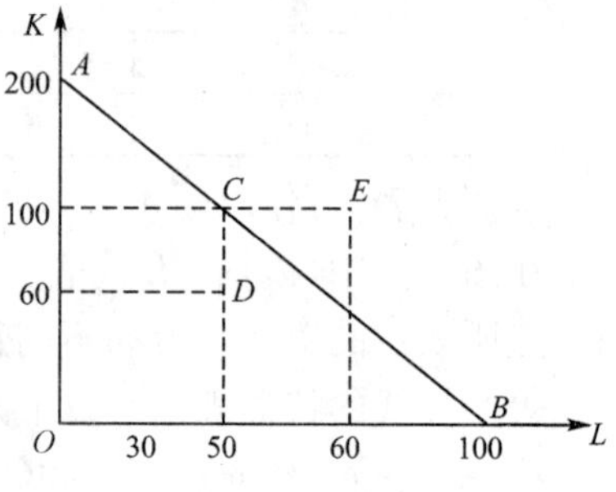

图 4-3 等成本线

因为 M、P_L、P_K 为既定的常数,所以,给出 Q_L 的值,就可以解出 Q_K。当然,给出 Q_K 的值,也可以解出 Q_L。如果 $Q_L=0$,则 $Q_K=M/P_K$;如果 $Q_K=0$,则 $Q_L=M/P_L$。

设 $M=200$ 元,$P_L=2$ 元,$P_K=1$ 元。则有 $Q_L=0$,$Q_K=200$,$Q_K=0$,$Q_L=100$。这样,就可以作出图 4-3。

在图 4-3 中,如用全部货币购买劳动,就可以购买 100 单位(B 点),如果用全部货币购买资本,就可以购买 200 单位(A 点),连接 A 和 B 点,则为等成本线。该线上的任何一点,都是在成本与生产要素价格既定条件下,能购买到的劳动与资本的最大数量的组合。例如,在 C 点,购买 50 单位劳动,100 单位资本,正好用完 200 元(2 元×50+1 元×100=200 元)。该线内的任何一点所购买的劳动与资本的组合,是可以实现的,但并不是最大数量的组合,即没有用完货币成本。例如,在 D 点,购买 50 单位劳动,60 单位资本,只用了 160 元(2 元×50+1 元×60=160 元)。在该线外的任何一点,所购买的资本与劳动的组合大于 C 点时,都无法实现,因为所需要的货币超过了既定的成本。例如,在 E 点,购买 60 单位劳动,100 单位资本,大于 C 点的 50 单位劳动和 100 单位资本,但这时要支出 220 元(2 元×60+1 元×100=220 元),无法实现。

如果生产者的成本变动(或者两种生产要素价格都变动),则等成本线平行移动。货币成本增加,等成本线向右上方平行移动;货币成本减少,等成本线向左下方平行移动。如同消费者行为分析中的预算线组。

三、生产者均衡

现在我们把等产量线与等成本线结合起来分析生产要素的最优组合。任何一个理性的生产者都会选择最优的生产要素组合进行生产,以实现利润最大化。生产要素的最优组合可以是产量既定条件下的成本最少,或者是成本既定条件下的产量最大。

(一)成本既定条件下的产量最大

如果把等产量线与等成本线合在一个图上,那么,等成本线必定与无数条等产量线中的一条相切于一点。在这个切点上,就实现了生产要素最适组合。如图 4-4 所示。

在图 4-4 中,Q_1、Q_2、Q_3 为三条等产量线,其产量大小依次为 $Q_1<Q_2<Q_3$。AB 线为等成本线。AB 线与 Q_2 相切于 E 点,这时实现了生产要素的最适组合。也就是说,在生产者的货币成本与生产要素价格既定的条件下,ON 的劳动与 OM 的资本结合,就可以实现利润最大化,即既定产量下成本最小或既定成本下产量最大。

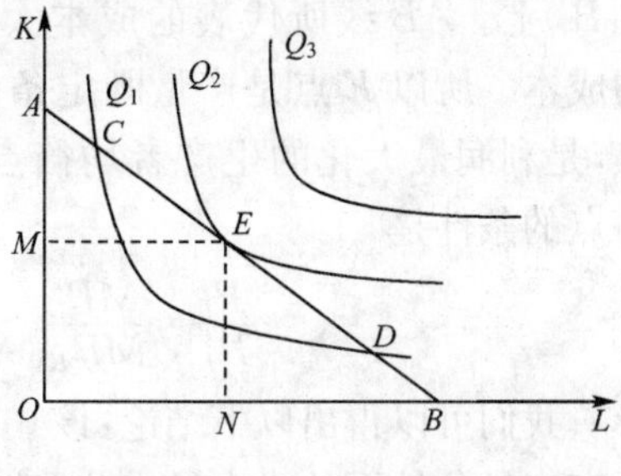

图 4-4　既定成本条件下产量最大化的要素组合

为什么只有在 E 点时才能实现生产要素的最优组合呢?从图 4-4 来看,C、E、D 点都是相同的成本,这时 C 和 D 点在 Q_1 上,而 E 点在 Q_2 上,$Q_2>Q_1$,所以 E 点的产量是既定成本时的最大产量。在 Q_2 上产量是相同的,除 E 点外,其他两种生产要素组合的点都在 AB 线之外,成本大于 E 点,所以 E 点时的成本是既定产量时的最小成本。

E 点是等成本线和等产量线的切点,也是等成本线和等产量线过切点的切线斜率相等之处。等成本线的斜率是两个可变投入的价格之比,而等产量线过 E 点的切线斜率是边际技术替代率。

$$\text{等产量线的斜率}=\frac{\Delta K}{\Delta L}=\frac{MP_L}{MP_K}$$

$$等成本线的斜率=\frac{P_L}{P_K}=\frac{\Delta K}{\Delta L}$$

在 E 点上，两条线的斜率恰好相等，即劳动与资本的边际技术替代率等于生产要素的价格比率，用公式表示为

$$\frac{MP_L}{MP_K}=\frac{P_L}{P_K}$$

或

$$\frac{MP_L}{P_L}=\frac{MP_K}{P_K}$$

我们可以得出以下结论：既定成本下产量最大的条件是，两种生产要素的边际产量与各自的价格之比相等。

（二）产量既定条件下的成本最小化

正如生产者在既定成本条件下会力求实现最大的产量，生产者在既定的产量条件下也会力图实现最小的成本。可用图 4-5 进行说明。

在图 4-5 中，AB、A_1B_1、A_2B_2 为三条具有相同斜率的等成本线，因为离原点越远的等成本线代表的成本越大，故其成本大小依次为 $AB>A_1B_1>A_2B_2$。Q 为等产量线。A_1B_1 线与 Q 相切于 E 点，这时实现了生产要素的最优组合。也就是说，在产量既定的条件下，OL_1 的劳动与 OK_1 的资本结合，可以使成本最小，企业实现利润最大化。

为什么只有在 E 点时才能实现生产要素的最优组合呢？从图 4-5 上看，a、E、b 点都是在等产量线 Q 上，这时 a、b 点在等成本线 AB 上，E 点在等成本线 A_1B_1 上。AB 线所代表的成本大于 A_1B_1 线所代表的成本。所以 E 点是产量既定条件下的最小成本的点，是利润最大化的生产者均衡点。和前面一样，均衡点的条件是

$$\frac{P_L}{P_K}=\frac{MP_L}{MP_K}$$

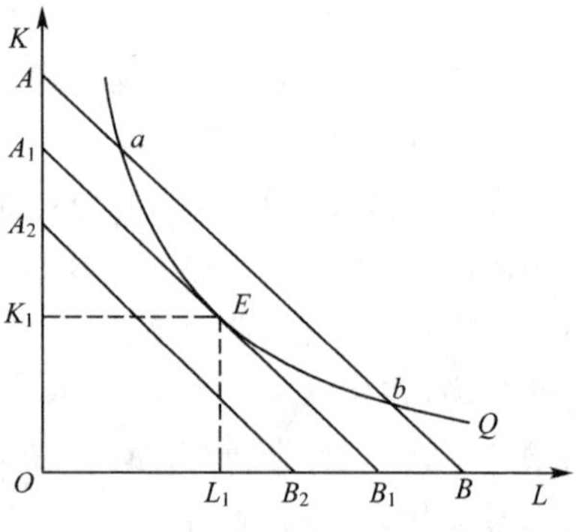

图 4-5　既定产量条件下成本最小化的要素组合

我们可以得出以下结论：该式表示生产者要实现既定产量条件下的成本最小化，选择生产要素组合应满足的条件是两要素的边际技术替代率等于两要素的价格之比，也等于两种要素变化所引起的边际产量之比。

（三）生产扩展线

由上述分析可知，所有等产量曲线和等成本线的切点都代表一定产量或成本条件下的生产要素投入最优组合，都是生产的均衡点。在要素价格、生产函数和其他条件不变的情况下，如果生产者改变成本，等成本线就会发生平移；如果生产者改变产量，等产量曲线就会发生平移，这些不同的等产量曲线将与不同的等成本线相切，从而形成一系列不同的生产均衡点，将所有生产均衡点连接起来的曲线即所有生产均衡点的轨迹，就称为生产者的生产扩展线。

生产扩展线是等产量曲线和等成本线平移时所形成的一系列的相切的生产均衡点

的轨迹，如图 4-6 所示。生产者应沿着扩展线选择最优要素组合。

图 4-6 中，点 E、E_1、E_2 代表的是一组等产量曲线 Q_1、Q_2、Q_3 和一组等成本线 AB、A_1B_1、A_2B_2 相切的切点，即生产均衡点，连接这些点及原点的曲线 OR 即是一条生产扩展线。这是由于要素的价格保持不变，即两要素价格之比是固定的，又因为生产均衡的条件是两要素的边际技术替代率和两要素的价格比例相等，所以在生产扩展线上的所有生产均衡点上边际技术替代率都相等。

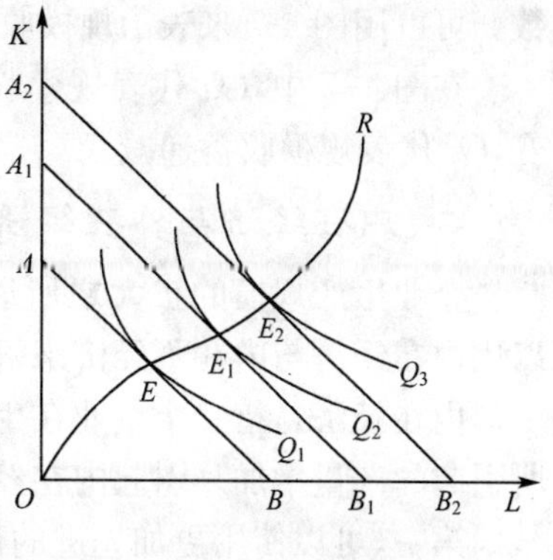

图 4-6　生产扩展线

生产扩展线是在生产要素价格不变的情况下企业扩大生产规模所引起的生产要素最优组合点变动的轨迹。在生产扩展线上，生产者可以实现既定成本下的最大产量，或是既定产量下的最小成本，因此企业在长期的扩张或收缩生产时都会沿着该路径进行。

第四节　厂商规模

在我们分析短期中的成本与产量的关系，以及生产要素最优组合之后，现在我们分析企业的规模经济问题。

一、规模经济

规模经济是指在技术水平不变的情况下，当两种生产要素按同样的比例增加，即生产规模扩大时，最初这种生产规模扩大会使产量的增加大于生产规模的扩大，但当规模的扩大超过一定限度时，则会使产量的增加小于生产规模的扩大，甚至使产量绝对减少，出现规模不经济。

在理解规模经济这一概念时，要注意以下几点：

第一，这一规律发生作用的前提是技术水平不变。

第二，这一规律所指的是生产中使用的两种生产要素都在同比例地增加。技术系数可以是可变的，也可以是不变的。但这一规律是研究技术系数不变时两种生产要素的增加所引起的生产规模扩大，给产量所带来的影响。例如，农业中土地与人力的同时增加，或把若干小农场合并为大农场；工业中设备与人力的同时增加，或把若干小企业合并为大企业，都属于这种情况。

第三，两种生产要素增加所引起的产量或收益的情况可以分为三个阶段。第一阶段：规模收益递增，即产量增加的比率大于生产规模扩大的比率，例如，当全部生产要素劳动和资本都增加 5%时，产量的增加大于 5%。第二阶段：规模收益不变，即产量增加的比率与生产规模扩大的比率相同，例如，当全部生产要素劳动和资本都增加 5%时，而产量也增加了 5%。第三阶段：规模收益递减，即产量增加的比率小于生产规模扩大的比率，例如，当全部生产要素劳动和资本都增加 5%时，而产量的增加小于 5%，或者是负数。可以用图 4-7 来表示规模收益的不同情况。

在图 4-7 中,*Oa* 代表规模收益递增,*Ob* 代表规模收益不变,*Oc* 代表规模收益递减。

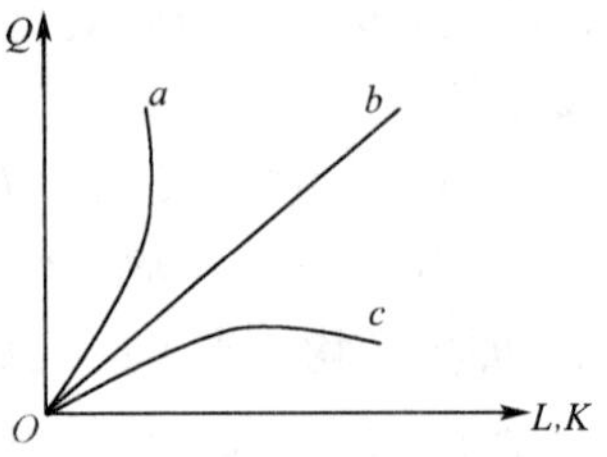

图 4-7 规模收益变动图

二、内在经济与外在经济

企业生产规模的扩大之所以会引起产量的不同变动,可以用内在经济与内在不经济来解释。

内在经济是指一个企业在生产规模扩大时由于自身内部所引起的产量增加。引起内在经济的原因主要有:

第一,可以使用更加先进的机器设备。机器设备这类生产要素具有不可分割性。当生产规模小时,无法购置先进的大型设备,即使购买了也无法充分发挥其效用。只有在大规模生产中,大型的先进设备才能充分发挥其作用,使产量更大幅度地增加。

第二,可以实行专业化生产。在大规模的生产中,由于专业与分工可以分得更细,这样就会提高工人的技术水平,提高生产效率。

第三,可以提高管理效率。各种规模的生产都需要配备相应的管理人员,在生产规模小时,这些管理人员无法得到充分利用。当生产规模扩大时,在不增加管理人员的情况下增加生产,就可以提高管理效率。

第四,可以对副产品进行综合利用。在小规模生产中,许多副产品被作为废物处理,而在大规模生产中,就可以对这些副产品进行再加工,做到"变废为宝"。

第五,在生产要素的购买与产品的销售方面也会更加有利。大规模生产所需各种生产要素多,生产的产品也多,这样,企业可能在生产要素与产品销售市场上居于垄断地位,它就可以通过压低生产要素收购价格或提高产品销售价格而从中获利。

第六,技术创新能力的提高。大企业往往拥有雄厚的人力与财力,也能承担更大的风险,所以,技术创新能力更强。技术创新是提高企业生产率的关键。

如果一个企业由于本身生产规模扩大而引起产量或收益减少,就是内在不经济。引起内在不经济的原因主要有:

第一,管理效率的降低。企业生产规模过大会使其管理机构庞大而不灵活,管理上也会出现各种漏洞,从而使产量和收益减少。

第二,生产要素价格与销售费用增加。生产要素的供给并不是无限的,生产规模过大必然会大幅度地增加对生产要素的需求,从而使生产要素的价格上升。同时,生产规模过大,产品大量增加,需要增设更多的销售机构与销售人员,从而增加了销售费用。因此,生产规模并不是越大越好。

对一个企业产量与收益的影响,除了它本身的生产规模外,还与它所处行业的生产规模有关。一个行业是由生产同种产品的企业组成的,它的大小,影响着其中每一家企业的产量与收益。

整个行业生产规模扩大,给个别企业所带来的产量与收益的增加称为外在经济。引起外在经济的原因是:个别企业可以从整个行业的扩大中得到更为方便的交通辅助设施、更多的信息与更好的人才,从而使产量与收益增加。但是,一个行业的生产规模过大也会使个别企业的产量与收益减少,这种情况称为外在不经济。引起外在不经济的原因是：一个行业规模过大会使行业内各企业之间竞争更加激烈，各企业为了争夺生产要素与产品销售市场，必须付出更高的代价。此外，整个行业的扩大，也会使环境污染问题更加严重，交通紧张，个别企业要为此付出更高的代价。

亚当·斯密在其名著《国富论》中描述了他参观扣针厂所看到的专业化生产和规模经济留下的深刻印象。他写道："……一个人抽铁丝，另一个人拉直，第三个人截断，第四个人削尖，第五个人磨光顶端以便安装圆头；做圆头要求有两三道不同的操作；装圆头是一项专门的业务，把扣针涂白是另一项；甚至将扣针装进纸盒中也是一门职业"。亚当·斯密说，由于这种专业化，扣针厂每个工人每天生产几千枚针。他得出的结论是，如果工人选择分开工作，而不是作为一个专业工作者团队，"那他们肯定不能每人每天制造出 20 枚扣针，或许连一枚也造不出来"。换句话说，由于专业化，大扣针厂可以实现比小扣针厂更高的人均产量和每枚扣针更低的平均成本。亚当·斯密在扣针厂观察到的专业化在现代经济中普遍存在。例如，如果你想盖一座房子，你可以自己努力去做每一件事。但大多数人会找建筑商，而建筑商又会雇佣木匠、瓦匠、电工、油漆工和许多其他类型的工人。这些工人专门从事某种工作，这会使他们比通用型工人做得更好。

三、规模经济与规模收益

由以上分析可以看出，企业规模的扩大既会带来好处，也会带来不利的影响。在长期生产中企业调整各种生产要素时，要实现适度规模。

适度规模就是使两种生产要素的增加，即生产规模的扩大正好使产量达到最大。当收益递增达到最大时就不再增加生产要素，并使这一生产规模维持下去。对于不同行业的企业来说，适度规模的大小是不同的，并没有一个统一的标准。在确定适度规模时应该考虑到以下主要因素：

第一，本行业的技术特点。一般来说，需要的投资量大，所用的设备复杂先进的行业，适度规模也就大，例如冶金、机械、汽车制造、造船、化工等重工业企业，生产规模越大经济效益越高。相反，需要投资少，所用的设备比较简单的行业，适度规模也小。例如服装、服务这类行业，因为其生产规模小且能更灵活地适应市场需求的变动，对生产更有利，所以适度规模也就小。

第二，市场条件。一般来说，生产市场需求量大，而且标准化程度高的产品的企业，适度规模应该大，这也是重工业行业适度规模大的原因。相反，生产市场需求小，而且标准化程度低的产品的企业，适度规模应该小。所以，服装行业的企业适度规模就要小一些。

当然，在确定适度规模时要考虑的因素还很多。例如，在确定某一采矿企业的规模时，还要考虑矿藏量的大小。其他诸如交通条件、能源供给、原料供给、政府政策等，都是在确定适度规模时必须考虑到的。

当然各国、各地，由于经济发展水平、资源、市场等条件的差异，即使是同一行业，规模经济的大小也并不完全相同。一些重要行业，国际上有通行的规模经济标准。例如，钢铁厂为年产 1 000 万吨钢，彩色显像管厂年产 200 万套，电冰箱厂为年产 50 万～80 万台。当然，我们国家不一定套用这些标准。但我国不少企业远远没有达到规模经济，如冰箱厂平均年产量仅 5.96 万台。即使不套用国际标准，我国的冰箱厂年产"双班"生产能力也应在40万台左右。

应该注意的是，随着技术进步，规模经济的标准也是在变的。例如，在20世纪50年代时，汽车厂的规模经济为年产30万辆，但到1977年这一规模经济已达年产200万辆。重工业行业中普遍存在这种规模经济的生产规模不断扩大的趋势。这是因为这些行业的设备日益大型化、复杂化和自动化，投资越来越多，从而只有在产量达到相当大数量时，才能实现规模经济。

资料4-3　企业是大的好还是小的好

德国经济学家舒马赫曾写过一本《小的是美好的》的书，主张企业不要过大。同时，实践中许多大企业成绩显赫，成为世界500强。我们到底是应该把企业做大，还是做小呢？正如我们所分析的，企业大有大的好处，小也有小的优势，应该具体情况具体分析，不可一概而论。从客观条件来说，要分析本行业的生产技术特点和市场需求特点，一些行业是越大越好。在钢铁、石化、汽车这类行业中，设备大而复杂，分工精细，技术创新需要大量投入，而产品又是标准化的，市场需求波动相对较小，因此，它们奉行"大的就是好的"原则。例如，钢铁厂的年产量都要达到1 000万吨规模，欧洲还在建设年产5 000万吨的钢铁厂。但有些行业规模小，可以适应需求复杂的市场，经营就会更有利。如服装、餐饮这类轻工或服务行业，所用的设备并不复杂，产品的特点是多样化的，要随市场需求的变化而不断调整，它们奉行的就是"小的就是美好的"原则。要根据具体条件，分析自己的资金与人员实力。有些企业的确是越大越好，跨行业越多越有利，但如果企业筹资能力有限，或者管理能力不强，做得越大反而困难越大。

我国经济中该大的没做大，该小的没做小，这种错误没少犯。如2002年我国共有123家汽车整车生产厂家，但产量极为分散，只有2家生产企业具有规模效应，年产量达到50万辆；而不足1万辆的有95家之多，其中1 000辆以下的有70家。一些该分散、灵活的企业，如商业服务业等反而做得很大。在市场经济发达的今天，仍然有一种思想是不顾条件想把企业做大，包括人为强迫企业合并，或者不顾条件限制进行多元化经营。其实企业大小也是市场竞争的结果，人为干预只会违背市场经济规律。

案例分析4-1　从"大跃进"到"杂交水稻"

"大跃进"是发生在我国20世纪50年代末60年代初的一种"跑步进入共产主义"的激进运动。经历过那个年代的人都还记得这种运动的极端性和破坏性。而袁隆平则是我国著名的农业科学家，也是享誉世界的"杂交水稻之父"。杂交水稻这项技术由于大幅度地提高了水稻的亩产量，而对全球的水稻供应产生了革命性的影响。这两件事能联系在一起，主要是与经济学上的边际收益递减规律有关。

在一定技术条件下，使用多种投入但只有一种投入是可变的，在生产一种产品时，随着这种可变投入的增加，得到产量也是增加的，但超过一定限度后，这种增加的产量就会越来越少，甚至使总产量绝对地减少。这一现象普遍存在，就被称为边际收益递减规律。当这一学说在18世纪被提出之后，曾发生了两种观点的争论。一种观点从递减性出发，引申出了资本主义的利润趋于下降的趋势，众多西方学者据此对资本主义抱以同情；另一种观点通过强调技术进步的作用，而强烈批判了这一规律，认为它抹杀了技术进步对收益递减的反作用，马克思主义的经济学从列宁开始就非常强调这一批判性的结论。实际上，技术进步因素在产量变化过程中到底重不重要，这主要与我们要考察的时期长短有关。假设我们是在一个充分长的时期内考察某种产品的生产，那么技术进步因素很难不发挥作用；而在一个短期内假设技术水平没有发生变化可能会更现实一些。这样，在短期内边际收益递减应该被当做一个客观的规律来看待。说它是客观的规律，主要是因为这一规律是由生产的技术特征决定的。根据边际收益递减规律，边际产量先递增后递减，递增是暂时的，而递减则是必然的。边际产量递增是生产要素潜力发挥、生产效率提高的结果，而到一定程度之后边际产量递减，则是生产要素潜力耗尽、生产效率下降的原因所致。

规律既然是客观的，就必须得到尊重，否则就会受到规律的惩罚。由于大跃进时期的舆论导向把人定胜天的思想拔高到了让人头脑发昏的地步，当时的人们错误地提出“人有多大胆，地有多大产”。超限度的强行“密植”必然导致了粮食的大幅减产，结果“人祸”加“天灾”，在当时的中国造成了灾难性的后果。

按照边际收益递减规律，连续追加投入，得到的产出的增加却越来越少，这似乎很可怕，但从长期着眼却也没什么了不起。从新中国成立以来，一方面人口数量翻了一番还多，而另一方面耕地的面积却一直在减少，然而改革开放以来，我国并没有出现所谓的“粮食危机”，这多亏了农业科技进步所发挥的作用。从边际收益递减规律的角度来看，我国没有发生“粮食危机”的后果，主要是因为在长期中，这一规律的前提条件——技术水平不变发生了变化。以袁隆平的事迹为例，为了提高水稻亩产量，他几十年如一日蹲在田间地头，经过无数次艰苦的实验和研究，终于将水稻种植技术推进到“杂交水稻”时代。在袁隆平取得成就的基础上，我国科学家通过联合攻关，现在已全部破解了水稻的基因密码。这对我国今后大幅度提高水稻亩产量提供了美好的前景。

从大跃进运动到袁隆平的成就，给我们展示了如何对待边际收益递减规律的正反两方面的例证。在短期，我们必须尊重边际收益递减规律，确定合理的投入限度；但在长期，通过积极地实施技术创新战略，打破边际收益递减规律的限制，可为人民谋取更大的福利。

评析：在任何产品的生产过程中，可变生产要素投入量和固定生产要素投入量之间都有一个最佳组合比例。开始时，由于可变要素的投入量为零，而不变要素的投入量所能达到的最大生产能力远远没有得到充分的利用，所以最先增加的可变要素投入量可以使边际产量递增。可变要素投入量继续增加到某一值时，可变要素的边际产量达到最大值，此时生产要素的组合就达到最佳组合比例。此后，可变要素投入量的继续增加只会使生产要素的组合越来越偏离最佳组合比例，可变要素的边际产量呈现递减的趋势。“大跃进”恰恰是属于生产过程中的边际产量递减阶段，符合边际收益递减规律。但同时应该注意到，边际收益递减规律发生作用的前提是技术水平不变。技术的改进可能会使得总产量曲线整个上移，在同样的投入下生产出更多的产品，如图 4-8 所示。“杂交水稻”的成功正是通过改变技术要素，从而改变边际收益递减规律发生作用的前提条件，进而才得以提高产量。因此，我们在谈边际收益递减规律时一定要注意其前提条件。

（资料来源：李仁君. 从"大跃进"到"杂交水稻"：谈边际收益递减规律. 海南日报，2003.06.11）

问题：什么是边际收益递减规律，如何理解？

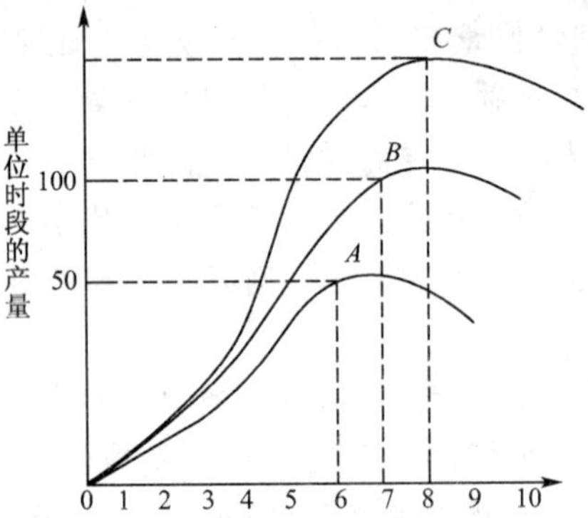

图 4-8 技术的改进使总产量曲线整个上移

本章小结

1. 生产函数是表明在一定的技术水平下，生产要素的数量与某种组合同它所能生产出来的最大产量之间依存关系的函数。

2. 在短期，一种或多种生产要素是固定不变的；在长期，所有生产要素都可以变。

3. 产量可以划分为总产量，平均产量和边际产量。假定其他条件不变而使某种生产要素连续增加，*TP*、*AP* 和 *MP* 呈先上升而后下降的变动趋势。*TP*、*AP* 和 *MP* 存在一定关系：当 *MP* 为零时，*TP* 达到最大；*MP* 曲线一定和 *AP* 曲线相交于 *AP* 曲线的最高点。

4. 根据边际产量递减规律，当连续把数量相等的某一种生产要素增加到一种或几种不变生产要素上时，最初边际产量会增加，达到最大值以后变为递减。

5. 等产量曲线表示一定产量水平下生产要素的各种组合。与不同产出水平相连的等产量曲线可以反映生产函数。

6. 在得到一组等产量线之后，在成本和要素价格既定条件下得到等成本线，在等成本线和等产量线相切之处得到生产者均衡点。生产要素最优组合的条件是：两种生产要素的边际技术替代率等于两要素的价格之比。或者说，两种生产要素的边际产量分别与各自的价格之比相等。

7. 规模报酬问题分析的是生产要素按相同比例变动所引起的产量变动。企业的规模报酬变动可分为规模报酬递增，规模报酬不变和规模报酬递减三种情形。

关键概念　生产函数　总产量　平均产量　边际产量　等产量线　等成本线　规模经济　适度规模

复习思考题

1. 单项选择题

(1)如果连续地增加某种生产要素的投入，在总产量达到最大时，边际产量曲线与之相交的是(　　)。

A. 平均产量曲线　　B. 纵轴

C. 横轴　　D. 都不相交

(2)如果将等产量曲线与等成本曲线结合在一起进行分析，两种生产要素的最适组合是(　　)。

A. 等产量曲线与等成本曲线相交之点

B. 等产量曲线与等成本曲线相切之点

C. 离原点最远的等产量曲线上的任一点

D. 离原点最近的等产量曲线上的任一点

(3)经济学分析企业行为时的短期是指(　　)。

A. 一年之内

B. 半年之内

C. 只根据产量才能调整变动成本的时期

D. 全部生产要素都能随产量而调整的时期

2. 问答题

(1)为什么一个理性的投资者应当在生产的第二阶段决定要素的投入？

(2)如何理解边际产量递减规律。

(3)下表是某种可变生产要素的短期生产函数的产量表。

可变要素的投入数量	总可变要素的投入数量	可变要素的平均产量	可变要素的边际产量
1		2	
2			10
3	24		
4		12	
5	60		
6			6
7	70		
8			0
9	63		

①请将表中的空格填上。

②该生产函数是否表现出边际报酬递减？如果是，是从第几单位的可变要素投入开始的？

实训指导

主题：分析某行业的规模收益情况。

要求：1. 运用某行业不同企业的产量、资本、劳动等资料；

2. 学习相关基本知识，分析投入与产出之间的相关关系；

3. 分析统计数据，说明某行业的规模收益情况。

建议：1. 联系某行业不同企业的财务部门，收集有关经济数据；

2. 计算有关产量、资本、劳动等指标；

3. 分析该行业生产函数；

4. 编写某行业的规模收益情况的分析报告。

阅读书目

[1] 斯蒂格利茨. 经济学(上册). 中国人民大学出版社，1997.

[2] 梁小民. 西方经济学. 中央广播电视大学出版社，2002.

[3] 高鸿业. 西方经济学. 中国人民大学出版社，2000.

第五章

成本理论

知识目标

掌握成本的性质，短期成本与长期成本的概念、变化规律和它们之间的关系，收益与利润的概念，各种收益曲线的关系，利润最大化的经济含义。

技能目标

能够理解机会成本的含义及其在厂商和个人经营管理决策过程中的运用；通过成本与收益理论来了解、分析企业是怎样来实现利润最大化的。

导入新课

上大学的收益是使知识丰富和一生拥有更好的工作机会，以及较高的收入、高学历带来的名誉、地位等效应。但完成大学四年学业的成本是多少呢？回答这个问题时，通常人们会把一个大学生上四年大学的学费、书费、生活费加总起来，但这种总和并不是一个大学生上大学所付出的全部代价。读四年大学的学费、书费和生活费只是上大学的会计成本，而计算上大学的成本需要考虑到这么一个问题：当你把四年的时间用于听课、读书和写文章时，你就不能把这段时间用于工作。对大多数学生而言，为上学而放弃的工资是他们接受高等教育最大的一项成本即机会成本。因此，计算上大学的代价时，应当把因上大学而付出的一切，包括显性的和隐性的成本都考虑在内，只有在上大学的收益大于为此而付出的成本时，上大学的决策才是正确的。

任何一个企业在对自己拥有的资源的各种用途中作出一项决策时，都要放弃其他可供选择的最好的用途，这就是机会成本。在现实生活中，任何人、任何一个企业在作出决策时，都应考虑伴随每一项可能的行动而带来的机会成本。只有在作出这一选择所带来的收益大于为此而付出的成本时，这一决策才是正确的。企业利润最大化目标的实现，不仅仅要考虑投入与产出的物质技术关系，还必须要考虑成本与收益之间的经济关系。

本章通过企业的成本性质分析，短期成本、长期成本分析，收益分析，进而分析企业利润最大化目标实现的条件。

第一节　成本的性质

一、生产成本

成本是经济学最基本的概念之一。从最一般的意义上说，所谓成本，就是为了达成某种目的或获得某种商品所付出的代价。企业的成本就是企业进行生产与经营活动所必须付出的代价。

生产成本又称生产费用，是指企业进行生产与经营活动中所使用的各种生产要素的货币支出。生产要素包括劳动、资本、土地和企业家才能四种基本形式。企业为获得劳动而支出的费用是工资，为获得资本而支出的费用是利息，为获得土地而支出的费用是地租，为获得企业家才能而支出的费用是正常利润。因此生产成本包括工资、利息、地租、正常利润四个部分。

利润是企业收益与成本的差额。企业的全部利润分为正常利润和经济利润两部分。正常利润是企业家才能的报酬，属于成本的组成部分。经济利润也被称为超额利润，是企业总收益超过总成本的部分，也就是超过正常利润部分的那部分利润。

二、会计成本与机会成本

我们知道，当企业把某些资源用于生产某种产品时，就放弃了这些资源的其他用途。因此，我们可以从两个不同的角度来考察成本：企业生产与经营中的各种实际支出称为会计成本；企业为了这种生产所放弃的东西，称之为机会成本。这两种成本在企业决策中是十分重要的。

会计成本是指厂商在生产经营过程中按市场价格支付的一切费用。因为这些支出一笔一笔地记在会计账簿中，所以称为会计成本。同时，因为这些支出是过去的支出，所以也称为历史成本。由于这种成本是显而易见的，又称为显性成本。例如，厂商支付给员工的工资，购买原料、燃料等的支出，厂房设备的折旧费等。

机会成本是指作出一项决策时所放弃的其他可供选择的用途中所可能得到的最大收入。机会成本的经济背景是资源的稀缺，而资源的用途可以是多种选择，当企业把某种资源用于一种用途时就要放弃其他用途，这些放弃的用途所可能得到的最大收入就是用于某种用途的机会成本。

例如，某人有100万元资金，可供选择的用途及各种用途可能获得的收入是：开商店获利20万元，开饭店获利25万元，炒股票获利30万元，进行期货投机获利40万元。如果某人选择把100万元用于期货投机，则放弃的其他可供选择的用途是开商店、开饭店和炒股票。在所放弃的用途中，最好的用途是炒股票(可获利30万元)。所以，在选择进行期货投机时，机会成本就是炒股票的获利。或者说，选择进行期货投机获利40万元的机会成本是所放弃的炒股票时可能获得的30万元。

在理解机会成本时应该注意以下几个问题：

第一，机会成本不同于实际成本，它不是作出某项选择时实际支付的费用或损失，而是一种观念上的成本或损失。因为资源是有限的，你选择了一个，就必须放弃另一个。

在这种情况下，作出一项选择时，机会成本并不是实际支出或损失，仅仅是观念上的损失，或放弃的另一种可能性。

第二，机会成本是作出一种选择时所放弃的其他若干种可能的选择中最好的一种。例如，在上例运用100万元资金的选择中，当选择了期货投机时，所放弃的用途有开商店、开饭店和炒股票三种，其中最好的一种用途是炒股票（在这三种可能选择的用途中获利最多），所以，运用100万元进行期货投机的机会成本是放弃炒股票，而不是其他。

第三，机会成本并不全是由个人选择所引起的，其他人的选择会给你带来机会成本，你的选择也会给其他人带来机会成本。例如，当你夜晚享受家庭舞会时，你所放弃的宁静就是这种享受的机会成本。同时，你还会使邻居得不到宁静，邻居所放弃的宁静就是你这种选择给他人带来的机会成本。当然，我们一般在从个人的角度作出某项投资或其他决策时，所考虑的主要是自己的机会成本。一般所说的机会成本也是这个意义上的。

三、显性成本与隐性成本

经济分析中所使用的经济成本概念，比财务分析中所使用的会计成本概念，有着更广泛的含义。经济成本可以分为显性成本与隐性成本。

显性成本是指在形式上必须由厂商支付给生产要素所有者的报酬所构成的成本。它是厂商的会计账日中作为成本项目列出的费用，包括工人的工资、借入资本的利息、原材料等的支付费用。

隐性成本是指本应计算为成本但却未在形式上作货币支出的厂商本身所拥有的生产要素的报酬。例如，一个夫妻店，店主夫妇每天工作8小时，但往往并未在形式上领取货币工资。应该领取的这笔工资属于隐性成本。属他们所有的值10 000元的店铺设备也往往未在形式上领取租金，这笔租金也属于隐性成本。

隐性成本这一概念包含了正常利润。在经济分析中正常利润通常是指社会通行的投资回报率，或者资金的平均收益率，这种平均收益率就是企业使用资金的机会成本，也就是企业如果将资金投资于其他领域所得到的正常收益。因此，正常利润包括在经济成本之中，它是机会成本的组成部分。正常利润包括厂商所有者自己投入的资金的利息，企业主为该厂提供的劳务应得的薪金等，正常利润是让一个厂商所有者继续留在原产业从事生产经营所必需的最低报酬。如果他得不到这笔报酬（或者说，假如产品的卖价仅能补偿工人工资、原材料和固定资本的折旧费），他会将资本转移到其他产业。所以，“正常利润”是该企业的产品得以生产出来的必要条件和必须支付的代价。

一般来说，在理论分析中，当说到某个厂商的利润为零时，并不意味着它不存在正常利润。当说到某个厂商的经济利润存在时，说明它在得到了正常利润之外，还得到了超额利润。

由于隐性成本包括在经济成本中，也就是说，经济成本中包含了正常利润。

经济成本与会计成本之间的关系，用公式表示是：

会计成本＝显性成本

机会成本＝隐性成本

经济成本＝会计成本＋机会成本

四、会计利润和经济利润

机会成本在企业决策中具有十分重要的作用。当考虑到会计成本和机会成本时，利润就分为会计利润和经济利润。企业的收益减去成本就是利润。但成本包括会计成本和机会成本，成本的含义不同，利润也就不同。收益减去会计成本就是会计利润，收益减去会计成本再减去机会成本就是经济利润。会计成本与机会成本之和称为经济成本，所以，收益减去经济成本就是经济利润。用公式表示就是：

会计利润＝收益－会计成本

经济利润＝收益－会计成本－机会成本

从以上公式可以看出，会计利润与经济利润并不相同。在正常情况下，机会成本大于零，所以，会计利润大于经济利润。企业的利润最大化目标并不是会计利润最大化，而是经济利润最大化。

资料 5-1　　企业成本分析

假设一个企业每年收益是 100 万元。用于生产的实际支出分别为：设备折旧 3 万元；厂房租金 3 万元；原材料支出 60 万元；电力等支出 3 万元；工人工资 10 万元；贷款利息 15 万元。可以得出企业的会计成本为 94 万元。用总收益 100 万元减去会计成本 94 万元，该企业的会计利润为 6 万元。这个企业与任何一家企业一样也有机会成本。如果这个企业是私营企业，所有者兼经营者并不向自己支付工资，会计账目上也没有这一项。但经营者在企业的工作也是有机会成本的，这就是他所放弃的在其他地方工作能得到的工资。如果他不经营这家企业而去找一份工作，他可以得到每年 2 万元的工资，那么，他经营这家企业的机会成本就是 2 万元。再如，这家企业经营所需资金有两个来源，一是银行贷款，二是自有资金。银行贷款要支付利息，是企业的实际支出，属于会计成本，为 15 万元。自有资金并不实际支付利息，不计入会计成本。但把这笔资金用于企业经营就等于放弃了这笔资金所能带来的其他收入。简单的理解就是放弃了存入银行可以得到的利息收益。所以，他放弃的自有资金的利息也是机会成本。假定该企业的自有资金年利息为 5 万元。这两项机会成本合计就是 7 万元。总之，会计成本为 94 万元，机会成本为 7 万元，经济成本为 101 万元，总收益 100 万元减去经济成本 101 万元，经济利润为负的 1 万元，即亏损 1 万元。可见在不考虑机会成本时，这个企业是盈利的，但在考虑机会成本时，这个企业实际是亏损的。企业经营的目的是实现经济利润的最大化。如果经济利润为负，尽管其会计利润为正，这个企业也不值得经营下去。这说明在企业决策中，机会成本是一个十分重要的概念。

五、短期成本与长期成本

短期成本是指在短期内企业从事生产所发生的成本。所谓短期是指企业不能根据它所要达到的产量来调整其全部生产要素的时期。也就是说，在该时期内，厂商无法改变其固定设备所限定的规模。或者说，厂商不能扩大或缩小其厂房设备规模的时期。不同行业的短期，时间上的长短是有差异的。例如，钢铁业的短期可能是好几年，而饮食业的短期可能是几个月。在短期内，企业不能调整全部生产要素的投入量，只能改变部分要素投入量来增加或减少产量，所以一家厂商的短期成本可分为固定成本和可变成本。

所谓长期是指企业能根据它所要达到的产量来调整其全部生产要素的时期。由于在该时期，厂商可以调整所有的生产要素，一切成本项目都可以是变动的，因此不存在固定成本。

短期成本分析和长期成本分析对企业都是非常重要的。当一个企业建立之前，投资者要根据自己的投资能力，以及市场对产品的需求程度，进行投入产出分析，确定最佳的生产规模，以实现利润最大化。投资者这一阶段所进行的成本分析属于长期成本分析，因为这时一切生产要素都是可以调整的。当企业的厂房、设备等固定资产购置以后，即生产规模一旦确定，厂商就只能根据现有的生产能力，产品市场及生产要素市场的价格变化，来确定每一阶段的实际产量，以实现利润最大化。这时企业所进行的成本分析属于短期成本分析，因为企业这时只能调整可变生产要素，而不能调整固定的生产要素。如果企业在经过一段时间生产以后，发现自己的企业规模不适度，而要调整规模时，企业又面临着长期成本分析。

第二节　短期成本函数

成本函数是在生产函数的基础上产生的。生产函数和成本函数之间存在对应关系。与生产函数分成短期生产函数和长期生产函数一样，成本函数也分成短期成本函数和长期成本函数。本书侧重分析短期成本函数。

一、短期成本分类

在短期内，企业有一部分投入要素是固定不变的，而另一部分是变动的，因此，企业的成本可以分为固定成本部分和可变成本部分。具体地说，企业的短期成本有以下七种：总成本、固定成本、可变成本、平均成本、平均固定成本、平均可变成本和边际成本。

(一)短期总成本

短期总成本(用 STC 表示)是指企业在短期内生产一定量产品所需要的成本总和。短期成本分为固定成本与可变成本。

固定成本(用 FC 表示)是指企业在短期内必须支付的不能调整的生产要素的费用。这种成本不随产量的变动而变动，是固定不变的。因此，固定成本是一个常数。主要包括厂房和设备折旧，以及管理人员的工资等。

可变成本(用 VC 表示)是指企业在短期内必须支付的可以调整的生产要素的费用。这种成本随产量的变动而变动，是可变的。主要包括原材料、燃料的支出以及生产工人的工资等。

用公式表示为

$$STC=FC+VC$$

(二)短期平均成本

短期平均成本(用 SAC 表示)是指短期内生产每一单位产品平均所需要的成本。短期平均成本分为平均固定成本与平均可变成本。

平均固定成本(用 AFC 表示)是指平均每一单位产品所消耗的固定成本。如果以 Q

代表产量，用公式表示为

$$AFC=\frac{FC}{Q}$$

平均可变成本（用 AVC 表示）是平均每一单位产品所消耗的可变成本。用公式表示为

$$AVC=\frac{VC}{Q}$$

那么

$$SAC=AFC+AVC$$

则

$$\frac{STC}{Q}=\frac{FC}{Q}+\frac{VC}{Q}$$

（三）短期边际成本

短期边际成本（用 SMC 表示）是指企业在短期内每增加一单位产品所增加的总成本量。如果以 ΔSTC 代表增加的短期总成本，以 ΔQ 代表增加的产量，则有

$$SMC=\frac{\Delta STC}{\Delta Q}$$

当 $\Delta Q\to 0$ 时，则

$$SMC=\lim_{\Delta Q\to 0}\frac{\Delta STC}{\Delta Q}=\frac{dSTC}{dQ}$$

这里需要注意的是，短期中固定成本并不随产量的变动而变动，所以，短期边际成本实际是对可变成本而言的。

二、短期成本曲线及成本之间的相互关系

为了分析上述各类短期成本的变动规律及其关系，我们先列出表 5-1。

表 5-1 各类短期成本表

产量 Q	固定成本 FC	可变成本 VC	总成本 STC	边际成本 SMC	平均固定成本 AFC	平均可变成本 AVC	平均成本 SAC
0	100	0	100	—	∞	0	∞
1	100	34	134	34	100	34	134
2	100	63	163	29	50	31.5	81.5
3	100	90	190	27	33.3	30	63.3
4	100	116	216	26	25	29	54
5	100	145	245	29	20	29	49
6	100	180	280	35	16.7	30	46.7
7	100	230	330	50	14.3	32.9	47.2
8	100	304	404	74	12.5	38	50.5
9	100	420	520	116	11.1	46.7	57.8

表 5-1 说明了各种成本的计算及其相互关系。例如，当产量由 1 个单位增加到 2 个单位时，固定成本不随产量的变动而变动，仍为 100，可变成本则随产量的变动而变动，由 34 增加到 63，总成本为固定成本与可变成本之和，为 163。边际成本为产量的增加量除

总成本的增加量，为 29。平均固定成本为产量除固定成本，为 50。平均可变成本为产量除可变成本，为 31.5。平均成本为平均固定成本与平均可变成本之和，或产量除总成本，均为 81.5。以此类推，可以计算出其他数据。

总成本、平均成本和边际成本的相互关系如下：

第一，短期总成本、固定成本、可变成本之间的关系。

固定成本在短期中是固定不变的，不随产量的变动而变动，即使产量为零时，也仍然存在固定成本。可变成本要随产量的变动而变动。可变成本的变动规律是：最初在产量开始增加时，由于固定生产要素与变动生产要素的效率未能得到充分发挥，因此，可变成本的增长率要大于产量的增长率；以后随着产量的增加，固定生产要素与可变生产要素的效率得到充分发挥，可变成本的增长率小于产量的增长率。最后，由于边际产量递减规律，可变成本的增长率又大于产量增长率。总成本是固定成本与可变成本之和，固定成本是大于零的常数。所以，总成本的变动规律与可变成本的变动规律相同。总成本、固定成本、可变成本三者的关系是：总成本与可变成本平行，且高于一个固定成本的值。这是因为在图 5-1 中，$STC=VC+FC$，STC 与 VC 的变化规律相同，FC 是一个不变数，加上 VC 则等于 STC。

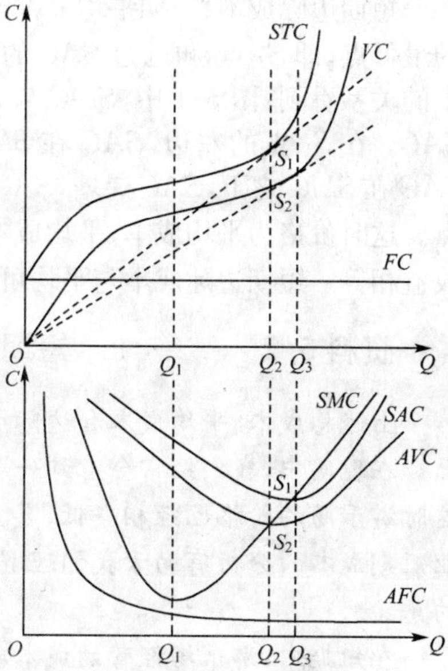

图 5-1　短期成本曲线图

第二，短期平均成本、平均固定成本、平均可变成本之间的关系。

平均固定成本变动的规律是：随着产量的增加而减少，这是因为固定成本总量不变，产量增加，分摊到每一单位产量上的固定成本也就减少了。它变动的规律是起初减少的幅度很大，以后减少的幅度越来越小。平均可变成本变动的规律是：起初随着产量的增加，生产要素的效率逐渐得到发挥，因此平均可变成本减少。但产量增加到一定程度后，平均可变成本由于边际产量递减规律而增加。短期平均成本的变动规律是由平均固定成本与平均可变成本决定的。当产量增加时，平均固定成本迅速下降，加之平均可变成本也在下降，因此短期平均成本迅速下降。以后，随着平均固定成本越来越小，它在平均成本中所占的比例越来越小，这时平均成本随平均可变成本的变动而变动，即随产量的增加而下降，产量增加到一定程度之后，又随着产量的增加而增加。平均固定成本、平均可变成本与短期平均成本的变动规律和关系是：在 AVC 最低点即图5-1中 S_2 点的左边，SAC、AVC、AFC 都递减。在 SAC 最低点 S_1 的右边，SAC、AVC 递增，AFC 缓慢递减。在 SAC 最低点 S_1 与 AVC 最低点 S_2 之间，SAC 缓慢递减，AVC 递增，AFC 递减。这是因为在图 5-1 中，$SAC=AVC+AFC$。AVC、AFC 都递减，所以 SAC 也递减。AVC 递增，抵消了 AFC 的缓慢递减，所以 SAC 递增。AVC 缓慢递增，抵消了 AFC 的递增，所以 SAC 缓慢递减。

第三，短期边际成本、短期平均成本、短期平均可变成本之间的关系。

边际成本曲线非常重要，边际成本的变化直接影响到短期平均成本和平均可变成本的变化。从图 5-1 可以看出三者之间的关系。

短期边际成本的变动取决于可变成本，因为所增加的成本只是可变成本。它的变动规律是：开始时，边际成本随产量的增加而减少，当产量增加到一定程度时，就随产量增加而增加。

短期边际成本、短期平均成本与短期平均可变成本之间的关系是：*SMC* 先通过 *AVC* 的最低点，即 S_2 点，再通过 *SAC* 的最低点，即 S_1 点。我们可以从短期边际成本与平均成本的关系看到：图 5-1 中，*SMC* 与 *SAC* 相交于 *SAC* 的最低点 S_1 点。在 S_1 点，$SMC=SAC$。在 S_1 点的左边，*SAC* 在 *SMC* 之上，*SAC* 递减，$SAC>SMC$。在 S_1 点的右边，*SAC* 在 *SMC* 之下，*SAC* 递增，$SAC<SMC$。*SMC* 与 *SAC* 相交的 S_1 点被称为收支相抵点。这时价格为平均成本，平均成本等于边际成本，即：$P=SMC=SAC$，生产者的成本与收益相等。短期边际成本与平均可变成本的关系也是如此。

资料 5-2　　短期成本与企业生产决策

上述总成本、平均成本和边际成本的相互关系可以用这样一个例子来加以说明。

在现实中，我们经常会看到一些游乐场有的时期生意清淡，但仍然在苦苦经营，尽管这时游乐场的价格已经相当低，甚至低于成本，但为什么他们还要这样做呢？通过对企业短期成本的分析有助于我们理解这一现象，同时也说明短期成本对企业短期经营决策的意义。

在短期中，游乐场经营的成本包括固定成本与可变成本。假设旅客进入游乐场玩乐一次的平均成本为 200 元，其中固定成本为 150 元，可变成本为 50 元。当玩一场的价格为 200 元以上时，收益大于平均成本，经营显然有利。当价格为 200 元时，收益等于成本，这时称为收支相抵点，仍然可以经营。当价格低于 200 元时，收益低于成本。似乎看起来游乐场应该停止营业。但当我们知道短期中的成本有不可收回的固定成本和可变成本时，决策就不同了。如果游乐场每场价格现在定为 100 元，是否应该经营呢？他的可变成本为 50 元，当价格为 100 元时，在弥补可变成本 50 元之后，仍可剩下 50 元，这 50 元可用于弥补固定成本。固定成本 150 元是无论经营与否都要支出的，能弥补 50 元，当然比一点也不弥补要好。因此，这时仍然要坚持营业。这时企业考虑的不是利润最大化，而是损失最小化即能弥补多少固定成本就弥补多少。

当价格下降到与可变成本相等的 50 元时，游乐场经营与不经营都是一样的。经营正好可以弥补可变成本，不经营则这笔可变成本不用支出。因此，价格等于平均可变成本之点就是停止营业点，在这一点上，经营与不经营是一样的。但在这一点以上，因为价格高于平均可变成本，可以继续经营，在这一点以下，由于价格低于平均可变成本，游乐场无论如何都不能经营。生意清淡的游乐场仍在继续营业，说明这时价格仍高于平均可变成本。这就是它不能停业的原因。

第三节　长期成本函数

在长期中，厂商可以根据产量的要求调整全部生产要素，即调整规模。长期成本分为长期总成本、长期平均成本和长期边际成本。

一、长期总成本

(一)长期总成本曲线的形成

长期总成本(*LTC*)是指长期中厂商生产一定量产品的成本总和。由于在长期内厂商可以根据产量调整生产规模,因而长期总成本是厂商在各种产量下通过调整规模所实现的最低总成本。如图 5-2 所示,横轴表示产量,纵轴表示成本,*LTC* 线为长期总成本曲线。

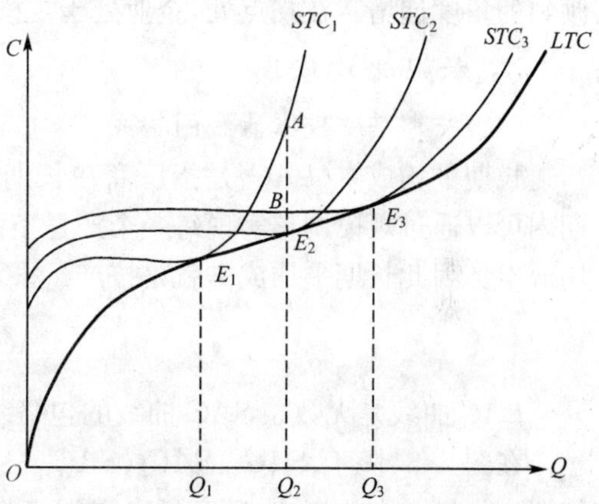

图 5-2　长期总成本曲线

厂商的长期总成本曲线是如何形成的呢?

我们可以从第四章第三节所分析的生产扩展线(见图 4-6)来得到长期总成本曲线。我们知道生产扩展线的任意一点都表示在相应的产量水平下,厂商所选择的两种投入要素的最优组合。计算生产扩展线上的各点的成本,就可以得到长期总成本曲线。

如图 5-2 所示,假定只有劳动与资本两种投入, E_1、E_2、E_3 分别代表当产量水平为 Q_1、Q_2、Q_3 时的最优投入组合,它们都在扩展线上。实际上 *LTC* 曲线也就是无数条 *STC* 曲线的包络线,其构成可以用图 5-2 来说明。

在图 5-2 中,有三条 *STC* 曲线如 STC_1、STC_2 和 STC_3,它们分别代表三种不同的固定资产规模下的短期总成本。由于 *STC* 曲线在纵轴上的截距代表固定成本,也就是企业的固定资产规模。假定厂商要生产的产量为 Q_2,它应将固定资产调整到 STC_2 所代表的规模。因为只有用 STC_2 所代表的规模生产产量 Q_2 的总成本(E_2Q_2)最小,而用另外两种规模生产 Q_2 的产量的总成本分别是 AQ_2 和 BQ_2,都大于 E_2Q_2。因此,STC_2 对应的固定资产规模是长期内生产产量 Q_2 的最佳规模。如果厂商改变产量,最佳规模也要相应调整。STC_1 对应的固定资产规模是生产 Q_1 产量的最佳规模,其总成本为 E_1Q_1;STC_3 对应的固定资产规模是生产 Q_3 产量的最佳规模,其总成本为 E_3Q_3。

从理论上讲,如果固定资产可以无限细分,生产规模也可以无限细分,厂商就可以在任何一个产量上都找到一个相应的最佳规模,都有一个最低水平的总成本。把这无数个最低的总成本点连接起来,就形成了 *LTC* 曲线,它是在所有投入要素都可以变动的条件下得到的。所以,*LTC* 曲线是无数条 *STC* 曲线的包络线。

(二)长期总成本(LTC)曲线的特征

1. *LTC* 曲线产品能够从原点出发。这表明,当产量为零时,*LTC* 也是零,这与短期成本曲线不同,因为在长期内,没有可变成本与固定成本之分,所有生产要素都可以调整。

2. *LTC* 曲线向右上方倾斜。随着产量增加,厂商不断扩大规模,长期总成本不断增加。

3. LTC 曲线向右上方倾斜，其斜率先是递减，而后递增。其原因可以用规模报酬的变动规律来说明。在生产规模扩张的开始阶段，厂商由于扩大生产规模而使经济效益提高，出现规模报酬递增，这时每增加 1 单位产量所增加的长期总成本是递减的，因而 LTC 曲线向右上方倾斜的角度递减。当生产扩张到一定规模以后，厂商继续扩大规模会出现规模报酬递减，这时每增加 1 单位产量所增加的长期总成本递增，即 LTC 曲线向右上方倾斜的角度递增。在拐点处，企业处于规模报酬不变阶段。

二、长期平均成本

（一）长期平均成本曲线的构成

长期平均成本（LAC）是指厂商在长期内平均每一单位产品的成本。由于厂商在长期内可以通过规模调整实现每一个产量条件下的最小总成本，也就实现了相应的最小平均成本。因此长期平均成本就是按产量平均计算的最低总成本。用公式表示为

$$LAC=\frac{LTC}{Q}$$

LAC 曲线是无数条 SAC 曲线的包络线。

在图 5-3 中，有 SAC_1、SAC_2、SAC_3 三条短期平均成本曲线，它们各自代表不同的固定资产规模。在长期中，厂商可以根据产量的要求，选择平均产量最小的固定资产规模生产。若企业的产量要求为 Q_1，它应选择 SAC_1 所代表的固定资产规模进行生产。因为按这一规模生产 Q_1 的产量，平均成本最低，而按其他规模生产 Q_1 的产量，平均成本都比较高。因此，SAC_1 对应的固定资产是生产 Q_1 产量的最佳规模。如果市场需求增加时，厂商会逐渐扩大生产。当产量从 Q_1 增加到 Q_1' 时，它面临着两种都可行的选择，即按 SAC_1 对应的固定资产生产 Q_1' 产量和按 SAC_2 对应的固定资产生产 Q_1' 产量，究竟选择哪一种，取决于厂商对将来市场需求的预期。如果企业产量增加到 Q_2，固定资产规模得扩大到 SAC_2，SAC_2 对应的固定资产是 Q_2 产量的最佳规模，当企业产量增加到 Q_3 时，则 SAC_3 所对应的固定资产无疑是最优选择。也就是说，长期成本是在所有要素可变的条件下可以达到的最低短期成本。所以在图 5-3 中只有三种规模可供选择的情况下，长期平均成本曲线 LAC 就是由这三条短期平均成本曲线的最低部分所构成的，即图 5-3 所示的实线部分。

若厂商可以选择无数种固定资产规模，这样就会有无数条 SAC 曲线，而每条 SAC 都有一点与 LAC 相切，于是，长期平均成本曲线 LAC 就是由无数条短期平均成本曲线与它的切点相连而成的一条连续的光滑曲线，也就是无数条 SAC 曲线的包络线，如图 5-4 所示。与短期平均成本曲线相比，长期平均成本曲线比较平坦，这表明长期平均成本的变动幅度要小于短期平均成本的变动。

值得注意的是，LAC 曲线相切无数条 SAC 曲线，而不是所有 SAC 曲线最低点的连线。只有一条短期平均成本曲线与 LAC 相切在 LAC 的最低点，同时这点也是这条短期平均成本的最低点，如图 5-4 所示，产量为 Q_2 时，在 LAC 曲线最低点的左边，LAC 曲线相切于 SAC 曲线最低点的左边；在 LAC 曲线最低点的右边，LAC 曲线相切于 SAC 曲线最低点的右边。也就是说，所有这些短期成本从短期来看都有可能达到其最低点，但从长期来看，这些最低点都不是最低的平均成本组合。

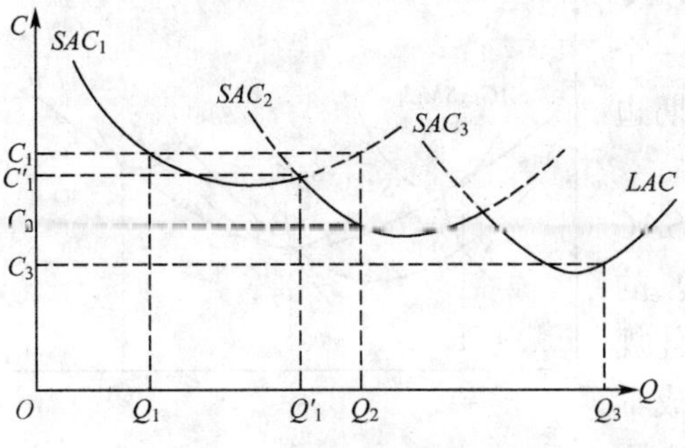

图 5-3　长期平均成本曲线(a)

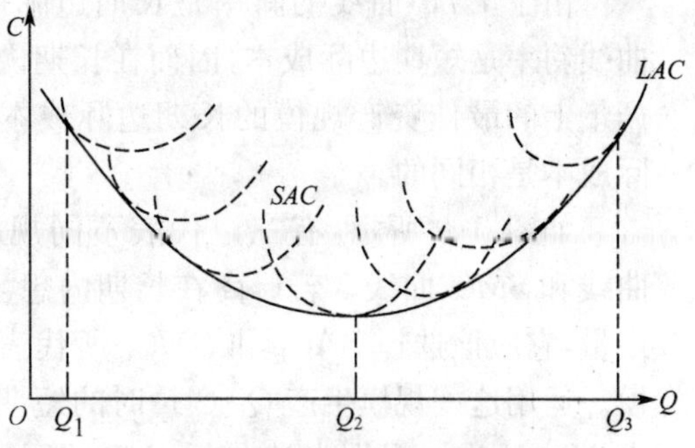

图 5-4　长期平均成本曲线(b)

(二)长期平均成本曲线变动的规律

在图 5-4 中,LAC 曲线是一条随产量增加先下降而后上升呈“U”字形的曲线,其原因是受规模报酬变动规律的影响。在企业规模开始扩大的阶段,由于规模报酬递增,使长期平均成本递减。当规模扩大到一定阶段之后,由于出现了规模报酬递减,长期平均成本也就递增。根据一些经济学家的实证分析,许多企业在低产量阶段表现为规模报酬递增,但一旦产量达到一个“最低有效产量”,规模报酬在相当长一段产量区域保持不变,规模报酬递减将出现在产量非常高的阶段。因此长期平均成本曲线的弯曲程度比较平缓。

由于企业自身规模变化引起内在经济与内在不经济,对 LAC 曲线形状与特征也会产生影响。行业规模变化会改变单个企业的外部生产环境,使单个企业的经济效率发生变化,因此在产量与成本的坐标图上表现为 LAC 曲线的向下平移。如图 5-5 所示,LAC_1 向下平移到 LAC_2 就是外在经济的结果。反之,外在不经济会使企业长期平均成本提高,则 LAC 曲线就会向上平移。

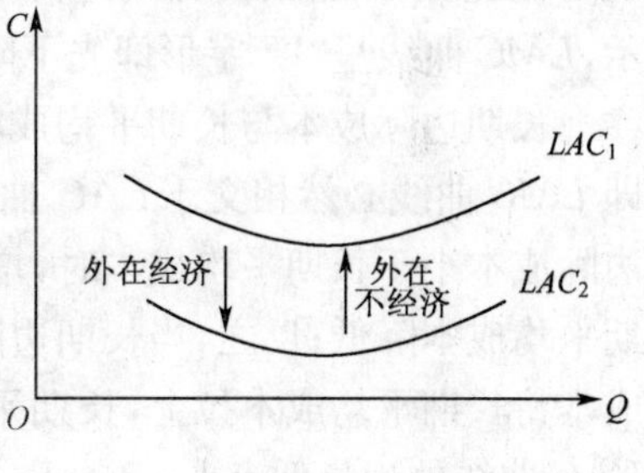

图 5-5　长期平均成本曲线(c)

三、长期边际成本

(一)长期边际成本曲线的构成

长期边际成本(LMC)是指长期中每增加一单位产量所增加的成本。与 SMC 曲线和 STC 曲线的关系一样,LMC 也是 LTC 曲线上相应各点的斜率。以 ΔQ 代表增加的产量,则有

$$LMC=\frac{\Delta LTC}{\Delta Q}$$

当 $\Delta Q \to 0$ 时,则

$$LMC=\lim_{\Delta Q\to 0}\frac{\Delta LTC}{\Delta Q}=\frac{\mathrm{d}LTC}{\mathrm{d}Q}$$

长期边际成本曲线可以由无数条 SMC 曲线得到的。LTC 曲线是 STC 曲线的包络线。在长期内的每一个产量上,LTC 曲线都与一条代表最佳规模的 STC 曲线相切,切点上两条曲线的斜率是相等的。

由于 LTC 曲线的斜率是长期边际成本，STC 曲线斜率是短期边际成本，因而在长期内的每一个产量上的最佳资产规模的长期边际成本和短期边际成本是相同的。

如图 5-6 所示，有三组代表不同规模的 SAC 曲线和 SMC 曲线。若厂商在长期内想生产 Q_1 的产量，它应该选择 SAC_1 和 SMC_1 所代表的最佳规模。运用这一规模生产 Q_1 产量时的短期边际成本由 N 点给出。根据上述分析，NQ_1 既是短期边际成本，也是长期边际成本。同样，在 Q_2 的产量上，可以找到既是短期边际成本又是长期边际成本的 M 点。在 Q_3 的产量上，可以找到 S 点。在产量可以无限细分，生产规模也可以无限细分的假设下，可以找到无数个这样的点。把这些既是短期边际成本又是长期边际成本的点连接起来，就得到了 LMC 曲线。

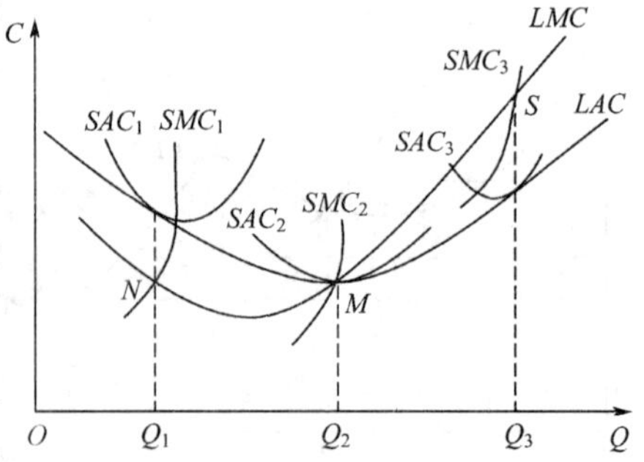

图 5-6 长期边际成本曲线

(二)长期边际成本曲线变动的规律

LMC 曲线也是一条随产量增加先下降而后上升呈“U”字形的曲线。企业在生产规模扩大的开始阶段，由于规模报酬递增，因而增加产量所增加的长期总成本，即长期边际成本是递减。长期边际成本递减，也是 LTC 曲线的斜率递减。经过规模报酬不变阶段以后，规模报酬递减使长期边际成本递增，也就是 LTC 曲线的斜率递增。如图 5-6 所示，LMC 曲线呈“U”字形即先下降后上升的趋势，正是反映了规模报酬的变动规律。

长期边际成本与长期平均成本的关系和短期边际成本与短期平均成本的关系一样，即 LMC 曲线必然相交于 LAC 曲线的最低点，如图 5-6 中的 M 点，其原因在于：当长期边际成本小于长期平均成本时，增加的产量会使长期边际成本将长期平均成本拉下，长期平均成本降低；反之，当长期边际成本大于长期平均成本时，增加的产量会使长期边际成本将长期平均成本拉上，长期平均成本提高。当长期边际成本等于长期平均成本时，LAC 曲线处于最低点。

案例分析 5-1　　福特公司产量的安排

对于许多企业来说，总成本分为固定成本和可变成本，固定成本和可变成本取决于时间。如福特公司，在只有几个月的时期内，福特公司不能调整其汽车工厂的数量与规模，它可以生产额外一辆汽车的唯一方法是，在已有的工厂中多雇佣工人。因此，这些工厂的成本在短期中是固定成本。与此相比，在几年的时期中，福特公司可以扩大其工厂规模，建立新工厂和关闭旧工厂。因此，其工厂的成本在长期中是可变成本。由于许多成本在短期中是固定的，但在长期中是可变的。所以，企业的长期成本曲线不同于其短期成本曲线。长期平均总成本曲线是比短期平均总成本曲线平坦得多的“U”字形曲线，这是因为企业在长期中有更大的灵活性。实际上，在长期中，企业可以选择它想用的那一条短期成本曲线。但在短期中，它不得不用它过去选择的任何一条短期成本曲线。

当福特公司想把每天的产量从 1 000 辆汽车增加到 1 200 辆时，在短期中除了在现有的中等规模工厂中多雇工人之外别无选择。由于边际产量递减，每辆汽车的平均总成本从1万美元增加到1.2万美元。但是，在长期中，福特公司可以扩大工厂和车间的规模，而平均总成本仍保持在1万美元的水平上。对一个企业来说，进入长期要多长时间呢？答案取决于企业的性质。对一个大型制造企业，例如汽车公司，这可能需要一年或更长。与此相比，个人经营的柠檬水店可以在一小时甚至更短的时间内去买一个水罐。

评析：所谓短期，是指厂商来不及调整生产规模以调整产量，生产只能在原有条件下进行。短期生产函数主要研究产出量与投入的可变要素之间的关系，以确定一种可变要素的最佳投入量。所谓长期，则是指厂商来得及调整生产规模以调整产量。例如，某产品的市场需求由于某种原因一下子扩大，短期内，厂商可以通过让工人加班加点等提高现有设备使用强度的方式来增加产量，以满足市场需求；长期内，厂商则要增加设备，扩大生产规模，以满足增长了的市场需求。也就是说，短期内，只有一部分生产要素如原材料、劳动等可变投入的数量是可变的，另一些生产要素如厂房、设备、高级管理人员等保持不变；长期内，则一切生产要素投入都可以变动。长期生产函数主要研究产出量与所有投入要素之间的数量关系，以确定多种要素之间的最优化组合及对生产规模的大小进行经济性分析。

短期与长期之间，并没有特定的区分标准（例如，一年），要视具体情况而定。例如，对一个汽水摊而言，长期可能仅意味着一两天；而在汽车制造业中则意味着五年，甚至更长的时间。

资料来源：刘华，李克国. 经济学案例教程. 大连：大连理工大学出版社，2007：88-89

问题：区分长期成本与短期成本对企业的经营决策有何影响？

第四节　企业收益与利润最大化

收益和利润是生产者十分重视和关注的两大指标，本节要了解收益和利润的含义、性质，不同价格条件下，即不同市场条件下厂商收益曲线，企业如何作出利润最大化的决策。

一、收益与利润含义

收益是指厂商出卖商品的货币收入，它与厂商成本相比较确定厂商的利润。收益可分为总收益、平均收益和边际收益。

总收益（用 TR 表示）是指厂商出售商品后所得到的总销售收入，即出售商品的总卖价。如果以 P 表示价格，以 Q 表示销售数量，用公式表示为

$$TR=P\cdot Q$$

平均收益（用 AR 表示）是指厂商出售一定数量商品，每单位商品所得到的平均收入，即平均每个商品的卖价。它等于商品总收益与销售量之比。用公式表示为

$$AR=\frac{TR}{Q}$$

边际收益（用 MR 表示）是指厂商每多销售一单位商品，从而增加的总收益的值。它等于总收益的增量与销售量的增量之比。以 ΔTR 表示总收益的增量，以 ΔQ 表示销售

量的增量,用公式表示为

$$MR=\frac{\Delta TR}{\Delta Q}$$

经济利润(用Π表示)是指企业总收益与总成本之间的差额,即厂商的利润,它是厂商生产行为的目标,经营活动的成果,经营好坏的标准。厂商利润受到两个因素的影响:一是总收益,总收益越多,利润越大,反之,利润越小;二是总成本,总成本越少,利润就越大,反之,利润就越小。

在经济学中,还要区分经济利润和正常利润。企业的销售收入,即总收益。总收益与会计成本之间的差额是会计利润。总收益与总成本的差额,得到的是经济利润。经济利润是我们分析的厂商利润的基本要求。

厂商在经营活动过程中,往往会出现三种经济利润情况:

第一,厂商获得的经济利润大于零,或称为正的利润。这表明,厂商获得的总收益在扣除总成本,即会计成本和机会成本后还有剩余。这个利润也称为超额利润,即超过会计成本和机会成本以上的利润。

第二,厂商获得的经济利润为零,或称为利润为零。这表明,厂商获得的总收益等于总成本,即会计成本和机会成本之和。厂商在扣除会计成本之后还有数量相当于机会成本的剩余。这个剩余就是厂商经营获得的正常利润。

第三,厂商获得负的经济利润,或称为负的利润。这表明,厂商所获得的总收益小于总成本,即小于会计成本和机会成本之和。厂商的总收益扣除会计成本后的剩余小于机会成本,说明厂商经营没有达到预期的目的,是亏损的,需要改进其经营。

如果设Π为经济利润,则

$$\Pi=TR-TC$$

即

$TR-TC>0$　获得正的利润

$TR-TC=0$　获得利润为零

$TR-TC<0$　获得负的利润

正的利润与正常利润的区别:第一,正的利润是总收益减总成本大于零的利润,而正常利润是总收益减总成本等于零的利润。第二,正的利润是超额利润,即超过正常利润的利润。正常利润则是等于机会成本的利润,亦是资本不再转移时厂商获得的稳定的利润。第三,正的利润是短期存在的利润,随着部门内各厂商竞争,超额利润在厂商间依据技术条件和市场条件的优劣而移动。正常利润是长期存在的利润,随着部门内各厂商竞争,利润趋于平均化,各厂商都只能得到等于机会成本的正常利润。

二、收益曲线

收益曲线反映了收益的变动趋势。在不同的市场条件下,随着企业产品销量的增加,价格的变动趋势不同,因此,收益曲线必须在不同的市场条件下进行分析,也可以概括为在不同的价格条件下进行分析。

(一)价格保持不变条件下的收益曲线

在完全竞争市场,单个企业只是市场价格的接受者,它无法改变市场价格而只能按既定的价格销售一定量的产品。因为,如果某企业把销售价格提到市场价格之上,消费者将不购买它的产品而购买别的企业的产品。例如,张三的面粉加工厂可以看成是一个竞争市场的企业。张三的面粉加工厂与整个面粉市场相比是微不足道的,所以,他接受面粉市场既定的价格,这意味着,不论张三加工的面粉数量是多少,面粉的价格都是相同的。假定面粉的市场价格为 2 元,表 5-2 表示张三加工的面粉的总收益、平均收益和边际收益。那么,此时的总收益就是在价格不变条件下的总收益。从表中,可以看到各种收益的相互关系。

表 5-2　　厂商收益表　　单位:元

产品价格	销售量	总收益	平均收益	边际收益
2	0	0	0	—
2	10	20	2	2
2	20	40	2	2
2	30	60	2	2
2	40	80	2	2
2	50	100	2	2
2	60	120	2	2
2	70	140	2	2
2	80	160	2	2
2	90	180	2	2

由于每单位商品均以 2 元出售,平均每单位商品销售收入均为 2 元,价格 $P=AR$。同时由于价格保持不变,每多销售一单位商品增加总收益均为 2 元,即 $MR=2$ 元,因此 $P=AR=MR$。

根据表 5-2 中的数据可以作出图 5-7。

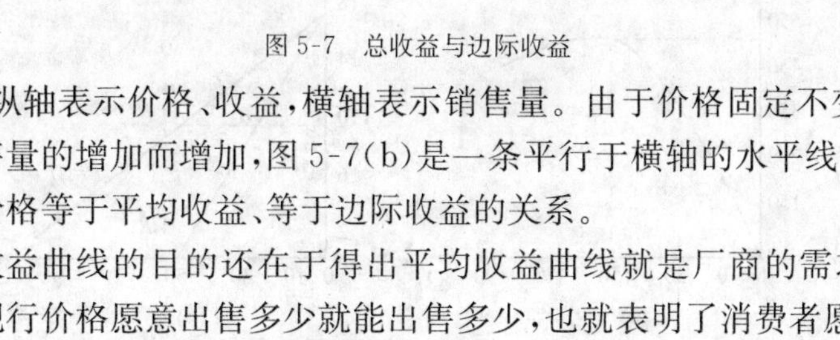

图 5-7　总收益与边际收益

在图中,以纵轴表示价格、收益,横轴表示销售量。由于价格固定不变,图 5-7(a)反映总收益随销售量的增加而增加,图 5-7(b)是一条平行于横轴的水平线,反映了在价格不变的情况下价格等于平均收益、等于边际收益的关系。

研究平均收益曲线的目的还在于得出平均收益曲线就是厂商的需求曲线的结论。由于厂商能按现行价格愿意出售多少就能出售多少,也就表明了消费者愿意按现行价格无限购买该种商品,因而其需求曲线是一条平行线。显然这条水平的需求曲线与价格曲线、平均收益曲线和边际收益曲线是重叠在一起的。

价格不变条件下的水平的需求曲线，完全符合完全竞争市场的基本特征，即厂商作为价格的接受者，它所面临的需求曲线就是一条在价格不变下的无限延长的需求曲线。水平的需求曲线所具有的特征将有助于完全竞争市场厂商市场价格定价策略的研究。

（二）价格变化条件下的收益曲线

在不完全竞争市场，单个企业不再是价格的接受者，而是价格的制定者。这时企业要想增加产品的销售量，必须降低价格。我们以工艺品厂商生产的某一品种的工艺品为例。工艺品市场可以看成是一个不完全竞争市场。厂商生产的工艺品品种款式与众不同，因此，可以自行定价。工艺品的销售量增加，其价格必须下降。表 5-3 表示工艺品厂商的总收益、平均收益和边际收益。

表 5-3　　厂商收益表　　单位：元

产品价格	销售量	总收益	平均收益	边际收益
20	0	0	0	—
18	10	180	18	18
16	20	320	16	14
14	30	420	14	10
12	40	480	12	6
10	50	500	10	2
8	60	480	8	−2
6	70	420	6	−6
4	80	320	4	−10
2	90	180	2	−14

从表 5-3 中可以看出，在商品价格随销售量增加而逐渐降低时，总收益随产品销售量的扩大而增加，达到一定量以后，随产品销售量的继续扩大而减少。平均收益与边际收益随价格的降低也逐渐降低，但边际收益降低得较快。因为销售量为 50 单位时，每一单位售价为 10 元，销售量增加到 60 单位时，每单位售价 8 元，每单位售价降低 2 元，平均收益为 8 元，销售量增加 10 单位，总收益却减少 20 元，边际收益为−2 元。销售量增加到 70 单位时，每单位售价再降低 2 元，售价为 6 元，平均收益为 6 元，销售量增加 10 单位，总收益却又减少了 60 元，边际收益为−6 元。由此可知边际效益的降低量大于平均收益的降低量。根据表中数据可以作出图 5-8。

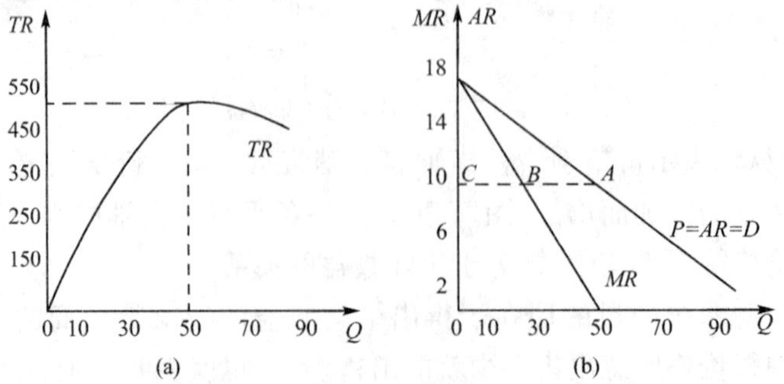

图 5-8　总收益与边际收益

图中平均收益曲线在边际收益曲线之上，并且 50～60 单位之间时边际收益曲线已降到 0。如果在平均收益曲线上取一点 A，作平行线交边际收益曲线为 B，再交纵轴为 C，那么，B 点是 AC 的中点，即边际收益曲线等分了平均收益曲线与纵轴的夹角。这说明边际收益曲线比平均收益曲线下降的速度快一倍。

同样，在价格变动的条件下，平均收益曲线也就是厂商的需求曲线，平均收益与销售量之间呈反比关系，实际上是价格与需求量之间的反比关系。价格变动条件下向右下方倾斜的需求曲线，完全符合不完全竞争市场的基本特征，即厂商作为价格的制定者、影响者和参与者，它所面临的主观需求曲线就是依据市场需求量变化而改变价格的需求曲线。向右下方倾斜的需求曲线所具有的特征将有助于不完全竞争市场厂商市场价格定价策略的研究。

三、利润最大化

在分析了企业的成本和收益之后，进一步考察企业是如何实现利润最大化。

我们用下面的例子来分析企业利润最大化的决策。有两种方法可以说明企业对生产过程的决策。

（一）总收益-总成本分析方法

通过总收益-总成本的分析，可以找到企业盈亏平衡点。利润是总收益与总成本的差额，当总收益超过总成本最大时，利润最大；当总成本超过总收益最小时，亏损最小。见表 5-4。

表 5-4　　总收益-总成本分析　　单位：元

总产量	总成本	平均成本	平均可变成本	边际成本	价格(100)			
					总收益	利润	平均收益	边际收益
0	100	100.0	0	—	0	−100	0	—
1	190	190.0	90.0	90	100	−90	100	100
2	270	135.0	85.0	80	200	−70	100	100
3	340	113.3	80.0	70	300	−40	100	100
4	400	100.0	75.0	60	400	0	100	100
5	470	94.0	74.0	70	500	30	100	100
6	550	91.7	75.0	80	600	50	100	100
7	640	91.4	77.1	90	700	60	100	100
7.8	720	92.3	79.49	100	780	60	100	100
8	750	93.7	81.2	110	800	50	100	100
9	880	97.8	86.7	130	900	20	100	100
9.5	950	100	89.47	140	950	0	100	100
10	1030	103.0	93.0	150	1000	−30	100	100

从表 5-4 中可以看到：总产量在 4～9.5 之间，总收益大于总成本，有盈利；总产量小于 4 和大于 9.5，总收益小于总成本，有亏损；总产量在 4 和 9.5 中的某个点，总收益等于总成本，盈亏平衡。于是，由盈亏平衡决定的产量 4 和9.5是盈亏平衡产量，这两个点为盈亏平衡点。

总收益与总成本分析，利用坐标图进行更为直观。如图 5-9 所示。

从图 5-9 中可以看到：在盈亏平衡点 4 和 9.5 之间，总收益大于总成本，有盈利；在盈亏平衡点 4 之左和 9.5 之右，总收益小于总成本，有亏损；在盈亏平衡点 4 和 9.5 上，总收益等于总成本，盈亏平衡。于是，这两个点为盈亏平衡点。

盈亏平衡点的分析，应用经济学家经常把它简单化，将总成本曲线也用直线表示，称为线性盈亏平衡点分析。

（二）边际收益-边际成本分析方法

通过边际收益-边际成本的分析，可以找到利润最大点。在市场价格不变的条件下，对于一个厂商，它虽不能影响既定的市场价格，但是，可以调节自己的销售量，以求利润最大或亏损最小。

在表5-4中，总产量为7.8时，利润为60，利润最大。同时，我们可以看到，在总产量为7.8时，边际收益等于边际成本，在7.8处的右边，边际收益小于边际成本，在7.8处的左边，边际收益大于边际成本。

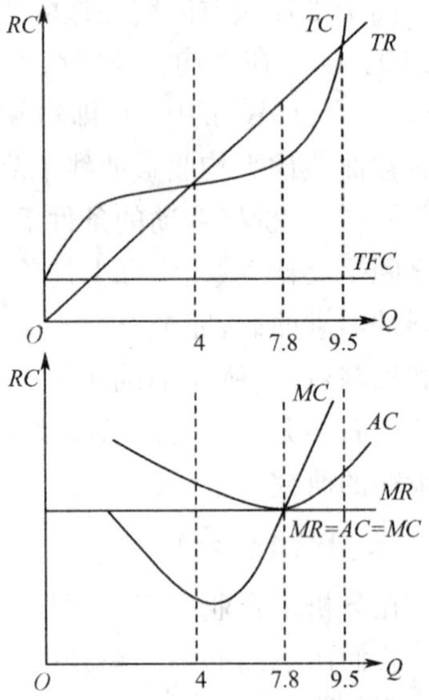

图5-9 盈亏平衡及利润最大点

利润最大化原则的实现条件是边际收益等于边际成本，即 $MR=MC$。

为什么厂商只有将产量确定在 $MR=MC$ 时才能获得最大利润呢？

这是因为：如果边际收益大于边际成本，表明厂商每多生产一单位产品所增加的收益大于生产这一单位产品所增加的成本。这时，对该厂商来说，还有潜在的利润没有得到，厂商增加生产是有利的，也就是说没有达到利润最大化。

如果边际收益小于边际成本，表明厂商每多生产一单位产品所增加的收益小于生产这一单位产品所增加的成本。这时，对该厂商来说就会利润减少，直至造成亏损，更谈不上利润最大化了，因此，厂商必然要减少产量。

无论是边际收益大于边际成本还是边际收益小于边际成本，厂商都要调整其产量，说明这两种情况下都没有实现利润最大化，只有在边际收益等于边际成本时，厂商才不会调整产量，表明已把该赚的利润都赚到了，即实现了利润最大化。

厂商对利润的追求要受到市场条件的限制，不可能实现无限大的利润。这样，利润最大点的条件就是边际收益等于边际成本。厂商根据这一原则来确定自己的产量。总之，在边际收益等于边际成本时，利润达到最大；若边际收益大于边际成本，利润逐渐增大；若边际收益小于边际成本，利润逐渐减少；在利润达到最大点时的产量，为利润最大化产量。

值得注意的是，利润最大化的含义并不意味厂商一定获得了经济利润，而只是表示厂商在既定生产条件下，按 $MR=MC$ 确定产量是最有利的。它有三种可能的结果：经济利润最大、亏损最小或盈亏平衡。

边际收益等于边际成本的利润最大原则具有普遍意义，无论在竞争市场，还是在不完全竞争市场，企业都是遵循这一原则进行决策的。

案例分析 5-2　为什么民航公司愿意向顾客提供折扣机票

经常坐飞机的人可以发现，有的航班满员，而另一些航班空座很多。当航班有空座时，民航公司总是以向乘客提供折扣机票的办法作为竞争的基本手段。如今年"五一"过后，某航空公司由上海飞往全国热点城市的预约特价：2009-06-01，上海一哈尔滨，￥330（1.9 折）；2009-06-03，上海一郑州，￥150（1.9 折）；2009-06-06，上海一福州，￥140（1.8 折）；2009-05-11，上海一三亚，￥399（2.1 折）（数据来源：http://jipiao.wendoo.com/ 16K 2009-4-30）。民航公司的行为是理性的吗？我们可以用边际收益-边际成本分析理论来回答这一问题。

评析：从理论上说，短期内民航公司的成本分为固定成本和可变成本。固定成本包括飞机购置费（即购置飞机的贷款利息和折旧费）、乘务员的工资、检修费用及机场设施和地勤人员费用等等。这部分费用是必须支出的。可变成本主要由燃料和服务费（安检、饮食、清洁）构成，这部分费用随着乘客人数的增加而增加。显然，就航空业而言，它的成本大部分是由固定成本构成的。当民航公司的一些航班空座很多的情况下，能否把机票的价格降低出售呢？边际收益-边际成本分析告诉我们是可行的。因为根据边际分析法，决策不应当考虑全部成本，而应当考虑每增加一位乘客而额外增加的成本，这种额外增加的成本叫做边际成本。在这里，每增加一位乘客而引起的边际成本是很小的，它只包括乘客的餐饮费和飞机因增加载荷而增加的燃料支出。而航空公司多卖一张票而增加的收入叫做边际收益，如果航空公司机票打折后每多卖一张票所增加的边际收益大于边际成本，那么多卖客票就能增加公司的总利润。否则，如果机票没有灵活性，因票价过高使一些航班空座率高，造成浪费，这对航空公司是不利的。

当然，航空公司仅用让利的办法争取乘客是不够的，因为如果不能改进内部管理提高效率，光用让利的手段去竞争，也会造成企业的亏损。所以，机票打折后，航空公司还应该提高业务水平，既提高航空公司收入，又降低乘客负担。

问题：利润最大化的原则是什么？试分析企业如何根据利润最大化原则作出经营决策。

本章小结

1. 成本是企业对所购买的生产要素的货币支出。我们可以从两个不同的角度来考察成本：企业生产与经营中的各种实际支出称为会计成本；企业为了这种生产所放弃的东西，称之为机会成本。

2. 机会成本是指作出一项决策时所放弃的其他可供选择的用途中所可能得到的最大收入。经济成本等于会计成本加上机会成本。

3. 短期成本是指在短期内企业从事生产所发生的成本。短期成本可分为：总成本、固定成本、可变成本、平均固定成本、平均可变成本、平均成本和边际成本。

4. 长期总成本是指厂商在长期中在每一单位定量水平上通过选择最优的生产规模

所能达到的最低总成本。长期成本分为长期总成本、长期平均成本和长期边际成本。

5. 利润就是企业的总收益减去总成本。会计利润就是总收益减去会计成本，经济利润是总收益减去会计成本再减去机会成本。

6. 收益是指厂商出卖商品的货币收入，它与厂商成本相比较确定厂商的利润。收益可分为总收益、平均收益、边际收益。边际收益是指厂商每多销售一单位商品，从而增加总收益的值。它等于总收益的增量与销售量的增量之比。

7. 利润最大化原则是指无论是边际收益大于边际成本还是小于边际成本，厂商都要调整其产量，只有在边际收益等于边际成本时，厂商才不会调整产量，表明已把该赚的利润都赚到了，即实现了利润最大化。

关键概念 成本 机会成本 会计成本 显性成本 边际成本 利润 经济利润 收益 平均收益 边际收益 利润最大化原则

复习思考题

1. 单项选择题

(1)随着产量的增加，短期平均固定成本(　　)。

A. 增加　　B. 不变　　C. 减少

(2)当何种情况时，厂商如果要使成本最低，应停止营业(　　)。

A. $AC<AR$　　B. $P<AFC$　　C. $AR<AVC$　　D. $MR<MC$

(3)企业使其利润最大化意味着(　　)。

A. 使其亏损最小化

B. 使总收益和总成本之间的差距最大

C. 根据边际收益和边际成本相等来决定产出水平

D. 以上都对

(4)在厂商的盈亏平衡点上，应该有(　　)。

A. $MR=MC$　　B. $TR=TC$

C. $P=AR$　　D. 以上说法都对

2. 问答题

(1)会计成本与经济成本的区别是什么？

(2)用图形说明短期平均成本、短期可变成本与短期边际成本之间的关系。

(3)企业利润最大化的条件是什么？

3. 计算题

设某厂商的需求函数为 $Q=6750-50P$，总成本函数为 $TC=12000+0.025Q^2$，求：(1)利润最大化时的产量和价格；(2)最大利润。

实训指导

主题：分析企业生产规模大小与收益的关系。

要求：1. 运用我国某钢铁企业(或饮食企业)的投资规模、市场销售、技术水平、产量、成本、收益等资料；

2. 学习相关基本知识，分析规模与收益之间的相关关系；

3. 分析统计数据，说明该企业生产规模与收益的基本状况。

建议：1. 联系一家企业的财务部门，收集有关经济数据；

2. 计算有关投资、产量、销售量、成本、收益等指标；

3. 分析其生产规模与收益的状况；

4. 编写分析报告。

阅读书目

[1]　辛宪. 经济学的第一堂课. 清华大学出版社，2006.

[2]　李国政. 经济学原理与实务. 清华大学、北京交通大学出版社，2006.

[3]　高鸿业. 西方经济学. 中国人民大学出版社，2000.

第六章

市场理论

知识目标

了解完全竞争市场、完全垄断市场、垄断竞争市场、寡头垄断市场四种市场类型及其特点，理解不同的市场结构类型中产量与价格的确定，掌握不同厂商的市场均衡条件以及厂商的目标选择。

技能目标

学会分析并掌握不同市场条件下厂商利润最大化点、停止营业点的决策规律，了解不同市场条件下经济效率的差异；学会在不同的竞争条件下采用怎样的厂商定价方法。

导入新课

我们在经济生活中经常会碰到许多令人匪夷所思的问题。比如：钢材与水泥，同是基础建材，同样受益于1998年国家积极财政政策对基础设施拉动，但两者的市场表现却大相径庭，钢材价格一路上涨，而水泥价格却毫无反应。在股市上表现也一样，在2001～2005期间，股市整整跌了5年，钢铁股票却一枝独秀，翻一倍、两倍的遍地开花。而水泥股票却难逃腰斩的命运。再比如说当前的房地产价格，有人从近十年房价的绝对涨幅达3～4倍，远远超过同期人们收入增长幅度的角度出发，认为目前房价泡沫明显，房价应理性回归。而有人从日益加快的城市化、不断提高的人们的生活水平、人口红利、土地的稀缺性以及中央对房地产长期的“打而不下”角度出发，认为当前的房价是合理的……实际上对这些问题的合理的解释分析都需要从这些产品所处的市场结构入手。

本章考察不同市场结构下的企业行为，即分析不同的市场条件下企业如何确定自己的产量和价格，以实现利润最大化的目标。

第一节　完全竞争市场

要了解生产者的产量与市场定价，首先要对市场以及市场的结构做一些了解，掌握各种市场条件下产品的品质、价格等特点，以利于生产者的定价决策。

一、市场与市场结构

厂商进行生产的目的在于获取最大的利润。厂商的利润取决于厂商的收益和成本。

厂商的成本是由生产中的技术方面的因素所决定的。厂商的收益决定于市场上的消费者对厂商的产品的需求状况。在不同的市场条件下,厂商所面临的需求状况是有差异的,厂商所面临的需求曲线的形状是不相同的。不同市场条件下的厂商所面临的需求曲线的差异,直接影响厂商所获得的利润量。在此,有必要先区分不同类型的市场和厂商。

经济学中使用的"市场"一词,指的是商品交换的场所和商品交换关系的总和。商品的价格是商品交换关系的表现形式,也是生产者与消费者的交换关系的表现形式。

但是,市场是随着商品经济的发展而产生的。在原始社会末期,由于生产力和社会分工的发展,出现了商品交换。早期商品交换没有固定的地方。随着商品经济的发展,相对固定的市场逐渐产生,并出现了专门从事买卖的商人。随着商品经济的发展,市场范围和规模不断扩大,从最初的一域一地扩大到全国乃至全世界。投放在市场上的商品,从少数产品发展到消费资料、生产资料、劳动力、资金等。市场也不断发展,有消费资料、生产资料等商品市场,也有金融、劳动力、技术、信息等生产要素市场。

与市场这一概念紧密相连的另一个概念是行业。行业是指为同一个商品市场生产和提供产品的所有厂商的总体。同一种商品的市场和行业的类型是一致的。例如,完全竞争的市场对应的是完全竞争的行业等等。

西方经济学中的市场,主要是从市场的作用,即一个市场决定一种商品的价格,这样的角度出发,把不同类型的市场按其在决定价格方面的作用区分为不同的市场结构。市场结构是指某一经济市场的组织特征,而最重要的组织特征,是那些影响竞争性质及市场价格确定的因素。不同的市场结构表示市场在影响厂商生产者行为和定价活动中的组织和构成不同。为此,经济学家根据市场竞争程度的强弱将市场划分为完全竞争市场、完全垄断市场、垄断竞争市场、寡头垄断市场四种类型。决定市场竞争程度的具体因素有四个:第一,卖者和买者的集中程度或数目,卖者和买者的数目越多,集中程度越高,竞争程度就越高;第二,不同卖者之间各自提供的产品的差别程度,各厂商提供的产品愈是相似,可以预料,竞争就愈激烈;第三,单个厂商对市场价格控制的程度,单个厂商若无法控制价格,表明市场竞争愈激烈;第四,厂商进入或退出一个行业的难易程度,显然,厂商容易进出的市场,是竞争充分的市场,如果存在进入市场的障碍,意味着原有厂商拥有了一些新加入者不具备的有利条件。

二、完全竞争市场的条件

完全竞争市场是指不受任何阻碍和干涉的市场结构。完全竞争市场必须具有以下四个条件:

第一,市场上有大量的卖者和买者。作为众多参与市场经济活动的经济单位的个别厂商或个别消费者,单个的销售量和购买量都只占很小的市场份额,其供应能力或购买能力对整个市场来说是微不足道的。这样,无论卖方还是买方都无法左右市场价格,他们是价格的接受者。

第二,参与经济活动的厂商出售的产品具有同质性。这里的产品同质不仅指商品之间的质量、性能等无差别,还包括在销售条件、装潢等方面是相同的。因为产品是相同的,对于购买商品的消费者来说哪一个厂商生产的产品并不重要,他们没有理由偏爱某一厂商的产品,也不会为得到某一厂商的产品而必须支付更高的价格。同样对于厂商来说，没有任何一家厂商拥有市场优势，他们将以可能的市场价格出售自己的产品。

第三，厂商可以无成本地进入或退出一个行业，即所有的资源都可以在各行业之间自由流动。资源的自由流动使得厂商总是能够及时地向获利的行业运动，及时退出亏损的行业，这样，效率较高的企业可以吸引大量的投入，缺乏效率的企业会被市场淘汰。资源的流动是促使市场实现均衡的重要条件。

第四，参与市场活动的经济主体具有完全信息。市场中的每一个卖者和买者都掌握与自己决策、与市场交易相关的全部信息，这一条件保证了消费者不可能以较高的价格购买，生产者也不可能以高于现行价格卖出，每一个经济行为主体都可以根据所掌握的完全信息，确定自己最优购买量或最优生产量，从而获得最大的经济利益。

显然，理论分析上所假设的完全竞争市场的条件是非常严格的，在现实的经济中没有一个市场真正具有以上四个条件，通常只是将某些农产品市场看成是比较接近的完全竞争市场类型。但是完全竞争市场作为一个理想经济模型，有助于我们了解经济活动和资源配置的一些基本原理，解释或预测现实经济中厂商和消费者的行为。

三、完全竞争厂商的需求曲线

在任何一个商品市场中，市场需求是针对市场上所有厂商组成的行业而言的，消费者对整个行业所生产的商品的需求称为行业所面临的需求，相应的需求曲线称为行业所面临的需求曲线，也就是市场的需求曲线，它一般是一条从左上方向右下方倾斜的曲线。图 6-1(a)中的 D 曲线就是一条完全竞争市场的需求曲线，是向右下方倾斜的。

消费者对行业中的单个厂商所生产的商品的需求量，称为厂商所面临的需求量，相应的需求曲线称为厂商所面临的需求曲线，简称为厂商的需求曲线。在完全竞争条件下，厂商所面临的需求曲线是一条由既定的市场均衡价格出发的水平线。图 6-1(b)中的 d 曲线就是一条完全竞争厂商的需求曲线，是一条与横轴平行的水平线。

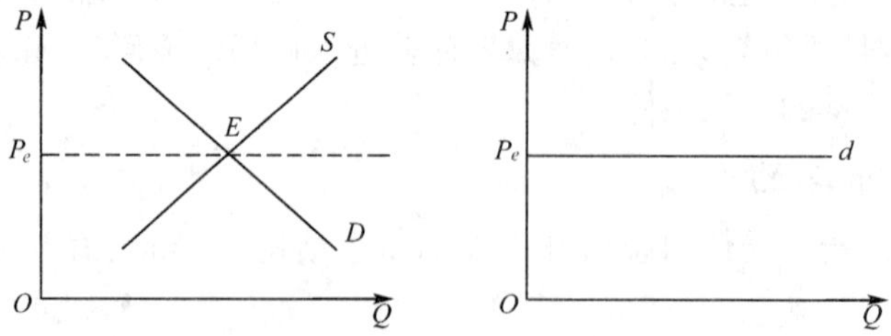

(a)完全竞争市场的需求曲线　　(b)完全竞争厂商的需求曲线

图 6-1　完全竞争市场和完全竞争厂商的需求曲线

在完全竞争市场上，单个厂商是市场价格的接受者，而不是价格的设定者。假设某家厂商把价格定得略高于市场价格，由于产品具有同质性，且消费者有完备信息并可以自由流动，那么将没有人购买该厂商的产品。也就是说，厂商一旦涨价，它所面临的需求会下降为零。如果厂商的价格等于市场价格，则由于厂商数目众多，一个厂商的供应是无足轻重的，无论厂商供应多少，价格都维持不变，或者说在既定的市场价格下，厂商可能销售掉任意数量的商品。厂商会不会把价格降到市场价格以下呢？降价原本是为了刺激需求，既然每个厂商在市场价格下可以供应任意数量，那又何必降价呢？因此，在完全竞争市场上，厂商既不能提高价格，又不愿降低价格，只能是市场价格的接受者。从需求的角度看，完全竞争厂商所面临的需求是水平的，水平需求的弹性是无穷大的，价格趋近于零的上升，需求降为零，价格趋近于零的下降，购买者会蜂拥而至，厂商面对的需求会变成无穷大。

图 6-1(b)中的厂商的需求曲线 d 是相对于图 6-1(a)中的市场需求曲线和市场供给曲线共同作用所决定的均衡价格 P_e 而言的。如果市场的供给曲线或需求曲线的位置发生移动，就会形成新的市场均衡价格，相应的，在图 6-1(b)中便会形成另一条从新的均衡价格水平出发的呈水平线形状的厂商的需求曲线。

四、完全竞争厂商的短期均衡

当厂商的生产水平保持不变，既不扩大也不缩小时，厂商达到并处于均衡状态。在短期里，厂商只能通过变动可变要素的投入量来调整产量，从而通过对产量的调整来实现 $MR=MC$ 的利润最大化均衡条件。在完全竞争的市场中，市场供给和需求相互作用形成的产品价格，可能高于、等于、低于厂商的平均成本，因此在短期内，厂商出售产品就有可能处于盈利、盈亏平衡或亏损等不同状态。完全竞争厂商短期均衡时的盈亏状态可以用下面的图形来说明。

第一，价格或平均收益大于平均成本，即 $P=AR>SAC$，厂商处于盈利状态。

如图 6-2 所示，当市场价格较高，达到 P_1 时，厂商面临的需求曲线为 d_1，为获取最大利润，厂商根据 $MR=SMC$ 的利润最大化原则，把产量确定在 Q_1 上，SMC 曲线与 MR_1 曲线的交点 E_1 即为厂商的短期均衡点。这时平均收益为 OP_1，平均成本为 Q_1F，单位产品获得的利润为 E_1F，总收益为 $OQ_1\times OP_1$，总成本为 $OQ_1\times Q_1F$，利润总量为 $OQ_1\times E_1F$，如图 6-2 中矩形 HP_1E_1F 的面积。如果产量超过 OQ_1，$MC>P_1$，增加产量会降低总利润，若产量小于 OQ_1，增加产量都能增加总利润，只有使产量确定在 OQ_1，$MR=P=SMC$，总利润达到最大。

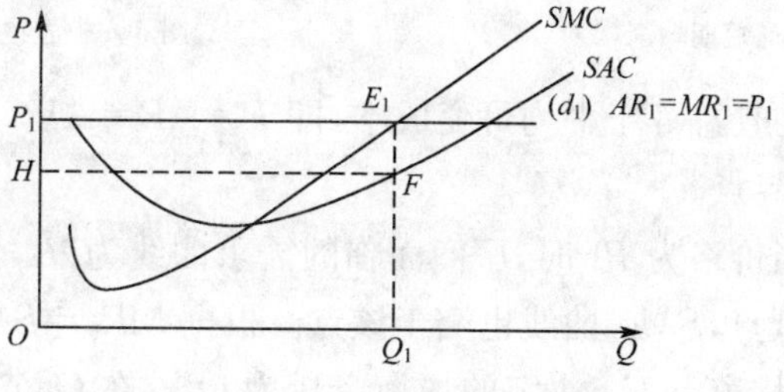

图 6-2　完全竞争厂商短期均衡(1)

第二，价格或平均收益等于平均成本，即 $P=AR=SAC$，厂商的经济利润恰好为零，处于盈亏平衡状态。

如图 6-3 所示，当市场价格为 P_2 时，厂商面临的需求曲线为 d_2，这条需求曲线刚好切于短期平均成本曲线 SAC 的最低点，同时短期边际成本 SMC 曲线也通过此点，SMC 曲线与 MR_2 曲线的交点 E_2 就是均衡点，相应的均衡产量确定在 Q_2。在 Q_2 产量上，平均收益等于平均成本，总收益也等于总成本，如图中矩形 $OP_2E_2Q_2$ 面积，此时厂商的经济利润为零，但实现了全部的正常利润。由于在该点上，厂商既无经济利润，又无亏损，所以也把 SMC 与 SAC 的交点称为“盈亏平衡点”或“收支相抵点”。

第三，价格或平均收益小于平均成本，但仍大于平均可变成本，即 $AVC<AR<SAC$，厂商亏损，在存在沉没成本时，厂商还应继续生产。

如图 6-4 所示，当市场价格为 P_3 时，厂商的平均成本已经高于产品的市场价格，整个平均成本曲线 SAC 处于价格 P_3 线之上，出现了亏损。为使亏损达到最小，产量由 SMC 曲线和 MR_3 曲线的相交的均衡点 E_3 决定，在 Q_3 的均衡产量上，平均收益为 OP_3，平均成本为 OG，总成本与总收益的差额构成厂商的总亏损量，如图 6-4 中矩形 P_3GIE_3 面积。不过平均可变成本小于平均收益。厂商在这种情况下，应立即停止生产，还是应继续进行生产？取决于是否存在沉没成本。沉没成本是指一旦停止生产，已投入的不能再收回的成本。这里我们假定厂商的某些固定成本或许全部固定成本是沉没成本，则当价格或平均收益介于平均成本和平均可变成本之间时，虽然出现亏损，厂商仍会继续生产，因为此时厂商获得的全部收益，不仅能够弥补全部的可变成本，还能够收回一部分固定成本，即厂商继续生产所获得的收益超过继续生产所增加的成本。当然，如果某厂商一旦停止生产，成本就会变为零，并且所有的不变成本都可以收回，也就是说厂商没有沉没成本，那么只要价格降到平均成本水平以下，厂商就会停止生产。

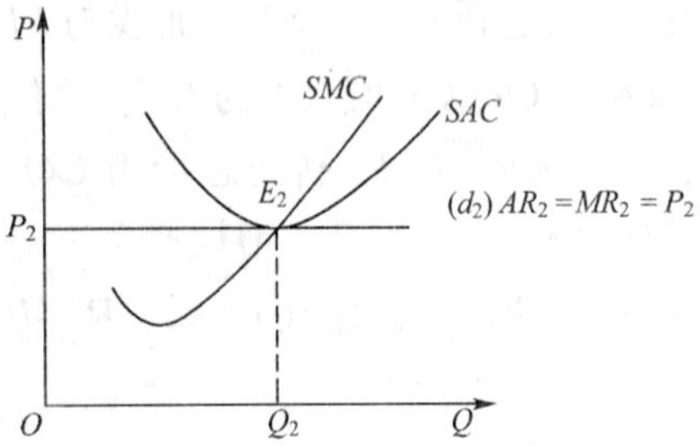

图 6-3 完全竞争厂商短期均衡(2)

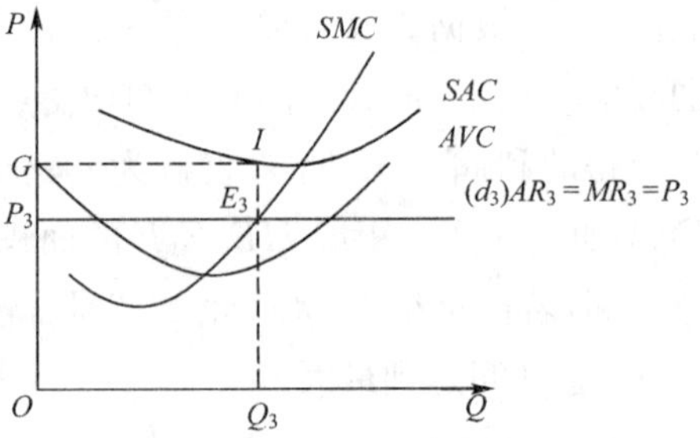

图 6-4 完全竞争厂商短期均衡(3)

第四，价格或平均收益等于平均可变成本，即 $P=AR=AVC$，厂商处于亏损状态，且处于生产与停产的临界点。

如图 6-5 所示，当价格为 P_4 时，厂商面临的需求曲线为 d_4，此线恰好切于平均可变成本 AVC 曲线的最低点，SMC 曲线也交于该点。根据 $MR_4=SMC$ 的利润最大化原则，这个点就是厂商短期均衡点 E_4，决定的均衡产量为 Q_4。在 Q_4 产量上，平均收益小于平均成本，必然是亏损的。同时平均收益仅等于平均可变成本，这意味着厂商进行生产所获得的收益，只能弥补可变成本，而不能收回任何的固定成本，生产与不生产对厂商来说，结果是一样的。所以，SMC 曲线与 SVC 曲线的交点是厂商生产与不生产的临界点，也称为“停止营业点”或“关闭点”。

第五，价格或平均收益小于平均可变成本，即 $AR<AVC$，厂商处于亏损状态，且停止生产。

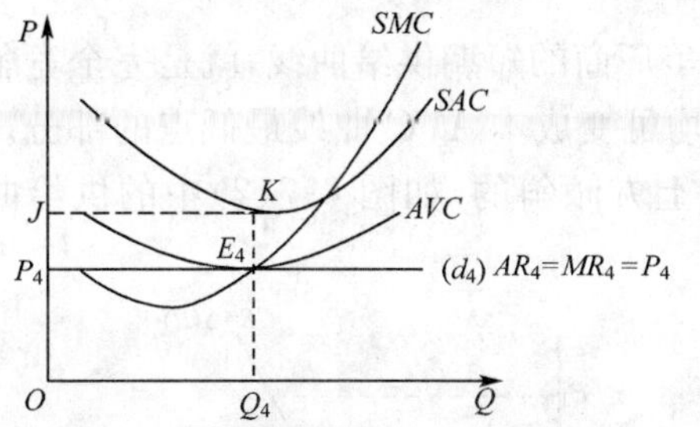

图 6-5 完全竞争厂商短期均衡(4)

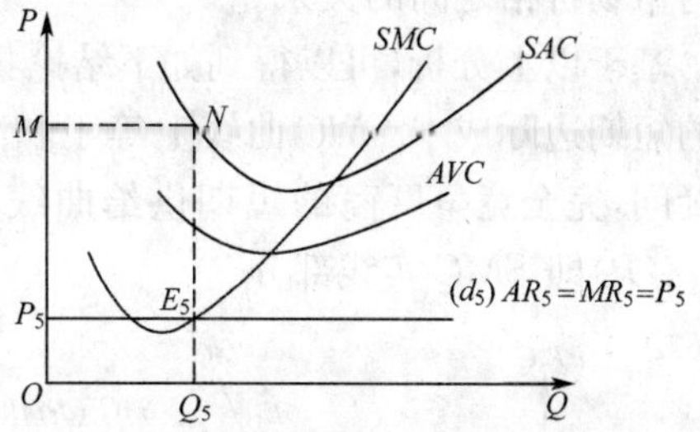

图 6-6 完全竞争厂商短期均衡(5)

如图 6-6 所示，当价格进一步下降至 P_5 时，厂商面临的需求曲线为 d_5，MR_5 曲线与 SMC 曲线相交之点为短期均衡点 E_5，相对应的产量为 Q_5。在这一产量上，平均收益已小于平均可变成本，意味着厂商若继续生产的话，所获得的收益连可变成本都收不回来，更谈不上收回固定成本了，所以厂商停止生产。

上述分析表明，完全竞争厂商短期均衡的条件是：

$$MR=SMC \quad P>AVC$$

在短期内，完全竞争的厂商可以获得最大经济利润，可以经济利润为零，也可以蒙受最小亏损。

五、 完全竞争市场的短期供给曲线

(一)完全竞争厂商的短期供给曲线

前面的论证已经表明使利润最大化的产量是由边际收益等于边际成本决定的，而在完全竞争市场上，厂商的产量并不会影响价格，它面对的需求是水平的，因此厂商多出售一单位产品所增加的收益就等于价格，即厂商的边际收益等于价格。于是厂商利润最大化的产量也决定于如下条件：

$$P=SMC(Q)$$

该式表明，完全竞争厂商为了获得短期最大利润，应该把最优产量确定在使得商品的价格和边际成本相等的水平上。就是说在每一个短期均衡点上，厂商的产量与价格之间都存在着一种对应的关系。在图 6-7 中可以看到，根据 $P=SMC(Q)$ 或 $MR=SMC(Q)$ 的短期均衡条件，当商品市场价格为 P_1 时，厂商所选择的最优产量为 Q_1，当商品市场价格为 P_2 时，厂商所选择的最优产量为 Q_2，等等。由于每一个商品价格水平都是市场给定的，所以，在短期均衡点上商品价格与厂商的最优产量之间的对应关系可以明确地表示为以下的函数关系

$$Q_s=f(P)$$

其中 P 表示商品的市场价格，Q_s 表示厂商的最优产量或供给量。

同时，在图 6-7 中还可以看到，根据 $P=SMC(Q)$ 或 $MR=SMC(Q)$ 的短期均衡条件，商品的价格和厂商的最优产量的组合点或均衡点 E_1、E_2、E_3、E_4，都出现在厂商的边际成本 SMC 曲线上。我们知道，边际成本曲线穿过平均可变成本的最低点，价格低于这

一点，厂商关闭，产量为零；价格超过这一点，产量与价格的关系由边际成本曲线所决定。既然是通过边际成本曲线来确定厂商在该价格下的产量，那么边际成本曲线就反映了产量与市场价格之间的关系。

基于以上分析，可以得到如下结论：完全竞争厂商的短期供给曲线，就是完全竞争厂商的短期边际成本 *SMC* 曲线上等于和高于平均可变成本 *AVC* 曲线最低点的部分。毫无疑问，完全竞争厂商的短期供给曲线是向右上方倾斜的，如图 6-7(2)中的供给曲线 $S=S(P)$ 即 *SMC* 实线部分。

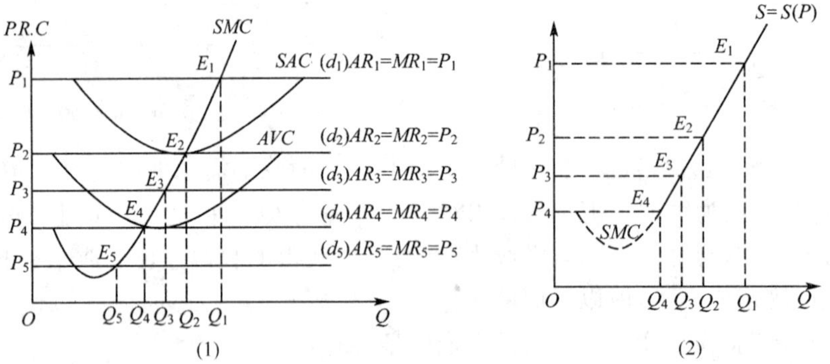

图 6-7 完全竞争厂商短期供给曲线

(二)完全竞争行业的短期供给曲线

当我们得到完全竞争厂商的短期供给曲线，也就可以说明完全竞争行业的短期供给曲线了。任何一个行业的供给量都是该行业所有厂商供给量的总和。若假定生产要素的价格是不变的，那么完全竞争行业的短期供给曲线就是由行业内所有厂商的短期供给曲线水平相加构成的，或者说把行业内所有厂商的等于和高于 *AVC* 曲线最低点以上的那部分 *SMC* 曲线水平相加，便可得到整个行业的短期供给曲线。正由于行业的短期供给曲线是单个厂商短期供给曲线水平相加，所以行业的短期供给曲线也是向右上方倾斜的。并且，该曲线上的每一点都表示在相应价格水平下能够使所有厂商获得最大利润或最小亏损的行业短期供给量。

六、完全竞争厂商的长期均衡

在长期里，完全竞争厂商的所有要素都是可变的，厂商通过对全部生产要素的调整，来实现最大利润的原则。完全竞争厂商在长期中对生产要素的调整表现为两方面，一是厂商自身对最优生产规模的调整，二是厂商进入或退出一个行业即厂商数目的调整。

(一)完全竞争厂商自身对最优生产规模的调整

在短期里，如果厂商能够获得利润，它会进一步加以调整，以得到更多的利润。从图 6-8 可以看到，假定产品的市场价格为 P_0，且固定不变，短期里厂商已拥有的生产规模为 SAC_1 曲线和 SMC_1 曲线，在短期里厂商生产规模给定，只能在既定的生产规模下进行生产，根据利润最大化均衡条件，厂商选择的最优产量为 Q_1，所获得的利润为图中 P_0E_1GF 面积。但是，在长期里，厂商会调整生产规模，假设厂商将生产规模调整为 SAC_2 曲线和 SMC_2 曲线所代表的最优生产规模进行生产，按照 $MR=LMC$ 的利润最大化原则，相应的最优产量达到 Q_2，此时厂商获得的利润增大为图中 P_0E_2IH 所示的面积。很显然，在长期内，厂商通过对生产规模的调整，能够获得比在短期所能获得的更大的利润。

（二）行业中厂商数目的调整

分析完全竞争厂商在长期中进入或退出一个行业即厂商数量的调整及对单个厂商利润的影响。

前面已经指出，在完全竞争市场，要素可以在不同部门之间自由流动，或者说厂商可以自由进入或退出一个行业。实际上生产要素总是会流向能获得更大利润的行业，也总是会从亏损的行业退出，正是由于行业之间生产要素的自由流动或厂商的自由进出，导致了完全竞争厂商长期均衡时的经济利润为零。具体来看，如果当某一行业开始时的产品价格较高为 P_1，厂商根据利润最大化均衡条件，将选择最优生产规模进行生产，如图 6-9 中的 Q_1 产量。此时厂商获得了利润，这会吸引一部分厂商进入到该行业中。随着行业内厂商数量的增加，市场上的产品供给就会增加，在市场需求相对稳定的情况下，市场价格就会不断下降，单个厂商的利润随之逐步减少，厂商也将随着价格的变化进一步调整生产规模。只有当市场价格水平下降到使单个厂商的利润减少为零时，新厂商的进入才会停止，至此厂商的生产规模调整至 Q_2 产量上。

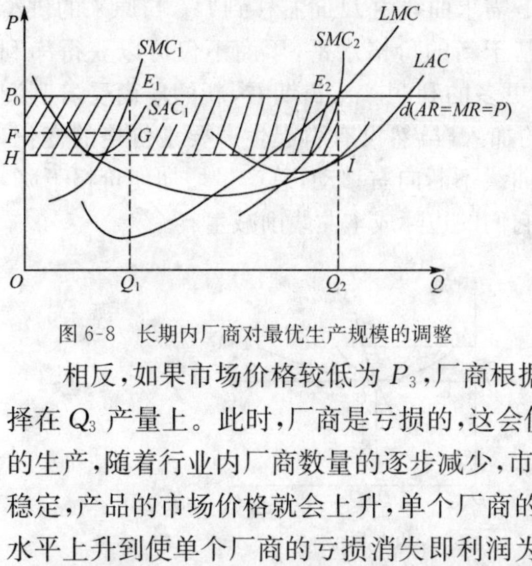

图 6-8 长期内厂商对最优生产规模的调整

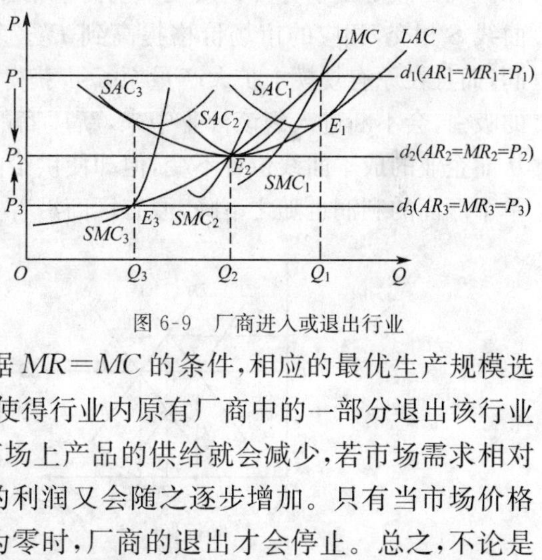

图 6-9 厂商进入或退出行业

相反，如果市场价格较低为 P_3，厂商根据 $MR=MC$ 的条件，相应的最优生产规模选择在 Q_3 产量上。此时，厂商是亏损的，这会使得行业内原有厂商中的一部分退出该行业的生产，随着行业内厂商数量的逐步减少，市场上产品的供给就会减少，若市场需求相对稳定，产品的市场价格就会上升，单个厂商的利润又会随之逐步增加。只有当市场价格水平上升到使单个厂商的亏损消失即利润为零时，厂商的退出才会停止。总之，不论是新厂商的加入，还是原有厂商的退出，最终这种调整将使市场价格达到等于长期平均成本最低点的水平，如图中的价格水平 P_2。在这一水平，行业中的每个厂商既无利润，也无亏损，但都实现了正常利润，实现了长期均衡。

图 6-9 中的 E_2 点是完全竞争厂商的长期均衡点。在这个长期均衡点上，LAC 曲线达到最低点，代表最优生产规模的 SAC_2 曲线相切于该点，相应的 SMC_2 曲线和 LMC 曲线都从该点通过，厂商面对的需求曲线与 LAC 曲线相切于这一点。总而言之，完全竞争厂商的长期均衡出现在 LAC 曲线的最低点。此时不仅生产的平均成本降到长期平均成本的最低点，而且商品的价格也等于最低的长期平均成本。

因此我们得到完全竞争厂商的长期均衡条件为

$$MR=LMC=SMC=LAC=SAC=AR=P$$

此时单个厂商的利润等于零。

七、完全竞争行业的长期均衡

完全竞争行业的长期均衡，就是分析长期中需求变化和要素价格变化对行业供给的影响。根据生产要素价格变动对行业的不同影响，可以把行业区分为三类：当一个行业扩大生产时，使用的生产要素价格保持不变的则称为成本不变行业，使用的生产要素价格上涨的则称为成本递增行业，使用的生产要素价格下降的称为成本递减行业。

（一）成本不变行业的长期均衡

成本不变行业是指该行业的产量变化所引起的生产要素需求的变化，不对生产要素的价格发生影响。当成本不变时，完全竞争行业达到长期均衡的供给曲线是一条水平线。它表明：成本不变的行业是在不变的均衡价格水平提供产量，该均衡价格水平等于厂商不变的长期平均成本的最低点。或者说，当市场需求变化时，会引起行业长期均衡产量的同方向变化，但长期均衡价格不会发生变化。

在图 6-10 中，起初该行业及其中的厂商都处于均衡状态，由市场需求曲线 D 和市场短期供给曲线 S 的交点所决定的市场均衡价格为 P，行业的生产量是厂商生产量的总和。现在假定由于各种因素使市场需求增加，需求曲线由 D 向右移到 D_2，与原来的供给曲线 S 相交，相应的市场价格提高到 P_2。基于新的价格水平，厂商不仅可以获得净利润，而且在原有规模上扩大产量至 Q_{i2}，获得更多的利润。从长期看，新的厂商受着利润的吸引，会不断进入到该行业中来，新厂商的加入，虽然没有引起生产要素价格的变化，从而企业的成本曲线位置不变，但却使供给曲线不断向右移动，总产量增加使价格下降，单个厂商的利润也随之下降，原有厂商沿着它们的边际成本曲线削减生产。

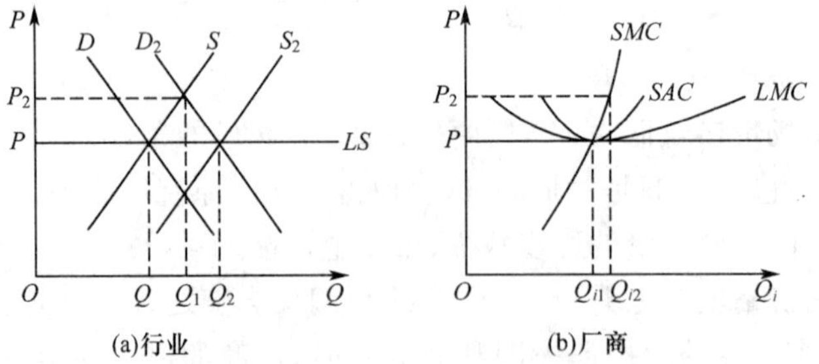

图 6-10 成本不变行业长期均衡及供给曲线

这个过程一直要延续到单个厂商的利润消失为止，即供给曲线移动到 S_2 的位置，使得市场价格又回到原来的长期价格水平，单个厂商在原来的长期平均成本曲线 LAC 的最低点实现均衡，仍然生产原来的产量，市场的均衡产量的增加量为 Q_1Q_2，它是由新加入的厂商提供的。将各个短期需求曲线和相应的供给曲线的长期均衡点连接起来，就是完全竞争行业成本不变时的长期供给曲线 LS。总之，成本不变行业有着一条水平的长期供给曲线。如果需求增加，产品价格将提高，随着新厂商加入该行业，供给曲线向右移动，最终迫使价格恢复到原有水平。厂商能长期维持成本不变，主要是由于生产要素的供给是完全弹性的。

（二）成本递增行业的长期均衡

成本递增行业是指该行业的产量增加所引起的生产要素需求的增加，会导致生产要素的价格上升。当成本递增时，完全竞争行业达到长期均衡的供给曲线是一条向右上方倾斜的曲线。它表明：当行业实现长期均衡时，虽然产量增加了，但是其价格也上涨了。这是由于外部不经济提高了投入物的价格或降低了投入物的生产效率引起的，例如增加投入物的供应量必须提高其价格才能获得；或者由于行业扩大生产后不得不增雇效率较低的工人；再或者一些产业随着行业的扩展，它的产出率发生递减现象等等，这些都使行业的长期平均成本曲线 LAC 上移。

图 6-11 表明需求增加时，成本递增行业调整供给的过程。设该行业和其中的厂商是在价格为 P_1 时达到初始的均衡状态。假如这时需求增加，需求曲线向右移动，短期价格上涨，厂商在短期内仍以短期的边际成本曲线所代表的既定的生产规模调整生产，并因此获得利润。长期里，净利润的出现吸引新厂商进入到该行业，整个行业的供给增加。行业供给增加，会增加对生产要素的需求，生产要素的增加使得生产要素的市场价格上升，从而使得厂商的长期平均成本曲线 LAC 的位置上移。同时行业内新厂商的加入，产量还是增加了，供给增加使供给曲线向右移动为 S_2。最终在 LAC_2 曲线和 SMC_2 曲线的位置及 S_2 曲线的位置，实现厂商和行业的长期均衡。虽然新厂商的进入增加了全行业的产量，但成本的上升不会使价格回跌到原来的水平，而是形成一个新的均衡价格水平 P_2，厂商在 LAC_2 曲线的最低点实现长期均衡，每个厂商的利润又都为零。连接行业的两个长期均衡点的直线就是行业的长期供给曲线 LS。它是一条向右上方倾斜的长期供给曲线。很显然，对于成本递增行业，在长期内，行业的产品价格和供给量成同方向变动，市场需求的变动不仅会引起行业长期均衡价格同方向变动，还引起行业长期均衡产量的同方向变动。

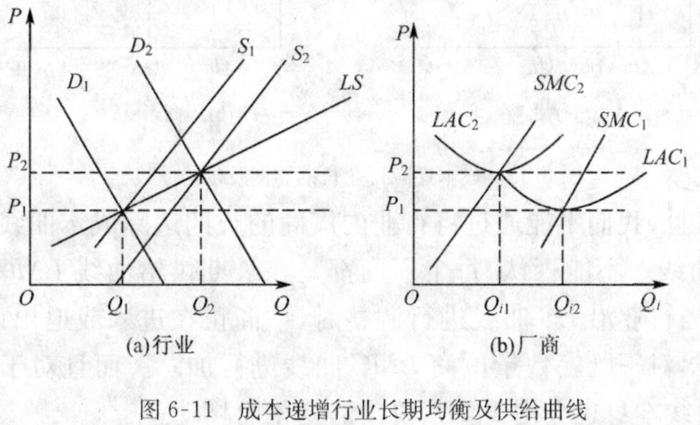

图 6-11　成本递增行业长期均衡及供给曲线

（三）成本递减行业的长期均衡

成本递减行业是指该行业的产量增加所引起的生产要素需求的增加，会导致生产要素的价格下降。当成本递减时，完全竞争行业达到长期均衡的供给曲线是一条向右下方倾斜的曲线。它表明：当行业实现长期均衡时，不但产量增加，而且其价格也降低了。这主要是由于外部经济在起作用。随着一个行业的发展而产生的外部经济可以概括为两个方面：一是降低了投入物的价格，二是提高了投入物的生产效率。例如由于行业的扩大，改善了运输条件，使得行业中各家厂商降低了运输成本。行业的扩大，有条件大量供应原材料和半成品，它们的价格将会降低，质量也会提高，从而降低采购成本。行业的扩大也有可能使公共资金随之扩大，就有可能资助人员培训，从而提高劳动力的技术水平和更有效地利用已知的技术。总之外部经济能降低厂商的长期平均成本。

图 6-12 表明需求增加时，成本递减行业调整供给的过程。设该行业和其中的厂商是在价格为 P_1 时达到初始的均衡状态。假如这时需求增加，需求曲线向右移动，短期价格上涨，厂商在短期内仍以短期的边际成本曲线所代表的既定的生产规模调整生产，并因此获得利润。长期里，净利润的出现吸引新厂商进入到该行业，整个行业的供给增加。行业供给增加，会增加对生产要素的需求，但生产要素的增加使得生产要素的市场价格下降了，从而使得厂商的长期平均成本曲线 LAC 的位置下移。同时行业内新厂商的加入，产量还是增加了，供给增加使供给曲线向右移动为 S_2。最终在 LAC_2 曲线和 SMC_2 曲线的位置及 S_2 曲线的位置，实现厂商和行业的长期均衡。虽然新厂商的进入增加了全行业的产量，但成本的下降不会使价格回跌到原来的水平，而是形成一个新的均衡价格水平 P_2，厂商在 LAC_2 曲线的最低点实现长期均衡，每个厂商的利润又都为零。连接行业的两个长期均衡点的直线就是行业的长期供给曲线 LS。它是一条向右下方倾斜的长期供给曲线。很显然，对于成本递减行业，在长期内，行业的产品价格和供给量成反方向变动。市场需求的变动引起行业长期均衡价格反方向变动，引起行业长期均衡产量的同方向变动。

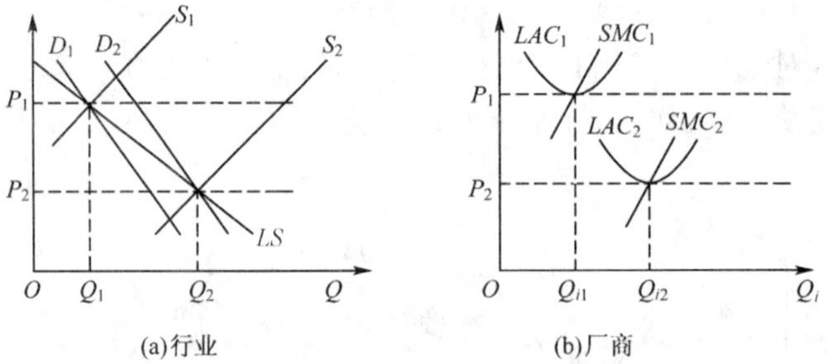

图 6-12 成本递减行业长期均衡及供给曲线

从以上分析可见，我们不能通过将行业内厂商的长期边际成本曲线加总的方法推导行业的长期供给曲线。不能否认，每个厂商都是在长期供给曲线 $LMC=P$ 的每一个点上进行生产的，但当行业沿 LS 曲线进行调整时，厂商正在进入或退出该行业。因此，不可能像在短期那样，对一既定数量厂商 LMC 曲线进行加总。而且对于成本递增或递减行业来说，LMC 曲线本身也会由于要素价格的变化而移动。

第二节 完全垄断市场

一、完全垄断市场的条件

完全垄断又称独占、卖方垄断或纯粹垄断，与完全竞争市场结构相反，完全垄断市场结构是指一家厂商控制了某种产品全部供给的市场结构。

(一)完全垄断市场的特征

1. 厂商数目唯一,一家厂商控制了某种产品的全部供给。完全垄断市场上垄断企业排斥其他竞争对手,独自控制了一个行业的供给。由于整个行业仅存在唯一的供给者,企业就是行业。

2. 完全垄断企业是市场价格的制定者。由于垄断企业控制了整个行业的供给,也就控制了整个行业的价格,成为价格制定者。

3. 完全垄断企业的产品不存在任何相近的替代品。否则,其他企业可以生产替代品来代替垄断企业的产品,完全垄断企业就不可能成为市场上唯一的供给者。因此消费者无其他选择。

4. 其他任何厂商进入该行业都极为困难或不可能。

(二)完全垄断的形成

第一,对资源的独家控制。如果一家厂商控制了用于生产某种产品的全部资源或基本资源的供给,其他厂商就不能生产这种产品,从而该厂商就可能成为一个垄断者。

第二,规模经济要求形成自然垄断。如果某种商品的生产具有十分明显的规模经济性,需要大量固定资产投资,规模报酬递增阶段要持续到一个很高的产量水平,此时,大规模生产可以使成本大大降低。那么由一个大厂商供给全部市场需求的平均成本最低,两个或两个以上的厂商供给该产品就难以获得利润。这种情况下,该厂商就形成自然垄断。许多公用行业,如电力供应、煤气供应、地铁等是典型的自然垄断行业。

第三,拥有专利权。专利权是政府和法律允许的一种垄断形式。专利权是为促进发明创造,发展新产品和新技术,而以法律的形式赋予发明人的一种权利。专利权禁止其他人生产某种产品或使用某项技术,除非得到发明人的许可。一家厂商可能因为拥有专利权而成为某种商品的垄断者。不过专利权带来的垄断地位是暂时的,因为专利权有法律时效。在我国专利权的法律时效为15年,美国为17年。

第四,政府特许权。某些情况下,政府通过颁发执照的方式限制进入某一行业的人数,如大城市出租车驾驶执照等。很多情况下,一家厂商可能获得政府的特权,而成为某种产品的唯一供给者,如邮政、公用事业等。执照特权使某行业内现有厂商免受竞争,从而具有垄断的特点。作为政府给予企业特许权的前提,企业同意政府对其经营活动进行管理和控制。

二、完全垄断厂商的需求曲线

(一)需求曲线

由于在完全垄断产业中,只有一家企业生产这种商品,因此,对该商品的市场需求曲线就是该垄断者的需求曲线。从需求定理可知,市场需求曲线一般都是由左上方向右下方倾斜的、斜率为负的一条曲线。这样,垄断者的需求曲线便是一条斜率为负的曲线,而不是一条水平线。

（二）收益曲线

在完全竞争市场中，企业的需求曲线就是企业的平均收益以及边际收益曲线，即三线重叠；而在完全垄断市场中，垄断者的收益曲线表现出了很大的差异。

1. 平均收益曲线

依定义，平均收益为总收益除以产量，即

$$AR=TR/Q=P(Q)\cdot Q/Q=P(Q)$$

垄断者的平均收益曲线就是企业的需求曲线本身。它是一个随着产量变化而变化的变量。

2. 边际收益曲线

垄断者的边际收益曲线位于需求曲线的下方。

经济含义：如果厂商想要增加销售量，必须降低价格。这时，$MR<P$，即边际收益曲线位于需求曲线的下方。如图 6-13 所示，$dd(AR)$即是需求曲线与平均收益曲线，MR 是边际收益曲线。

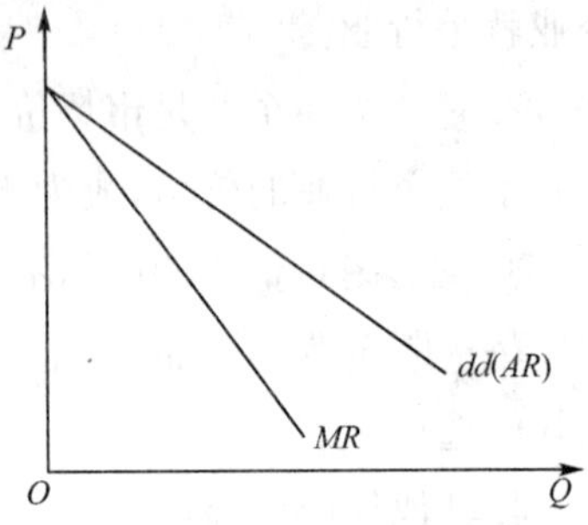

图 6-13　MR 曲线和 dd 曲线

三、完全垄断厂商的短期均衡

与完全竞争市场类似，完全垄断厂商利润最大化时的产量也是由需求状况和成本状况共同定的。其利润最大化的条件为 $MR=MC$，这也是完全垄断厂商短期均衡的条件。在短期里，垄断厂商由于各种原因，如既定规模成本过高，或面对的市场需求较小等，可能导致短期里盈亏平衡甚至亏损，不一定总是获得垄断利润。所以垄断厂商的短期均衡有三种情况：获得超额利润、获得正常利润或蒙受损失。

图 6-14 说明的是 $P>AC$ 时的情形，此时厂商存在超额利润，即阴影部分面积。垄断企业完全有可能在短期内出现亏损。如果某垄断企业的平均成本曲线 AC 向上移动，那么该企业便可能出现亏损。短期内出现了亏损，垄断者就应关闭吗？不一定！这一点与完全竞争的关闭决策的基本原理是一致的。只要 $AC>P>AVC$，企业生产所造成的亏损比停产时的亏损要少一些，那么，企业为了做到亏损极小化就应该生产。如果 $AC>AVC>P$，企业生产所造成的亏损比不生产时的固定成本还要大，那么应该停产。

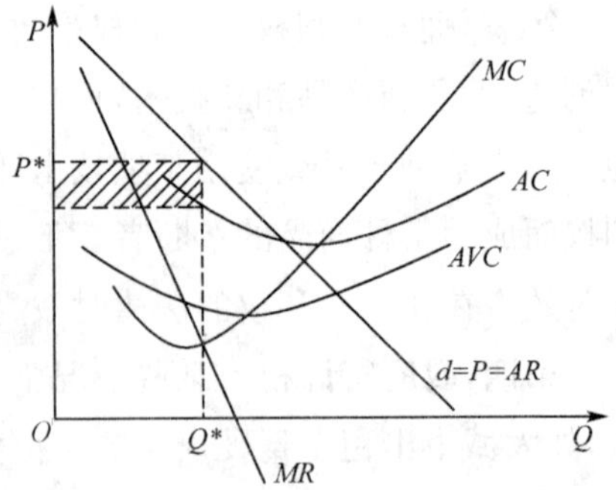

图 6-14　完全垄断厂商的短期均衡

四、完全垄断厂商的长期均衡

由于完全垄断产业只有一家厂商经营该产业的全部产品，不存在第二家企业，所以，即使垄断者存在超额利润（经济利润），在长期也不可能像完全竞争产业那样通过厂商间的竞争消除超额利润。因此垄断者的长期均衡是指垄断者在长期自己进行调整而达到的利润最大化的均衡。

垄断厂商在长期内对于生产的调整一般有三种结果：

1. 短期内是亏损的，长期内也不能扭亏，于是退出生产；

2. 短期内是亏损的，长期内通过对于最优生产规模的选择，扭亏为盈；

3. 短期内是盈利的，长期内通过对于最优生产规模的选择，改小盈为大盈。

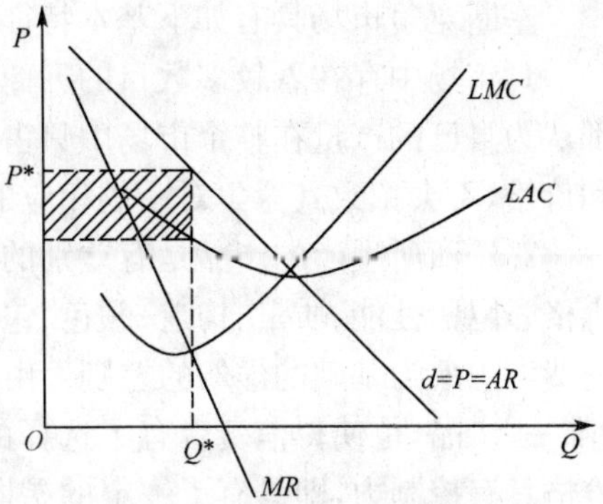

图 6-15　完全垄断厂商的长期均衡

所以，完全垄断厂商的长期均衡条件为

$$LMC = MR \geqslant LAC$$

图 6-15 为 $P > AC$ 时，完全垄断厂商获得超额利润的长期均衡情形。

案例分析 6-1　　钻石恒久远，一颗永流传

产生于一种关键资源所有权垄断的典型例子是南非的钻石公司德比尔。德比尔控制了世界钻石生产的80%左右。虽然这家企业的市场份额不是100%，但它也大到足以对世界钻石价格产生重大影响的程度。

德比尔拥有多大的市场势力呢？答案大部分取决于有没有这种产品的相近替代品。如果人们认为翡翠、红宝石和蓝宝石都是钻石的良好替代品，那么，德比尔的市场势力就较小了。在这种情况下，德比尔任何一种想提高钻石价格的努力都会使人们转向其他宝石。但是，如果人们认为这些其他石头都与钻石非常不同，那么，德比尔就可以在相当大程度上影响自己产品的价格。德比尔支付了大量广告费。乍一看，这种决策似乎有点奇怪。如果垄断者是一种产品的唯一卖者，为什么它还需要广告呢？德比尔广告的一个目的是在消费者心目中把钻石与其他宝石区分开来。当德比尔的口号告诉你“钻石恒久远，一颗永流传”时，你马上会想到翡翠、红宝石和蓝宝石并不是这样。(而且，要注意的是，这个口号适用于所有钻石，而不仅仅是德比尔的钻石——德比尔垄断地位的象征。)如果广告是成功的，消费者就将认为钻石是独特的，不是许多宝石中的一种，而且，这种感觉就使德比尔有更大的市场势力。

资料来源：www. tlu. edu. cn

问题：我们在实体经营或股市投资中如何运用“垄断”的力量？

第三节　垄断竞争市场

一、垄断竞争市场的条件

垄断竞争市场是一种介于完全竞争和完全垄断之间的市场组织形式，在这种市场中，既存在着激烈的竞争，又具有垄断的因素。

垄断竞争市场具有如下基本特征：

1. 市场中存在着较多数目的厂商，彼此之间存在着较为激烈的竞争。由于每个厂商都认为自己的产量在整个市场中只占有一个很小的比例，因而厂商会认为自己改变产量和价格，不会招致其竞争对手们相应的报复行动。

2. 厂商所生产的产品是有差别的，或称“异质商品”。至于产品差别是指同一产品在价格、外观、性能、质量、构造、颜色、包装、形象、品牌、服务及商标广告等方面的差别以及消费者想象为基础的虚幻的差别。由于存在着这些差别，使得产品成了带有自身特点的“唯一”产品，也使得消费者有了选择的必然，使得厂商对自己独特产品的生产销售量和价格具有控制力，即具有了一定的垄断能力，而垄断能力的大小则取决于它的产品区别于其他厂商产品的程度。产品差别程度越大，垄断程度越高。

3. 厂商进入或退出该行业都比较容易。资源流动性较强。

二、垄断竞争厂商的需求曲线

垄断竞争厂商和完全垄断厂商一样面临着向右下方倾斜的需求曲线，这条需求曲线同时也是厂商的平均收益曲线，当然边际收益曲线同平均收益曲线是分离的。

在完全垄断行业中只有一个厂商，因此没有其他厂商同垄断厂商竞争。表现在需求上就是垄断厂商所面临的需求曲线是稳定的，不受竞争的影响。虽然我们说垄断竞争厂商是相互独立的，并不是说垄断竞争市场中没有竞争，这只是表明单个厂商的竞争力对市场和其他厂商的影响是微不足道的，而单个厂商感受到的竞争压力加大，他自己的需求曲线就会向左方移动，反之向右方移动，如图 6-16 所示。

三、垄断竞争厂商的短期均衡

和完全垄断厂商一样，垄断竞争厂商选择产量的标准也是

$$MR=MC$$

在短期内，垄断竞争厂商的经济利润可以大于零、小于零或者等于零：当 $P=AR>AC$ 时，厂商获得超额利润；当 $P=AR<AC$ 时，厂商处于亏损状态；当 $P=AR=AC$ 时，则厂商的经济利润为零，厂商获得正常利润。图 6-17 描述了垄断竞争厂商的短期均衡。

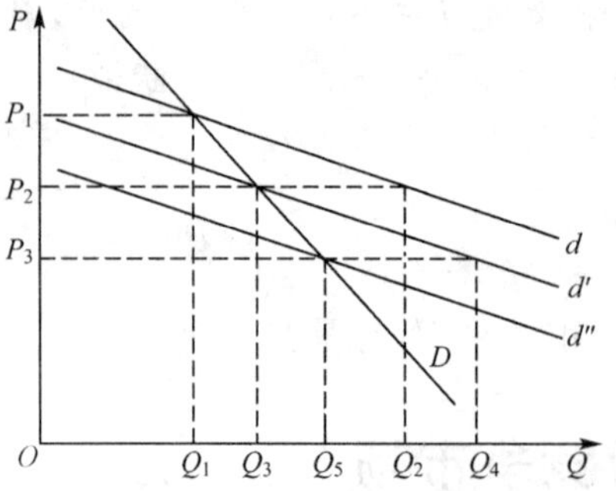

图 6-16 垄断竞争厂商面临的需求曲线

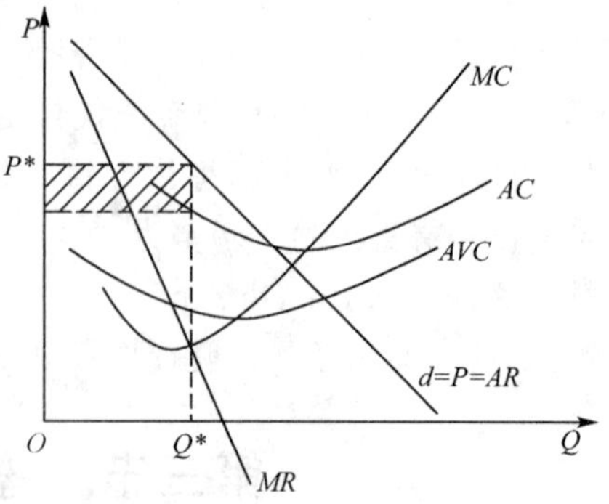

图 6-17 垄断竞争厂商的短期均衡

图 6-17 给出了厂商获得超额利润的情形，读者可以自行画出厂商获得正常利润和亏损时的均衡状态。需要说明，与完全竞争市场的情形相同，当 $P=AR<AC$ 时，只有在价格 P 高于平均可变成本时，厂商才会生产。

四、垄断竞争厂商的长期均衡

垄断竞争行业是可以进行竞争的行业。当行业中的厂商获得了超额利润时，其他行业中的厂商就会进入这个行业，对超额利润进行竞争。与完全竞争市场一样，个别厂商的进入对行业中的厂商并不构成任何有意义的竞争，只有大量资源的进入才会增加行业中厂商的竞争压力 。不同于完全竞争的是，垄断竞争市场中竞争压力的增加并不是表现为市场中单一均衡价格的下降，从而单个厂商面临的需求曲线下移，而是单个厂商自己的向右下方倾斜的需求曲线向左移动，这表明对厂商特有的产品的需求减少了，如图6-18所示。这个过程一直进行到行业中的超额利润消失为止。

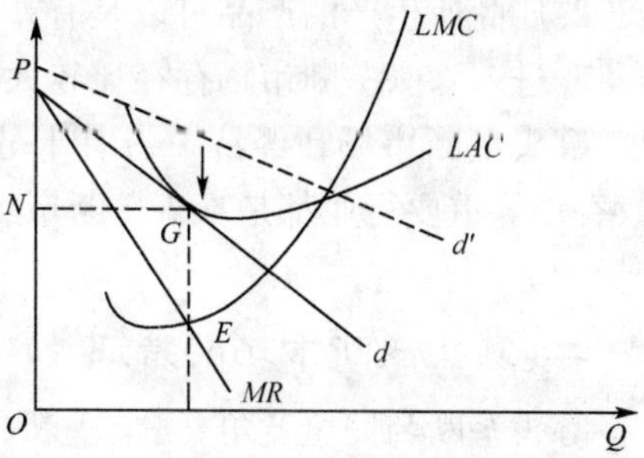

图 6-18　垄断竞争厂商的长期均衡

反之，当垄断竞争行业中出现亏损时，厂商就会退出行业，从而资源也就转移到其他行业中去。资源的大量转移减少了行业中的竞争压力，从而留在行业中的厂商的需求增加，其需求曲线向右方移动。这个过程会一直进行到行业中的亏损消失为止。

总之，在长期中垄断竞争厂商的经济利润是零，或者只有正常利润才是垄断竞争行业长期中可以保持的利润。这一点和完全竞争行业一样，由于市场中竞争的作用，迫使厂商只能获得正常利润。

垄断竞争厂商的长期均衡条件是

$$MR=MC \text{ 以及 } P=AR=LAC$$

垄断竞争长期均衡同完全竞争厂商长期均衡之间的区别：虽然两者都无超额利润，但是，完全竞争的均衡点产量更高，价格更低。

案例分析 6-2　垄断竞争市场，因“差异”而大不同

垄断竞争市场是经济社会中最广泛存在的一种市场结构。在这种市场上，竞争仍然非常激烈，但是因为产品存在一定差异，即一定垄断性，因而企业在定价方面拥有一定的控制力。许多厂商都着重于突出其产品的差异。这种差异可以是实质性的，也可以是非实质性的。如我们街头巷尾看到的福州小吃、沙县小吃、永安小吃等可以认为是实质性差异。但同为沙县小吃的胖姐小吃、阿原小吃等则属非实质性差异。垄断竞争市场一方面为厂商通过提供差异化产品，提高非价格竞争优势提供了广泛的途径；另一方面，为消费者提供了丰富多彩的可供选择的商品种类。

问题：准确的市场定位在垄断竞争市场中的重要作用是什么？

第四节　寡头垄断市场

一、寡头垄断的条件

寡头垄断是指少数几个厂商控制整个市场中的生产和销售的市场结构。寡头垄断

是介于垄断竞争和完全垄断之间的一种市场模型。寡头垄断的条件是：

1. 行业中厂商数量较少。

2. 厂商所生产的产品可以是有差别的，也可以是无差别的。

3. 进入寡头垄断市场存在比较大的障碍。

寡头垄断市场在经济中占有十分重要的地位。例如钢铁、汽车、石油、飞机制造、机械、香烟等重要行业都是寡头垄断市场。这些行业中大都是四五家公司的产量占全行业产量的70%以上。

二、寡头垄断市场的特征

寡头垄断与完全竞争、完全垄断、垄断竞争市场上厂商的一个重要差别是寡头间行为相互不独立。

在完全竞争、完全垄断、垄断竞争三种市场上厂商的行为是相互独立的，每个厂商在作决策时都无须考虑其他厂商会作出什么反应。由于寡头垄断市场上少数几个厂商生产一个产业的全部或绝大部分产量，因此每一个厂商的行为都会对该市场发生举足轻重的影响。一个厂商通过产品降价或新模式产品的推出而扩大自己产品的市场，就会使得对其他寡头产品需求量下降。因为一个厂商的行为会对本产业整个产品市场发生举足轻重的影响，所以一个厂商采取某种对策扩大自己的产量，会遇到其对手的反对策行为。厂商之间的竞争行为是不确定的。一个厂商通过降价来扩大自己的市场份额可能会导致对手如法炮制。一个寡头通过广告战争夺市场，也会引起对手用相同手法来遏制它的行为。寡头之间也可能不是通过竞争而是通过合作的方式共同谋取好处。

三、寡头垄断市场的价格与产量决定

各寡头之间有可能存在相互之间的勾结，也有可能不存在勾结。在这两种情况下，产量的决定是有差别的。

（一）非勾结性寡头垄断市场上价格的决定

1. 价格领袖制

价格领袖制又称价格领先制，指寡头垄断行业通常由某一个寡头率先定价，然后其余寡头仿效其价格各自定价。作为价格领袖的寡头厂商一般有三种类型：

（1）支配型价格领袖

在本行业中规模最大、具有支配地位的厂商往往可以成为价格领袖。由于它的市场份额最大，因而其价格对整个市场价格的影响也最大。它可以根据利润最大化原则首先确定自己的价格，然后其他中小寡头仿效。

（2）效率型价格领袖

在本行业中产品成本最低、效率最高的厂商也可能成为价格领袖。由于这种寡头根据自己的成本确定的价格在市场中最有竞争力，其他厂商若不仿效则会减少市场份额，甚至被挤出市场。

（3）晴雨表型价格领袖

在本行业中信息最灵敏、最能掌握市场行情变化的厂商也有可能成为价格领袖。由于这类厂商最能预知市场将来的变化，其价格变动在行业中有晴雨表的作用。

2. 成本加成法

成本加成法是寡头市场上最常用的定价方法，指在估算的行业平均成本的基础上加一个固定的利润率。例如，某行业单位产品的平均成本100元，将利润率定为10%，这样该产品的价格就定为110元。平均成本可以根据长期中成本的变动情况而定，而利润率则要参照全行业的利润情况来定。各个寡头根据成本加成法确定的价格水平是大致相当的，可以避免寡头之间的价格竞争，使价格相对稳定。从长期来看，这种定价方法简便易行，而且也比较接近实现最大利润。

（二）勾结性寡头垄断市场上价格的决定

各寡头公开勾结，组成卡特尔协调他们的价格与产量。例如，世界石油输出国组织（欧佩克）就是一个国际卡特尔。卡特尔是生产同类产品的垄断厂商就产品的市场价格、产量分配和市场份额而达成的一种公开协议，其目的是限制产量、提高价格、控制市场。卡特尔协议在不少市场经济国家普遍存在，其中最为典型的是石油输出国组织（欧佩克）。

在寡头垄断行业中，厂商出于对各自垄断利润的追求，往往通过正式的或非正式的协议组成卡特尔。因为，若是各厂商单独行动，那么，为了占领市场，各厂商不是扩大产量就是降低价格，造成整个行业产量膨胀，价格低落，最后受损失的还是厂商自己。垄断厂商追逐利润最大化，这是形成卡特尔组织的最强有力的内在动力。

卡特尔组织虽然形成了操纵市场、分享利润的协议，但是这一协议并没有法律约束力，各卡特尔成员出于各自的利益，往往违背协议，使得协议的执行非常困难。因此，大多数卡特尔往往是不稳定的，难以长期存在。

四、两个寡头模型：古诺模型和斯威齐模型

（一）古诺模型

古诺模型是早期的寡头模型，它是由法国经济学家古诺于1838年提出的，常被作为寡头理论分析的出发点。古诺模型是一个只有两个寡头厂商的简单模型，该模型也被称为“双寡模型”。古诺模型的结论可以很容易地推广到三个或三个以上的寡头厂商的情况中去。

1. 古诺模型的假设

古诺模型分析的是两个出售矿泉水的生产成本为零的寡头厂商的情况。古诺模型的假定是：市场上只有A、B两个厂商生产和销售相同的产品，他们的生产成本为零；他们共同面临的市场的需求曲线是线性的，A、B两个厂商都准确地了解市场的需求曲线；A、B两个厂商都是在已知对方产量的情况下，各自确定能够给自己带来最大利润的产量，即每一个产商都是消极地以自己的产量去适应对方已确定的产量。

2. 古诺模型中厂商的产量选择

A厂商的均衡产量为

$$OQ(1/2-1/8-1/32-\cdots)=1/3\ OQ$$

B厂商的均衡产量为

$$OQ(1/4+1/16+1/64+\cdots)=1/3\ OQ$$

行业的均衡总产量为

$$1/3\ OQ + 1/3\ OQ = 2/3\ OQ$$

3. 古诺模型结论的推广

以上双头古诺模型的结论可以推广。令寡头厂商的数量为 m，则可以得到一般的结论如下：

$$每个寡头厂商的均衡产量 = 市场总容量 \times \frac{1}{m+1}$$

$$行业的均衡总产量 = 市场总容量 \times \frac{m}{m+1}$$

（二）思威齐模型

思威齐模型是美国经济学家保罗·思威齐于20世纪30年代所建立。由于寡头厂商之间价格战的结果往往是两败俱伤，竞争的双方利润都趋向于零。所以在寡头垄断市场上，产品的价格往往比较稳定，厂商比较喜欢采用非价格竞争方式，即便采用价格战的方式也是非常慎重的。寡头厂商不愿轻易地变动产品价格，价格能够维持一种比较稳定的状态的情况，被称之为价格刚性。思威齐模型就是解释在寡头垄断市场上出现的这种价格刚性现象。

思威齐首先假定：当一个寡头厂商降低价格的时候，其他厂商会跟着降价；当一个寡头厂商提高价格的时候，其他厂商会保持价格不变。做这样的假定的原因是，当一个厂商降低其产品价格的时候，其他厂商如果不跟着降价，那么其他厂商的市场份额就会减少，从而产量下降，利润下跌；而当一个寡头厂商提高其产品价格的时候，如果其他厂商价格保持不变，那么提价的厂商的一部分市场份额将会自动被其他厂商瓜分，从而其他厂商的产量会上升，利润会增加。所以需求曲线呈现弯折的形状，称为弯折的需求曲线。

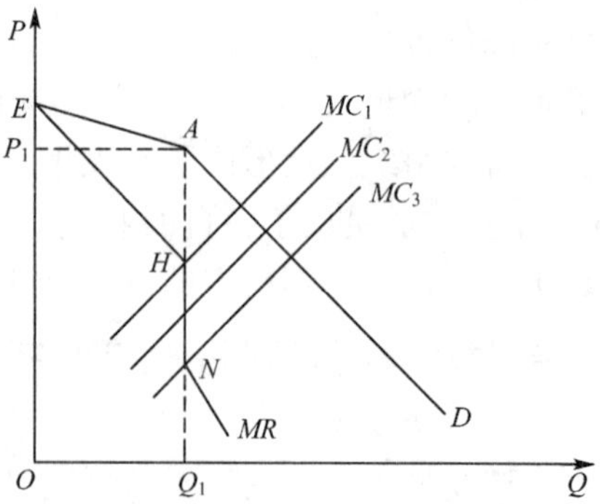

图 6-19 弯折的需求曲线

思威齐模型的具体形式如图6-19所示。假定厂商原来处于 A 点，即产量为 Q_1，价格为 P_1。按照思威齐的假定，厂商提价的时候，其他厂商价格不变，因而厂商的需求量将会下降很多，即产品富有弹性，相当于图中 AE 段的需求曲线；当厂商降价的时候，其他厂商的价格也下降，因而厂商的需求量不会增加很多，从而产品是缺乏弹性的，相当于图中 AD 段。与需求曲线相对应的边际收益曲线也标在图6-19中，可以看出，在 H 点与 N 点之间，边际收益曲线有一个较大的落差。如果厂商的边际成本为 MC_2 所代表，厂商的产量和价格分别将是 Q_1 和 P_1；如果厂商边际成本提高至 MC_1，厂商的产量和价格仍然是 Q_1 和 P_1；如果厂商的边际成本降低到 MC_3，厂商的利润最大化的产量和价格仍然不变。由此可见，厂商的成本即使在一个很大的范围内发生变动，只要是在 H 和 N 之间，厂商的产量和价格仍将保持稳定。

虽然思威齐模型有助于说明寡头市场的价格刚性现象，但也有很多的经济学家提出了批评意见。这些批评主要集中在两点：第一，如果按照思威齐模型，寡头市场应该具有比垄断市场更为刚性的价格，但是实证的结论与此正好相反；第二，思威齐模型只是解释了价格一旦形成，则不易发生变动，但这个价格是如何形成的，却没有给出说明。

五、四种市场结构类型特征的比较

我们已经分别研究了完全竞争、垄断竞争、寡头垄断、完全垄断四种基本的市场类型以及它们的特征。根据多数经济学家的观点，我们可以把各种市场类型的基本特征、需求曲线、经济效率等，大致概括于表 6-1 中。

表 6-1　各种类型市场特征及其经济效率的比较

市场类型	完全竞争	垄断竞争	寡头垄断	完全垄断
典型产业	农业	轻工业	重工业	公用事业
厂商数目	很多	较多	少数	一个
产品品质	同质	异质	同质	同质
进出产业	容易	较易	不易	不能
市场价格	接受者	影响者	参与者	制定者
需求曲线	水平	略斜	较斜	最斜
超额利润	无	无	有	有
规模经济	缺乏	存在	存在	存在
技术进步	较快	最快	较快	较慢
经济效率	最高	较高	较低	最低

第一，需求曲线的比较。各种市场的厂商数目、产品品质、进出行业的难易程度以及对市场价格的影响能力等特征，集中体现在厂商的需求曲线上。完全竞争市场的厂商对市场价格无能为力，只能控制一个变量，即根据既定的市场价格调整自己的产量，因此需求曲线是一条水平线，斜率等于 0。垄断条件下厂商能够控制产量和价格两个变量，在不同程度上影响市场价格，需求曲线自左上方斜向右下方。一般来说，需求曲线的斜率与垄断程度具有正相关：垄断竞争的垄断程度较低，需求曲线的斜率较小，需求曲线比较平坦；寡头垄断的垄断程度较高，需求曲线的斜率较大，需求曲线比较陡；完全垄断的垄断程度最高，需求曲线的斜率也最大，需求曲线相对更陡峭。

第二，垄断程度的比较。为了衡量和评价各种类型的市场，我们可以测定垄断程度，一般用产业集中指数进行测量。产业集中指数，是指同一产业中，前几名垄断厂商的产销量占整个行业的比例。设产业集中指数为 I_c，Q_m 为垄断厂商的产销量，Q_n 为非垄断厂商的产销量，则

$$I_c=\frac{Q_m}{Q_m+Q_n}$$

在完全竞争条件下，每个厂商的产销量都很小，任何少数几个厂商产销量之和也很小；在完全垄断条件下，厂商的产销量即行业的产销量，在垄断竞争和寡头垄断的条件下，是介于完全竞争与完全垄断之间的垄断程度。表 6-2 是美国 1972 年若干高度集中的产业前四家最大垄断厂商产销量所占比例。

表 6-2 **产业集中指数** 单位：%

产业	机车	人造纤维	电话	初级铝	摩托车	平板玻璃	电灯泡	发电机
I_c	97	96	94	93	93	92	90	90

第三，经济效率的比较。经济效率是指利用经济资源的有效性。高的经济效率表示对资源的充分利用或能以最有效的生产方式进行生产；低的经济效率表示对资源的利用不充分或没有以最有效的生产方式进行生产。各种市场的均衡价格、均衡产量、超额利润以及规模经济、技术进步等特征，反映了资源配置的优劣，经济效率的高低。一般认为，各种市场需求曲线的斜率不同，切于平均成本曲线的位置也不同。由于其他厂商可以进入，完全竞争厂商的需求曲线，切于平均成本曲线的最低点，均衡价格最低，均衡产量最高，资源利用最优。垄断竞争厂商的需求曲线略有倾斜，切于平均成本曲线最低点左边一点，均衡价格较低，均衡产量较大，但有剩余生产能力，资源利用次优。寡头垄断厂商的需求曲线不确定，可以平如完全竞争，也可以陡如完全垄断，但一般较陡，切于平均成本曲线最低点更左一些。通常认为，寡头垄断厂商产量较少，价格较高，资源利用较差。完全垄断厂商的需求曲线最陡，而且其他厂商不能进入，需求曲线与平均成本曲线相交，可以一直保持超额利润、均衡价格最高、均衡产量最少，资源利用最差。

案例分析 6-3　充分竞争才是市场的最佳选择

我国当前彩电市场容量为 2 000 万台左右，而生产能力则有 4 000 万台左右，明显的供大于求注定了市场竞争将会日趋激烈。各个彩电企业又都是单独的利益主体，它们在市场竞争中当然会从争取更多的顾客和市场份额的动机出发，选择对自己有利的策略——竞相降价当为正常举措。但是，当一些企业在日趋激烈的价格竞争中感到盈利下跌，难以招架时，该怎么办？它们可以设法扩大规模，也可相机转产，改变原有的投资方向。这便是市场经济条件下企业争取规模效益，或是灵活掉头的发展之路。如果一个企业只想靠价格联盟来形成和保持垄断利益，坐享固定的市场份额，最终会发现，在商品供大于求的背景下，去签一个自己和竞争对手们都不会认真遵守的协议（除非协议有超级监督力和强制力），不过是徒劳之举。

对于政府部门和行业协会来说，可问一声自己有无能力或有无必要让所有彩电企业都有饭吃，致使先进企业发挥不了长处，落后企业亦不会被淘汰。如果没有，又想通过建立价格联盟而为之，岂不白费气力？近年来，价格联盟一次次的不欢而散已经说明了此理，难道今后还要花费大量资源去做本来就不会成功的事，难道让每个政府部门都搞成一个“欧佩克”，不断去发起和监督限价、限产的卡特尔活动，从不成功，而又不肯罢手，犹如唐吉诃德同风车作战。竞争的市场是商品价格的最终决定因素。在供大于求的背景下，通过价格、品牌、服务、质量等方面的竞争，强势企业可以通过增加市场份额、兼并重组，不断扩大规模而成为市场经济下竞争产生的“巨舰”；弱势企业则需利用市场退出机制，或寻找新的投资点，以扬长避短，或者被其他企业兼并、联合，成为“巨舰”的一部分。如此，才会有具有国际竞争力的大企业产生。所有消费者也将从产品价格不断降低、质量服务日益完善中受益。国际和国内历史的经验表明，希望通过政府“拉郎配”的办法去组建大企业，或是欧佩克式的价格联盟保护垄断与落后均非好的办法。（资料来源：摘自

www. tlu. edu. cn)

问题:何谓价格联盟？为什么难以成功？

本章小结

1. 市场结构是指某一经济市场的组织特征,而最重要的组织特征,是那些影响竞争性质及市场价格确定的因素。根据市场竞争程度的强弱将市场划分为完全竞争市场、完全垄断市场、垄断竞争市场、寡头垄断市场四种类型。

2. 完全竞争市场是指市场上有大量的卖者和买者，参与经济活动的厂商出售的产品是同质的，厂商可以无成本地进入或退出一个行业，参与市场活动的经济主体具有完全信息的一种市场类型。

3. 完全垄断又称独占、卖方垄断或纯粹垄断,与完全竞争市场结构相反,完全垄断市场结构是指一家厂商控制了某种产品全部供给的市场结构。

4. 垄断竞争是一种介于完全竞争和完全垄断之间的市场组织形式,在这种市场中,既存在着激烈的竞争,又具有垄断的因素。市场中存在着较多数目的厂商,彼此之间存在着较为激烈的竞争,厂商所生产的产品是有差别的,厂商进入或退出该行业都比较容易。

5. 寡头垄断是指少数几个厂商控制整个市场中的生产和销售的市场结构。寡头垄断是介于垄断竞争和完全垄断之间的一种市场模型,它是指只有少数几家大型企业控制某种商品的一种市场结构。

关键概念　市场结构　完全竞争　完全垄断　垄断竞争　寡头垄断　停止营业点　价格联盟

复习思考题

1. 单项选择题

(1)下面哪一个市场接近完全竞争市场(　　)。

A. 农产品市场　　B. 轻工业品市场

C. 日用工业品市场　　D. 重工业品市场

(2)对完全垄断厂商来说(　　)。

A. 提高价格一定能够增加收益

B. 降低价格一定会减少受益

C. 提高价格未必能增加收益,降低价格未必减少收益

D. 以上都不对

(3)垄断竞争厂商短期均衡时(　　)。

A. 厂商一定能获得超额利润

B. 厂商一定不能获得超额利润

C. 只能得到正常利润

D. 取得超额利润，亏损及正常利润三种情况都能发生

(4)寡头垄断市场上的厂商数量(　　)。

A. 很多　　　B. 一家　　　C. 几家　　　D. 都不对

2. 问答题

(1)为什么完全竞争市场厂商的需求曲线是一条与横轴平行的直线，而行业的需求曲线是一条向右下方倾斜的曲线？

(2)为什么完全垄断市场相比于完全竞争市场缺乏效率？

(3)比较垄断竞争市场的条件和完全竞争市场的条件的相近点和区别，并说明产品差别对垄断竞争市场形成的意义。

实训指导

主题：分析企业市场结构与收益的关系。

要求：1. 运用我国沪深股市个股资料分析各公司所处市场结构。

2. 从净资产收益率、销售毛利率、存货周转率、预收账款等财务指标分析企业所处市场结构与其盈利能力的关系。

3. 验证巴菲特的"垄断下的成长性才是可持续性的"投资经典。

建议：参考巴菲特的《投资圣经》、《彼得·林奇的成功投资》。

阅读书目

[1] 梁小民. 西方经济学教程. 中国统计出版社，1993.

[2] 厉以宁. 西方经济学. 北京大学出版社，2001.

[3] 高鸿业. 西方经济学. 中国人民大学出版社，2000.

第七章

分配理论

知识目标

掌握生产要素需求的性质、供给的特点，工资、地租、利润的决定，基尼系数的含义。

技能目标

掌握各种生产要素价格是如何决定的，学会通过生产要素定价和分配理论来分析经济社会中收入差距的原因和对策。

导入新课

当你参加工作后，你的收入高低将主要由你从事哪一类工作来决定。如果你成为一个电脑程序员，你赚的钱比酒店服务员要多。这个事实并不让人吃惊，但为什么是这样并非显而易见。进一步说，一国一年的居民总收入是一个庞大的数额，人们以各种方式赚到这些收入。工人的工资和福利津贴在总收入中占一定比例，其余部分则以租金、利润和利息形式归土地所有者和资本所有者。什么因素决定总收入在工人、土地所有者和资本所有者之间的分配？为什么一些工人的工资比另一些工人的要高？为什么一些土地所有者赚的租金比另一些土地所有者要高？特别是，为什么电脑程序员赚的钱比酒店服务员多？

对上述问题的回答仍取决于供求关系。劳动、土地和资本的供给与需求关系，决定了支付给工人、土地所有者和资本所有者的报酬，即这些生产要素的价格。

本章分析的分配理论，又称生产要素价格理论，主要说明劳动、土地、资本和企业家才能的生产要素价格是如何决定的，并在此基础上介绍衡量社会收入分配均等程度的洛伦斯曲线和基尼系数。

第一节　生产要素市场

一、生产要素的需求

（一）生产要素需求的性质

均衡价格理论告诉我们，产品的价格取决于该产品市场的需求与供给。同样，生产要素的价格也是由生产要素的需求和供给决定的。但是，厂商对生产要素的需求不同于消费者对消费品的需求。生产要素的需求是一种派生的需求，或是间接需求。也就是说，是由于消费者对产品需求而引起了厂商对生产要素的需求，厂商之所以需要生产要素是为了用它生产出各种产品，实现利润最大化。例如，面包店的老板之所以雇佣加工面包的工人和购买面粉等，是为了向市场提供面包，市场对面包的需求引起了厂商对面包工人和面粉等生产要素的需求。

生产要素的需求同时也是一种联合的需求或相互依存的需求。也就是说，任何生产行为所需要的都不是一种生产要素，而是多种生产要素，这样各种生产要素之间就是互补的。如果只增加一种生产要素而不增加另一种生产要素，就会出现边际收益递减的现象。而且，在一定范围内，各种生产要素也可以相互替代。因而，生产要素需求之间是相互的。比如，只有工人，没有厂房、面粉、烤箱炉等，无法生产出面包，只有把厂房、工人、面粉、烤箱炉等生产要素相互结合起来，才能生产出面包。因此，生产要素的联合性和派生性决定了它的需求比产品的需求要复杂得多。

在分析生产要素需求时要注意以下几个问题：

第一，产品市场结构的类型是完全竞争还是不完全竞争。

第二，一家厂商对生产要素的需求与整个行业对生产要素需求的联系与区别。

第三，只有一种生产要素变动与多种生产要素变动的情况。

第四，生产要素本身的市场结构是完全竞争的还是不完全竞争的。

（二）完全竞争市场条件下的生产要素需求

完全竞争产品市场即大量的具有完全信息的买者和卖者买卖完全相同的产品。和完全竞争产品市场一样，完全竞争要素市场的基本性质可描述为要素的供求双方人数众多；要素没有区别，要素供求双方都具有完全的信息；要素可以充分自由地流动，同处于完全竞争产品市场和完全竞争要素市场上的厂商称为完全竞争厂商。

厂商对生产要素的需求是派生的需求，因此，厂商不直接关心他的生产要素的数量，只关心利润，厂商对生产要素的需求要服从于利润最大化的目标。厂商购买生产要素是为了实现利润最大化，这样，他就必须使购买生产要素所支付的边际成本与边际收益相等。在完全竞争市场上，边际收益等于平均收益，即等于价格。因此，厂商对生产要素的需求就是要实现边际收益(MR)、边际成本(MC)与价格(P)相等，即 $MR=MC=P$。

在完全竞争市场上，对某一厂商来说，边际收益等于价格，价格一般是不变的，因此，厂商对生产要素的需求就取决于生产要素的边际收益。所谓生产要素的边际收益，是指增加一个单位的生产要素投入所带来的产出增量给厂商带来的收益增量。以 MRP 代表生产要素的边际收益，则有

$$MRP=MR\cdot MP$$

假定产品的价格是给定不变的，即 $P=MR$，则有

$$MRP=P\cdot MP$$

生产要素的边际收益取决于该要素的边际生产力，即边际产量价值。在其他条件不变的情况下，增加一单位某种生产要素所增加的产量（或者这种产量所带来的收益）就是该生产要素的边际生产力。如果以实物来表示生产要素的边际生产力，就称为边际物质

产品；如果以货币来表示生产要素的边际生产力，则称为边际收益产品。根据边际收益递减规律，在其他条件不变的情况下，生产要素的边际生产力是递减的。因此，生产要素的边际收益曲线是一条向右下方倾斜的曲线，这条曲线即为生产要素的需求曲线，如图7-1所示。在图7-1中，横轴OQ为生产要素需求量，纵轴OP为生产要素价格，MRP为要素的边际收益产品曲线。假如当生产要素价格为P_0时，生产要素的需求量为Q_0。假定这时，使用的生产要素量可以实现$MR=MC$。如果生产要素价格高，生产要素的边际收益小于边际成本，就是$MR<MC$，从而减少生产要素的需求；如果生产要素价格低，则$MR>MC$，从而增加生产要素的需求。

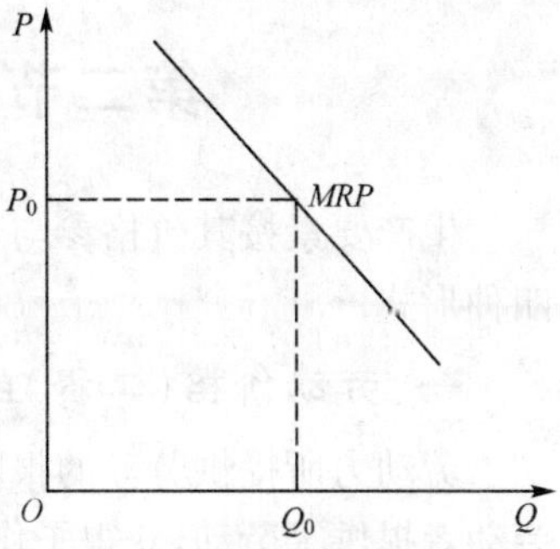

图7-1　生产要素的需求曲线

整个行业的生产要素需求就是各个厂商需求之和，也是一条向右下方倾斜的曲线。

（三）不完全竞争市场条件下的生产要素需求

不完全竞争厂商包括下列三种情况：第一，在产品市场上完全竞争，但在要素市场上不完全竞争；第二，在要素市场上完全竞争，但在产品市场上不完全竞争；第三，在产品市场上和要素市场上均不完全竞争。

在不完全竞争（即垄断竞争、寡头垄断、完全垄断）市场上，对一个厂商来说价格并不是不变的，因此，边际收益不等于价格。边际收益取决于生产要素的边际生产力和价格水平。这时生产要素的需求仍要取决于$MR=MC$。因此，生产要素的需求曲线仍然是一条向右下方倾斜的曲线。这两种市场上的差别在于需求曲线的斜率不同，从而在同一生产要素价格时，对生产要素的需求量是不同的，一般而言，同一价格时完全竞争市场上的生产要素需求量大于不完全竞争市场。

二、生产要素的供给

生产要素的供给来自居民，他们拥有劳动、土地、资本等各种生产要素，这些生产要素所有者为厂商提供生产要素，并从中获得生产要素的报酬。他们考虑的是由此能够获得最大的净收益，这种收益也就是生产要素的价格。正如厂商使用生产要素时考虑的是获得最大利润一样，一般来说，一种生产要素价格越高，收益越多，其供给量也就越大。因此，生产要素的供给曲线同任何商品的供给曲线一样，具有正的斜率，当其价格上升时，供给增加，反之，供给减少。

生产要素各种各样，不同种类的生产要素各有自己的特点。一般来说，可以把生产要素分为三类。第一类是土地，在经济分析中假定这类资源的供给是固定的。第二类是资本品，资本品是利用其他资源生产出来的，也是和其他产品一样的产品。在经济中，这一行业的产品往往是另一行业的生产要素。因此，这种生产要素的供给与一般产品的供给一样，与价格成同方向变动，供给曲线向右上方倾斜。第三类是劳动和企业家才能，这两种是特殊性的生产要素。下一节我们结合各种生产要素价格的决定理论对它们的供给曲线进行介绍。

第二节　各种生产要素价格的决定

生产要素按其价格参与分配，具体表现为劳动工资、土地地租、资本利息、企业利润四种形式。

一、劳动价格(工资)的决定

劳动力所提供劳务的报酬就是工资，即劳务这种生产要素的价格。在这一过程中，劳动者提供了劳动，获得了作为收入的工资。

(一)完全竞争条件下工资的决定

完全竞争劳动市场具有以下特征：所有劳动都是同质的无差别的，该种劳动的供给者很多，劳动要素的需求者也很多，因而，任何单个劳动的供给者和需求者都不能影响劳动的价格；每个供给者和需求者都不可能形成各自的垄断，但可以自由地进入或退出市场。

完全竞争劳动市场均衡工资是由劳动的需求和劳动的供给相互作用的结果。

劳动需求是指在各种可能的工资下，企业愿意雇佣的劳动数量。对于每一个具有理性的企业而言，总是根据利润最大化的原则来选择使用劳动的数量。而且，整个市场的劳动需求是所有企业对劳动需求的总和。当工资水平提高时，所有企业使用劳动的数量将减少，从而劳动的市场需求量减少；反之，当工资水平降低时，单个企业对劳动需求量的增加将导致劳动的市场需求量增加。如图 7-2 所示（纵轴 W 为工资水平，横轴 L 为劳动需求量），劳动需求曲线 D_L 自左上方向右下方倾斜。

劳动供给指在各种可能的价格水平(工资)下，人们愿意提供的劳动数量。劳动供给有自己特殊的规律。在工资不是很高的情况下，一般来说，当工资增加时，劳动会增加，但工资增加到一定程度后，如果再继续增加，劳动不但不会增加，反而会减少。这是因为，工资收入增加到一定程度后，货币的边际效用递减，足以抵制劳动的负效应(劳动的劳累、单调、受别人支配等)，从而劳动会减少。如图 7-2 所示，S_L 为劳动供给曲线，当工资低于一定水平 (W_1)时，工资越高，劳动供给量越大；当工资越过一定水平 (W_1)后，工资越高，劳动供给量越小。

在完全竞争市场条件下，劳动供求关系决定了均衡工资，如图 7-2 所示，劳动需求曲线 D_L 与劳动供给曲线 S_L 相交于 E 点，该点对应的工资 W_0 是劳动市场均衡工资，即能使劳动市场供求相等的工资，此时，劳动的供给量和需求量都是 L_0。现实生活中，市场工资是围绕均衡工资而上下波动的。当劳动的需求大于供给时，工资会上升，从而增加劳动的供给，减少劳动的需求；当劳动的需求小于供给时，工资会下降，从而减少劳动的供给，增加劳动的需求。正如价格的调节使物品市场实现供求相等一样，工资的调节也使劳动市场实现供求平衡，并保证充分就业。

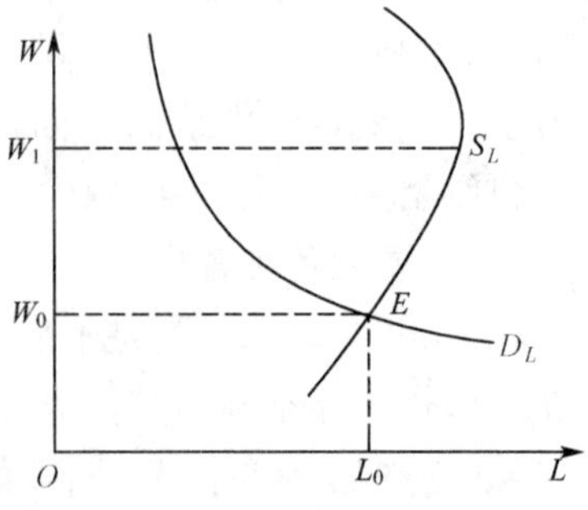

图 7-2　劳动的供求曲线

(二)不完全竞争条件下工资的决定

现实生活中,劳动市场存在不完全竞争,主要表现在:

1. 自由进入某一职业劳动市场的条件存在限制。如接受训练的能力有限,工会的反对或其他的阻碍,因而,能够进入该市场的人,总是比希望进入该市场的人少。

2. 雇主的市场力量。当某一劳动市场的雇主只是少数几个厂商时,就会形成买方垄断。这些雇主可以通过协议或单方面的行动,把工资压低到低于竞争性市场通常的水平。

3. 工会的力量。通过组织工会,工人能够对抗雇主的买方垄断,使工资接近甚至高于竞争性的工资水平。

4. 工资法律的限制,例如政府实行的最低工资标准。

5. 习惯的限制,例如种族、性别等方面的歧视。

不完全竞争市场有两种不同的情况:一种是买方垄断的市场,劳动的供给是由众多的相互竞争的劳动者提供的劳动所形成,而购买劳动的厂商只有一家,即对劳动的需求是垄断购买的情况;另一种是卖方垄断的市场,对劳动的需求是由众多的相互竞争的厂商购买形成的,而劳动者却由工会组织在一起,成为要素市场的卖方垄断者。在这种不完全竞争的劳动市场上,工会对工资的决定通常起着重大的作用,这里,我们重点介绍一下工会在工资决定中的作用。

工人通过工会组织在一起,集体出售他们的劳动。工会组织会尽量采取措施以提高工人的工资,具体有以下几种方法:

1. 限制劳动的供给。根据一般的供求法则,劳动供给减少,会使市场工资率上升。工会通过支持移民限制,缩短每周工时,延长休假期,限制雇佣童工和女工,高额的入会费,拒绝接受新会员并排挤非会员工人就业,降低劳动强度等,这些都是曾经使用过的限制劳动供给的方法。在需求不变的情况下,通过减少劳动的供给,可以提高工资,但会使就业人数减少。

2. 增加对劳动的需求。工会可以使劳动需求增加。通过支持保护关税、广告竞争等办法,增加对厂商产品的需求,以提高对劳动的需求。根据一般的供求法则,在劳动供给不变的条件下,工会通过增加对劳动的需求,改变市场上劳动的供求关系,使需求大于供给,从而使工资上升,这样不但会使工资增加,而且还可以增加就业。

3. 最低工资法。工会通过其强大的力量迫使政府通过法律形式规定最低工资,这样即使在劳动供给大于需求的情况下,也可以使工资维持在一定水平上。但这种方法可能会带来一定的失业人口。工会虽然在工资的决定中起了很重要的作用,但其影响程度同时也受到一些因素的限制。例如,整个经济形势的好坏、劳资双方力量对比、政府干预的程度与倾向性、工会的斗争方式与艺术、社会对工会的同情和支持程度等。工会只有善于利用各方面的条件,才能尽可能多的争取为工人提高工资。

从长期看,由于劳动者可以自由流动或改换行业,又有新劳动者加入,所以,劳动者数量是可变的。这种可变性导致劳动供给曲线的弹性较大。

二、土地价格的决定

在西方经济学中,土地泛指土地本身、原始森林、矿产、地下水、河流湖泊等自然资源的简称。作为一种要素，土地资源不同于劳动和资本，土地是由大自然提供的，具有固定的供给。但在价格的决定上则与其他生产要素一样，取决于土地的需求和供给。

土地的价格是土地所有者对生产过程的贡献而获得的收入。我们需要区分两种土地的价格：购买价格和租赁价格。土地的购买价格是指个人为了无限期地拥有一定量的土地生产要素而支付的价格。土地的租赁价格是指个人或企业在一定时期内租用一定量土地生产要素而支付的价格。从一般意义上说，土地购买价格的决定与其他商品的价格一样，在此不再分析，下面着重分析土地的租赁价格，即地租或地租率。

所谓地租就是指作为生产要素的土地的价格，土地所有者（地主）提供了生产服务的土地，得到了地租。

地租由土地的供给与需求决定，土地的需求取决于土地的边际生产力即土地的边际产品价值，土地的边际生产力也是递减的。因此，土地的需求曲线也是一条向右下方倾斜的曲线。但土地的供给是固定的，因为一个地区，它可以利用的土地总有一定的限度，这样，土地的供给曲线就是一条与横轴垂直的线。将向右下方倾斜的土地的市场需求曲线与土地供给曲线结合起来，即可决定使用土地的均衡价格。

如图 7-3 所示，横轴为土地数量 N，纵轴为地租 R，垂直于横坐标的曲线 S_N 为土地的供给曲线，向右下方倾斜的曲线 D_N 为土地的需求曲线，D_N 与 S_N 相交于 E 点。

从图 7-3 中可以看出，土地的供给量固定为 N_0，需求曲线与供给曲线的交点所对应的均衡价格即为地租 R_0。

然而随着经济的发展，生产力水平的不断提升，人们对土地的需求也在不断增加，但由于土地供给的特殊性使得土地的供给是固定的，因此，地租有不断上升的趋势。如图 7-4 所示。

图 7-4 中，当土地的需求增加时，土地的需求曲线由 D_0 向上移至 D_1，土地的供给曲线不变。D_0、D_1 分别与 S_N 相交于 E_0、E_1 两点，所决定的地租分别为 R_0、R_1，$R_1>R_0$。这就说明了地租是随着土地的需求增加而增加的。

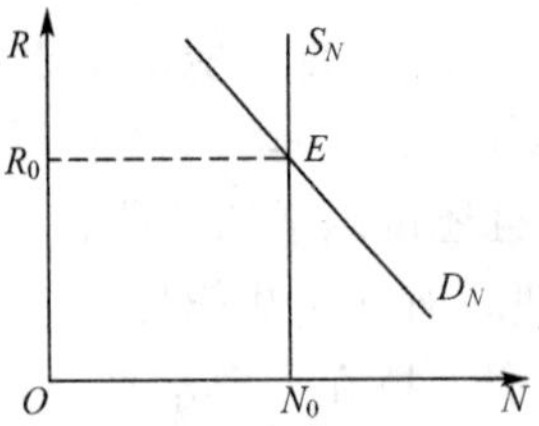

图 7-3　地租的决定

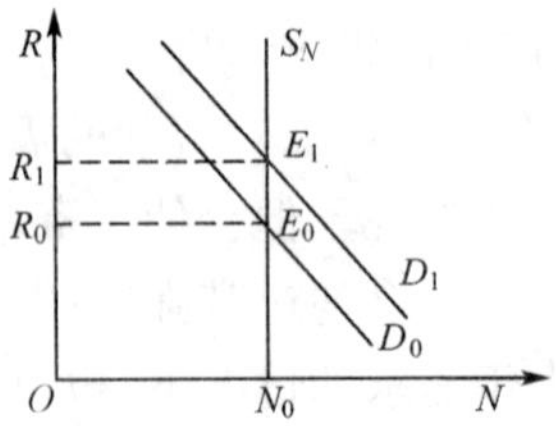

图 7-4　地租的变动

资料 7-1　经济租金、准租金、级差地租

1. 经济租金

如果生产要素所有者所得到的实际收入高于他们所希望得到的收入，则超过的这部分收入就被称为经济租金。土地所有者得到的地租就是经济租金（或称经济地租）。土地的供给量是固定的，不管地租怎么变化，土地的供给量仍然保持不变。换句话说，土地是自然的赠与，即使地租降到接近于零的水平，土地所有者也会提供土地。如果他们不

提供土地，那么他们将什么也得不到。因此，地租不是经济社会为得到土地而必须支付的报酬，它是土地所有者得到的超过愿意接受的收入部分，因而是一种生产者剩余，是土地所有者得到的额外部分，该收入是土地所有者实际收入的增加。类似的情况还有超级明星现象。在美国NBA打球的姚明每年的收入为1 520万美元，他之所以能得到如此高的收入是因为像他这样的专门人才的供给极少，而对他的需求却增长很快，因而，他的收入大大超过了使他留在篮球界所必须支付的最低报酬，其剩余的部分就是经济租金。

2. 准租金

准租金（或称准地租）是指在短期内供给固定不变且不存在其他用途的生产要素的报酬。所有一切人为形成的实物资本和人力资本，其供给量在短期内是固定的，而在长期中却是一个可变量，例如生产设备、出租的房屋，各种专业人才等资源。它们在短期内供给不变，且只能用于特定生产的情况下所得到的报酬就是准租金。我们以生产设备为例作一分析。在短期内，企业的生产设备的供给量是固定不变的，要生产一部分新的机器设备需要一定的时间。因此，在这段时间内，如果需求增加了，生产要素的报酬就要提高。这部分资金的报酬就是准租金。但是，在长期里，准租金将消失。这种生产要素的报酬所以称为“准租金”，是因为它在短期里和租金的特点极为相似，属于一种租，但它又不是真正的租，它在长期里将消失。

准地租与经济地租是不一样的，准地租仅在短期内存在，而经济地租在长期中也存在，属于长期分析，它的存在是以要素供给量的稀缺和对它的高需求增长为前提的。

3. 级差地租

级差地租理论一般有两种形态。级差地租理论认为，地租的存在有两个必要的条件：一是土地的有限性；二是土地的肥沃程度和位置上的差异。由于土地肥沃程度和位置不同，等量投资的劳动生产率就会不一样，因而人们尽可能选择产出水平高的土地和地段优先耕种。从经济学角度来看，人们耕种劣等地的原因是市场对农产品需求增长。在劣等地土地上生产出来的农产品也能售出的情况下，市场上的农产品的价格实际上是按照劣等地土地投入的劳动量来计算的。这样，级差地租便产生了，它是获得的超过劣等地平均利润的超额利润。这是级差地租的第一种形态。

另外，由于存在“土地报酬率递减规律”，即使是在同一块土地上，如果连续追加等量劳动和资本，产出量也终将下降，就使这块土地上的原始投资获得了超额利润，并形成级差地租。这是级差地租的第二种形态。

三、资本价格的决定

（一）利息

资本是一种重要的生产要素，是由经济制度本身生产出来并被用作投入要素以便进一步生产更多的商品和劳务的物品。它可以与其他要素一样在市场上被租借出去，因此，作为生产服务资本也有一个价格，即个人在有限时期内为使用资本要素而支付的价格，或者说，资本所有权所得到的价格，这一价格通常称为利息。

资本所有者提供了资本，就可以获得利息。在计算利息时，要与工资的计算方式区别开来。以货币资本为例，因为利息不是用货币的绝对量来表示，而是用利息率表示。所谓利息率是指在一定时期（通常指一年）内一定量的货币资本所得的利息与货币资本的比率。如货币资本为 10 000 元，一年内获得利息为 500 元，则（年）利息率为 5%。5% 就是 10 000 元的货币资本在一年内提供生产性服务的报酬，即这 10 000 元的价格。

由此可见，利息率可用公式表示为

$$r=\frac{Z}{P}$$

Z 为资本服务的年收入即资本的价格，P 为资本价值。这一公式是没有考虑资本本身的变化的，假如在这一时期，物价发生了上升或下跌，资本价值本身就会产生减值或增值，因此利息率公式可修改为

$$r=\frac{Z+\Delta P}{P}$$

式中，ΔP 为资本价值的增量，可以大于、小于或等于零。

（二）利息率的决定

利息率也是一种价格，即资本的借方使用这部分资本时向资本所有者支付的价格。正因为利息率也是一种价格，所以它本质上与商品价格以及生产要素价格的决定没有区别。在资本市场上，利息率也是取决于资本的需求和供给。

资本的供给主要来源于家庭的储蓄，储蓄可以获得利息，于是人们放弃现期消费而进行储蓄。而且人们的储蓄欲望会随着利息率的变动而同方向变动，因此，如果用曲线表示资本供给，应是一条向右上方倾斜的曲线，如图 7-5 所示。

资本的需求由两部分组成，一是居民的需求，如居民的个人消费贷款等。居民的这种需求与利息率成反向变动，利息率越高，居民消费所借资本付出的代价越大，欲望则被抑制；反之，利息率越低，居民的借款成本越低，消费欲望则越强。二是企业的需求，企业借入资本主要是用来投资，以实现利润最大化。我们这里所讲的资本需求主要是企业投资的需求。根据生产要素需求原理，企业对资本的需求量取决于资本的边际生产率，即资本的边际产量价值，企业总是根据资本的边际产量价值等于借贷资本利息率的原则确定资本的需求量。因此，企业的需求与利率同样成反方向变动，利息率越高，考虑到利润率，企业的净现值越小，企业投资欲望则降低；相反，利息率越低，投资欲望越强。因此，资本的需求曲线是一条向右下方倾斜的曲线，它表示与每一借贷利息率相应的投资者对投资资金的需求量。如图 7-5 所示，D_K 代表企业对资本的需求，S_K 代表资本的供给。资本的需求与供给的交点 E，决定了利息率水平为 r_0。

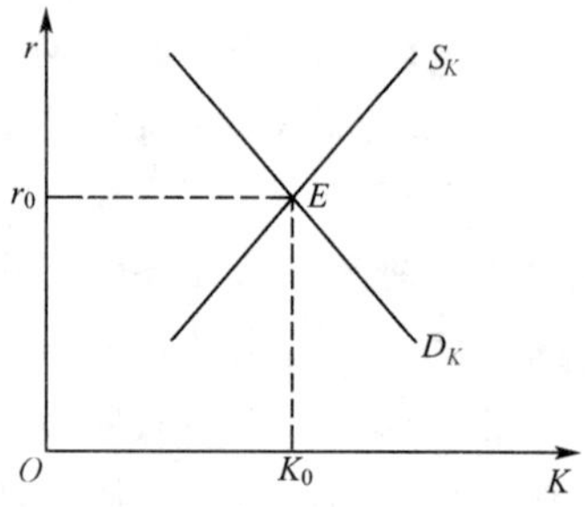

图 7-5 利息率的决定

应当注意的是，这里所说的由资本供求关系所决定的利息率一般称为“纯粹利息率”，是一种理论分析的利息率水平，它反映了资本的净生产力。

在现实生活中，由于不同的资本借贷市场的特点不同，它们的资本的需求与供给也不同，因此，各种资本实际利率与纯粹利率并不完全相同。利息率的差异主要由以下原因造成：

1. 贷款的风险程度。在资本市场上债权人对债务人所收取的利息中包括有贷款风

险的收入，例如，不能偿还的风险、通货膨胀使货币贬值的风险等，对这些风险，债权人要收取一定的费用。而且，贷款风险越大，债权人为弥补风险所要求的利息率就越高。通常公司债券的利息率高于政府债券的利息率，其原因是政府债券有较高的信誉，其风险小，一般不会发生到期不能还本付息的情况。而公司债券的风险较大，一旦公司倒闭，债权人将受到损失。

2.贷款的期限长短。贷款的时间越长，利息率就越高。这是因为，债权人一旦发放了长期贷款，在这段时间内即使存在更有利的机会，他也不能收回这笔贷款。为了弥补可能受到的损失，他会要求更高的利息率。而债务人由于能够在较长的时间内使用这笔贷款，他也愿意为此支付较高的利息率。

3.管理成本。债权人发放任何一笔贷款都要付出一定的成本，而且，每一笔数量不等的贷款的管理成本基本相同。这样，数额较小的贷款利息率高于数额较大的贷款的利息率。

利息理论认为利息是使用货币资本的报酬，由借贷资本的需求和供给决定的。实际在资本主义条件下，利息是剩余价值的转化形式，是借贷资本家把货币资本贷给职能资本家而分到的增值价值的一部分。如果不把借贷资本投放到生产领域，没有雇佣劳动者的创造性劳动，借贷资本自身不会发生增值也不可能产生利息。这种利息理论掩盖了利息本质，歪曲了利息的来源。

四、企业利润的决定

利润通常指的是企业总收益与总成本的差额，即企业出售产品和服务所获得收入和扣除全部费用（包括工资、薪金、租金、利息、材料、货物税和其他支出等）后所剩的余额，利润又称为会计利润或企业利润。

（一）正常利润与超额利润

经济学上一般把利润分为正常利润与超额利润。一个企业要进入一个行业就必须维持一定的最低利润，而这个利润就称为正常利润。从另一个角度分析，正常利润也可称为企业家才能的价格，即企业家才能这种生产要素所得到的收入。

在经济学中，通常将正常利润视为企业成本的一个组成部分，而且往往作为一种隐含的成本，所以，收支相抵就是获得了正常利润。

在完全竞争市场条件下，利润最大化实际上就是获得正常利润，超过正常利润以后的那一部分利润在完全竞争之下并不存在。因此，只有在不完全竞争条件下，才存在超过正常利润以后的那一部分利润即超额利润。

超额利润是指超过正常利润的那部分利润，或者说超过使企业继续处于该行业所必需的最低限度利润之上的利润，又称为纯粹利润或经济利润。在完全竞争条件下，在静态社会里，不会有这种利润产生。只有在动态的社会中和不完全竞争条件下，才会产生这种利润。

经济学认为，尽管利润的来源问题有待于深入研究，但利润存在是经济生活中的事实。并且经济利润存在是现代经济社会必不可少的动力。经济利润刺激投资，并促使投资者愿意承担风险，经济利润是创新的动力，并鼓励企业提高经济效率，经济利润鼓励厂商去取得与巩固垄断地位。在一定程度上，保持技术进步。总之，没有经济利润，经济资源就不可能得到重新的有效配置。

(二)利润在经济中的作用

从上述分析中可以知道,经济利润可以刺激投资,维持技术创新,促进社会进步。原因为:

第一,正常利润作为企业家才能的报酬,企业家为获得丰厚利润,就要更好地管理企业,努力提高经济效益。

第二,企业要获得超额利润必须要进行创新,这种创新有利于社会的进步;由风险而产生的超额利润能够鼓励企业家勇于承担风险,从事有利于社会经济发展的风险事业。

第三,追求利润的目的是使企业按社会的需要进行生产,努力降低成本,有效地利用资源,从而在整体上符合社会的利益;整个社会以利润来引导投资,使投资与资源的配置符合社会的需要。

资料 7-2　　企业家才能

微观经济学将利润看做是企业家才能的报酬。企业家是企业的灵魂,他们的素质直接关系到企业的发展甚至生死存亡。不同的经济学家,对企业家才能的界定有所不同。法国经济学家魁奈认为,创新和承担风险是企业家的两大特质;萨伊认为,成功的企业家要有果断的判断力、坚持性和全面的知识,有监督管理的才能,务实的和能动的特质。企业家才能具体表现在十个方面,即决策能力、组织能力、协调能力、创新能力、激励能力、用人能力、规划能力、判断能力、应变能力和社交能力。

资料 7-3　　敢于冒险和勇于创新的比尔·盖茨

美国微软公司的总裁比尔·盖茨曾数年被美国(福布斯)杂志列为世界首富,有千亿美元左右的个人财产。他在少年时代就对电脑着迷,在哈佛大学读书时发明了 BASIC 语言。1975 年,他开始从事电脑软件开发和销售业务。由于 IBM 公司购买了他的 MS-DOS 系统用于个人电脑,盖茨获得了巨额财富。此后,他致力于经营微软公司,重点搞 WINDOWS 系统开发,成为 IBM 的重要竞争对手。自 1985 年推出“视窗 1.0 系统软件”之后,1990 年推出“视窗 3.0 操作系统软件”,1991 年推出“视窗 3.1 软件”,1995 年推出“视窗 95”,1998 年推出“视窗 98”。现在世界上上亿台微机中,90%以上都使用这种软件。在盖茨的领导下,微软公司依靠不断地创新,在市场上获得了丰厚的利润,成为知识经济时代企业的典范。为确保微软公司跟上技术变革的浪潮,盖茨还把这一软件巨人推向“信息公路”的各个角落,包括网络和全球无线通信网。即使在美国司法部针对微软公司的反垄断诉讼进行激烈辩论的 1998 年,盖茨仍然把他的软件技术推向众多的新领域。

第三节　社会收入分配

本节主要对社会分配问题进行探讨。社会收入分配主要是收入分配是否平等的问题,衡量是否平等的标准主要为洛仑兹曲线与基尼系数。另外,在社会收入分配的问题中,还要注意平等和效率。

一、洛仑兹曲线与基尼系数

(一)洛仑兹曲线

为了描述收入分配是否平等的问题,美国统计学家M·洛仑兹根据人口与收入的比例,画出了一条曲线,后被称为洛仑兹曲线。洛仑兹曲线是根据实际统计资料描绘出的用来衡量社会收入分配(或财产分配)平等程度的曲线。我们可以通过该曲线直观地观察一个经济社会的收入分配状况。如图7-6所示,即为洛仑兹曲线。

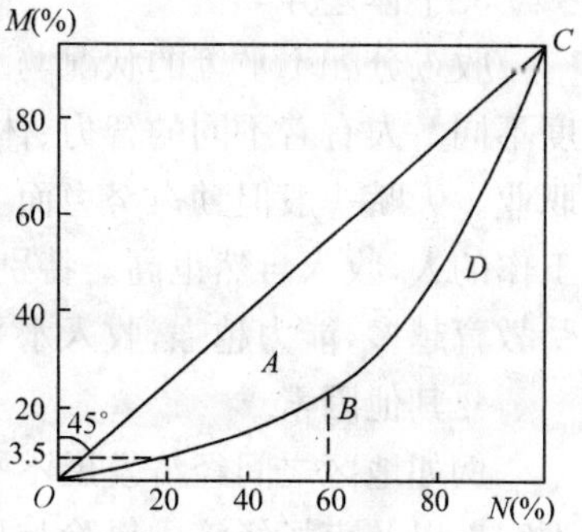

图7-6 洛仑兹曲线

图7-6中横轴ON表示人口比例,纵轴OM为收入比例,弧线ODC即为洛仑兹曲线,45°线OC表示等比的人口拥有等比的收入,即OC为收入分配绝对平等线。但在实际收入线即弧线ODC上,这种收入分配就表现出不平等性,如20%的人口只拥有大约3.5%的收入,60%的人口只拥有大约21%的收入。显而易见,洛仑兹曲线的弯曲程度具有重要意义。一般来说,它反映了收入分配的不平等程度,弯曲程度越大,收入分配程度越不平等,例如,折线ONC上,存在两个极端,一方面所有收入都集中在极少数人手中;另一方面绝大部分人一无所有,此时收入分配完全不平等。相反,弯曲程度越小,收入分配程度越平等。

(二)基尼系数

基尼系数是根据洛仑兹曲线计算出来的一个用于衡量收入分配是否平等的另一标准,是当所有人的收入从低向高排列时,由洛仑兹曲线和对角线围成的面积与对角线和90°折线围成的面积的比值。在图7-6中,弧线ODC与完全平等线OC之间的面积用A来表示,弧线ODC与完全不平等线ONC之间的面积用B来表示。则计算基尼系数的公式为

$$\text{基尼系数}=\frac{A}{A+B}$$

根据这一公式可知,基尼系数不会大于1,也不会小于0。当A为0时,弧线ODC与OC重合,此时基尼系数为0,表示收入分配绝对平等;当B为0时,弧线ODC与折线ONC重合,基尼系数为1,表示收入分配绝对不平等。

利用基尼系数判断社会收入分配的平等与否,国际上存在通用的标准,基尼系数小于0.2,表示绝对平均;0.2~0.3表示比较平均;0.3~0.4表示基本合理;0.4~0.5表示差距较大;0.5以上表示收入差距悬殊。

二、收入不平等的原因

根据经济学家的解释,收入不平等的原因有以下几个方面:

1. 社会的经济发展状况

收入分配不平等的状况与一个社会的经济发展状况有关,根据美国经济学家库兹涅茨的研究,一个社会收入分配状况变动的规律是:在经济开始发展时,收入分配不平等随经济发展而加剧,只有发展到一定程度之后,收入分配才会随经济发展而较为平等。

2. 要素所有权的分布不均

如前所述，市场经济是按照生产要素的边际生产率决定个人收入的。而生产要素所有权分布不均，必然会造成收入分配的不均等。

3. 个体差异

收入分配不平等的状况与个体差异存在联系。每个人的先天能力、努力、受教育程度不同。人有着不同的智力、体力和艺术的天赋。有较高天赋的人可以从事较高收入的职业。天赋一般但勤奋努力而又吃苦耐劳，愿意从事较为艰苦的工作，也愿意从事较多工作的人，收入自然也高。特别是，人的受教育程度与个人收入之间具有极大的相关性。受教育越多，能力越强，收入水平越高，这已是一个不争的事实。

4. 其他因素

例如地区之间经济发展不平衡、二元经济结构的存在、经济政策的倾斜、经济体制的不完善以及市场经济中风险与机遇的存在，都可能导致人们收入上的巨大差异。

资料 7-4　世界各国的收入不平等

国别	最低五分之一	第二个五分之一	中间五分之一	第四个五分之一	最高五分之一
日本	8.7	13.2	17.5	23.1	37.5
韩国	7.4	12.3	16.3	21.8	42.2
中国	6.4	11.0	16.4	24.4	41.8
美国	4.7	11.0	17.4	25.0	41.9
英国	4.6	10.0	16.8	24.3	44.3
墨西哥	4.1	7.8	12.3	19.9	55.9
巴西	2.1	4.9	8.9	16.8	67.5

这个表说明每一个五分之一家庭在收入分配中得到的税前收入的百分比。

（资料来源：曼昆. 经济学原理. 北京：北京大学出版社，1999 年）

资料 7-5　我国两极分化加剧的原因

根据库兹涅茨提出的倒 U 形假说，在经济活动由农业转向工业和第三产业的过程中，收入增加必然伴随着两极分化；当经济发展到一定水平之后，收入分配不均的程度将逐渐减轻。我国正处于经济发展中两极分化加剧的阶段，即两极分化具有一定的历史必然性。

但是，我国的基尼系数高于同样发展水平的一些国家，这是不能用上述原因来解释的。首先，由于制度因素（户口、入学、就业、住房等），农村剩余劳动力向非农产业转移速度较慢。其次，同样由于制度因素（法制不健全、权力缺乏监督、地方保护主义等），少数人在短期内通过钱权交易、走私、贪污、乱收费、暗箱操作等手段暴富起来。第三，我国历史上一直存在的东西部差距，在改革开放进程中因市场因素和政策因素而得到加强，加大了收入分配不均。第四，我国十分有限的教育经费向高等教育倾斜，使许多农村居民因缺少文化而缺少市场竞争能力。第五，我国的税费制度在局部范围是累退的，作为低收入阶层的农民税费负担很大，而高收入阶层往往合法避税，甚至偷税漏税。第六，我国的金融体系对农村支持不够，实际上农村的资金是倒流的。第七，由于垄断因素，我国农用生产资料价格偏高，而农产品价格偏低。第八，我国农村政治体制改革有待深入，各种腐败行为压抑了农民的生产积极性。

两极分化是制约我国经济增长的关键因素。内需不足和过分依赖于出口，使我国经济具有一定的脆弱性。政府目前已在采取多种措施解决两极分化问题，这对我国经济持续增长将有重要的保障作用。

三、公平与效率

（一）公平和效率的内涵

在经济学中，公平是指一定社会中人们之间利益和权利分配的合理化，社会公平则是指收入与投入的对称性和一致性。但公平不是指平均。

公平是一个社会历史范畴，不同的社会具有不同的公平标准。不同的社会经济中，存在着性质不同的平等观。公平是一种价值判断，不同的社会制度，社会发展的不同阶段，对公平的价值判断也不相同。公平是相对的，绝对的公平是不存在的。

所谓效率是指在资源有效配置的前提下，经济能够保持较高增长，即产出与投入的比率。对于既定的产出来说，投入越少，效率越高；对于既定的投入来说，产出越多，效率越高。提高经济效率也就是用尽量少的投入取得尽量多的产出。

效率原则是遵循价值规律的重要体现，反映了人与自然之间的物质变换关系。在分配中重视效率就是要贯彻正确的分配政策，鼓励和保证企业和个人充分发挥积极性、创造性，在促进整个社会经济活动的效率不断提高的基础上使个人收入增多。

（二）公平与效率之间的关系

公平和效率一直是经济学家争论不休的问题，两者之间是存在矛盾的。为了效率就要牺牲某些公平，同时，为了公平也要牺牲某些效率。

在市场经济中，要获得效率，就必须付出报酬作为代价，即给生产要素所有者以相应报酬，这些报酬构成他们的收入。而生产要素的占有状况是不一样的，有人占有的资本、土地要多些，有人则少些，甚至完全不占有；有人劳动能力强些，有人则差些。因此，如果根据这种要素的供给情况分配收入，则人们的收入必然有差别，相反，为实现收入均等化如果取消或缩小这种差别，则必然损害效率。例如，工资上实现平均主义，就会降低人们的工作积极性；过高的社会保障会使人们负担的税负过高，也会在一定程度上降低积极性，损失效率等等。因此，两者之间存在着矛盾。由于公平和效率之间存在矛盾或相互交替的关系，在处理二者之间的关系时，一般来说，要效率优先兼顾公平。

案例分析 7-1　　美国各阶层的收入差距

一般人都知道一条西方礼仪：对西方的女性，不要问年龄；对西方的男子，莫要问收入。因为这些都是人家的隐私。那么，美国人的腰包是不是总是鼓鼓的呢？

实际上，美国各阶层的收入相差悬殊。富的身上流油，而穷的衣食无着、无家可归。尤其是近几年，失业的人大幅度增加，比如在 2003 年，单是申请领取失业救济金的人数便已高达 33.9 万人。

20世纪80年代初，大公司经理的年收入比普通工人不过高出42倍。而到了20世纪末，此差距已猛增到531倍。据有关资料显示，美国的百万富翁也就280万左右，但却有近5 500万人是生活在美国官方公布的贫困线以下的。当然，年收入6万～8万美元的中等收入家庭仍占美国人口的大多数。

1999年美国人的人均年收入为3.5万美元左右，比人均年收入3万美元的德国人、人均年收入2.5万美元的英国人和人均年收入1万美元的韩国人都要高些。不过，中等收入的美国人多是白领，如中小学老师、一般工程技术人员、小经理、小老板和公司雇员等。而美国的高收入者则是：大公司的总经理、著名运动员、歌星、影星、电台及电视台节目主持人等。他们的年收入有的往往高达几千万美元。当然，像医生、律师这样的好职业的收入也相当高。

美国劳工部曾经对250种职业的调查表明，收入居前列的有：电脑分析师、生物工程学家、保险和理财专家、会计师、软件工程师、气象学家和航天员等，而收入最低的则是：伐木工人、渔民、出租车司机、船员、建筑工人和农民这些干重活和苦活的人。

美国人虽然收入高，但开销也确实相当大。首先，得根据个人收入的多少、家庭人口和是否婚配等交20%～40%不等的所得税，收入高、家庭人口少和单身未婚及结婚无子女的人交得多；其次，在购物时还要交4%～15%不等的购物税，视地区的不同而有高有低；另外，还要按月还买车、买房的按揭贷款以及各种保险费；并付清平时划卡购物的一大摞账单。又因为美国人的住地同工作地点和朋友家一般都比较远，得驱车往返，一年下来，汽油费和汽车的保养费加起来也不是一笔小数目，有的可能高达上万美元。总之，普通美国人的收入到后来也就所剩无几了。

我手头有一份美国《芝加哥论坛报》2002年的材料，是对美国各阶层人物的实际收入做的调查。现在就列出美国一些有头有脸的人物的年收入和普通人的年收入，供对此感兴趣的读者参考：

国防部长拉姆斯菲尔德：66.7万美元；国家安全顾问赖斯：14万美元；联邦储备委员会主席格林斯潘：16.1万美元；州议员席梅克：12万美元；国会议员康迪特：15万美元；女歌星小甜甜布兰妮：3 800万美元；拳王泰森：4 800万美元；大学校长史托格：33.5万美元；大学教授沃尔别尔格：7.1万美元；中学教师斯密斯：3.2万美元；银行会计库伯：43万美元；模特儿班克斯：55万美元；警官西林：42万美元；专业护士查列士：5万美元；心理医生特斯苔尔：7万美元；中医针灸师陈乔治：15万美元；飞行员孟德斯：9.2万美元；消防员理查德：5万美元；卡车司机德雷格：3万美元；饭馆女招待员米其斯特尔：1.8万美元；饭馆经理罗德理格兹：35万美元；旅店总经理罗伯逊：72万美元；烟囱清洁工吉洛：1.5万美元；农民库比克：1.8万美元。

资料来源：杨士毅. 经济学消息报，2004年10月22日.

问题：什么是基尼系数？如何看待不同行业间的收入差距问题？

本章小结

1. 生产要素的需求是派生的需求，市场对产品的需求决定了企业对生产要素的需求。要素价格决定于该要素在市场上的供给与需求,即由要素市场上的需求曲线和供给曲线的交点所决定。

2. 在完全竞争市场,利润最大化的企业按照要素的边际产量价值等于要素价格的原则确定生产要素的使用量。

3. 当劳动、资本和土地的供给和需求处于均衡状态时,工人、资本所有者和地主根据各自对物品和劳务生产的边际贡献的价值得到报酬。

4. 在劳动市场上,有许多因素影响劳动的边际产量值。企业对那些从事较艰苦、乏味的工作、较有才能、较勤奋、较有经验而受教育较多的劳动者支付较高的工资,因为这些劳动者的边际生产率较高。

5. 洛仑兹曲线和基尼系数是衡量收入分配平等程度的有用的指标。

关键概念 劳动的边际产量 资本利息 地租 洛仑兹曲线 基尼系数

复习思考题

1. 单项选择题

(1)生产要素的价格,是( )。

A. 支付一个生产要素在某段时间内所提供的服务的代价

B. 购买生产要素本身所需要支付的代价

C. 固定不变的

D. 取决于厂商的看法

(2)生产要素需求曲线之所以向右下方倾斜,是因为( )。

A. 要素生产的产品的边际效用递减　　B. 要素的边际收益产量递减

C. 要素参加的生产规模报酬递减　　D. 以上都是

(3)随着科技的进步,人们越来越倾向于资本密集生产方式,这将导致( )。

A. 劳动的供给曲线向右移动

B. 劳动的需求曲线向右移动

C. 劳动的供给曲线向左移动

D. 劳动的需求曲线向左移动

(4)正常利润是( )。

A. 经济利润的一部分　　B. 经济成本的一部分

C. 隐含成本的一部分　　D. B和C两者

2. 问答题

(1)如何理解工资的决定?

(2)不完全竞争市场和完全竞争市场条件下,厂商对生产要素的需求有哪些区别?

(3)工会是如何影响工资水平的?

(4)试述衡量收入分配平等与否的标准。

实训指导

主题：分析2001～2008年我国不同行业（如金融业、电力业、IT业、运输业、采掘业、林业、渔业等）的员工的工资收入和员工福利待遇上的差异；分析2001年～2008年我国的基尼系数变动情况。

要求：1. 运用要素分配理论的相关知识，观察、收集2001～2008年有关我国不同行业的人均收入及基尼系数；

2. 分析统计数据，对我国行业收入状况进行说明；

3. 分析本地区行业的收入状况及特点，并提出相应收入分配建议。

建议：1. 利用中经网数据库查找、收集资料，分析近年来我国收入分配变动状况；

2. 走访有关部门，查阅相关数据；

3. 撰写分析报告。

阅读书目

[1] 李炯. 经济发展与公平分配. 中国经济出版社，2007.

[2] 吴俊杰，张红. 中国构建和谐社会问题报告. 中国发展出版社，2005.

[3] 张道根. 中国收入分配制度变迁. 江苏人民出版社，1999.

[4] [美]曼昆. 经济学原理. 梁小民，译. 北京大学出版社，2004.

第八章

微观经济政策

知识目标

了解市场失灵的概念;掌握不完全竞争、外部性、公共物品等是造成市场失灵的主要原因,学习相关的微观经济政策。

技能目标

运用所学知识分析经济中的市场失灵现象,并指出相应的微观经济政策。

导入新课

在过去的100年中,各国都在坚持不懈地进行反垄断斗争。美国标准石油公司受到了美国政府长达20多年的起诉和打击,最终遭到拆分。2007年,欧盟委员会指控英特尔公司垄断。2008年3月,中国商务部首次引用2008年8月1日生效的《反垄断法》做出裁决,禁止可口可乐收购汇源。垄断会对经济造成怎样的不利影响?反垄断活动中为什么都有政府的参与?

自家的水管坏了,马上就会着手修理。但是走廊上的灯泡坏了,谁家也不愿意主动去修。大家平时爱听广播、爱去公园游玩,但是广播、公园等大多数是由政府出资。这是为什么?

飞驰的火车吓走了田间的麻雀,保护了农户的谷物,但是农户并不因此给铁路公司付费。住在印染厂、造纸厂下游的民众备受污染之苦,污染企业却并不向民众赔偿,民众难以维护自己的权益,只能由政府出面来约束污染企业的行为。这又是为什么?

经济学的核心问题是社会资源如何有效配置,市场机制则是重要的资源配置手段。完全竞争市场经济在一系列理想化的假定条件下可以使资源配置达到最优状态。但是,从上面的情况我们可以看到,市场机制在某些领域不会或不能有效发挥作用,最优的资源配置通常无法实现,这种情况就被称为"市场失灵"。所谓市场失灵,是指由于市场本身的某些缺陷和外部条件的某些限制,市场的资源配置是无效率的。不完全竞争、外部性、公共物品等是造成市场失灵的主要原因。解决市场失灵的措施和办法,统称为微观经济政策。本章分析各种造成市场失灵的原因,从而提出相应的微观经济政策。

第一节 不完全竞争及政府的对策

一、不完全竞争的含义

不完全竞争的基本含义是竞争不充分，它有狭义和广义双重含义。从狭义角度看，不完全竞争是指各种形式的垄断造成的竞争障碍。比如寡头垄断和完全垄断，人为垄断和自然垄断等。从广义角度看，不完全竞争是与完全竞争相对立的概念，泛指各种因素所导致的竞争不够充分的情况。比如垄断、不完全信息、交易成本和歧视等。这些因素都会造成市场机制对资源无法有效配置，造成市场失灵。在这里我们主要讨论广义角度的不完全竞争。

二、不完全竞争带来的效率损失

(一)垄断带来的效率损失

1. 垄断造成市场效率低下

在垄断市场条件下，垄断厂商为实现自身利益最大化，也会像竞争厂商一样努力使生产定在边际收益等于边际成本的点上，但与竞争市场不同的是，垄断市场的价格不是等于而是大于边际收益，因此，垄断厂商最终会选择在价格大于边际成本的点上组织生产。垄断厂商不需被动地接受市场价格、降低成本，而可以在既定的成本水平之上加入垄断利润形成垄断价格。所以，垄断市场的价格比竞争市场高，产量比竞争市场低。

如图 8-1 所示，横轴表示产量，纵轴表示价格。曲线 D 和 MR 分别表示该厂商的需求曲线和边际收益曲线。MC 表示该厂商的边际成本曲线。把边际成本曲线与需求曲线的交点所确定的产量记为 Q_0，对应的价格记为 P_0，市场价格正好等于边际成本，产量正是完全竞争的最优产量。垄断厂商的利润最大化原则是边际成本等于边际收益。因此，垄断厂商的利润最大化产量为 Q_m。在该产量水平上，垄断价格为 P_m。显然，这个价格高于边际成本。

这样的均衡条件下，一方面，厂商丧失了降低成本、提高效率的动力，另一方面，抬高的垄断定价成为市场价格，扭曲了正常的成本价格关系，对市场资源配置产生误导，造成一种供不应求的假象，导致更多的资源流向该行业。

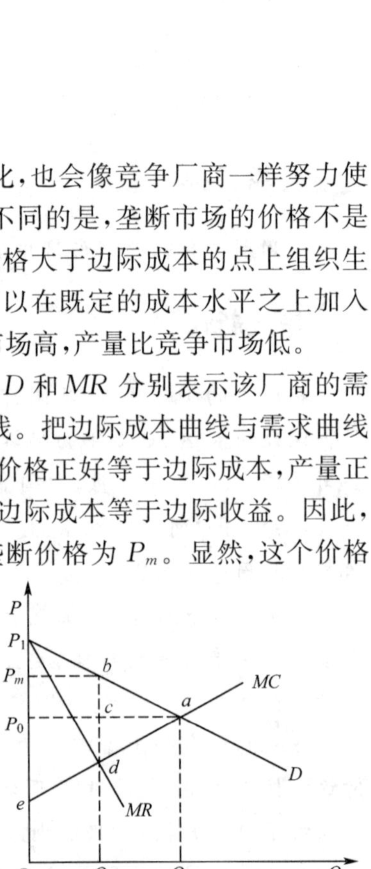

图 8-1 垄断与低效率

从图 8-1 中可以看出，该垄断厂商的产量 Q_m 小于完全竞争条件下的产量 Q_0，而价格 P_m 却高于完全竞争条件下的价格 P_0。显而易见，上述垄断厂商的利润最大化状况没有实现资源的最优配置，而且，由于价格高于完全竞争市场，使消费者剩余减少。在完全竞争条件下，消费者剩余为三角形 P_1P_0a 的面积，而在垄断条件下，消费者剩余只为三角形 P_1P_mb 的面积。消费者剩余减少了 P_mP_0ab 代表的面积，其中 P_mP_0cb 部分转化为垄断厂商的利润，三角形 abc 部分为垄断造成的社会福利损失。再来看生产者剩余，在完全竞争条件下，生产者剩余为 P_0ae 代表的面积，而在垄断条件下，生产者剩余

为 $P_m bde$ 代表的面积。与完全竞争相比，垄断厂商从消费者处得到了 $P_m P_0 cb$ 部分的剩余，但失去了 acb 部分的剩余。总的来说，垄断使社会失去了 abd 所代表的剩余，这就是垄断的效率损失。

上述关于完全垄断与低效率的分析，也适用于垄断竞争或寡头垄断等其他不完全竞争的情况。实际上，只要市场不是完全竞争的，只要厂商面临的需求曲线不是一条水平线，而是向右卜方倾斜的曲线，厂商的利润最大化原则就是边际收益等于边际成本，而不是价格等于边际成本。当价格大于边际成本时，就出现了低效率的资源配置状态。

2. 垄断造成寻租

寻租通常指为获得或维持垄断地位从而得到垄断利润而从事的非生产性的寻利活动。在垄断市场条件下，垄断厂商为获取垄断利润，就必须保持其垄断地位，为此而付出的花费和开支就是寻租成本。如向政府游说或贿赂立法者、采取合法手段规避政府的管制以及进行反垄断调查等发生的费用都属于寻租成本。由于寻租成本没有用于生产性经营活动，因此会造成社会资源的浪费和社会福利水平的降低。

(二)不完全信息带来的效率损失

完全竞争市场上能够实现帕累托最优状态的一个重要假定就是完全信息，即市场交易双方对交易产品具有充分的信息。然而，在现实生活中，人们对信息的掌握是不完全的，而这种不完全又往往表现为信息的不对称。那么，在信息不完全的条件下，市场竞争还能达到有效率的结果吗？

信息不对称是指参与经济活动的当事人拥有不同信息的状况，即有些人拥有比其他人更多的相关信息。在一些市场上，卖方所掌握的信息多于买方。例如，产品的生产者对自己产品的质量和性能比消费者更清楚。有些市场买方所掌握的信息多于卖方。例如，医疗保险的投保人肯定比保险公司更了解自己身体状况和发病的可能性。

信息不对称的产生是多种因素造成的。首先，获取信息需要成本。其次，由于人们认识能力的局限性和差异性使其不可能掌握全部的信息。此外，充分占有信息的一方会为了自身利益而对对方隐藏信息。

1. 交易前的信息不完全与逆向选择

交易前的信息不完全是指在交易发生之前，交易双方对交易对象拥有不同的信息。一般情况下，卖方属于具有信息优势的一方，买方属于信息劣势的一方。比如商品市场上的销售者对商品的了解总是多于购买者。市场上的交易双方在信息不对称的情况下，信息少的一方选择信息多的一方进行交易，市场的一方不能察知市场另一方的商品的类型或质量，市场中大量的劣货会排挤好货并最终占领市场，这就是逆向选择。

美国经济学家阿克洛夫(G. Akerlof)1970 年提出了著名的旧车市场模型，开创了逆向选择理论的先河。旧车市场上，买者和卖者有关汽车质量的信息是不对称的。卖者知道所售汽车的真实质量；但一般情况下，潜在的买者要想确切地辨认出旧车市场上汽车质量的好坏是困难的，他最多只能通过外观、介绍及简单的现场试验等来获取有关汽车质量的信息，而从这些信息中很难准确判断出车的质量，因为车的真实质量只有通过长时间的使用才能看出，但这在旧车市场上又是不可能的。

所以说，旧车市场上的买者在购买汽车之前，并不知道哪辆汽车是高质量的，哪辆汽车是低质量的，他只知道旧车市场上汽车的平均质量。在这种情况下，典型的买者只愿意根据平均质量支付价格，但这样一来，质量高于平均水平的卖者就会将他们的汽车撤出旧车市场，市场上只留下质量低的卖者。结果是，旧车市场上汽车的平均质量降低，买者愿意支付的价格进一步下降，更多的较高质量的汽车退出市场。在均衡的情况下，只有低质量的汽车成交，极端情况下甚至没有交易。也就是说，高质量的汽车在竞争中失败，市场选择了低质量的汽车。这违背了市场竞争中优胜劣汰的选择法则。平常人们说选择，都是选择好的，而这里选择的却是差的，所以把这种现象叫做逆向选择。

举个例子，在没有担保的二手车市场上，若卖者有 200 辆质量不同的车供出售，同时买者对二手车的需求量也正好是 200 辆。200 辆车中，100 辆是高质量车，卖者愿意接受的最低价格为 80 000 元，买者愿意支付的最高价格为 100 000 元；另外 100 辆是低质量车，卖者愿意接受的最低价格为 40 000 元，买者愿意支付的最高价格为 50 000 元。若买卖双方拥有完全的信息，二手车市场一定会出清。

然而二手车的质量高低是一种私人信息，只有卖者知道，而买者不知道。假定买者知道 200 辆二手车中有一半是高质量车，另一半是低质量车。在交易中买到高质量车与低质量车的概率都是 0.5，于是每一位买者对要购买的二手车所愿意支付的最高价格为 75 000（100 000×0.5＋50 000×0.5）。在这种价格下，高质量的二手车必然退出市场。当买者知道二手车市场上都是低质量的二手车时，他们所愿意支付的最高价格就是 50 000 元。于是，二手车市场上进行交易的都是低质量二手车。

在保险市场上，逆向选择现象也相当普遍。以医疗保险为例，不同投保人的风险水平可能不同。有些人可能有与生俱来的高风险，比如他们容易得病，或者有家族病史。而另一些人可能有与生俱来的低风险，比如他们生活有规律，饮食结构合理，或者家族寿命都比较长。这些有关风险的信息是投保人的私人信息，保险公司无法完全掌握。如果保险公司对所有投保人制定统一保险费用（这属于总体保险合同），由于保险公司事先无法辨别潜在投保人的风险水平，这个统一的保险费用，只能按照总人口的平均发病率或平均死亡率来制定。所以，它必然低于高风险投保人应承担的费用，同时高于低风险投保人应承担的费用。通过这种方式，低风险投保人会不愿负担过高的保险费用，退出保险市场。这时，保险市场上只剩下高风险的投保人。简单地说，这时，高风险投保人驱逐低风险投保人的逆向选择现象发生了。其结果是保险公司的赔偿概率，将超过根据统计得到的总体损失发生的概率。保险公司出现亏损甚至破产的情况必然发生。

举个例子，假设在医疗保险市场上存在健康的与疾病缠身的两类人，且数量相等，前者每年的医疗费用为 2 000 元，后者每年的医疗费用为 8 000 元。投保人知道自己的身体健康状况，而保险公司不知道。于是保险公司确定一种平均的医疗保险费为 5 000 元。面对如此昂贵的保费，那些健康的人就选择不投保。由于保险市场上只剩下疾病缠身的人来投保，保险公司必然将保费提高到 8 000 元。这样，保险市场上患病风险高的客户将患病风险低的客户逐出了市场。

金融市场上也存在着逆向选择。比如对于银行来说，其贷款的预期收益既取决于贷款利率，也取决于借款人还款的平均概率，因此银行不仅关心利率，而且关心贷款风险，这个风险是借款人有可能不归还借款。一方面，通过提高利率，银行可能增加自己的收益；另一方面，当银行不能观测特定借款人的贷款风险时，提高利率将使低风险的借款人退出市场，从而使得银行的贷款风险上升。结果，利率的提高可能降低而不是增加银行的预期收益。显然，正是由于贷款风险信息在作为委托人的银行和作为代理人的借款者之间分布并不对称，导致了逆向选择现象。

2.交易后的信息不完全与道德风险

交易后的信息不完全是指在交易发生之后，交易双方出现的不对称信息。

2001 年度诺贝尔经济学奖获得者斯蒂格里茨是信息经济学的创始人之一，他从不对称信息的角度论证了保险市场的逆向选择、道德风险问题。他在研究保险市场时，发现了一个经典的例子：美国一所大学学生自行车被盗比率约为 10%，有几个有经营头脑的学生发起了一个对自行车的保险，保费为保险标的 15%。按常理，这几个有经营头脑的学生应获得 5%左右的利润。但该保险运作一段时间后，这几个学生发现自行车被盗比率迅速提高到 15%以上。为什么呢？这是因为自行车投保后学生们对自行车安全防范措施明显减少。

在这个例子中，投保的学生由于不完全承担自行车被盗的风险后果，因而采取了对自行车安全防范的不作为行为。而这种不作为的行为，就属于道德风险。一般来说，道德风险就是人们享有自己行为的收益，而将成本转嫁给别人，从而造成他人损失的可能性。即从事经济活动的人在最大限度地增加自身效用的同时做出了不利于他人的行动。

对于有车族来说，在他们购买保险之前，都会十分在意自己汽车的安全问题，他们会采取非常严密的防盗措施，如雇用保安巡逻或将车放在上锁的车库里。但如果保险公司表示愿意为他们的汽车投保，赔偿额较低时，他们依然会比较注意做好防盗措施，因为一旦汽车丢失，他们要承担大部分损失；当赔偿额较高时，他们可能会较少地关注汽车安全问题，因为此时大部分损失要由保险公司承担；当保险公司完全赔偿额时，他们可能会根本不再关心汽车的安全问题，也不再采取任何的防范措施，因为此时汽车失盗他们将得到全额赔付，自己几乎没有损失，而采取安全措施除了给他带来费用之外几乎没有任何收益。

在劳动市场上也存在道德风险。在劳动合同签署后，雇工往往是具有信息优势的一方，雇主则成为信息劣势的一方。如果某个百货公司的老板对所雇用的售货员支付固定工资，那么这个老板就可能遇到售货员的道德风险或败德行为：售货员有付出最小努力不积极售货的激励。这必然减少百货公司的利润。由于这个原因，通常售货员的工资收入分成两部分：一部分是基本工资，与售货量无关；另一部分工资与售货量紧密相关：售货量越多，这部分工资也就越多。

经济生活中的信息不对称，使逆向选择和道德风险问题普遍存在，这一方面造成了交易市场的严重萎缩，另一方面导致社会资源的极大浪费，影响了资源的配置效率。

（三）交易成本带来的效率损失

在进行经济活动过程中，为达成任何一项自愿交易所必须耗费的各项费用的总和被称为交易成本。这个概念是科斯在《论企业的性质》（1937）中提出的。科斯认为在一个专业分工与交换的经济体制下，价格运作会产生事前成本（如搜集关于交易对手的信息、契约协商和签订的成本）和事后成本（监督契约执行的成本），这些统称为交易成本。简言之，包括一切不直接发生在物质生产过程中的成本。

交易成本作为从事市场活动的代价，本身就反映出市场在某些领域是缺乏效率的。交易成本越高，资源越缺乏流动性。美国的制度经济学家道格拉斯·诺思和约翰·瓦利斯曾经试图计算美国经济中交易成本占资源耗费总额的比重。在考察了商业、金融、房地产业以及包括立法、司法和行政机构等政府部门以后，他们发现，这些提供交易服务的部门所用掉的经济资源的数量，在1870年占美国国民生产总值的25%，而在1970年增长到50%以上，可见交易成本在经济活动中的重要性。

（四）歧视带来的效率损失

当市场向那些仅仅是种族、宗教、性别、年龄或其他个人特征不同的相似个人提供了不同机会时，就出现了歧视。歧视是指出于某种偏见的区别对待。引起歧视的原因有很多，历史的、地域的、民族的、教育的、统计的等等。以统计原因引起的歧视为例，在购买家电时，人们对家电产品质量的认识并不是通过实践得来的，因为人们不可能频繁更换家电以获得对产品质量的认知。居民的购买行为大多受报纸上公布的评比和调查结果影响，如哪种家电销量最大，哪种家电评比第一，哪种家电寿命最长等。在人才市场上，由于各校的评分标准不同，用人单位很难根据各校提供的学习成绩单对学生进行评估和比较，只能根据社会对毕业学校的认识和统计结果来选择学生。大量统计资料表明，名校大学毕业生平均生产率比其他一般高校高，因此他们更倾向于选择名校的学生。

当歧视扭曲了某些团体的工作努力和人力资本投资激励的时候，它就特别地有害于经济。歧视的损害效果首先表现在商品和劳务的供给者，他们花费同样的成本，生产出同样质量的产品，却无法按同样的价格卖出去，甚至根本卖不出去。歧视对购买者同样不利，因为购买者购买同样质量的产品却要花费更多的钱。商品的歧视迫使被歧视的企业花费大量的精力和费用做广告，企业的成本大大增加，最后还是要转嫁到消费者身上。在劳动市场上的地域歧视、性别歧视、年龄歧视等已经影响到了劳动力的自由流动和劳动力市场的合理结构。

三、政府对不完全竞争的对策

（一）反垄断政策

1. 反垄断法规

从1890年世界上最早的反垄断法——美国的《谢尔曼法》问世，到2008年8月中国《反垄断法》生效，在近120年的时间里，各国都根据自己的国情制定了相应的反垄断政策。反垄断法的任务就是防止市场上出现垄断，以及对合法产生的垄断企业进行监督，防止它们滥用市场优势地位。尽管各国反垄断法及其具体执法体制不尽相同，但其基本内容和法律框架具有高度的一致性。反垄断法的基本内容由下列三个方面构成：

第一，禁止限制竞争协议。限制竞争协议，是指两个或两个以上市场主体以协议、决议或其他联合方式实施的排斥、限制或妨碍竞争的行为，在欧洲国家普遍的称谓是“卡特尔”。从实践中看限制竞争协议是最常见的垄断行为，因而对限制竞争协议的禁止规定属于反垄断法的支柱内容之一。

第二，控制企业合并。许多国家的反垄断法规定，如果合并有利于整体经济或者社会公共利益，政府应当批准合并。然而，如果对合并不加控制，允许企业无限制地购买或者兼并其他的企业，不可避免地会消灭市场上的竞争者，导致垄断性的市场结构。正是出于维护市场竞争的需要，各国反垄断法都有控制合并的规定。根据美国、德国、日本等许多国家的法律，只要合并可以产生或者加强市场支配地位，反垄断法主管机关就可以禁止合并。这种控制的目的不是限制企业的绝对规模，而是保证市场上有竞争者。

第三，禁止滥用市场优势地位。所谓市场优势地位的滥用，是指一个或几个企业与相对的竞争者比较，具有显著的市场优势，并利用其优势限定他人购买其附带的或其指定的经营者的商品，以排挤其他竞争者参与竞争的行为。例如，微软公司就是通过知识产权在全世界的软件市场上取得了市场支配地位。反垄断法虽然不反对合法的垄断，但因为合法的垄断者同样不受竞争的制约，它们就非常可能会滥用其市场优势地位，损害市场竞争，损害消费者的利益。因此，国家必须对那些在市场上已经取得了垄断地位或者市场支配地位的企业加强监督。1997 年美国司法部指控微软公司违反了美国反垄断法，就是这方面的一个重要案例。

2. 对自然垄断厂商的价格管制

边际成本定价法。垄断厂商索取的价格一般都高于边际成本，而很多经济学家认为，垄断厂商的价格不应定得过高，价格应该正确反映生产的边际成本，由此，便有了边际成本定价法。在图 8-2 中，在无管制的情况下，垄断厂商根据 $MR=MC$ 的原则确定的价格为 P_m，产量为 Q_m，价格显然高于边际成本。在政府管制的情况下，按边际成本定价法即 $P=MC$，厂商的定价下降为 P_1，产量增加为 Q_1。但随之而来的问题是，由于自然垄断厂商是在 AC 曲线下降的规模经济阶段进行生产，所以，MC 曲线必定位于 AC 曲线的下方。也就是说，按 MC 所决定的价格 P_1 一定小于平均成本 AC。因此，在管制价格下，厂商是亏损的，厂商会退出生产。这样一来，管制机构陷入了困境，要么放弃边际成本定价法，要么政府资助被管制的企业。

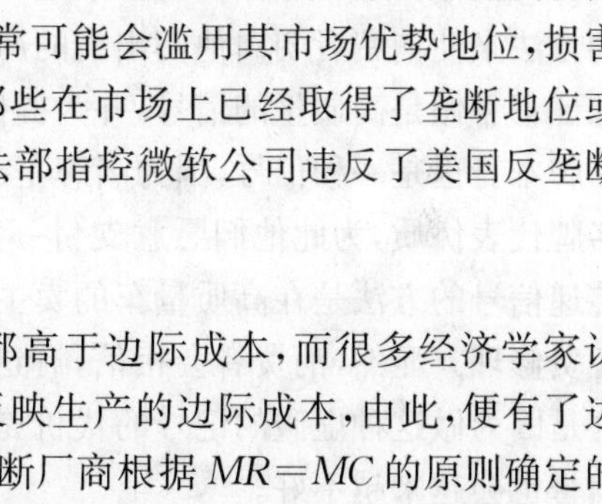

图 8-2　自然垄断与管制价格

平均成本定价法。该方法是使价格等于平均成本。仍以图 8-2 为例，根据平均成本定价法 $P=AC$，管制价格为 P_2，相应的产量为 Q_2。此时，由于 $P_2=AC$，厂商不会再亏损，厂商会继续经营，但是利润为 0。

双重定价法。该方法类似于价格歧视的做法。具体来说，允许厂商对一部分购买欲望较强的消费者收取较高的价格，而且价格高于平均成本，从而厂商获取利润。同时，厂商对一部分购买欲望较弱的消费者仍按照边际成本定价法收取较低的价格，且低于平均成本，从而厂商亏损。双重定价法要求制定的价格计划应该是使得厂商由于收入较高的价格所获得的利润能补偿由于收入较低价格所遭受的亏损。这样，尽管从整体上看可能利润为 0，但是厂商还是愿意继续经营的。

（二）不完全信息的解决对策

信息不完全会带来很多问题，市场机制本身可以解决其中一部分。比如，为了利润最大化，生产者必须根据消费者的偏好进行生产，否则，生产出来的商品可能就卖不出去。对于生产者来说，要了解消费者偏好的具体情况来进行生产显然是很难做到的。不过，在市场经济中，此类信息的不完全并不会对厂商的生产决策造成重大影响，因为厂商知道商品的价格。只要知道商品的价格，就可以计算商品的边际收益，从而确定最优产量。但是，市场的价格机制并不能完全解决不完全信息问题，于是出现了针对逆向选择和道德风险的各种解决方法。

1. 逆向选择的解决办法

为了避免逆向选择，具有信息优势的一方可以向另一方传递与交易相关的信号，这被称为信号传递。生产质量较高、较可靠的产品的厂商就通过提供质量保证或售后服务的方法来使消费者明白他们出售的产品是可靠的。因此，消费者就能把一项内容广泛的保证书看做是高质量的信号，并为提供保证书的产品支付更高的价格。一些著名商品的品牌本身也是一种信号，因为名牌是靠长期稳定过硬的质量建立起来的，在消费者心里，名牌代表优质，为此他们愿意支付一定溢价来取得质量的保证。例如在二手车市场上，传递信号的方法是在高质量车的卖主或第三者向买主担保的一定时期内，所购车辆可以免费修理。显然，消费者会相信，有这种担保的车一定是好车，否则就是质量不好的车。这是因为做这种虚假的记号的代价是高昂的，不仅要支付昂贵的维修费用，而且自己的信誉也会越来越不好。

在劳动市场上，工人对自己的劳动质量，例如知识、能力、努力程度以及责任感等的了解比厂商多。这些情况，厂商只有在工人被雇佣了一段时间以后，才能了解，而在工人被雇佣时，是不了解的。厂商常常不愿意先雇佣工人，然后根据他们在工作中的表现，解雇那些生产率低的工人。因为这样做代价比较高。在许多岗位上，需要一定的岗前培训，要投入很高的费用。另外，在一些国家，不得无故解雇工人，否则需要支付一定的解雇费用。

为了使厂商能够雇用自己，并支付较高的工资，工人必须向厂商传递有关自己的工作能力比较强的信息，这种信息必须是高生产率的人比低生产率的人更容易给出也更愿意给出的信号。例如个人接受的教育状况就是这样一个信号。一个人的教育水平能够通过受教育的年限、获得的学位、授予学位的学校的声誉和学校中的平均成绩来衡量。虽然教育能通过提供对工作有益的信息、技艺和知识，来直接或间接地提高个人的生产效率。但是，即使教育不能提高个人的生产率，它依然能成为衡量个人生产率高低的有用的信号。因为生产率高的人也往往更聪明、精力更旺盛，工作学习更努力，从而，更容易获得高水平的教育。

在解决逆向选择造成的市场失灵中，政府对市场的监督和管理也非常重要，此时应该发挥政府“有形之手”的作用，为消费者和生产者提供准确的市场信息，纠正错误的信息，以求市场的稳定。如向公众发布商品信息，开展打假活动，对欺诈行为进行曝光等，要求厂商向消费者提供真实的信息。在证券市场中，信息不对称的现象也很突出，这对金融市场的危害很大。所以世界各国的证券市场都制定了严格的信息披露制度，需要发行者及时、准确地向投资者披露信息，政府还要建立各种监管机构来避免信息不对称对市场造成危害，如证券市场上有证监会，保险市场上有保监会等等。

2.道德风险的解决办法

道德风险是在交易一方的隐藏行为无法被觉察或监督的情况下所发生的，解决的办法只能是通过某些制度设计使具有信息优势的交易方约束自己的行动，以符合或不违背缺乏信息的另一方的利益。从根本上来讲，可以通过制度设计，由个人自己来约束自己，避免出现道德风险。

例如，保险公司解决道德风险问题，可以在保险单中加入共同保险或免赔额条款。共同保险是指一旦出现风险，投保人要承担保险金额的一部分。比如在汽车保险市场上，保险公司对被盗汽车不进行全额赔偿，而是只赔偿一部分，比如说 70％，这样就会促使投保人自己增强防盗设施，从而减少了败德行为的出现。再比如，发生过有人利用商场“无条件退货”的承诺，在需要的时候先把衣服买下来，使用完之后再去商场退货，从而实现自己免费穿衣服的目的。如果商场规定退货要支付折旧的话，就可以避免这种现象的发生。企业采取两权分离条件下的利润分成制、股票期权制等，都是防范道德风险的举措。

（三）歧视的解决对策

通过市场机制是很难解决歧视所引起的市场失灵问题的。市场调节机制存在固有的缺陷，主要体现在：某些歧视问题市场无法调节；抑或虽然能够调节，但会由于对效率价值的过分追求而牺牲社会公平正义。因此解决歧视问题需要政府的介入。政府基于正义原则来弥补市场调节的不足，但政府管制也存在不足，不是管了应该交由市场解决的问题，就是对正义的过分彰显而牺牲了效率价值，这些不足同样需要市场的及时调节。

1964 年，美国国会通过了民权法，禁止就业歧视，同时还成立了平等就业机会委员会，对歧视案件进行起诉。1975 年，美国政府明令禁止年龄歧视，使反对就业歧视法规的适用范围进一步扩大。美国法律从禁止种族歧视，到性别歧视、国籍歧视、年龄歧视的扩张，都与人力资源的结构对劳动力的要求有着密切的关系，社会经济的发展需要与之适应的劳动力的参与。因此，经济活动和经济发展对劳动力素质的要求，导致了国家从立法层面对禁止歧视的种类逐步扩大，禁止歧视的范围也随之从最初的公共服务和教育领域，扩大到劳动就业领域。自《中华人民共和国就业促进法》2008 年 1 月 1 日正式实施以来，在反就业歧视、促进公平就业、规范就业市场方面起到了非常重要的引导作用。但是在具体操作过程中也暴露出了很多不足的地方，需要将反就业歧视的内容进一步具体化和明确化。

案例分析 8-1　　美国电话电报公司(AT&T)

在 1983 年之前，美国电话电报公司实际上垄断了电信市场。它掌握了 95％以上的各类长途电话业务，提供 85％的地方电话线路，并销售全国大部分的电话设备。美国电话电报公司所拥有的各公司联合体（通常称为贝尔系统）包括贝尔电话实验室、西部电器公司和 23 家贝尔营业公司。

1974 年，司法部控告美国电话电报公司：首先，垄断了长途电话市场，阻止其他长途电话公司与地方交换台进行沟通，其手段是非竞争性的；其次，垄断了电信设备市场，其手段是拒绝购买所有非贝尔公司的有关设备，妨碍其他电信设备制造商向电话用户或贝尔营业公司出售电信设备。

政府主要的法律和经济理由是贝尔系统利用它在地方电话市场受管制的自然垄断，来创造其在长途电话和电信设备市场上的垄断权。案件的理论基础被威廉·巴克斯特(William Baxter，法学家和前联邦反托拉斯部门的主管)称为“贝尔法则”。其内容是：被管制的垄断者有动机(一个受管制的垄断者，能通过横向或纵向一体化增加利润。例如，他可以在相关产业给潜在的竞争对手制造不利条件，或让受管制的公司给非受管制的公司的产品支付高价，然后又通过对自己产品加价的方式将成本转嫁出去，以增加利润。如果管制者对企业的成本和行为方面的信息掌握不完全的话，则这种行为发生的可能性就非常高)也有机会来垄断相关的市场(例如他们的产品与原料市场)。有效的解决办法就是拆分这些公司，以隔离其垄断环节。

由于担心案件(判决)可能对自己不利，贝尔的管理层与政府达成了调解。贝尔系统基本上同意在每一个问题上都接受政府提出的调整意见。贝尔系统的各地方电话营业公司被分离出去，并于1984年重组为7个大型的地区性电话公司。美国电话电报公司保留了它的长途电话业务、贝尔电话实验室(研究机构)和西部电器公司(设备制造商)。其净效果是将贝尔系统的规模和销售额缩小了80%。被管制的垄断者再也不被允许在相关的竞争性产业中运营了。

贝尔系统的肢解为电信业带来了翻天覆地的变化。今天各电话公司可以自由地从任何厂商那里购买它们所用的设备，可以自由地进入蜂窝电话、有线电视、数据服务以及因特网的服务市场，当然也包括它们所提供的传统电话服务。

比反托拉斯法更重要的是新技术的发展对传统电信业带来的挑战。无线或移动(蜂窝)电话系统打破了贝尔对传统(有线)电信系统的自然垄断；电话公司也加入了提供家庭电视信号的行列；光纤线路成为信息高速公路的重要组成部分，在全国乃至世界范围内传输大量数据信息。互联网以一种在10年前不可想象的方式将各地的人联结在一起。没人能够确知，如果贝尔系统不被解散，这些技术还会不会发展得如此之快。不过至少有一点是清楚的：垄断不是加速技术变化的必要条件。

评析：反垄断法中关于市场行为的管制主要是针对垄断企业或者占市场支配地位的企业。具有市场优势地位的主体对市场有较大的影响力，当今世界各国虽然不禁止企业优势地位的形成，但是禁止企业利用优势地位对竞争活动形成实质性阻碍。贝尔公司垄断了长途电话市场、垄断了电信设备市场，阻止其他长途电话公司与地方交换台进行沟通，拒绝购买所有非贝尔公司的有关设备，妨碍其他电信设备制造商向电话用户或贝尔营业公司出售电信设备。这一系列行为已经对竞争活动形成了阻碍。政府拆分贝尔的目的是将垄断性的市场变为竞争性的市场，事实证明，这一反垄断措施是有效的。

(资料来源：保罗·A·萨缪尔森，威廉·D·诺德豪斯. 经济学. 第16版. 华夏出版社. 1999)

问题：近年来，最重要的反托拉斯的案例涉及两大产业即电信业和计算机业的三个巨头。请再找出其他两个案例进行分析，讨论当今反垄断政策的某些准则和特点。

第二节 公共物品

一、公共物品的特证

(一)私人物品与公共物品

社会经济中的产品可以分为私人物品与公共物品。私人物品是市场上占绝大多数的普通商品与劳务,比如电影票、衣服、食品,以及飞机上的座位等等。西方经济学中主要讨论的是私人物品,私人物品的数量将随任何人对它的消费而减少,它具有两个特点:竞争性和排他性。竞争性:如果某人已经消费了某商品,则其他人就不能再消费该商品了;排他性:对商品支付价格的人才能够消费该商品,不付费就不能消费。

在经济中还存在着一些特殊的商品,一个人消费该种物品而不会减少该物品的数量,且并不排斥他人对该物品的消费,该物品就是公共物品。公共物品是指私人不愿意或无能力生产,而由政府提供的具有非排他性和非竞争性的物品。非排他性:指无论是否付费,任何人都无法排除他人对该产品的消费。之所以会出现免费消费,是因为要么技术上不允许,要么由于收费的成本太大而放弃收费。非竞争性:指任何人对某一物品的消费,都不会给他人对该产品的消费造成影响。即人们无法排斥别人对同一物品的共同享用,也不会由于自己的加入而减少他人对该公共物品享用的质量与数量。

(二)公共物品的分类

根据非竞争性与非排他性的程度,公共物品又被进一步划分为纯公共物品与准公共物品。

纯公共物品是指同时具有非排他性和非竞争性的物品。例如,国防、外交、法律、法规、天气预报、广播节目、公共卫生、优美环境等。任何人对这些商品的消费都不会减少其他人所能得到的消费水平。需要注意的是,纯公共物品必须以不拥挤为前提,否则随着消费者数量的增加会影响他人的消费,从而影响公共物品的性质。例如节假日期间,免费的露天广场和道路等就会由于拥挤而具有了竞争性。

准公共产品只具有局部非竞争性与局部非排他性。例如有线电视和收费的高速公路,只要付费就可以使用,但是一个人的使用并不排斥他人对该物品的消费。此类商品具有排他性和非竞争性,被称为俱乐部物品。以高速公路为例,高速公路具有排他性,可以通过建立收费站将不愿支付费用的人排除在外;但高速公路在变得拥挤之前具有非竞争性:多一辆汽车在空旷的高速公路上行驶,并不影响其他人的行驶质量。当然,在高速公路变得比较拥挤的时候,也具有竞争性:再增加一辆汽车行驶,就会降低其他人的行驶质量。

而公海中的鱼类资源、拥挤的免费道路等,对于这类物品的消费不用支付费用,但是一个人的消费会影响他人的消费,此类物品具有非排他性和竞争性,被称为公共资源。以海洋中的鱼类资源为例,在海洋里捕鱼具有非排他性(因为要阻止人们捕鱼非常困难),但不具有非竞争性:当一个人捕到某一条鱼时,其他的捕鱼者再也得不到这条鱼了。捕鱼的人多了,会减少个人的捕鱼量。一国的草原和环境等公共资源在消费方面常常具有非排他性,但它们一般都具有竞争性。要避免某些人滥用这些公共资源,保证人们正常地进行生产和生活，政府必须进行干预，以免产生消极的外部性。

需要注意的是，不要把公共物品与政府提供的物品相混淆。政府确实提供国防、法制、环境保护和警察等公共物品。但是，政府也提供其他物品和服务，例如失业保险、养老金、邮政服务等，这些物品显然具有消费上的排他性。

二、公共物品与市场失灵

公共物品本身所具有的特性，使得任何私人部门都不愿意或不能充分提供。因此，其产量会低于合理的水平，由此会造成社会福利的减少和资源的浪费。此时，市场机制在公共物品的提供上不能较好地发挥作用，导致市场失灵。

(一)非排他性导致市场失灵

由于公共物品具有非排他性的特点，即不支付费用也可以消费该商品，因此任何购买公共物品的人都不能独自占有该产品所能提供的全部效用或收益，也不能阻止别人去无偿的享用该产品。于是公共产品的提供者就要独自承担提供该物品的全部成本。这样一来，任何人都想无偿地去享用别人提供的公共物品，继而出现搭便车行为。搭便车，就是指某些个人不付费也可以同享公共产品的好处，完全依赖于他人付费。搭便车者的增多，就会使得公共物品的提供者减少或几乎没有，最终导致私人市场对公共物品的供给不足，造成市场失灵。

资料 8-1　“搭便车者”一词的由来

“搭便车”一词的英文是“free rider”，它来源于美国西部城市道奇城的一个故事。当时，美国西部到处是牧场，大多数人以放牧为生。在牧场露天圈养的大量马匹对一部分人产生了诱惑，于是出现了以偷盗马匹为业的盗马贼。在道奇城这个城市，盗马贼十分猖獗。为避免自己的马匹被盗，牧场主就联合组织了一支护马队伍，每个牧场主都必须派人参加护马队伍并支付一定的费用。但是，不久就有一部分牧场主退出了护马队，因为他们发现，即使自己不参加，只要护马队存在，他就可以免费享受别的牧场主给他带来的好处。这种个别退出的人就成了“free rider”(自由骑手)。后来，几乎所有人都想通过自己退出护马队伍来占集体的便宜。于是，护马队解散了，盗马贼又猖獗起来。后来，人们把这种为得到一种收益但避开为此支付成本的行为称为“搭便车”，这样的人称为“搭便车者”。

资料来源：樊纲. 市场机制与经济效率. 上海三联书店，1995 年版

(二)非竞争性导致市场失灵

前面介绍的俱乐部物品虽具有非竞争性，即付费即可使用该物品，但是它同时具有排他性的特点，如高速公路的修建者实行收费管理，不付费不能消费。这种排他性的使用，虽然可以收回提供公共物品的成本，提高其生产者的积极性，增加供给，但不能使所有人免费使用，致使公路的社会效用得不到有效的充分的发挥，从而降低了资源的配置效率，也会造成市场失灵。

三、公共物品供应政策

公共物品的特征与市场失灵的存在，决定了公共物品只能由政府来生产。但是其最

优生产数量如何决定呢？在讨论这个问题之前，先来研究一下私人物品最优数量的决定。

如图 8-3(a)所示，假定社会上只有 A、B 两个消费者，其需求曲线分别为 D_A、D_B，市场供给曲线为 S。在私人物品的情况下，将 D_A、D_B 水平相加即得到该商品的市场需求曲线 D。D 和 S 的交点决定了该私人物品的均衡数量 Q_0 和均衡价格 P_0。

供给曲线代表了每个供给量水平上的边际成本，需求曲线代表了每个需求量水平上的边际收益。所以，当供给量为 Q_0 时，边际成本为 Q_0H；而当价格为 P_0 时，消费者 A 和 B 的需求量分别为 Q_C 和 Q_F，根据其各自的需求曲线可知相应的边际收益分别为 Q_CE 和 Q_FG。由图 8-3(a)可以看出，$Q_CE=Q_FG=Q_0H$，即每个消费者的边际收益等于边际成本。因此均衡数量 Q_0 就是该私人物品的最优数量。

对于公共物品来说，情况就有所不同了。如图 8-3(b)所示，还是假定社会上只有 A、B 两个消费者，其需求曲线分别为 D_A、D_B，市场供给曲线为 S。由于公共物品消费上的非竞争性，每个消费者的消费量是相同的，即每个消费者的消费量都与社会总的消费量相等。同时，对公共物品总的消费量所支付的价格是所有消费者支付价格的总和。所以，公共物品的市场需求曲线不是个人需求曲线的水平相加，而是他们的垂直相加。图 8-3(b)中，A 和 B 对某公共物品的消费量都是 R，他们所愿意支付的价格分别为 L 和 N。因此，当消费量为 R 时，A 和 B 愿意支付的价格之和为 $L+N=T$。

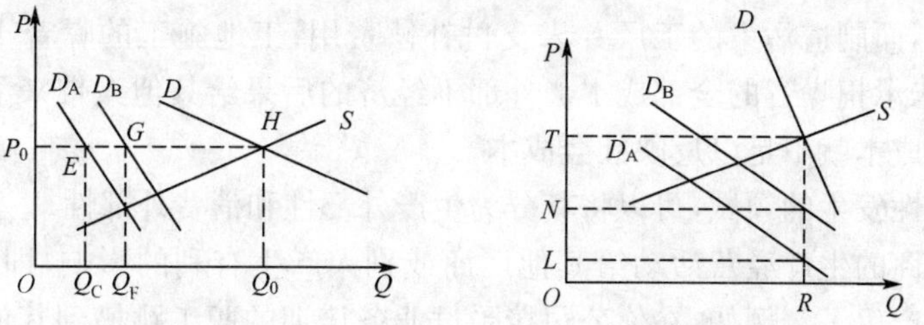

(a)私人物品　　(b)公共物品

图 8-3　私人物品和公共物品的最优数量

公共物品市场供给曲线与市场需求曲线的交点决定的均衡数量 R 就是公共物品的最优数量。因为在这个产量水平上，公共物品的边际成本为 T。另一方面，根据消费者的需求曲线，A 和 B 各自的边际收益分别为 L 和 N，从而，总的社会边际收益为 $L+N=T$。所以，总的社会边际收益等于总的社会边际成本。所以说，R 点代表的是最优的公共物品产量。

值得注意的是，在私人物品情况下，最优标准是每个消费者的边际收益等于边际成本；而在公共物品情况下，最优标准是总的社会边际收益等于总的社会边际成本。

但是，许多经济学家认为，这种讨论并没有多大的实际意义。原因是公共物品的需求曲线是假的。首先，单个消费者并不清楚自己对公共物品的需求价格，更无法准确描述公共物品的需求和价格的关系；其次，即使单个消费者了解自己对公共物品的偏好程度，为了少支付和不支付价格，他们会隐瞒其偏好，以便"搭便车"。由于单个消费者对公共物品的需求曲线不会自动显示出来，故我们无法得到加总的市场需求曲线。

尽管我们在实际上很难得到公共物品的最优供给量，但是可以肯定地说，市场本身提供的公共物品通常低于最优数量，即市场机制分配给公共物品生产的资源常常不足。因此公共物品的生产和消费不能由市场来解决，必须由政府承担起提供公共物品的任务。

第三节 外部性

一、外部性特征

外部性是指经济活动的当事人对其他人产生了有利或者不利的影响，但是不需要他人对此支付报酬或者进行补偿的活动。根据外部性对他人福利造成的影响，可以将其分为外部经济和外部不经济。

当一个经济行为主体采取的行动对他人产生了有利的影响，而自己却不能从中得到补偿时，便产生了外部经济。例如，一个大戏院的建立可能给周围饮食店带来了生意，但是这些饮食店却无须向大戏院付费；种花人家使周围邻居都享受了芳香和美丽，邻居并不会为此向他做任何支付。外部经济给其他人带来了非补偿性收益，这时，私人收益和社会收益之间都存在差异，社会收益大于私人收益。

当一个经济行为主体采取的行动使他人付出了代价而他人又不能得到补偿时，就产生了外部不经济。例如，工厂排除的废水、废渣、废气对环境造成了污染，使居民或其他企业受到损害，而制造污染的工厂并未支付补偿费用；工地施工的噪音干扰了附近居民的生活，却并未承担噪音的全部成本。外部不经济的后果给其他人带来了非补偿性的成本，这时，私人成本就不足以反映社会成本。

根据外部性发生的领域，可以将其分为生产外部性和消费外部性。

当某个厂商的生产经营活动给其他厂商或别人产生有利的影响，即带来收益时，生产正外部性就产生了。例如，在你公司接受过业务培训的职工跳槽到其他单位，此时，你公司的行为就给其他单位提供了技术更高的劳动力，有利于该单位的生产，但你公司却不能从该单位索要培训费用。当某个厂商的生产经营活动给其他厂商或别人产生不利的影响，即带来损失时，会产生生产负外部性。例如，上游化工厂排放的污水导致下游鱼苗死亡，渔民却无法追偿损失。

当某个消费者的行为给他人产生有利的影响，即带来收益时，产生消费正外部性。例如，某人进行了肝炎疫苗接种，不但可使自己不患肝炎，并且由于减少了肝炎传染源而使他人感染此病的概率大大降低，有利于他人身体健康。当某个消费者的行为给他人产生不利的影响，即给他人造成损失或不利影响时，产生消费负外部性。例如，私人轿车方便了个人的出行，但汽车尾气的排放会污染环境，损害他人的身体健康。

二、外部性对效率的影响

可以从理论上利用外部性说明市场失灵问题。因为在外部性情况下，某一经济活动的有益或者有害的影响不能通过市场价格反映出来，扭曲的价格信息会造成经济效率损失。具有正外部性的商品可能供给不足，而具有负外部性的商品可能供给过多。

下边用完全竞争条件下的厂商均衡来说明外部性情况下市场失灵的问题。

先来看负外部性的情况。在图 8-4 中，MC_1 表示私人的边际成本，MC_2 表示社会的边际成本。$MC_2>MC_1$ 表示存在负外部性。按利润最大化原则 $MC=MR$，由厂商的私人边际成本与边际收益相等决定的均衡产量为 Q_1，而由社会边际成本等于边际收益决定的均衡产量为 Q_2。资源有效配置原则要求市场价格等于社会边际成本，决定的最优产量应为 Q_2，而在完全竞争条件下，产品价格等于私人边际成本，由此决定的均衡产量 Q_1 大于最优产量 Q_2。可见，生产的负外部性造成了产品生产过多，使社会资源配置缺乏效率。

再来看正外部性的情况。在图 8-5 中，同样用 MC_1 表示私人的边际成本，MC_2 表示社会的边际成本。$MC_2<MC_1$ 表示存在正外部性。按利润最大化原则 $MC=MR$，由厂商的私人边际成本与边际收益相等决定的均衡产量为 Q_1，而由社会边际成本等于边际收益决定的均衡产量为 Q_2。资源有效配置原则要求市场价格等于社会边际成本，决定的最优产量应为 Q_2，而在完全竞争条件下，产品价格等于私人边际成本，由此决定的均衡产量 Q_1 小于最优产量 Q_2。可见，在存在正外部性的情况下，市场机制的作用使得市场供给低于社会最优供给，社会资源配置缺乏效率。

从以上的分析可以得出结论：在存在负外部性的情况下，存在过度供给；在存在正外部性的情况下，存在供给不足。

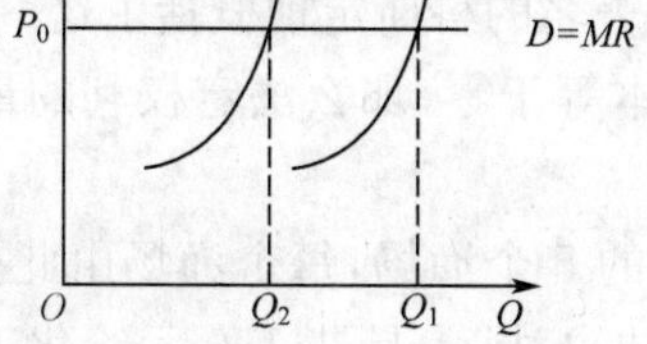

图 8-4 负外部性与生产过剩

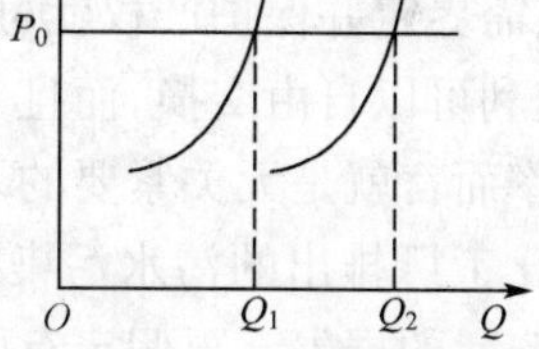

图 8-5 正外部性与供给不足

三、矫正外部性影响的政策

（一）政府直接管制

在出现外部负效应的时候，由于市场机制失灵，最传统的措施就是政府干预。尤其是涉及生态、环境等外部性问题时，政府调节机构往往采取行政性手段。对高污染工业的生态布局，严格限制厂址的选择，对畜禽养殖场、城镇污水处理厂、印染厂、造纸厂的二氧化硫、化学耗氧量等的排放标准和废气排放量等进行控制。各地环保部门都有对超标排放企业的惩罚措施，并按照超标倍数征收排污费，例如限期治理、停产整顿，情节比较严重的对其实施关闭等。

在公共资源领域和市场上，政府制定相关保护措施和制度，对资源的开发使用实施统一管理。例如，强行建立休渔期，限定捕捞作业区，规定渔网型号；对某些生产者强令安装符合一定标准的除污、除尘、净化设备；在某些公共场所如机场、车站等实施类似不准吸烟等禁令和规则；对某些产品的生产制定必须执行的质量、规格、性能等标准。

（二）课税和补贴

利用课税或补贴的形式来弥补排污者生产的私人成本和社会成本之间的差距，使两者相等也可以解决外部性。对产生外部不经济的行为进行课税,并对提供外部经济的行为进行补贴,让外部性由产生者自行负担或享受,这就是外部性内部化。例如,政府向排放污水的造纸者征税,征税的幅度能够使其供给曲线向上移动,直到与社会成本曲线相一致,新的市场均衡使造纸者生产适当的产量。用于纠正外部不经济影响的税收被称为庇古税,以纪念最早提出这种税收用法的经济学家庇古。其缺点在于其假定政府对于生产者或消费者的边际收益和边际成本的评价拥有充分的信息,但是这往往不可能做到。

(三)赋予产权

在第一节中我们已经学习了交易成本的概念,科斯从这个概念出发再加上产权理论分析了外部性问题。

产权指对资源的所有权和使用权,还包括其他许多法定权利,例如按某种方式使用土地的权利、避免土地受污染的权利、对事故进行赔偿的权利、按照契约行事的权利等。或者说,产权是描述人们可以对他们的财产做什么的法律规则。产权可以分为两类:公共产权和私人产权。公共产权由整个社会拥有,个人不可能使资源仅供自己使用或支配;私人产权指资源由私人拥有、按现有的法律供自己使用支配的权利。私人产权是可以界定的,即产权的界限是明晰的。科斯等人研究的是私人产权。他们强调对自身拥有的产品的占有、使用、改变、馈赠、转让和不受侵犯的一组权利都被认为是拥有产权的表现。

科斯认为,外部经济从根本上说是因为产权界定不够明确或界定不恰当而造成的,所以政府不必一定要用干预的方法来试图消除社会收益或成本与私人收益或成本之间的差异,政府只需界定并保护产权就可以了。著名的科斯定理概括了这一思想,其表述如下:只要法定权利可以自由交换,而且交易成本等于零,那么法定权利的最初配置状态对于资源配置效率而言就是无关紧要的。

假定一个化工厂排出的污水污染了下游的 5 个渔场,每个渔场由此损失 75 元,5 个渔场共造成 375 元的损失。再假定有两个解决办法,一是花 150 元给化工厂安装一个污水处理设备,二是给每个渔场买一台价值 50 元的小型净水器,共需 250 元。

如果政府不加干预,在产权明确的前提下,到底问题该如何解决呢?现在就要来看产权清晰的假定了。

如果产权被界定在化工厂一边,即化工厂拥有排放污水的权利,渔场又想拥有清洁水源,那么,他们就会进行商议,5 家渔场共同出钱“贿赂”化工厂安装一个价值 150 元的设备、花 150 元的代价会避免 375 元的损失,这对渔场是合算的。

如果产权被界定在渔场一边,即渔场有不受污染的权利,那么,处理污染的问题就要由化工厂来进行了。化工厂在两种方案中选择的结果是自己出 150 元安装一个设备比给 5 个渔场安装净水器损失要小,就是说,化工厂也必然选择第一种方案。

在上述例子中,只要产权归化工厂还是归渔场是明确的,则由他们任何一方进行选择都会选择花 150 元安装一个污水处理设备来消除污染解决外部影响问题。

这告诉我们,解决外部影响问题不一定需要政府干预,只要产权是明确的,市场会自动地进行合理解决,当然,在此过程中,政府也不是无事可做,明确产权就是它的责任。有效地运用国家权力保护产权是市场正常交易的基础,在此政府要做一个裁判而不是一个场上队员。这与强调政府作用的斯蒂格勒的观点以及被大家所认可的需要借助政府来征收"庇古税"的方案是完全不同的。科斯定理因此被认为是对传统经济学的修正。

然而，科斯定理的两个重要的前提并不一定能被满足，第一，并不是所有的产权都是可以明确的：很多公有财产，例如国有资产、环境、空气、阳光等的产权无法明晰（公共牧地的悲剧）。已经明晰的产权也不一定能够交易。第二，自由交易的谈判成本很难为零，在现实生活中，不仅交易成本普遍存在，而且许多交易会因成本太大而无法达成，而且往往牵涉众多的当事人。

首先，化工厂和受害者双方为了在谈判中取得有利地位，需要付出大量成本收集有关污染损失和治理成本等方面的信息并进行信息的甄别、选择以及合同的起草等方面的工作，这些都会使问题解决的难度加大，甚至使最后的协议无法达成。

其次，即使渔场有不受污染的权利，但是化工厂污染的不是五家渔场，而是多家，同时还污染了农场、菜地以及很多住户的水源，那么多家受害者就很难取得一致意见，而且化工厂要一一与之谈判，成本会很高。因此难以达成交易，从而不能产生有效率的结果。反之，如果化工厂拥有排放废水的产权，个别几个渔场补偿化工厂，污染水平降低，这样一来受益的会是所有的渔场，于是每个人都寄希望于别人出面处理这件事并承担支出，那么最后的结果将是没有谈判和交易发生，这样的结果同样是低效率的。

（四）外部性的内部化

企业合并是解决外部性、改进资源配置效率的另一种方法。如果通过某种产权的分配，使化工厂和渔场同属于一个公司或业主，那么化工厂给养鱼所增加的成本仍然是该公司的内部成本，合并就使得外部性内部化了。公司在决定化工厂产量时，不能不考虑污染成本。为了使总利润最大化，公司必须考虑外部经济效应，协调化工厂和养鱼两项业务的决策。

案例分析 8-2　"加倍赔偿"条款

改革开放以来，市场日益繁荣，老百姓的日子一天天好过了，与此同时也出现了让人担忧的问题。比如说，在生产和流通领域出现了大量假冒伪劣商品充斥市场，制假贩假屡禁不止，广大消费者的合法权益经常受到严重伤害。然而到了 1993 年，出台了《中华人民共和国消费者权益保护法》。该法第四十九条明文规定："经营者提供的商品或者服务有欺诈行为的，应按照消费者的要求加倍赔偿其受到的损失，赔偿的金额为消费者购买商品的价款或者接受服务的费用的一倍。"

评析：可以运用科斯定理来探讨我国经济领域中的"造假"与"打假"行为。长期以来，我国对侵权进行赔偿的数量方面的模糊性产生了很大影响：一方面，它导致了一个较大的市场交易费用，受害的消费者在"讨回公道"的过程中会花费大量的精力和遇到种种麻烦，因而高昂的交易费用阻碍了一些消费者进一步索赔的行动，到头来只能不了了之；另一方面，这种模糊性降低了欺诈厂商的成本，因而在某种程度上纵容了欺诈厂商，因为欺诈厂商可以冒较小的风险，通过制售假冒伪劣商品来谋取高额利润，而将消费上的损失——一种成本——转给了社会和消费者，在这里不法厂商有一种肆意妄为的动力，使得私人成本与社会成本的背离不断加大，外部性难以得到消除。

"加倍赔偿"条款的出台最大的意义在于，它首先改变了欺诈厂商的成本状况，因为现在欺诈厂商要经营假冒伪劣商品，如果买了假货的消费者起诉的话，欺诈厂商在很大的可能性上，将不仅承担其自身的成本而且还要加倍承担原先可以轻易转嫁给社会的成本。这样，一个欺诈厂商生产经营假冒伪劣产品的私人成本和社会成本就会趋于一致，假冒伪劣商品的供给积极性就大大降低了，外部性被有效地内部化了。“加倍赔偿”条款的出台，实际上也降低了消费者在交涉有关问题时的交易费用，他也更有积极性地去发现并购买假冒伪劣商品然后通过索赔获得相应的利益。

（资料来源：李仁君. 知假买假、加倍赔偿与科斯定理. 海南日报，2000-10-18.）

问题：除了“加倍赔偿”条款，你还能设计出别的方法来解决假冒伪劣商品的问题吗？

本章小结

1. 在现实经济生活中，存在“市场失灵”的状况。导致市场失灵的原因是多方面的，主要有不完全竞争、外部性、公共物品等。

2. 垄断厂商按照边际收益等于边际成本的原则提供的产量往往低于社会最优产量，而且价格高于竞争条件下的价格，因此会造成社会福利的损失。政府需要对垄断行为进行干预，主要的措施有制定反垄断法规以及对垄断厂商的价格进行管制。

3. 现实生活中，人们对信息的掌握是不完全的，而这种不完全又往往表现为信息的不对称。信息不对称会导致人们做出错误选择，造成市场失灵。其解决办法主要是政府监督经济主体的信息披露情况。

4. 交易成本作为从事市场活动的代价，本身就反映出市场在某些领域是缺乏效率的。交易成本越高，资源越缺乏流动性。

5. 歧视反映了某些人对某个社会群体的偏见。当歧视扭曲了某些团体的工作努力和人力资本投资激励的时候，它就特别地有害于经济。各国针对歧视问题也制定了相应的反歧视法规。

6. 公共物品是指私人不愿意或无能力生产，而由政府提供的具有非排他性和非竞争性的物品。由于公共物品的特性，存在“搭便车”和公共物品利用不足的现象。

7. 外部性也会影响资源的配置。在存在负外部性的情况下，存在过度供给；在存在正外部性的情况下，存在供给不足。外部性可以通过政府直接管制、课税和补贴、赋予产权等方法来解决。

关键概念 市场失灵 垄断 不完全信息 逆向选择 道德风险 交易成本 歧视 公共物品 外部性 科斯定理

复习思考题

1. 单项选择题

(1) 市场失灵是指(　　)。

A. 在私人部门和公共部门之间资源配置不均

B. 不能产生任何有用成果的市场过程

C. 以市场为基础的对资源的低效率配置

D. 收入分配不平等

(2)有完全竞争市场中出现低效率的资源配置是因为产品价格(　　)边际成本。

A. 小于　　B. 大于　　C. 等于　　D. 可能不等于

(3)某个厂商的一项经济活动对其他厂商产生的有利影响，我们把这种行为称作(　　)。

A. 生产的外部不经济　　B. 消费的外部不经济

C. 生产的外部经济　　D. 消费的外部经济

(4)某人的吸烟行为属于(　　)。

A. 生产的外部经济　　B. 消费的外部经济

C. 生产的外部不经济　　D. 消费的外部不经济

(5)如果上游工厂污染了下游居民的饮水，按科斯定理，(　　)问题就可妥善解决。

A. 不管产权是否明确，只要交易成本为零

B. 只要产权明确，且交易成本为零

C. 只要产权明确，不管交易成本有多大

D. 不论产权是否明确，交易成本是否为零

(6)公共产品的产权是属于社会，而不属于任何个人是指它的(　　)。

A. 排他性　　B. 非排他性　　C. 竞争性　　D. 非竞争性

(7)卖主比买主知道更多关于商品的信息，这种情况被称为(　　)。

A. 信息不对称问题　　B. 搭便车问题　　C. 道德陷阱　　D. 逆向选择

(8)解决外部不经济可采取(　　)。

A. 通过征税的办法　　B. 通过产权界定的方法

C. 通过将外部性内在化的方法　　D. 以上各项都可行

(9)"搭便车"现象是对(　　)的一种形象的比喻。

A. 社会福利问题　　B. 公共选择问题

C. 公共产品问题　　D. 市场失灵问题

(10)其他条件相同，最愿意购买保险的人是那些最可能需要它的人，这是什么样的一个例子(　　)。

A. 逆向选择　　B. 搭便车问题　　C. 自然选择　　D. 道德陷阱

2. 问答题

(1)什么叫市场失灵？哪些情况会导致市场失灵？

(2)垄断是如何造成市场失灵的？

(3)公共物品与私人物品相比有什么特点？这种特点怎样说明在公共物品生产上市场是失灵的？

(4)简述科斯定理的要点与含义。

实训指导

主题：分析我国重污染工业企业的外部性问题以及解决渠道。

要求：1. 了解该企业的效益情况及其对污染问题的解决方法；

2. 分析消除负外部性与企业效益之间的相关关系；

3. 分析统计数据，说明该企业不控制污染导致社会福利损失以及控制后其本身效益减少的基本状况。

建议：1. 联系一家企业，收集有关经济数据以及其对控制污染的解决方案；

2. 联系当地环保机构，收集相关数据；

3. 分析社会福利与企业效益之间的关系；

4. 编写分析报告。

阅读书目

[1] 平狄克. 微观经济学. 北京：中国人民大学出版社，2006.

[2] 梁小民. 微观经济学纵横谈. 生活 · 读书 · 新知三联书店，2002.

[3] (美)曼昆. 经济学原理：微观经济学分册. 梁小民，译. 4 版. 北京：北京大学出版社，2006.

第八章

国民收入核算理论

知识目标

了解国内生产总值的含义、计算方法及恒等关系；掌握各宏观经济总量的基本概念。

技能目标

学会应用基本的概念和原理对我国宏观经济变量进行分析和衡量；对综合反映社会经济活动的国民经济总量指标进行分析。

导入新课

国家统计局于2009年1月22日发布2008年国民经济运行情况：2008年国内生产总值为300 670亿元，全年GDP同比增长为9%。其中，第一季度GDP增长为10.6%，第二季度为10.1%，第三季度GDP增长9.0%，第四季度增长为6.8%。分产业看，第一产业增加值34 000亿元，增长5.5%；第二产业增加值146 183亿元，增长9.3%；第三产业增加值120 487亿元，增长9.5%。价格涨幅前高后低，下半年逐步回稳。全年居民消费价格上涨5.9%，涨幅比上年提高1.1个百分点。你能理解这是为什么吗？

本章介绍国民收入，国内生产总值及相关宏观经济总量概念，国内生产总值计算方法与分析方法。

第一节　国内生产总值及其核算方法

宏观经济学是以社会总体经济行为及其后果为研究对象的，研究的是整个社会的经济活动，采用总量分析方法。在市场经济条件下，核算国民经济活动的核心指标是国内生产总值，因此，首先必须要弄清楚国内生产总值的含义。

一、国内生产总值的内涵

国内生产总值(GDP)，是指一国或一地区在一定时期（通常为一年)内生产的最终产品和劳务的市场价值的总和。国内生产总值是根据国土原则统计的，只要是在本国领土内生产的产品和劳务都要计算产值。

在理解这一定义时应注意：

第一，国内生产总值是计算期内(如2008年)生产出来的价值总值。因此，国内生产总值是流量而不是存量。流量是一定时期内发生的变量，存量是一定时点上存在的变量。在计算国内生产总值时不应包括以前所生产的产品价值和当年正在生产的产品价值。若某人花 10 万元买了一辆二手车，这 10 万元不能计入 GDP，因为它在生产年份已计算过了，但买卖这辆二手车的经纪人费用可计入 GDP，因为这费用是经纪人买卖二手车过程中提供的劳务报酬。

第二，国内生产总值测度的是最终产品的价值总值。在计算时不应包括中间产品的价值，以避免重复计算。最终产品是指最后供人们使用的产品。中间产品是指在以后的生产中作为投入的产品。在实际中区分最终产品和中间产品十分困难，为解决这一问题，在具体计算时采用了增值法，即只计算在生产各阶段上所增加的价值。可以用一个例子来说明。

在表 9-1 中，服装是最终产品，其产值为 30，用增值法计算也是 30，如不区分最终产品和中间产品，则会有重复计算 39。只要用增值法，无论把表中哪种产品作为最终产品，都不会造成重复计算。

表 9-1

生产阶段	产品价值	中间产品成本	增　值
棉花	8	0	8
棉纱	11	8	3
棉布	20	11	9
服装	30	20	10
合计	69	39	30

第三，国内生产总值中的最终产品包括有形产品和无形产品。在计算国内生产总值时，把旅游、服务、卫生、教育等行业提供的劳务，按其所获得的报酬计入国内生产总值中。由于全部的生产部门包括物质和非物质部门，因此，国内生产总值不仅包括有形产品的价值而且包括无形产品的价值。

第四，国内生产总值一般仅指市场导致的价值，不经过市场销售的最终产品（如家务劳动、自给性产品）不计入国内生产总值中。计算国内生产总值的时候会受最终产品数量和市场价格水平变动的影响。按照现价计算的国内生产总值会受到现行价格水平变动的影响，称为名义国内生产总值。按照不变价格计算的国内生产总值可以排除价格水平变动的影响，称为实际国内生产总值。

第五，国内生产总值是按照国土原则计算的最终产品的价值总值。国土原则是指生产总值的计算按一国经济领土范围内本国居民和外国居民生产的物质和劳务的价值进行计算的原则。所以，国内生产总值既包括本国国民在本国领土内生产活动的产值，也包括外国居民在本国领土内生产活动的产值，但不包括本国居民在国外生产活动的产值。

二、国民收入的核算方法

对国民收入（以 GDP 为例）的核算可采用支出法、收入法、生产法，最常用的是前两种方法。下面分别对支出法、收入法予以说明。

(一)支出法

支出法也称产品流动法、最终产品法，它是按社会最终使用的产品来计算的国内生产总值。即将一年内所有社会成员用于最终产品和劳务购买支出的市场价格加总计算的办法。在现实生活中，产品和劳务的购买使用除了居民消费，还有企业投资，政府购买和出口。因此，用支出法核算 GDP 时，就是核算一个国家或一个地区在一定时期内消费、投资、政府购买以及出口这几方面支出的总和。

各个国家的具体统计项目有差异，以我国为例主要包括以下四大项：

1. 居民消费(C)：耐用品消费；非耐用品消费。

2. 总投资(I)：固定资产投资；存货投资。

3. 政府购买(G)。

4. 净出口额($X-M$)：出口(X)；进口(M)。

居民消费(C)是指常住居民在一定时期内对最终产品和劳务的消费支出。包括购买耐用品(如小汽车、家用电器等)、非耐用品(如食品、衣服等)和劳务(如医疗、旅游、理发等)，建造住宅的支出则不包括在内。

总投资(I)是指在一定时期内社会和私人各项投资的合计，包括社会和私人固定资产投资和存货投资。固定资产投资是指社会和私人生产单位在一定时期内通过购买和自制所形成的固定资产价值，包括新厂房、新设备、新商业用房以及新住宅的增加。为什么住宅建筑也属投资而不属消费，因为住宅像别的固定投资一样是长期使用，慢慢地被消耗的。

存货投资即库存增加(或减少)是指流动资产中实物增加额。包括：(1)生产单位购入的原材料、燃料和各种储备资料的增加额；(2)在生产单位生产的在制品、半成品和产成品。存货投资可能是正值，也可能是负值，因为年末存货价值可能大于也可能小于年初存货。

投资是一定时期内增加到资本存量中的资本流量，而资本存量则是经济社会在某一时点上的资本总量。假定某国家在 2008 年投资是 1 200 亿美元，该国 2008 年末资本存量可能是 15 000 亿美元。由于机器厂房等会不断磨损，假定每年要消耗即折旧 500 亿美元，则上述 1 200 亿美元投资中就有 500 亿美元要用来补偿旧资本消耗，净增加的投资只有 700 亿美元，这 500 亿美元因为是用于重置资本设备的，故称重置投资。净投资加重置投资称为总投资。用支出法计算 GDP 时的投资指的是总投资。

政府购买(G)是指各级政府在一定时期内购买最终产品和劳务的消费支出。如政府花钱开办学校、建设道路、提供国防等方面的支出。政府购买只是政府支出的一部分，政府支出的另一些如转移支付、公债利息等不计入 GDP，理由是转移支付只是简单地把收入从一些人或一些组织转移到另一些人或另一些组织，没有相应的物品或劳务的交换发生。如政府给残疾人发放救济金，不是因为这些人提供了服务，创造了价值，而是因为他们丧失了劳动能力，要靠救济生活。

净出口额($X-M$)是指出口减进口的结果。出口(X)是指本国厂商向国外销售的产品和劳务。进口(M)是指外国厂商向本国销售的产品和劳务。进口应从本国总购买中减去，因为进口表示收入流到国外，同时，也不是用于购买本国产品的支出；出口则应加进本国总购买量之中，因为出口表示收入从外国流入，是用于购买本国产品的支出。因此，净出口应计入总支出，它可能是正值，也可能是负值。

把上述四个项目加总，用支出法计算 GDP 的公式可写成

$$GDP=C+I+G+(X-M)$$

表 9-2　　我国 2000～2004 年国内生产总值的统计资料　　单位：亿元

	2000 年	2001 年	2002 年	2003 年	2004 年
支出法国内生产总值	89 340.9	98 592.9	107 514.2	121 730.3	142 394.2
1. 居民消费	42 895.6	45 898.1	48 534.5	52 685.5	58 994.5
2. 总投资	32 499.8	37 460.8	42 355.4	51 554.7	62 875.3
固定资产形成	32 623.8	36 813.3	42 168.3	51 303.9	62 351.4
库存增加	−124.0	647.5	187.1	250.8	523.9
3. 政府购买	11 705.3	13 029.3	13 830.1	14 808.0	16 445.2
4. 净出口额	2 240.2	2 204.7	2 794.2	2 682.1	4 079.2
出口(*X*)	20 634.4	22 024.4	26 947.9	36 287.9	49 103.3
进口(*M*)	18 394.2	19 819.7	24 153.7	33 605.8	45 024.1

资料来源：在 2001 年—2005 年《中国统计年鉴》的基础上计算得出。

在表 9-2 中，我国 2004 年的国内生产总值

=居民消费支出+总投资支出+政府购买支出+净出口支出

=58 994.5+62 875.3+16 445.2 +4 079.2

=142 394.2(亿元)

如果从各项支出的用途看，居民消费、总投资、政府购买、净出口可分解为用于消费的支出和用于投资的支出。因此

国内生产总值=用于消费的支出+用于投资的支出=消费+投资

居民消费、总投资、政府购买、净出口之和是一定时期的社会所拥有的总需求。

（二）收入法

收入法也称要素收入法或要素支付法，它是指从收入的角度出发，把一国一年内所有生产要素提供者的收入所得加总计算出该年的国内生产总值的办法。最终产品市场价值除了生产要素收入构成的成本，还有间接税、折旧、公司未分配利润等内容。

在用收入法计算国内生产总值时，主要包括以下四大项：

1. 固定资产折旧。

2. 劳动者报酬：货币工资，基本工资，奖金，津贴，补贴，实物工资，社会保险。

3. 生产税净额。

4. 营业盈余：业主收入，净利息，企业利润，公司红利。

这里，固定资产折旧是指一定时期内为在生产中已耗费的固定资产而提取的补偿价值。它是生产经营活动中的转移价值。

劳动者报酬是指在一定时期内以各种形式支付给劳动者的报酬。包括货币工资、实物工资和社会保险。货币工资又包括基本工资、奖金、津贴和补贴。

生产税净额是指一定时期内生产单位向政府缴纳的各项生产税与政府向生产单位支付的补贴相抵之后的差额。生产税也就是间接税。间接税是指生产、销售、购买使用

货物和劳务的税金。

营业盈余是指一定时期内生产要素在生产过程中创造的增值价值，是企业经营效益的体现。包括业主收入、净利息、企业利润和公司红利等。业主收入是指个体劳动者和私营业主的经营收入。净利息是指借贷利息的差额。企业利润是指企业经营收入中扣除税收、红利、公积金之后的利润。

表 9-3　　**我国 1999～2003 年国内生产总值的统计资料**　　单位：亿元

	1999 年	2000 年	2001 年	2002 年	2003 年
收入法国内生产总值	87 671.13	97 209.31	106 766.26	118 020.19	129 822.21
1.固定资产折旧	13 209.04	14 972.41	16 779.28	18 493.77	20 511.9
2.劳动者报酬	45 926.43	49 948.07	54 934.65	60 099.14	65 560.21
3.生产税净额	11 870.17	13 760.27	15 027.36	16 573.13	17 915.46
4.营业盈余	16 665.49	18 528.61	20 024.97	22 854.15	25 834.64

资料来源：在 2000 年～2004 年《中国统计年鉴》的基础上计算得出。

在表 9-3 中，我国 2003 年的国内生产总值

＝固定资产折旧＋劳动者报酬＋生产税净额＋营业盈余

＝20 511.9＋65 560.21＋17 915.46＋25 834.64

＝129 822.21(亿元)

如果从各项收入的用途看，固定资产折旧、劳动者报酬、生产税净额和营业盈余可以分解为用于消费的收入和用于储蓄的收入。因此

国内生产总值＝用于消费的收入＋用于储蓄的收入＝消费＋储蓄

固定资产折旧、劳动者报酬、生产税净额和营业盈余的合计是一定时期内社会所拥有的总供给。

按收入法计得的国内生产总值和按支出法计得的国内生产总值从理论上说是相等的，但在实际核算中常有误差，因而还要加上一个统计误差。

三、国民收入核算中的恒等关系

(一)简单型经济中的储蓄-投资恒等式

简单型经济是指社会经济中只存在厂商和居民两个部门，不考虑政府和对外贸易部门，因此，也称为两部门经济。

简单型经济模型：居民向厂商提供生产要素，得到相应的收入，并用这些收入购买各种产品和劳务；厂商购买居民提供的各种生产要素进行生产，并向居民提供产品和劳务。从支出角度来看，国内生产总值(GDP)＝消费(C)＋投资(I)；从收入的角度来看，GDP＝消费(C)＋储蓄(S)。如果居民得到的收入与厂商提供的产品和劳务相等，或居民购买产品和劳务的支出与厂商购买各种生产要素支付的费用相等，简单经济以不变的规模运行。如果居民将部分收入储蓄起来，或者厂商得到其他来源的投资，那么，只要金融机构将全部的储蓄转化为投资，即：储蓄＝投资，这个经济仍然可以平衡地运行下去。用公式表示为

$$C+I=C+S$$

$$I=S$$

因此，投资与储蓄的恒等关系，反映了简单型经济模型的基本条件。

（二）调节型经济的储蓄-投资恒等式

调节型经济是指厂商、居民和政府三个部门所组成的经济结构，也称为三部门经济。调节型经济是为了弥补简单型经济的缺陷而产生的。在简单型经济中，如果储蓄不等于投资，经济循环失去平衡，必然要由政府出面干预经济，使之平衡。

调节型经济模型：在简单型经济模型的基础上，政府通过财政税收和财政支出，与厂商和居民发生联系。政府财政支出为厂商和居民及整个社会提供公共物品，同时从厂商和居民那里获得财政税收。国内生产总值从支出的角度看，GDP= $C+I+G$；从收入的角度看，GDP= $C+S+T$，这里的 T 是指净税收入。如果储蓄等于投资，同时政府的税收等于政府的支出，调节型经济平衡运行。如果储蓄不等于投资，则要通过政府的税收不等于政府的支出来调节，通过调节，消费加投资加上财政支出等于消费加储蓄加上税收，即：$C+I+G=C+S+T$ 或 $I+G=S+T$，这个经济仍然可以平衡地运行下去。因此，$I+G=S+T$ 是经济正常循环运行的条件。整理后得

$$C+I+G=C+S+T$$
$$I+G=S+T$$
$$I=S+(T-G)$$

在这里，$(T-G)$可以看作政府的储蓄，因为 T 是政府净收入，G 是政府购买性支出，二者差额即政府储蓄，可以是正值，也可以是负值，这样 $I=S+(T-G)$的公式，也就表示储蓄（私人储蓄和政府储蓄的总和）和投资的恒等。

（三）开放型经济的储蓄-投资恒等式

开放型经济是指厂商、居民、政府和对外贸易（进出口）四个部门所组成的经济结构，也称为四部门经济。世界上任何一国的经济都不是封闭的，或多或少地与国外有经济联系，即开放型经济。

开放型经济模型：在调节型经济模型的基础上，由于有了对外贸易，有来自国外的产品和劳务，即进口(M)，和卖给国外的产品和劳务，即出口(X)。国民收入的构成从总支出看是 GDP=$C+I+G+(X-M)$；从收入的角度看，国民收入 GDP=$C+S+T$，如果储蓄加上政府税收等于投资加上政府支出，同时进口等于出口，开放型经济平衡运行。如果储蓄加上财政税收不等于投资加上财政支出，可以让进口不等于出口来实现平衡运行。即：$C+I+G+X=C+S+T+M$，这个经济仍然可以平衡地运行下去。因此，投资＋政府支出＋出口＝储蓄＋税收＋进口，是经济正常循环运行的条件。

整理后得

$$C+I+G+X=C+S+T+M$$
$$I+G+X=S+T+M$$
$$I=S+(T-G)+(M-X)$$

在这里，S 代表本国居民储蓄，$(T-G)$代表政府储蓄，$(M-X)$可以代表外国对本国的储蓄，该储蓄可以是正，也可以是负。这样 $I=S+(T-G)+(M-X)$的等式就代表了开放性经济总储蓄和投资的恒等关系。

综上所述，不论是简单型经济运行，调节型经济运行，还是开放型经济运行都包含储

蓄与投资恒等关系，因此，储蓄等于投资是经济运行的基本条件，也就是说简单经济模型是各种经济模型的基础。如图 9-1 所示。

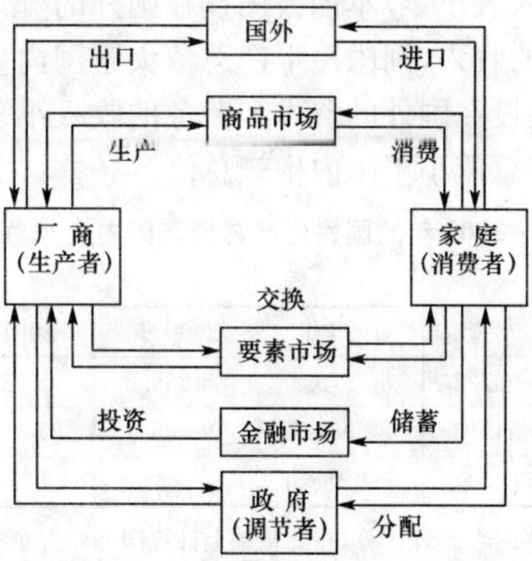

图 9-1 宏观经济运行

第二节 国内生产总值与其他总量的关系

一、国民生产总值与国内生产总值

国民生产总值(GNP)，是指一国或一地区在一定时期内(通常是一年)本国国民所生产的最终产品和劳务的市场价值的总和。

国民生产总值与国内生产总值相比：(1)国民生产总值与国内生产总值在核算的时期、价值构成等方面相同。也就是说，它们都是指一定时期内(通常是一年)生产出来的价值总值；都是指最终产品的价值总值；最终产品都包括有形产品和无形产品；都是按市场价格计算。(2)国民生产总值与国内生产总值在核算范围上不同。国民生产总值依据国民原则进行核算，国内生产总值依据国土原则进行核算。国土原则，是指本国领土范围内生产的物质和劳务的价值，都要计入生产总值的原则。国民原则，是指本国国民生产的物质和劳务的价值，都要计入生产总值的原则。这里的本国国民既包括本国国内公民，又包括旅居外国的本国公民和取得居住权的外国公民。也就是说，国民生产总值应包括该国公民在本国和外国所生产的最终产品的价值总和。

国民生产总值与国内生产总值相互联系在于：

国民生产总值＝国内生产总值＋国外要素净收入
＝国内生产总值＋本国公民投在国外的资本和劳务的收入
－外国公民投在本国的资本和劳务的收入

例如，2003 年的国内生产总值为 116 898.4 亿元，国外要素净收入为－648.8 亿元，问国民生产总值为多少？

国民生产总值＝国内生产总值＋国外要素净收入＝116 898.4＋(－648.8)
＝116 249.6(亿元)

上面提到的国外要素净收入，指本国公民投在国外的资本和劳务的收入与外国公民投在本国的资本和劳务的收入的差额，可以在《中国统计年鉴》中的国际收支平衡表中查阅到。如果国外要素净收入大于零，本国公民投在国外的资本和劳务的收入大于外国公民投在本国的资本和劳务的收入，则国民生产总值大于国内生产总值；反之，如果国外要素净收入小于零，本国公民投在国外的资本和劳务的收入小于外国公民投在本国的资本和劳务的收入，则国民生产总值小于国内生产总值。

表 9-4　　我国 1998～2003 年的国民生产总值与国内生产总值的统计表

单位：亿元

	1998 年	1999 年	2000 年	2001 年	2002 年	2003 年
国民生产总值	76 967.2	80 579.4	88 254.0	95 727.9	103 935.3	116 249.6
生产法国内生产总值	78 345.2	82 067.5	89 468.1	97 314.8	105 172.3	116 898.4
国外要素净收入	−1 378	−1 488.1	−1 214.1	−1 586.9	−1 237	−648.8

资料来源：依据中经专网《中国经济年鉴》整理计算，在此基础上计算国外要素净收入。

依据表 9-4，可以进行国民生产总值与国内生产总值比较分析。近几年我国国民生产总值总是小于国内生产总值，并呈增幅的趋势。说明我国公民投在国外的资本和劳务的收入小于外国公民投在我国的资本和劳务的收入，反映了我国近年增大了引进外资的力度，对外开放幅度加大。

二、国内生产净值与国民收入

国内生产净值(NDP)，指一个国家在一定时期生产的最终产品与劳务的净增加值，即国内生产总值中扣除了折旧以后的产值。国内生产净值不同于国内生产总值，它反映的是社会经济在当年扣除了消耗掉的折旧之后的国民经济活动水平，同时也影响到当年新创造出来的财富的计算。国内生产净值的计算公式为

国内生产净值＝国内生产总值－折旧

例如，2003 年国内生产总值为 129 822.21 亿元，折旧为 20 511.9 亿元，问国内生产净值为多少？

国内生产净值＝国内生产总值－折旧＝129 822.21－20 511.9＝109 310.31(亿元)

与国内生产净值相对应的是国民生产净值(NNP)，计算公式为

国民生产净值＝国民生产总值－折旧

或者

国民生产净值＝国内生产总值－折旧＋国外要素净收入

例如，2003 年国内生产总值为 129 822.21 亿元，折旧为 20 511.9 亿元，国外要素净收入为－648.8 亿元，问国民生产净值为多少？

国民生产净值＝国内生产总值－折旧＋国外要素净收入
＝129 822.21－20 511.9＋(－648.8)
＝108 661.51(亿元)

国民收入(NI)，指一个国家在一定时期生产中所使用的各种生产要素所得到的全部收入，即工资、利息、租金与利润之和。国民收入直接体现了各项生产要素的收入，国民收入总是依据国民原则进行统计的。因此，如果从国内生产总值统计国民收入时，必须

进行调整。国民收入的计算公式为

国民收入＝国民生产净值－间接税

或者

国民收入＝国内生产净值－间接税＋国外要素净收入

例如,2003 年国内生产净值为 109 310.31 亿元,间接税为 18 533.36 亿元,国外要素净收入为－648.8 亿元,问国民收入为多少?

国民收入＝国内生产净值－间接税＋国外要素净收入
＝109 310.31－18 533.36＋(－648.8)
＝90 128.15(亿元)

表 9-5　　我国 1998～2003 年国内生产净值与国民收入的统计表

单位:亿元

	1998 年	1999 年	2000 年	2001 年	2002 年	2003 年
收入法国内生产总值	82 780.25	87 671.13	97 209.31	106 766.26	118 020.19	129 822.21
固定资产折旧	11 981.24	13 209.04	14 972.41	16 779.28	18 493.77	20 511.9
国内生产净值	70 799.01	74 462.09	82 236.9	89 986.98	99 526.42	109 310.31
国外要素净收入	－1 378	－1 488.1	－1 214.1	－1 586.9	－1 237	－648.8
国民生产净值	69 421.01	72 973.99	81 022.8	88 400.08	98 289.42	108 661.51
间接税	11 790.55	12 567.81	14 802.57	15 768.87	17 218.23	18 533.36
国民收入	57 630.46	60 406.18	66 220.23	72 631.21	81 071.19	90 128.15

资料来源:依据中经专网《中国经济年鉴》整理计算。

依据表 9-5,可以进行国内生产净值占比和国民收入占比分析。近几年我国国内生产净值占国内生产总值的比重逐年上升,反映了新创造的价值增加,经济效益好转。我国国民收入占国内生产总值的比重也逐年上升,反映了各项要素收入增加,经济实力增强。

三、名义国内生产总值与实际国内生产总值

由于国内生产总值(GDP)是用货币来计算的,因此,一国国内生产总值的变动受两个因素的影响:一是生产的物品和劳务数量的变动,一是物品和劳务的价格的变动。因此,同样的最终产品实物量按不同的价格计算会得出不同的国内生产总值。用当年价格计算的全部的最终产品和劳务的市场价值的总和称为名义国内生产总值。用从前某一年作为基期的价格计算出来的全部最终产品和劳务的市场价值总值称为实际国内生产总值。

名义国内生产总值与实际国内生产总值之比,称为国内生产总值折算数。

$$国内生产总值折算数=\frac{某年名义国内生产总值}{某年实际国内生产总值}\times 100\%$$

如果知道了国内生产总值折算数,就可以将名义的国内生产总值折算为实际的国内生产总值。其公式为

实际国内生产总值＝名义国内生产总值/消费价格指数

国内生产总值折算数是重要的物价指数指标,反映一国某年的通货膨胀情况。但是,我国由于长期以来都不是使用国内生产总值折算数作为反映通货膨胀的物价指数,

所以,国内生产总值折算数对于我国国民经济分析的意义不大。除国内生产总值折算数外,反映物价指数的还有消费价格指数和零售价格指数。消费价格指数,是反映不同时期的生活消费品价格和服务项目价格的变动趋势和程度的物价指数。零售价格指数,是反映不同时期市场零售物价总水平变动趋势和程度的物价指数。消费价格指数从买方和生活费用的角度考察物价指数,符合通货膨胀特征,因此,我国长期使用消费价格指数作为反映通货膨胀的物价指数。

例如,2003 年名义国内生产总值为 116 898.4 亿元,消费价格指数为 1.012,问实际国内生产总值为多少?

$$\text{实际国内生产总值}=\text{名义国内生产总值}/\text{消费价格指数}=116\ 898.4/1.012=115\ 512.25(\text{亿元})$$

表 9-6　　我国 1998～2003 年的名义与实际国内生产总值的统计表

单位:亿元

	1998 年	1999 年	2000 年	2001 年	2002 年	2003 年
名义国内生产总值	78 345.2	82 067.5	89 468.1	97 314.8	105 172.3	116 898.4
消费物价指数	99.2	98.6	100.4	100.7	99.2	101.2
实际国内生产总值	78 977.02	83 232.76	89 111.65	96 638.33	106 020.46	115 512.25

资料来源:依据中经专网《中国经济年鉴》整理计算,在此基础上计算实际国内生产总值。

依据表 9-6,可以进行名义国内生产总值与实际国内生产总值比较分析。近几年我国实际国内生产总值与名义国内生产总值相差不大,这是因为国民经济处于良性运行,物价指数较为平稳,通货膨胀率和失业率没有太大变化,市场平稳。

四、国内生产总值与人均国内生产总值

国内生产总值有助于我们了解一国的经济实力与市场规模,而人均国内生产总值则有助于了解一国的富裕程度与生活水平。

人均国内生产总值是指用同一年的人口数量,除当年的国内生产总值的结果。其计算公式为

$$\text{某年人均国内生产总值}=\frac{\text{某年国内生产总值}}{\text{某年年末人口数}}$$

例如,2003 年国内生产总值为 116 898.4 亿元,年末人口数为 12.884 2 亿人,问人均国内生产总值为多少?

$$\text{人均国内生产总值}=\text{国内生产总值}/\text{年末人口数}=\frac{116898.4}{12.8842}=9073.00(\text{元}/\text{人})$$

表 9-7　　我国 1998～2003 年人均国内生产总值的统计表

单位:亿元

	1998 年	1999 年	2000 年	2001 年	2002 年	2003 年
国内生产总值(亿元)	78 345.2	82 067.5	89 468.1	97 314.8	105 172.3	116 898.4
年末人口数(亿人)	12.419 9	12.527 5	12.626 0	12.719 2	12.804 0	12.884 2
人均国内生产总值(元)	6 308	6 551	7 086	7 651	8 214	9 073

资料来源:依据中经专网《中国经济年鉴》整理计算,在此基础上计算人均国内生产总值。

从世界各国经济发展的经验看,当一个国家人均国内生产总值处于 3 000 美元至

10 000美元之间时，说明国民经济已具备了相当实力。依据表 9-7，可以进行人均国内生产总值分析。近几年我国人均国内生产总值有所上升，这是因为我国人口增长减缓，国内生产总值增长，必然使人均国内生产总值增长。说明我国的经济实力有所增强。

第三节　国内生产总值指标的意义与缺陷

在宏观经济研究中，GDP 是最为常用且重要的指标，它能够反映一国经济的整体水平。比较不同国家之间的经济发展水平，常常是看这些国家的 GDP、人均 GDP 的大小；GDP 还是反映一国贫富状况和人们生活质量的重要指标，通常富国与穷国人均 GDP 差异极大，人均 GDP 较高的国家，人们的预期寿命、受教育程度较高，拥有电器的家庭多，婴儿死亡率较低；一个国家衡量经济增长速度，也是看两个时期之间的 GDP 增长了多少。但是，GDP 在衡量各国经济活动时，并非是一个完美无缺的指标，因为它不能完全准确地反映出一国的实际经济状况。

一、分析 GDP 指标的意义

国内生产总值是反映一个国家经济发展和经济实力的一个综合性指标，它标志着一个国家在一定时期内扩大再生产和提高人民生活水平的能力。国内生产总值增长速度反映着国民经济增长速度。

按人口平均计算的国内生产总值反映一个国家经济发展水平和人民生活水平，反映一个国家的富裕程度。

分析国内生产总值不仅有上述意义，还具有如下作用：

第一，作为政府编写经济文件的主要参考依据。政府有关经济的文件和活动，例如西方国家的经济咨文、预算咨文、税制变动、就业水平研究等，以及我国的经济规划、发展纲要等，几乎没有一项不用国内生产总值统计资料和它的主要项目作为主要参考依据。

第二，作为表明国家经济周期变化的指标。西方国家通常把连续两个季度的国内生产总值停滞或下降，视为社会经济出现经济危机的标志，把连续两个季度的国内生产总值高速发展，作为社会经济有可能出现通货膨胀的标志。同样，我国也经常注意国内生产总值等总量指标的变化，来采取不同的经济政策。

第三，作为学术机构和报刊进行经济预测的依据。学术机构和报刊在对宏观经济进行分析和研究时，总是运用国内生产总值统计资料进行论证，并得出结论和寻找规律。

二、GDP 指标的缺陷

（一）GDP 不能反映一个国家的真实产出

在 GDP 计算中，有些经济活动是无法计入的。首先，非市场交易活动得不到反映。GDP 的数据是按照市场价格计算的，但那些没有经过市场交易，又的确能够增加实际产出的经济活动无法计入 GDP。例如，家务劳动、自给自足的生产、自愿的社会服务等等。这些活动也提供物品与劳务，但由于不通过市场，没有市场价格，GDP 并没有因此而增加。有一个经典的例子说明了这一点：某位男士雇用了一位保姆为其处理日常生活事务，并向她支付工资，这部分价值要计入 GDP。后来该男士爱上了这位保姆，并和她结婚了，虽然新的女主人还在做同样的工作，但她不能再为 GDP 作贡献了，因为她的工作变成了自给性服务。其次，非法经济活动也无法计入 GDP。例如，非法的黄、赌、毒活动，为偷税而进行的地下经济活动、黑市交易等等。这些经济活动无法用市场价格标价，因此无法纳入官方统计。在不同的国家，这部分未计入 GDP 的活动差别很大，高者达三分之一，低者也有 10%左右。

（二）GDP 不能衡量人们经济福利的真实状况

GDP 衡量的是一个国家的产出，但是产出的增加并不等于能够改善人们的经济福利状况。例如，用于战争的军火生产能够增加 GDP，但并不能给人们带来福利；引起污染的生产也带来了 GDP，但污染大大降低了人们的生活质量；汽车创造了庞大的价值，增加了 GDP，但 GDP 从来不计算严重的交通堵塞占用了人们多少时间；人们加班加点的工作就能增加 GDP，但闲暇的减少引起的福利损失也许抵消了生产更多的物品和劳务所带来的福利。

（三）GDP 不能反映增长的代价

采伐树木可以增加 GDP，过度放牧可以增加 GDP，把污染物越多的排放到空气和水中，GDP 就越高。GDP 反映了产出的增长，却不能反映资源消耗和环境破坏。

（四）GDP 不能衡量实际国民财富

例如，洪水泛滥破坏了堤坝、房屋和道路，但 GDP 并不会因此而下降，而灾后重建的大量投资增加了 GDP；城市不断修路、修桥、盖大楼，由于质量规划等原因，没多久就要推倒、拆除、重建或翻修；马路“拉链”每次豁开、挖坑填坑，GDP 都增加。但是国家总财富并没有随之而增加。

（五）GDP 不反映收入分配的差距

两个生产同样 GDP 的国家，一国贫富严重不均，另一国收入分配比较平均，显然，两国的人民并不同样幸福。

三、GDP 指标的纠正

由于 GDP 指标的上述缺陷，一些经济学家和联合国都提出对 GDP 的统计项目进行调整。到目前为止，人们所提出的纠正 GDP 缺陷的衡量指标主要有以下几个：

（一）经济福利尺度（MEW）和纯经济福利（NEW）

这是在 20 世纪 70 年代，由美国经济学家托宾、诺德豪斯和萨缪尔森提出的概念。这些经济学家认为，经济活动的最终目的是家庭福利的增进，而福利更多地取决于消费，而不是生产。GDP 是对生产的衡量。而 MEW 和 NEW 是要衡量对人类福利作出贡献的消费。因此，MEW 和 NEW 是在 GDP 的基础上减去那些不能对福利作出贡献的项目如国防、警察等，减去对福利有副作用的项目如污染、环境破坏、都市化的影响等，加上那些对福利作出贡献却又没有计入 GDP 的项目，例如家务劳动、自给性生产等，加上闲暇的价值（根据闲暇的机会成本计算）。当然，这些项目应如何进行计算也还是没有完全解决的问题。经济学家根据美国的统计资料指出：人均 MEW 或 NEW 的增长要比 GDP 慢，为了取得 MEW 和 NEW 的增长，往往要牺牲一些 GDP 的增长。

（二）绿色 GDP

为了纠正 GDP 的不足，1993 年联合国提出了“绿色 GDP”的概念。要求把环境改善等因素考虑到经济发展中来。绿色 GDP 是在 GDP 的基础上减去经济增长对环境和生态的影响后得出的数值。它能够比较真实地反映人们福利水平的变化。

资料 9-1 什么是绿色 GDP

绿色 GDP 的概念是衡量一国可持续发展能力的指标，1993 年，联合国经济和社会事务部统计处在修改后的《国民经济核算体系》中，首次提出这一新的统计概念。

绿色 GDP 是在传统 GDP 概念的基础上，考虑外部影响和自然资源等因素后得出的新 GDP 数值，它反映一国经济发展所带来的综合福利水平，也被称为可持续发展的国内生产总值。其计算方法可以表示为

绿色 GDP＝GDP－环境成本

在上述等式中，环境成本包括环境污染带来的价值损失和生态破坏带来的价值损失。按照这一计算方法，当绿色 GDP 的增长快于 GDP 时，意味着自然资源得到节约、环境条件得到改善，这种发展方式具有可持续性，有利于福利水平的不断提高；反之，当 GDP 的增长快于绿色 GDP 时，则意味着经济的发展是以自然资源过度消耗、环境条件不断恶化为条件的，这种发展方式是不可持续的，不利于福利水平的提高。

绿色 GDP 经过了环境因素的调整，能够更真实、科学地反映国民福利水平的变化。但是，当前绿色 GDP 核算体系的制定仍然存在一些技术上的难题，如人们很难为环境恶化和由自然资源消耗造成的生态破坏确定一个合理的价格，因此难以准确地统计绿色 GDP 的数值。到目前为止，还没有哪个国家正式公布绿色 GDP 的数据。2004 年，中国环保总局提出了一个量化环境成本的标准，即通过公众对环境质量、空气质量、饮用水质量变化的评价，以及森林覆盖率、公众对环境问题的投诉等方面确定环境成本。这可看成是对解决环境成本计算问题的有益尝试。可以肯定地说，采用绿色 GDP 的指标是发展的必然趋势。在我国，一旦实施新核算体系，必将带来干部考核体系的重大变革。

（资料来源：张亚丽. 经济学教程. 中山大学出版社. 2005. 8）

（三）国民幸福总值（GNH）

这一概念最早是由邻近中国的小国不丹提出的。它涵盖了政府善治、经济增长、文化发展和环境保护四个方面。经济学家们认为这一指标是一个国家的经济是否成功的最好指示器。它使我们在对国家间进行比较时不再依据所生产的物品和劳务水平，而是依据一国国民的幸福程度来判断。幸福生活的基础不是金钱和健康，人们在工作、乘公交车上下班、做家务时可能并不快乐。通过计算幸福总值，可弥补 GDP 的不足。最早提出 GNH 的不丹，人均 GDP 仅 700 美元，但在追求 GNH 而非 GDP 的指导思想下，竟然成为国民满意度最高的国家之一。目前，美国联合经济学家和心理学家组成研究小组，正在确定国民幸福总值的具体组成元素。

案例分析 9-1 从一个面包看美国和中国 GDP 的差距

我国是农业大国，农产品的商品化程度比较低，也就是价值链短。农民吃的东西很少是到市场上买来的，他们吃的粮食、蔬菜、蛋类等都是自己生产的。再看美国的农民（美国农业人口占全国总人口的 2.8%），如果他是个农场主，生产出的麦子，自己不磨面、

不烤面包，而是从市场上把面包、黄油、蛋类、蔬菜等买回来吃，这样一来，他们的价值链就做长了，GDP 的总量就做大了。具体是怎样大的呢？美国农民是先把小麦送进面粉厂，面粉加工出来又进面包厂，生产出来的面包又进超市，超市再把它卖出去。光是吃这个链条就有如此长，在这个链条上的每一个环节价值都在增值。而我国农民只做了一道工序，那就是把粮食种出来放进嘴里。

评析：若把全社会各种产品的价值加起来就是社会生产总值。相应的，如果把全社会各种产品的增加值都加起来，就是国内生产总值。从上述案例来看，美国农民第一步生产出小麦，第二步将小麦卖到面粉厂，第三步将面粉转到面包厂，第四步由面包厂将面包卖到超市，最后一步由超市卖给农民。在每一个环节都使市场价值在增值，因此 GDP 在增加。而我国农民的流程是生产出小麦后直接自己加工做成食物。从简单的面包生产过程我们可以看到，在增加国内生产总值的过程中，我国与美国的差距在于我国的产品和服务的价值链较短，从而使产品的增加值较小。

问题：什么是国内生产总值？分析国内生产总值指标的意义与缺陷。

本章小结

1. 国内生产总值(GDP)，是指一国或一地区在一定时期（通常为一年）内运用生产要素所生产的最终产品和劳务的市场价值的总和。常用支出法和收入法来计算国内生产总值。与国内生产总值相关的其他总量有国民生产总值、国内生产净值、国民收入等。

2. 国内生产总值(GDP)的计算，一般采用生产法、支出法和收入法。常用的是支出法和收入法：支出法也称产品流动法、最终产品法，它是按社会最终使用的产品来计算的国内生产总值，即将一年内所有社会成员用于最终产品和劳务购买支出的市场价格加总计算的办法；收入法也称要素收入法或要素支付法，它是指从收入的角度出发，把一国一年内所有生产要素提供者的收入所得加总计算出该年的国内生产总值的办法，最终产品市场价值除了生产要素收入构成的成本，还包括间接税、折旧、公司未分配利润等内容。

3. 国内生产净值(NDP)，指一个国家在一定时期生产的最终产品与劳务的净增加值，即国内生产总值中扣除了折旧以后的产值；国民收入(NI)指一个国家在一定时期的生产中所使用的各种生产要素所得到的全部收入，即工资、利息、租金与利润之和；人均国内生产总值是指用同一年的人口数量，除当年的国内生产总值的结果。

关键概念 国内生产总值 国民生产总值 国民收入 国内生产净值 人均国内生产总值

复习思考题

1. 单项选择题

(1)GDP 与 GNP 的区别在于(　　)。

A. 是否包括中间产品　　B. 是否用现值计算

C. 是否包括劳务　　D. 是否为国土原则

(2)下面哪些不是作为计算支出法 GDP 的(　　)。

A. 总消费　　B. 政府消费

C. 固定资产形成　　D. 固定资产折旧

(3)国内生产总值与国内生产净值相差(　　)。

A. 间接税　　B. 直接税　　C. 折旧　　D. 工资

2. 问答题

(1)怎样理解国民收入核算中储蓄与投资的恒等关系?

(2)怎样理解国内生产总值?

3. 根据下表给出的资料分别用支出法、收入法计算 GDP、GNP、NNP、NI 并分析之。

项　目	金　额(万元)	项　目	金 额(万元)
农业:		贸易收入	200
粮食 1 000 万吨(1 300 元/吨)	1 300 000	中间投入	60
林产品	40	金融部门产出	200
畜产品	20	中间投入	40
期初存栏价值	15	其他非盈利政府部门:	
期末存栏价值	25	经常性费用支出	300
中间投入	50	折旧费按支出的 10%计算	
工业:		劳动报酬	700
工业品销售收入	300	生产税	200
期初成品库存	100	生产补贴	120
期末成品库存	250	折旧费	400
半成品(不变)		营业盈余额	280
在制品:		总消费	1 000
期初	80	总投资	640
期末	180	外地购入	400
承接来料加工收入	50	输出外地	220
中间投入	200	来自国外原始收入	21
建筑业:		付给国外原始收入	23
建筑业产值	200		
中间投入	80		
运输业:			
运输业产值	200		
中间投入	40		

实训指导

主题：分析论证1999～2008年10年间，我国国内生产总值增长变化情况，并进行宏观经济分析。

要求：1. 运用国内生产总值的有关知识，计算有关总量和相对量数据；

2. 分析统计数据，说明宏观经济的基本状况。

建议：1. 查阅《中国统计年鉴》，收集1999～2008年宏观经济数据；

2. 计算并分析我国宏观经济状况；

3. 编写分析报告。

阅读书目

[1] 刘树成. 我国五次宏观调控比较分析. 经济日报. 2004年6月29日第9版.

[2] 高鸿业. 西方经济学. 中国人民大学出版社，2000.

[3] [美]曼昆. 经济学原理(下). 梁小民，译. 北京大学出版社，2004.

第十章

国民收入决定理论

知识目标

了解总需求的构成、理解总需求与国民收入的决定及变动、产品市场和货币市场的均衡,掌握消费函数、总支出函数、乘数理论、总供求均衡等基本概念和原理。

技能目标

学会应用基本的概念和原理对宏观经济均衡进行分析,懂得运用乘数理论来分析宏观经济总量的变动,懂得分析总需求与总供给均衡时的宏观经济状况。

导入新课

改革开放30年来,我国经济取得了巨大成就。30年间,GDP年均实际增长9.8%,从1978年的3645亿元增加到2007年的249 530亿元;人均GDP由1978年的381元上升到2007年的18 934元,扣除价格因素,增长近10倍,年均增长8.6%;人均国民收入由1978年的190美元上升至2007年的2 360美元。2007年就业人员达76 990万人,比1978年增加36 838万人,年平均增加1 270万人。城镇居民人均可支配收入由1978年的343元提高到2007年的13786元,扣除价格因素,增长6.5倍,年均增长7.2%,农村居民人均纯收入由134元提高到4140元,扣除价格因素,增长6.3倍,年均增长7.1%;居民人均消费水平从1978年的184元增加到2007年的7081元,按可比价格计算,提高了7.2倍,年均实际增长7.5%。为什么30年来我国能够生产这么多的物品与劳务,人均收入、人均消费有这么大的提高?为什么一国的收入水平有的年份高有的年份低?为什么现实经济中会出现生产就业扩张、通货膨胀、失业和经济波动?回答这些问题,需要说明均衡的国民收入是怎么决定的,这个问题是宏观经济学的核心问题。

本章分析不同的假设条件下,均衡国民收入是如何决定和变动的,重点说明总需求在国民收入决定中的作用。

第一节　简单的国民收入决定模型

本节将主要说明简单经济模型下各种宏观经济变量如何相互作用并达到均衡,以及均衡条件下国民收入是如何决定的。

一、简单的国民收入决定模型

（一）简单的国民收入决定模型的假设条件

简单的国民收入决定模型说明最简单的经济体系下一个国家的国民收入是如何决定的，为此，需要做些假设：

1. 国民经济中只存在两个经济部门，即居民和厂商，不存在政府，也不存在对外贸易。
2. 国民经济只受需求约束，即只要支出增加，产量和国民收入立即就会增加。
3. 投资仅以厂商为主体，投资水平既定。
4. 储蓄仅由居民进行，它只受收入影响。
5. 利率水平既定，即不考虑利率变动对国民收入的影响。
6. 价格水平是不变的，从而名义国民收入和实际国民收入相等。
7. 由于不考虑政府的存在，个人可支配收入和国民收入相等。
8. 不考虑技术进步、周期等长期因素。

（二）总需求、总供给与宏观经济的均衡

1. 宏观经济的均衡

国民收入决定理论主要研究宏观经济的均衡问题。宏观经济的均衡是指当各种相互作用的宏观经济变量之间达到某种平衡，彼此不再变动时，经济处于一种相对稳定的状态。宏观经济实现均衡时，国民收入既不增加也不减少，处于不再变动的状态，因此，简单地说，均衡的国民收入就是指宏观经济均衡时的国民收入水平。

在研究国民收入决定时，需要把均衡的国民收入和潜在的国民收入区分开来。潜在的国民收入是指经济中既定资源充分利用时所能达到的国民收入水平，通常可用劳动力实现充分就业代表经济中资源实现充分利用的状态，所以潜在的国民收入又称为充分就业的国民收入。

均衡的国民收入是宏观经济均衡时的国民收入水平，但宏观经济均衡时并不一定实现了充分就业，所以，均衡的国民收入并不一定等于潜在的国民收入。

2. 总供给与总需求

国民收入决定理论是要说明总需求与总供给如何使国民收入水平趋于均衡状态。

那么什么是总供给和总需求呢？

总供给（AS）是一个经济社会在一定时期内所生产出来的所有物品和劳务的数量总和，也就是一个经济社会的总产出，其市场价值总和构成该社会这一时期的 GDP 总量。通常使用总产出的概念度量总供给的水平。总供给的度量也可使用总收入的指标，把所有生产要素所有者的收入加总起来就是经济中的总收入。

总产出和总收入都是总供给的衡量指标。这两个量是相等的，代表的都是总供给。

简单型经济中只有消费收入和储蓄收入，如果用 C 表示消费收入，S 表示储蓄收入，则

$$AS=C+S$$

总需求（AD）是一个经济社会中所有成员对最终产品和劳务的有效需求之和。度量总需求的指标称为总支出，总支出（AE）是用支出法计算的 GDP，简单型经济中仅包括

居民消费（C）、厂商投资（I）。因此可以得到以下等式

$$AE=C+I$$

既然国民收入水平是由总供给和总需求共同决定的，那么，均衡国民收入决定的基本条件就是：总供给等于总需求。也就是说，当一国一定时期对物品和劳务需求的总和与同一时期的总产出相等时，国民收入处于均衡状态。我们用总产出、总收入度量总供给，用总支出度量总需求，那么，当总供给等于总需求时，总产出、总收入、总支出必然相等，即

$$Y=\text{总收入}=\text{总支出}$$

这个恒等式表示当总供给等于总需求，或者说总产出、总收入等于总支出时，国民经济就处于均衡状态，即

$$AS=AE$$

$$C+S=C+I$$

$$S=I$$

即：当投资等于储蓄时，国民收入 Y 为均衡的国民收入。因此，国民收入的均衡条件为

$$S=I$$

（三）总需求决定总供给

既然总供给等于总需求是均衡国民收入决定的基本条件，那么，总供给和总需求这两个宏观经济变量是怎样相互作用的呢？在均衡国民收入的决定中，哪个经济变量处于主导地位，并导致其他变量发生改变以与之相适应呢？

宏观经济学的创始人凯恩斯认为，总需求是经济中占主导地位的经济变量，总需求决定总供给，均衡的国民收入是由总需求决定的。凯恩斯观点的理论依据是，在短期内，由于价格难以调整，不能通过价格变动来保持总供给和总需求的平衡，这会造成总需求不足，从而使资本、劳动等各种资源得不到充分利用。因此，凯恩斯认为，短期中，决定宏观经济状况的关键因素是总需求，即总需求决定了总供给，进而决定了短期国民收入的水平。显然，凯恩斯的国民收入决定理论是短期分析，通常适用于对宏观经济的年度间运行情况的分析。

凯恩斯的观点也有其现实依据。20 世纪 30 年代初，西方国家的经济处于大萧条之中，供给过剩，凯恩斯认为这是由于价格不能及时调整带来的总需求不足造成的，他认为解决这场危机的办法是增加总需求。凯恩斯甚至还开玩笑地建议，如果实在没有支出的办法，可以由政府把钱埋在废弃的矿井中，然后让人们投资把这些钱挖出来也可以刺激经济增长。凯恩斯的幽默实际上是在说明一个严肃的命题：增加总需求可以增加国民收入，使经济走出萧条。这正是凯恩斯主义宏观经济学的主题。

（四）宏观经济均衡的实现过程

宏观经济均衡是在总需求与总供给的相互作用中实现的，当经济中的总供给等于总需求，即总产出等于总支出时，宏观经济就实现了均衡。可用图 10-1 说明宏观经济均衡的实现过程。

在图 10-1 中，横轴表示总供给，用总产出或总收入 Y 度量，纵轴表示总需求，用总支出 AE 度量，45°线表示经济中总供给等于总需求，也就是说，该线上的任何一点都表示经

济中的均衡，线外的任何一点都表示非均衡的状态。如图所示，假定经济中的总支出为 100 万元，水平线表示这里不考虑总支出的变动情况。如果企业市场预测失误，总产出达到了 120 万元，总供给大于总需求，存在物品与劳务的过剩，多出的 20 万元产品可以看成是企业存货的非意愿增加，企业会减少生产，非意愿增加的存货减少；如果企业的总产出为 80 万元，则存货非意愿地减少 20 万元，总供给小于总需求，存在物品与劳务的短缺，企业将增加生产，使存货恢复到意愿的水平；只有当实际产出水平为 100 万元，与总支出相等，企业的产出不再调整，存货不再发生变化，这时就实现了宏观经济的均衡，均衡的国民收入为 100 万元。

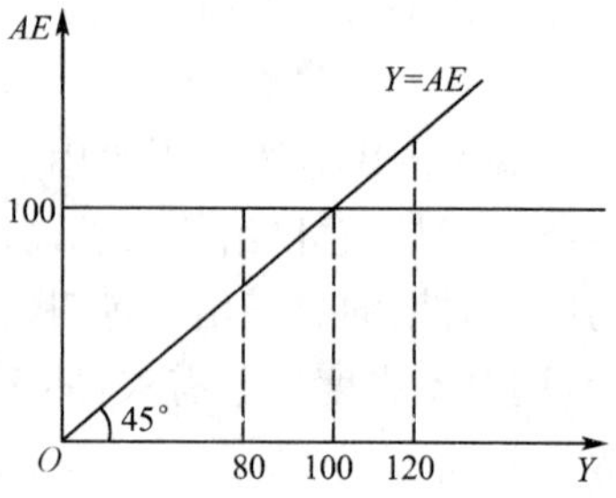

图 10-1　宏观经济均衡的实现

二、消费函数和储蓄函数

既然总需求是经济中占主导地位的经济变量，均衡国民收入由总需求决定，因此有必要了解总需求的两大组成部分即消费和投资。

(一)消费函数

消费函数说明消费与国民收入之间的依存关系。在其他条件不变的情况下，消费随收入的变动同方向变动，即收入增加，消费增加；收入减少，消费减少。如果以 C 代表消费，Y 代表收入，则消费函数可写为

$$C=f(Y)$$

消费与收入之间的关系，可以用平均消费倾向和边际消费倾向来说明。

平均消费倾向是指消费在收入中所占的比例。如果以 APC 代表平均消费倾向，则

$$APC=\frac{C}{Y}$$

边际消费倾向是指增加的消费在增加的收入中所占的比例。如果用 MPC 代表边际消费倾向，用 ΔC 代表增加的消费，用 ΔY 代表增加的收入，则

$$MPC=\frac{\Delta C}{\Delta Y}$$

影响消费支出的因素有：

第一，可支配收入。如果考虑政府的存在，可支配收入是居民提供生产要素所得到的收入，加上政府转移支付再减去个人所得税。由于居民的可支配收入只能用于消费品与劳务支出及储蓄，所以，随着居民可支配收入的增加，用于消费品与劳务的支出也在增加。

第二，预期收入。预期收入是居民对未来收入的预期。在其他条件不变的情况下，居民预期的未来收入越高，现期的消费支出也就越多。

第三，生命阶段。生命阶段是人们一生中不同的生存阶段。青年阶段，可支配收入中更大部分用于消费品与劳务支出。老年阶段，可支配收入中更小部分用于消费品与劳务的支出。

第四，节约程度。每个人和每个家庭的节约程度差别很大，在其他条件不变的情况

下，不节约的家庭，消费支出占可支配收入的比率更大。

第五，利率。利率水平越高，消费支出水平越低。高利率由于使消费信贷代价更高和更能吸引人们储蓄而抑制了消费。

在这五个因素中，最重要的是可支配收入的水平。

（二）储蓄函数

储蓄函数说明储蓄与国民收入之间的依存关系。在其他条件不变的情况下，储蓄随收入的变动而同方向变动，即收入增加，储蓄增加；收入减少，储蓄减少。如果以 S 代表储蓄，则储蓄函数可写为

$$S=f(Y)$$

储蓄与收入之间的关系，可以用平均储蓄倾向和边际储蓄倾向来说明。

平均储蓄倾向是指储蓄在收入中所占的比例。如果用 APS 代表平均储蓄倾向，则

$$APS=\frac{S}{Y}$$

边际储蓄倾向是指增加的储蓄在增加的收入中所占的比例。如果用 MPS 代表边际储蓄倾向，用 ΔS 代表增加的储蓄，则

$$MPS=\frac{\Delta S}{\Delta Y}$$

消费者的全部收入分为消费与储蓄，所以

$$APC+APS=1$$

同样，消费者增加的全部收入分为增加的消费与增加的储蓄，所以

$$MPC+MPS=1$$

人们的全部消费实际上可以分为两部分，一部分是不取决于收入的自发消费，另一部分是随收入变动而变动的引致消费。自发消费是由人的基本需求决定的最必需的消费，如维持生存的衣、食、住等。无论收入多少，这部分消费都是不可少的。在经济分析中，假设这部分消费不取决于收入，是一个固定的量。自发的含义就是指它是由人的生存需要所决定的，不随收入变动而变动。引致消费是指收入所引起的消费，这部分消费的大小取决于收入与边际消费倾向。如果以 C_0 代表自发消费，c 代表边际消费倾向，则可以把消费函数写为

$$C=C_0+c\cdot Y$$

根据这个公式，我们可以作出消费函数的图形，如图 10-2 所示。

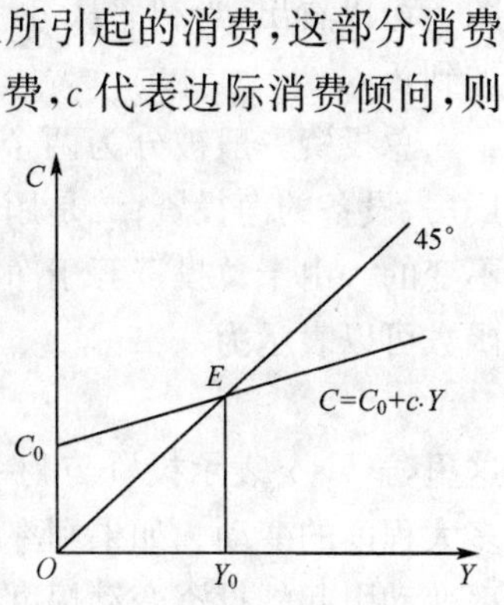

图 10-2　消费函数

在图 10-2 中，横轴 Y 代表收入，纵轴 C 代表消费，45°线表示在这条线上任何一点都是收入与消费相等。$C=C_0+c\cdot Y$ 是消费函数曲线，其位置由自发消费 C_0 决定，斜率由边际消费倾向 c 决定。这条曲线向右上方倾斜，说明消费随收入增加而增加。在消费函数曲线与 45°线相交的 E 点，收入与消费相等。在 E 点之左，消费大于收入，有负储蓄；在 E 点之右，消费小于收入，有正储蓄。

三、投资函数

投资函数是指投资与利率之间的关系，以 I 代表投资，r 代表利率，则投资函数可写为

$$I=f(r)$$

决定投资的因素主要有：

第一，利率。利率越低，投资量越大。企业不论是以贷款进行投资，还是以自有资金进行投资，利率都是最重要的影响因素。利率越低，任何一项投资的机会成本也就越低。利率越高，任何一项投资的机会成本就越高，越无利可图，利率与投资成反方向变动的关系。

第二，预期的通货膨胀率。预期的通货膨胀率越高，投资量越大。预期的通货膨胀率越高，所引起的预期的未来净收益越大。而且，相对于投资的最初成本的预期未来净收益越大，该投资的收益越大。预期通货膨胀率与投资成同方向变动的关系。

第三，预期利润。新投资的预期利润越高，投资量越大。预期利润越高，引起这种净收益的投资也就更有利，企业也就愿意更多地投资。

第四，折旧。折旧是现有资本设备的损耗。资本设备存量越多，年代越长，资本的损耗量也就越大。损耗的资本一般需要重置。因此，折旧的资本量越大，用于更新这些资本的重置投资也就越大。

尽管投资受多种因素的影响，但其中最重要的因素是利率。由于投资与利率之间是反方向变动关系，即利率上升投资减少，利率下降投资增加。所以，投资函数曲线是一条向右下方倾斜的曲线。如图 10-3 所示。

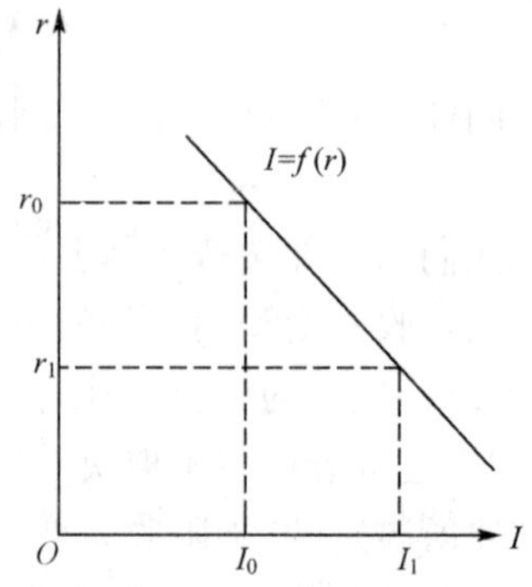

图 10-3 投资函数

在图 10-3 中，横轴 OI 代表投资量，纵轴 Or 代表利率，向右下方倾斜的 $I=f(r)$ 为投资函数曲线。从图上可以看出，当利率从 r_0 下降到 r_1 时，投资从 I_0 增加到 I_1。

总投资一般被分为两个部分，一是用于购买新的厂房、设备的净投资；二是用于重新购置厂房、设备的重置投资。一年中的重置投资总是不变的。由于总投资等于净投资[用 $f(r)$表示]加上重置投资(用 e 表示)，因此此时投资函数可以表示为

$$I=e+f(r)=e-b\cdot r$$

这里，$-b\cdot r$ 表示投资与利率反方向变动，b 是投资的边际利率，即利率变动会引起投资多大程度的变动。如果利率变动引起的投资变动幅度大，则投资的边际利率大；如果利率变动引起的投资变动幅度小，则投资的边际利率小。

由于重置投资在一定时期内一般不随利率的变动而变动，总是表现为一个常数，如方程式中的 e，重置投资的变动会引起投资曲线的平行移动。

在简单国民经济模型中，总是假定利息率不变，于是，当年总投资也是一个不变数，

是常量(I_0),所以 $I=e-b\cdot r=I_0$。

四、总支出函数和均衡国民收入的决定

在分析了消费函数、储蓄函数和投资函数之后,可以分析总支出函数。总支出函数等于消费函数加上投资函数。如果用 AE 代表总支出函数,则为

$$AE=C+I$$

由于

$$C=C_0+c\cdot Y \quad I=I_0$$

所以

$$AE=C_0+c\cdot Y+I$$
$$AE=C_0+c\cdot Y+I_0$$
$$AE=A_0+c\cdot Y$$

这里的 $A_0=C_0+I_0$,A_0 代表自发总支出。自发总支出是指自发消费和自发投资的总和。而总支出中随着国民收入的变动而变动的支出就是引致总支出。

这样,AE 与 45°线相交于 E 点,决定了均衡的国民收入为 Y_0。如图 10-4 所示。

在图 10-4 中,总支出曲线 AE 的截距为 A_0,即自发总支出,斜率为边际消费倾向 c,AE 向右上方倾斜说明,总支出中由于包含引致消费而随国民收入的增加而增加。同时

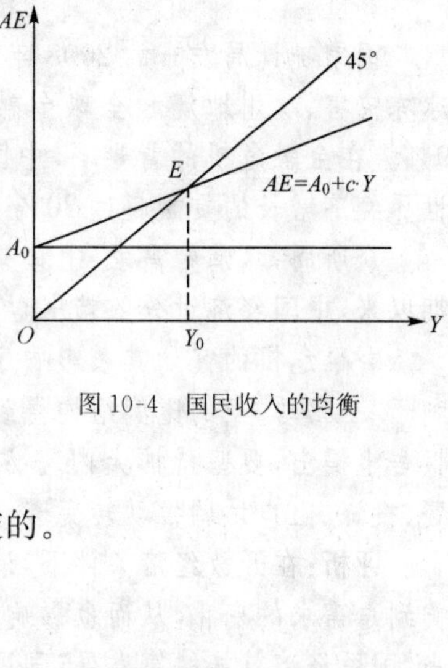

图 10-4 国民收入的均衡

$$Y=AE$$
$$AE=A_0+c\cdot Y$$
$$Y=A_0+c\cdot Y$$
$$A_0=Y-c\cdot Y$$
$$Y_0=\frac{1}{1-c}\cdot A_0$$

这说明均衡的国民收入 Y_0 是由边际消费倾向 c 决定的。

五、两部门和三部门的收入决定

(一)两部门的收入决定

如上所述,在两部门经济(即简单型经济)中,总需求只包括消费需求和投资需求,即

$$AE=C+I$$

由于在需求约束型经济中,总供给取决于总需求,即

$$Y=AD=C+I$$

说明了均衡国民收入是消费与投资之和。如果 $Y>C+I$,一部分产品卖不出去,企业就会削减产量,直至总供给等于总需求。如果 $Y<C+I$,产品供不应求,企业就会增加产量,直至总供给等于总需求。能够使总供给等于总需求的国民收入被称为均衡的国民收入。

(二)三部门的收入决定

简单型经济不考虑政府的作用,但在现实的市场经济中,政府会对经济进行宏观调

控。于是两部门的简单型经济模型扩大到有政府活动的三部门经济模型。在三部门经济中，由于考虑到政府的因素，总需求包括消费、投资和政府购买（支出）（G），即

$$AD=C+I+G$$

在均衡状态下，国民收入取决于

$$Y=AD=C+I+G$$

六、四部门经济中的收入决定

当今世界各国的经济都是不同程度的开放经济，即与外国有贸易往来或其他经济往来的经济。于是，三部门的经济模型扩大到考虑国外要素的四部门经济模型。在开放经济条件下，四部门经济中的总需求包括消费、投资、政府购买（支出）和净出口（$X-M$），即

$$AD=C+I+G+(X-M)$$

式中，X 为出口，M 为进口，（$X-M$）为净出口。

在均衡状态下，国民收入取决于

$$Y=AD=C+I+G+(X-M)$$

案例分析 10-1　全球金融危机冲击下中国经济的三驾马车

国家统计局发布的2008年国民经济和社会发展统计公报显示，尽管遭受南方雨雪冰冻灾害、汶川地震和全球金融危机的冲击，2008年中国经济在困难中仍比上年增长9%。在金融危机的背景下，中国9%的经济增长率在全球经济中可以说是一枝独秀，对世界经济增长的贡献超过20%。

众所周知，消费需求、出口需求、投资需求是拉动中国GDP增长的三驾马车。但长期以来，中国经济过分依赖出口，2007年出口占GDP的三分之一多，而消费增长较慢。

金融危机的突如其来影响了中国的出口，促使国家把扩大内需放在首要任务，这有利于“三驾马车”的比例结构得到优化，有利于中国经济的长远发展。2008年的政府工作报告也提出，要坚持扩大内需方针，促进经济增长由主要依靠投资、出口拉动向依靠消费、投资、出口协调拉动转变。

评析：在开放经济条件下，消费、投资、出口是总需求的重要组成部分，它们的变化影响到总需求的变化，从而也影响到一个国家的国民收入。如果消费、投资、出口的比例适当，国民经济就能健康发展，国民收入也能稳步提高。反之，国民经济和国民收入就会受到影响。长期以来，我国经济过分依赖出口，而一旦出口环境发生不利变化，就会使出口受阻，影响国民经济。

问题：四部门经济中国民收入如何决定？结合案例分析国民经济各构成部门变化对国民收入的影响。

第二节　总支出变动与乘数理论

一、总支出的变动

均衡的国民收入主要是由总需求，从而主要是由总支出决定的，因此总支出的变动

必然引起均衡的国民收入的变动。总支出水平的高低，决定了均衡的国民收入的大小。所以，总支出的变动必然会引起均衡的国民收入同方向变动，即总支出增加，均衡的国民收入增加；总支出减少，均衡的国民收入减少。可以用图10-5来说明这一点。

在图10-5中，总支出曲线向上方移动，即从AE_0移动到AE_1，表示总支出增加；总支出曲线向下方移动，即从AE_0移动到AE_2，表示总支出减少。当总支出为AE_0时，决定了均衡的国民收入为Y_0。当总支出为AE_1时，决定了均衡的国民收入为Y_1。$Y_1>Y_0$，这就说明由于总支出水平由AE_0增加到AE_1，从而使均衡的国民收入水平由Y_0增加到Y_1。当总支出为AE_2时，决定了国民收入为Y_2。$Y_2<Y_0$，这就说明由于总支出水平由AE_0减少到AE_2，从而使均衡的国民收入由Y_0减少到Y_2。

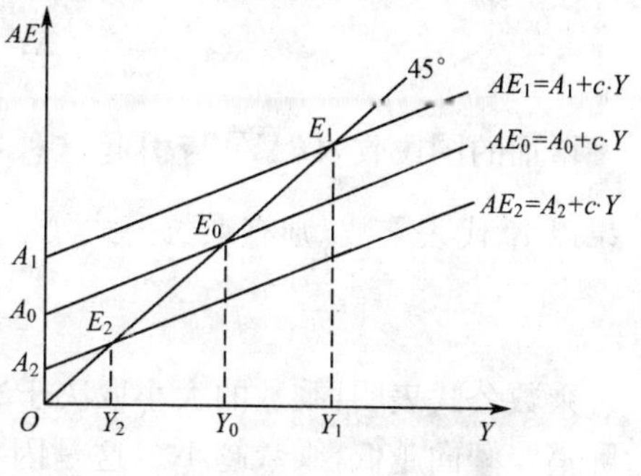

图10-5 总支出的移动与国民收入变动

在图10-5中，总支出变动表现为总支出曲线的平行移动。这就说明总支出变动是由于自发总支出的变动所引起的。设自发总支出的变动量为ΔA_0，则这三条总支出曲线为

$$AE_0=A_0+c\cdot Y$$
$$AE_1=A_0+\Delta A_0+c\cdot Y$$
$$AE_2=A_0-\Delta A_0+c\cdot Y$$

根据上述总支出与国民收入变动的关系，还可以进一步研究储蓄与国民收入变动的关系。在既定的收入中，消费与储蓄是反方向变动的，即消费增加，储蓄减少；消费减少，储蓄增加。消费是总支出的一个重要组成部分，储蓄增加使消费减少，总支出减少，从而使国民收入减少；反之，储蓄减少使消费增加，总支出增加，从而使国民收入增加。因此，储蓄的变动会引起国民收入反方向变动。

根据消费与储蓄对国民收入的不同影响，凯恩斯得出这样一个与传统的道德观相矛盾的推论：按照传统的道德观，增加储蓄是好的，减少储蓄是恶的。但按上述储蓄变动引起国民收入反方向变动的理论，增加储蓄会减少国民收入，会使经济衰退，因而是恶的；而减少储蓄会增加国民收入，会使经济繁荣，因而是好的。这种矛盾被称为“节俭悖论”。

过去有一句老话，“新三年旧三年，缝缝补补又三年”。如果真是如此节约，那么社会会变得怎样呢？纺织服装业就会面临产品卖不出去，工人就会失业，收入降低，会影响整个社会消费。因此，节俭对个人来说是一种美德，应该提倡，但对整个社会来说就不完全是这样。

二、乘数理论

总支出的增加会引起国民收入增加，但是，一定量自发总支出的增加会使国民收入增加多少，即总支出增加与国民收入增加量的关系如何呢？通过乘数理论的学习可以理解这一问题。

乘数是指自发总支出的增加所引起的国民收入增加的倍数，或是国民收入增加量与引起这种增加量的自发总支出增加量之间的比率。

根据均衡的国民收入决定的公式,增加的总支出与增加的国民收入相等,即

$$\Delta Y=\Delta AE=\Delta A_0+c\cdot\Delta Y$$

$$\Delta Y-c\cdot\Delta Y=\Delta A_0$$

$$\Delta Y=\frac{1}{1-c}\cdot\Delta A_0$$

增加的国民收入(ΔY)与引起这种增加的自发总支出(ΔA_0)之比($\frac{1}{1-c}$)就是乘数。如果以 K 代表乘数,则有乘数公式

$$K=\frac{1}{1-c}$$

乘数公式表明:乘数的大小取决于边际消费倾向。即边际消费倾向越高,乘数越大;边际消费倾向越低,乘数越小。这是因为边际消费倾向越大,增加的收入中就有更多的部分用于消费,从而使总支出和国民收入增加得更多。

从乘数的公式还可以看出,因为边际消费倾向是小于 1 的,所以乘数一定是大于 1 的。

乘数理论是通过总支出调节国民收入均衡的理论依据,它证明了政府不仅能够调节国民经济,而且能够有效地调节国民经济。政府不仅可以通过调节投资、储蓄、政府支出、政府收入来调节国民经济,而且政府可以用较少的调节量,如较少的投资量,通过乘数机制的作用,取得成倍的国民收入。

乘数理论的客观基础是国民经济各部门之间客观存在着连锁关系。这是因为,乘数机制的作用也反映了国民经济各个部门之间存在着密切的联系。某一部门自发总支出的增加,不仅会使本部门的收入增加,而且会在其他部门引起连锁反应,从而使这些部门的支出与收入也增加,最终使国民收入的增加数倍于最初自发总支出的增加。当然,乘数发生作用是有一定前提条件的。也就是说,只有在社会上各种资源没有得到充分利用时,总支出的增加才会使各种资源得到利用,产生乘数作用。如果社会上各种资源已经得到了充分利用,或者某些关键部门(如能源、原料或交通)存在着制约其他资源利用的"瓶颈状态",乘数也就无法发挥作用。

由此可见,乘数是一种机制,是一种使国民经济各个部门之间密切联系的传导机制。

我们可以用一个例子说明乘数的作用机制。例如,李老板看好生物制药这个朝阳产业,投资 100 万元,研制生产生物制品,这 100 万元投资是总需求的增加,它将带来投资品的产出增加 100 万元,这些新增加产出将转化为国民收入,使要素所有者的收入增加 100 万元。但事情并没有到此为止。假设要素所有者的边际消费倾向为 0.8,他们会把其中的 80 万元用于消费支出,这样,总需求又增加 80 万元,必然会带来国民收入增加 80 万元,新增加收入中又有 80 万元×0.8=64 万元用于消费,从而形成又一轮总需求的增加,总需求的增加又会带来产量和收入的增加,这样下去,李老板最初 100 万元的投资,会引起许多部门的收入支出的增加,最后各部门增加的收入之和一定大于最初增加的 100 万元投资。即收入的增加量(ΔY):

$$\Delta Y=100+100\times0.8+100\times0.8^2+100\times0.8^3+100\times0.8^4+\cdots$$

$$=(1+0.8+0.8^2+0.8^3+0.8^4+\cdots)\times100$$

$$=\frac{1}{1-0.8}\times 100$$

$$=500(\text{万元})$$

从例子中可以看出，最初增加的 100 万元支出，所引起的国民收入增加是 500 万元，是最初增加的 5 倍。同样，最初支出的减少也会引起国民收入减少大于最初的减少。

乘数传导机制作用的表现为：第一，当总支出增加时，所引起的国民收入的增加要大于最初总支出的增加。第二，当总支出减少时，所引起的国民收入的减少要大于最初总支出的减少。因此，乘数的作用是双重的，是一把“双刃剑”。

正如古语所说，水能载舟，亦能覆舟。水之于舟，正如乘数之于国民收入。乘数效应，就像是江河里的水，如果合理利用，可以发电，能够行船，还可以灌溉作物，对人类大有裨益。但如果利用不当，却又会冲垮堤岸，淹没农田，甚至给人类带来灭顶之灾。

三、政府收支条件下的乘数

三部门经济考虑了政府的作用，此时的乘数主要有政府支出乘数、政府收入乘数和平衡预算乘数三种。

（一）政府支出乘数

政府支出乘数是指政府增加或减少支出能使国民收入增加或减少的倍数。政府的任何支出都可以看成是政府投资，即 $G=I$。

如果用 K_G 代表政府支出乘数，则

$$K_G=\frac{\Delta Y}{\Delta G}$$

由于 $G=I$，所以

$$K_G=\frac{\Delta Y}{\Delta G}=\frac{1}{1-\frac{\Delta C}{\Delta Y}}$$

如果用 c 表示 $\frac{\Delta C}{\Delta Y}$，即 c 就是边际消费倾向，则

$$K_G=\frac{1}{1-c}$$

政府增加或减少支出，能引起国民收入多倍的增加或减少。例如，某沿海城市市政府，为社会提供公共产品，修建了一条防洪大堤，这笔政府支出，有一部分成了筑堤工人的收入，工人将一部分用作储蓄，比如把钱存到银行，或者寄回老家；其余用于购买日常生活用品。这样，整个社会的收入增量将成倍扩大。正因如此，在经济萧条时期，政府会增加支出，比如大搞基础设施建设。这样做的目的，无非发挥乘数四两拨千斤的神奇功力，拉动经济快速回升。

（二）政府收入乘数

政府收入乘数又叫赋税乘数，是指政府增加或减少税收所引起的国民收入变动的程度。由于政府的收入主要来源于税收，所以，税收增加，国民收入减少；税收减少，则国民收入增加。

如果用 K_T 代表政府收入乘数，ΔT 代表税收的变动额，则

$$K_T=\frac{\Delta Y}{\Delta T}$$

根据乘数理论，并把消费支出看成投资，则

$$\frac{\Delta Y}{\Delta C}=\frac{1}{1-c};\Delta Y=\frac{\Delta C}{1-c}$$

消费增量(ΔC)与税收增量(ΔT)两者之间的关系表现为反方向变动关系，即税收增加会使消费量减少，用公式可以表示为 $\Delta C=-\Delta T$。但是，并非税收的增加量就一定是消费的减少量，因为政府如果不增加这些税收 ΔT，消费者也未必把它们(ΔT)全部用于消费，这还要取决于边际消费倾向(c)的大小。所以，根据消费增量与税收增量的这种关系，征税额变动后的消费变动的绝对值应该是征税变动额(ΔT)与边际消费倾向(c)之乘积。即

$$\Delta C=-c\cdot\Delta T;\Delta T=\frac{\Delta C}{-c}$$

将上式代入政府收入乘数公式可得

$$K_T=\frac{\Delta Y}{\Delta T}=\frac{\frac{\Delta C}{1-c}}{\frac{\Delta C}{-c}}=\frac{-c}{1-c}$$

即

$$K_T=\frac{-c}{1-c}$$

税收乘数来自两个方面，一是税收绝对量变动对总收入的影响，一是税率变动对总收入的影响。不管哪一种，税收乘数通常为负数。这不难理解：乘数为负数，意味着收入与税收反方向变动，税收增加，收入降低；税收减少，收入增加。究其原因，是因为税收与可支配收入，就如一块蛋糕，税收部分切大点，人们的可支配收入部分就少点，如果消费倾向不变的话，可支配收入减少了，将导致消费减少。假如，税收乘数为-5，那么，政府减税 100 亿元，则国民收入增加 500 亿元。反之，政府增加税收 100 亿元，国民收入就减少 500 亿元。

(三)平衡预算乘数

平衡预算指政府支出与收入相等，平衡预算乘数指平衡预算的财政政策对国民收入的乘数效应。平衡预算乘数等于政府支出乘数与政府收入乘数之和。如果用 K_B 代表平衡预算乘数，则

$$K_B=K_G+K_T=\frac{1}{1-c}+\frac{-c}{1-c}=1$$

即

$$K_B=K_G+K_T=1$$

这意味着在预算平衡的情况下，政府支出仍有增加国民收入的作用，只不过国民收入增加额与政府支出相等。因为政府支出乘数大于税收乘数，前者对国民收入的积极作用大于后者对国民收入的消极作用。假设税收增加 1 亿元，同时政府支出也增加 1 亿元，从财政角度看，账面收支相抵，预算仍是平衡的。但税收和支出的增加，带来的效果却大不相同。假设社会的边际消费倾向是 0.8，税收增加 1 亿元，使居民的可支配收入减

少了1亿元，由于边际消费倾向的存在，消费支出并没有减少1亿元，而是8 000万元；而政府支出增加的1亿元，却是实实在在，没有打折扣。两者相抵后，仍使总需求增大。

四、乘数的运用

在经济分析中，乘数是十分有用的。在20世纪80年代末，美国的边际支出倾向接近0.5，可支配收入的边际消费倾向为0.9，国民收入中的可支配收入接近2/3，所以，消费支出是国民收入的60%，国民收入的边际消费倾向为0.6。进口量在国民收入中将近15%，边际进口倾向为0.15，即边际支出倾向为0.45(0.6－0.15)，这时的乘数为

$$K=\frac{1}{1-0.45}=1.82$$

那么，在经济衰退与复苏时期，乘数的数值会有什么变化呢？表10-1反映的是美国不同时期的乘数。

表10-1　**美国不同时期的乘数**　单位：10亿美元

年份	自发支出变动	引致支出变动	实际国民收入变动	乘数
1960～1987	1 121.9	1 032.4	2 154.3	1.92
1974～1975	－99.8	65.5	－34.4	0.34
1981～1982	－117.1	3.3	－82.8	0.71
1982～1983	50.3	62.8	113.1	2.25
1983～1987	383.3	157.2	540.5	1.41

资料来源：《1988年总统经济报告》，第250-251页

表10-1中的第一行表明1960～1987年，乘数的平均值为1.92。表中的乘数是用自发支出变动量除以实际国民收入变动量得出的。自发支出的变动量包括投资、政府购买和出口变动量之和，引致支出的变动量为消费减进口的变动量。第二行与第三行是两个衰退年份的乘数。1974～1975年的衰退是由于石油价格急剧上升引起的投资减少。1981～1982年的衰退是由于高利率和悲观的利润预期所引起的投资减少。在这两个衰退时期，尽管自发支出减少了，但引致支出增加了。结果，实际国民收入的减少小于自发支出的减少。在这两个衰退时期中，乘数都小于1。第四行和第五行是两个复苏阶段。这两个阶段的乘数大于衰退时期的乘数。

衰退时期乘数小而复苏时期乘数大的原因在于边际消费倾向。在复苏开始时，人们预期收入的增加是长期的，从而边际消费倾向就高。当经济周期处于衰退时期，人们预期收入的变动是暂时的，从而边际消费倾向就低。在两个衰退开始时收入减少，人们认为他们所面临的收入损失是暂时的，他们并不减少消费。消费支出增加了，但仍小于没有衰退时的消费支出。因此，消费的增加就是对阻碍经济增长的暂时性因素的一种理性反映。由于消费支出并没有减少，衰退的严重程度就有所减弱。乘数小于1，而且，消费在某种程度上起到了减震的作用。当经济进入复苏、收入增加时，人们认为收入增加中的大部分是持久的。结果，消费的增加增强了自发性支出的增加，乘数大于1。

案例分析10-2　“四万亿”投资的乘数效应

2008年第四季度，受到国际金融危机影响，我国经济遇到巨大困难，政府果断决策，

再度重启积极财政政策，并提出在未来两年多时间投入4万亿元实施十项扩大内需政策，投资规模和力度之大历史罕见，彰显中央力保经济平稳较快增长的信心和决心。

国家统计局公布的2009年前两个月统计数据，已然呈现一抹亮色。然而，除财政投资外，当前最重要的是要拉动社会资本、民间资本参与进来，实现投资的乘数效应。惟其如此，才有可能真正刺激经济全面复苏。

沉睡的民间资金究竟有多少？按照温家宝总理会见出席中国发展高层论坛外方代表时所说，中国的整个储蓄达到46万亿元，其中居民储蓄达到20万亿元，中国的流动性是充裕的。

释放民间投资热情有多重要？还是在上述场合，温总理郑重表示：中国刺激经济的一揽子计划不仅仅是两年内完成的4万亿元投资。中国的财政投入还要带动社会投资，特别是民间投资。

事实上，仅在2009年“两会”期间，温家宝即多次强调要激发民间投资。他在浙江代表团发表讲话说，我们应对国际金融危机的冲击，离不开民营经济和民间资本的重要作用。国家出台的一揽子保增长的措施能不能见到实效，真正起到“四两拨千斤”的作用，关键看市场机制的作用发挥得如何，看带动社会资金和民间资金投入多少。

评析：政府投资具有乘数效应，政府增加投资能够增加国民收入。当前，我国受国际金融危机影响，国外需求不振，经济遇到困难，为此，必须启动内需。政府投资能够扩大国内需求，并且通过乘数效应，带动民间投资，从而促进经济增长，增加国民收入。

问题：什么是乘数？乘数有哪些作用？试结合案例说明政府支出乘数的作用。

第三节　*IS-LM* 模型

在简单的国民收入决定模型中，假定利率是不变的。那么利率如果发生变动，均衡的国民收入水平与利率又是怎样在相互作用过程中同时被决定呢？英国经济学家J·R·希克斯和美国经济学家A·H·汉森同时考察了商品市场和货币市场的均衡，提出了著名的“汉森-希克斯模型”，即*IS-LM*模型，以说明在商品市场和货币市场同时均衡时，利率与国民收入间的相互关系。这里*I*是指投资，*S*指储蓄，*L*指货币需求，*M*指货币供给。

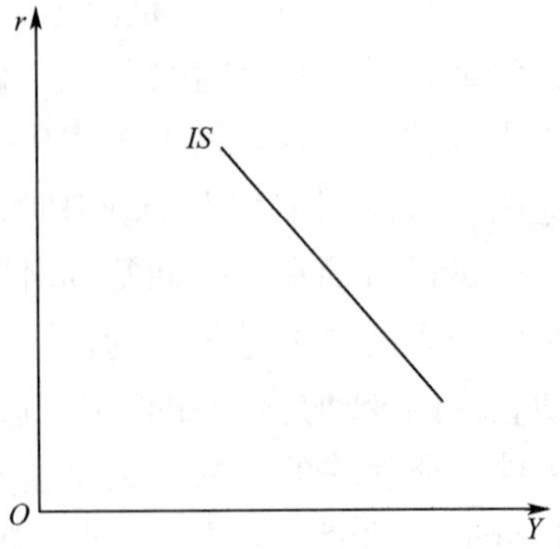

图10-6　*IS*曲线

一、*IS* 曲线

*IS*曲线是描述商品市场达到均衡，即投资等于储蓄($I=S$)时，国民收入与利率之间存在反向变动关系的曲线。如图10-6所示。

在图10-6中，横轴*OY*表示国民收入，纵轴*Or*表示利率，*IS*曲线上任意一点都是$I=S$，即商品市场实现了均衡。*IS*曲线向右下方倾斜，斜率为负，表明在商品市场实现均衡时，利率与国民收入反方向变动，即利率高则国民收入低，利率低则国民收入高。或者说，当国民收入增加时，利率必须下降，国民收入减少时，利率必须上升。

在商品市场上利率与国民收入反方向变动是因为在通常情况下利率与投资成反方向变动，利率上升，投资将减少，从而导致国民收入减少；反之，亦然。

二、LM 曲线

LM 曲线是描述货币市场达到均衡，即货币需求等于货币供给（$L=M$）时，国民收入与利率之间存在同向变动关系的曲线。如图 10-7 所示。

在图 10-7 中，*LM* 曲线上任意一点都是 $L=M$，即货币市场实现了均衡。*LM* 曲线向右上方倾斜，斜率为正，表明在货币市场实现均衡时，利率与国民收入同方向变动，即利率高则国民收入高，利率低则国民收入低。或者说，当国民收入增加时，利率必须上升，国民收入减少时，利率必须下降。

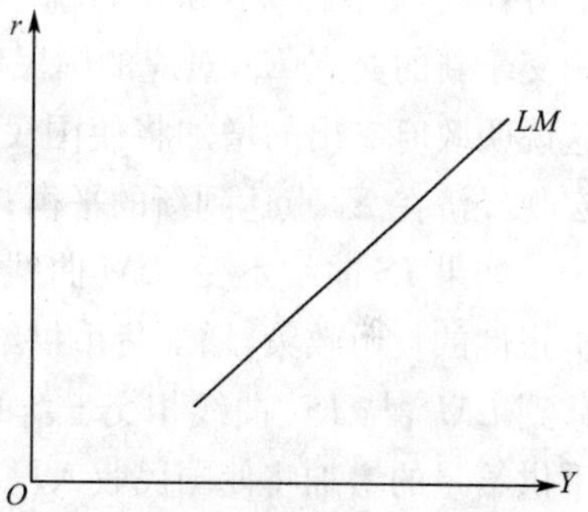

图 10-7　*LM* 曲线

在货币市场上利率与国民收入同方向变动可以用凯恩斯主义的货币理论来解释。它认为货币需求（L）由交易需求与预防需求（L_1）和投机需求（L_2）组成。L_1 取决于国民收入，与国民收入同方向变动，L_2 取决于利率，与利率反方向变动。货币的供给（M）指实际货币供给量，由中央银行的名义货币供给量与价格水平决定。当货币供给量既定时，如果交易需求与预防需求（L_1）增加，为了保持货币市场的均衡，则投机需求（L_2）必然减少。L_1 的增加是国民收入增加的结果，而 L_2 的减少又是利率上升的结果。因此，在货币市场实现了均衡时，国民收入与利率间必然是同方向变动的关系。

三、IS-LM 模型

前面分别讨论了商品市场的均衡和货币市场的均衡。如果把 *IS* 曲线和 *LM* 曲线结合在一起，放在同一张图上，就可得到商品市场与货币市场同时均衡时，利率与国民收入之间的关系，这就是 *IS-LM* 模型，如图 10-8 所示。

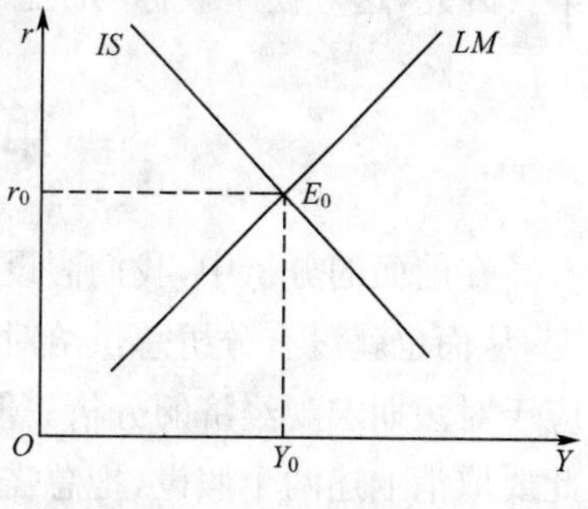

图 10-8　*IS-LM* 模型

在图 10-8 中，*IS* 曲线与 *LM* 曲线相交于 E_0 点，在该点上商品市场与货币市场同时达到均衡，这时候决定了均衡的利率水平为 r_0，均衡的国民收入水平为 Y_0。而且，也只有在利率水平为 r_0，国民收入水平为 Y_0 时，两个市场才能同时达到均衡。任何偏离 E_0 点的利率和国民收入的对应点（即在 E_0 点之外的点）都不能实现两个市场的同时均衡，这时经济处于非均衡状态，市场经济本身的力量将使失衡向均衡状态运动，最终实现两个市场同时均衡，即达到均衡点 E_0。

四、均衡收入的变动

以上讨论了在 *IS* 曲线和 *LM* 曲线既定的条件下商品市场和货币市场的均衡。然而，如果 IS 曲线与 LM 曲线变动了，则均衡利率和均衡国民收入就会发生相应的变化。IS 曲线的移动可能源自几个方面的因素：利率之外的其他因素所引起的投资变动、消费变动、政府支出变动或净出口变动；LM 曲线的移动主要源自货币供给量的变动。

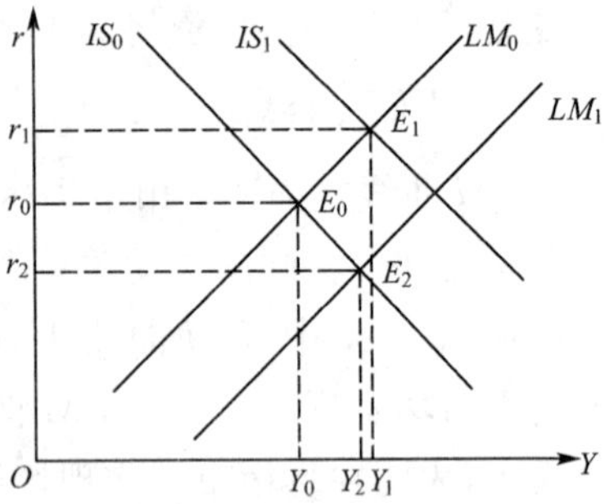

图 10-9 均衡收入的变动

如果 LM 曲线不变，IS 曲线变动。例如政府实行扩张性的财政政策，增加政府支出，则 IS 曲线将向右上方移动，如图 10-9 所示，IS_0 移到 IS_1，与 LM_0 曲线相交于新的交点 E_1，对应的国民收入为 Y_1，利率为 r_1。这说明政府支出的增加将使国民收入增加，利率上升，宏观经济在 E_1 点达到新的平衡；反之则反。

如果 IS 曲线不变，LM 曲线变动。例如政府实行扩张性的货币政策，增加货币供给量，则 LM 曲线将向右下方移动，如图 10-9 所示，LM_0 移到 LM_1，与 IS_0 曲线相交于新的交点 E_2，对应的国民收入为 Y_2，利率为 r_2。这说明货币供给量的增加将使国民收入增加，利率下降，宏观经济在 E_2 点达到新的平衡；反之则反。

如果 IS 曲线和 LM 曲线同时变动，则 IS 曲线与 LM 曲线的新的交点将随 IS 曲线、LM 曲线变动的方向和程度而不同。

IS-LM 曲线分析了消费、投资、货币需求，以及货币供给等如何影响国民收入水平与利率。这一模型不仅精炼地概括了总需求分析，而且可以用来分析财政政策和货币政策。因此，这一模型被称为凯恩斯主义宏观经济学的核心。

第四节　总供求模型

在前面的分析中，我们假设总供给可以适应总需求的增加而增加，以及价格水平不变，从而也就没有分析总供给对国民收入决定的影响以及价格的决定。这种分析比较适应于对短期宏观经济的分析。但在现实中，总供给总是有限的，价格水平也是变动的，因此要取消上述两个假设，把总需求与总供给结合起来分析长期宏观经济。

一、总需求曲线

凯恩斯的均衡国民收入分析用总支出曲线说明了总支出与实际国民收入（也就是实际国内生产总值）的关系。现代经济学家不是通过总支出曲线来说明总供求均衡，因此，必须将其转换为总需求曲线进行分析。

我们首先列出总需求表，总需求表反映了当其他影响购买支出的因素不变时，在每一价格水平上的实际国内生产总值的需求量。再依据需求表绘制总需求曲线，总需求曲线用图形表示就是与某种价格水平相对应的实际国内生产总值的需求量。因此，总需求是指实际国内生产总值需求量与物价水平之间的整体关系。可以用表 10-2 反映这种关系。

表 10-2 **总需求表**

	物价水平(GDP 折算数)	实际国内生产总值(万亿元)
a	100	5.5
b	120	4.5
c	140	3.5

根据表 10-2 可以作出总需求曲线,如图 10-10 所示。

在图 10-10(a)中,横轴 OY 代表实际国内生产总值,纵轴 OP 代表物价水平,连接各点的 AD 曲线为总需求曲线。总需求曲线表示了在其他影响因素不变的情况下物价水平与实际国内生产总值之间的关系。从图中可以看出,这两者是反方向变动关系,即总需求曲线向右下方倾斜,这就是说,当物价水平高时,实际国内生产总值的需求量低;当物价水平低时,实际国内生产总值的需求量高。

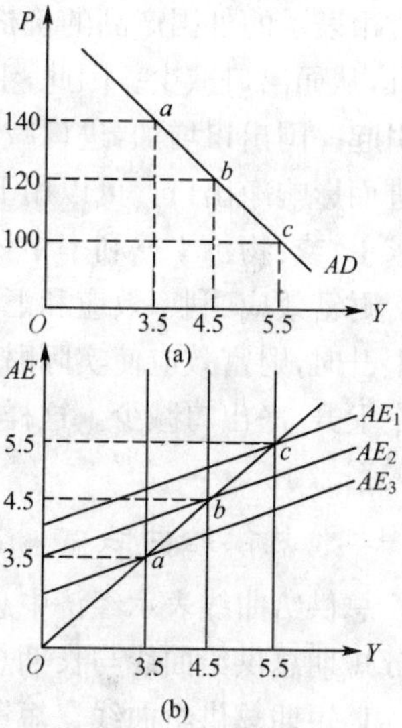

图 10-10 总需求曲线

现代经济学家通过物价变动对总支出和总需求的影响,来说明总支出曲线与总需求曲线的相互关系。如图 10-10(b)所示,横轴 OY 代表实际国内生产总值,纵轴 AE 代表总支出。当图 10-10(a)中的物价水平较低时,图 10-10(b)中的实际总支出较大,反之,则实际总支出较小。例如:当物价水平为 100 时,总支出曲线 AE_1 与 45°线相交于 c,均衡的支出为 5.5 万亿元;当物价水平为 120 时,总支出曲线 AE_2 与 45°线相交于 b,均衡的支出为 4.5 万亿元;当物价水平为 140 时,总支出曲线 AE_3 与 45°线相交于 a,均衡的支出为 3.5 万亿元。我们也可以这样理解,物价水平与实际总支出反向变动,引申出了总需求曲线。

总需求曲线分析的意义可以有:

第一,总需求曲线与财富效应。人们的消费需求取决于收入和财富的多少,收入和财富增加,必然引起消费增加。财富取决于物价水平的高低,这是因为财富可以分为实际财富与名义财富。在名义财富不变时,实际财富取决于物价水平。如果物价水平下降,实际财富就会增加;相反,实际财富就会减少。因此,财富效应是指物价水平的变动会改变人们所拥有的金融资产的实际价值从而影响实际消费。当物价水平上升时,实际财富就会减少,消费也会随之减少;相反,实际财富就会增加,消费也会随之增加。由于消费是总需求的一个组成部分,所以,物价水平与总需求呈反方向变动关系。可以用下列关系式表示:物价水平↑(表示增加)→实际财富↓(表示减少)→消费↓→总需求↓,或:物价水平↓→实际财富↑→消费↑→总需求↑。

第二,总需求曲线与利率效应。影响投资需求的因素很多,其中一个重要的因素就是利率,因为利率决定了投资的成本。当人们为追求利润最大化进行投资时,如果利率上升,则会导致投资成本增加,扣除成本后的净利润率就会下降,投资必然减少;相反,则会导致投资成本减少,扣除成本后的净利润率上升,投资必然增加,所以,投资与利率呈反方向变动。利率效应就是物价水平通过对利率的影响而影响投资。因此,从投资的角度看,总需求与物价水平呈反方向变动关系。可以用下列关系式表示:物价水平↑→实际货币量↓→利率↑→投资↓→总需求↓,或:物价水平↓→实际货币量↑→利率↓→投资↑→总需求↑。

第三,总需求与汇率效应。净出口尽管受多种因素影响,但其中最重要的是汇率。一国汇率上升,即相对于外国货币本国货币更值钱,这时,如果外国产品价格不变,用本国货币表示的外国产品的价格下降,从而进口增加,用外国货币表示的本国产品的价格上升,从而出口减少。因此,汇率上升引起一国进口增加,出口减少,净出口减少;汇率下降引起一国出口增加,进口减少,净出口增加。汇率效应就是物价水平通过对汇率的影响进而影响净出口。可以用下列关系式表示:物价↑→利率↑→汇率↑→净出口↓→总需求↓,或:物价↓→利率↓→汇率↓→净出口↑→总需求↑。

财富效应、利率效应和汇率效应分别说明了价格对消费、投资和净出口的影响,当物价上升时,财富效应使实际财富减少,消费减少;利率效应使投资减少;汇率效应使一国汇率上升,净出口减少。这样,物价上升就引起总需求减少。这正是总需求曲线所表明的关系。

二、总供给曲线

总供给曲线表示经济中总供给与物价水平之间的关系。分析总供给曲线时,一定要区分短期总供给曲线与长期总供给曲线。

1. 短期总供给曲线。短期中总供给的大小取决于多种因素,在这里我们分析物价水平对短期总供给的影响,短期总供给曲线是反映短期中总供给与物价水平之间关系的一条曲线。如图 10-11(a)所示。

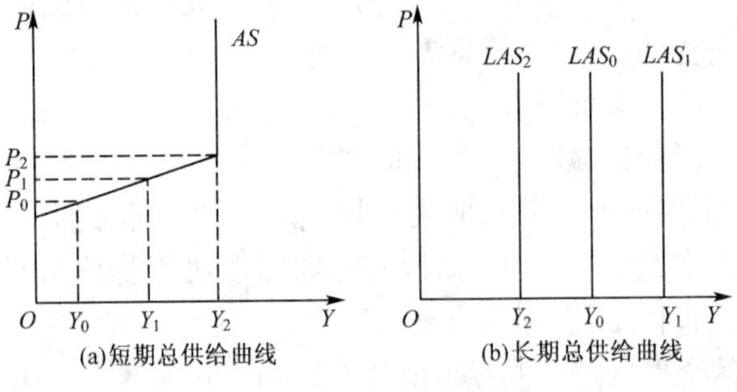

图 10-11 短期总供给曲线和长期总供给曲线

在图 10-11(a)中,AS 代表短期总供给曲线,并分为两部分,一部分向右上方倾斜,表示总供给随物价水平的上升而上升。另一部分短期总供给曲线是向上垂直的,表示总供给要受经济中资源与其他因素的制约,不可能随物价的上升而无限增加。当总供给增加到 Y_2 时,无论物价水平如何上升,总供给都无法增加,因此成为一条垂线。这是与总需求曲线的不同之处。

2. 长期总供给曲线。在长期中引起短期总供给曲线向右上方倾斜的原因都不存在。因此,长期中总供给曲线是一条垂线。长期总供给曲线是一条表示总供给与物价水平之间不存在任何关系的垂线。如图 10-11(b)所示。

这时重要的是确定长期总供给曲线的位置。长期总供给也就是充分就业的总供给，即充分就业 GDP 或潜在 GDP。潜在 GDP 取决于制度、资源与技术进步。因此，我们可以根据这些因素确定长期总供给曲线的位置。随着潜在 GDP 的变动，长期总供给曲线也会移动。正常情况下，长期总供给曲线随经济增长而向右方平行移动，如果发生自然灾害或战争，一个经济社会的生产能力被破坏，长期总供给曲线也会向左移动。在图 10-11(b)中，由于制度、资源与技术进步决定的潜在 GDP 为 Y_0，长期总供给曲线为 LAS_0。随着经济增长，长期总供给曲线向右移动到 LAS_1，潜在 GDP 增加为 Y_1。如果发生了不利于经济生产能力的冲击，则长期总供给曲线向左移动到 LAS_2，潜在 GDP 减少为 Y_2。

三、总供求模型中的收入决定

在了解总需求曲线与总供给曲线的基础上，我们就可以建立总需求-总供给模型。总需求-总供给模型是用来说明均衡的国民收入（也就是国内生产总值）与物价水平的决定的。

把总需求曲线与短期总供给曲线放在一个图上就可以得出总需求-总供给模型，如图 10-12 所示。

在图 10-12 中，总需求曲线 AD 与短期总供给曲线 AS 相交于 E 点，决定了均衡的国内生产总值为 Y_0，均衡的物价水平为 P_0。这时总需求与总供给相等，实现了宏观经济的均衡。

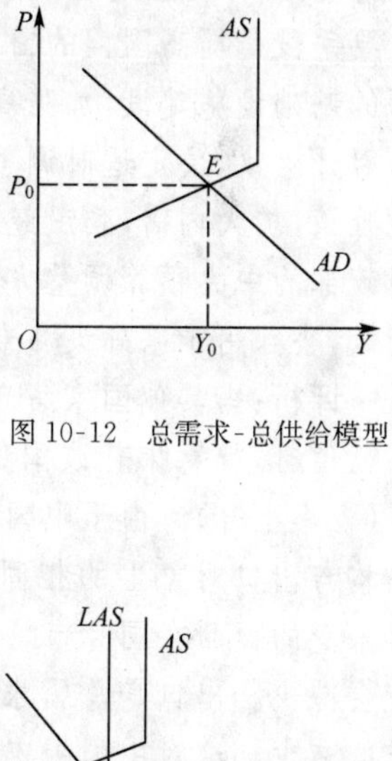

图 10-12　总需求-总供给模型

总需求-总供给模型决定的是均衡的国内生产总值，但要注意的是，均衡的国内生产总值并不一定等于充分就业的国内生产总值。总需求与短期总供给决定的均衡的国内生产总值可能大于、小于或等于充分就业的国内生产总值。到底会出现哪一种情况取决于不受物价水平影响的潜在总供给。因此，我们为了说明这一点，必须在总需求-总供给均衡的图形中引入长期总供给曲线。如图 10-13 所示。

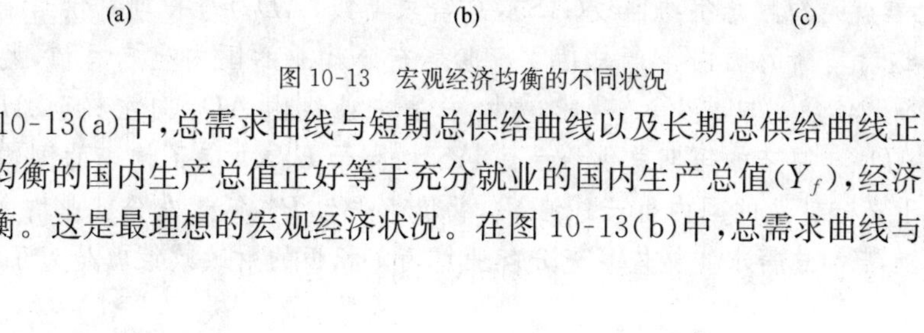

图 10-13　宏观经济均衡的不同状况

在图 10-13(a)中，总需求曲线与短期总供给曲线以及长期总供给曲线正好相交于一点。这时均衡的国内生产总值正好等于充分就业的国内生产总值（Y_f），经济中实现了充分就业均衡。这是最理想的宏观经济状况。在图 10-13(b)中，总需求曲线与短期总供给曲线相交时,长期总供给曲线在交点的左边。这时均衡的国内生产总值为(Y_0),大于充分就业的国内生产总值Y_f. 这种均衡称为大于充分就业的均衡。这时,资源得到过度利用,资源短缺使资源价格上升,最终会引起物价上升,因此,存在通货膨胀的压力,经济过热。在图10-13(c)中,总需求曲线与短期总供给曲线相交时,长期总供给曲线在交点的右边。这时均衡的国内生产总值为Y_0,小于充分就业的国内生产总值(Y_f)。这种均衡称为小于充分就业的均衡。这时,资源没有得到充分利用,经济中存在失业。

在上述三种均衡中,只有图10-13(a)表示的充分就业均衡是理想的,其他两种均衡无论是通货膨胀还是失业都不理想。宏观经济学正是要从总需求和总供给的角度说明引起后两种均衡的原因,并力求实现第一种充分就业均衡。

案例分析 10-3　人民币不贬值对宏观经济的影响及调节方法

1997年亚洲金融危机爆发时,东南亚各国货币纷纷大幅度贬值,作为一个负责任的大国,中国政府坚持人民币不贬值的承诺。但由此我国的出口受到了极大的影响。同时,我国国内市场需求不振,投资增长乏力,经济增长速度回落,中国经济面临着严峻的考验。中国政府审时度势,果断地调整了宏观经济政策,由适度从紧的财政货币政策向稳健的货币政策、积极的财政政策转换。1998年3月,在九届全国人大第一次会议记者招待会上,朱镕基总理提出了确保1998年经济增长8%的目标,并指出"实现这些目标的主要手段是提高国内的需求。这个需求就是加强铁路、公路、农田水利、市政、环保等方面的基础设施建设,加强高新技术产业的建设,加强现有企业的技术改造。"之后,中国政府召开会议,决定适时调整宏观经济政策的目标和方向,及时提出了采取更加有力的财政政策,扩大内需,刺激经济增长。1998年8月,全国人大常委会第四次会议审议通过了财政部的中央预算调整方案,决定增发1 000亿元国债,同时,配套增加1 000亿元银行贷款,全部用于基础设施专项建设资金。至此,中国积极的财政政策正式启动。

评析:当其他国家货币贬值(汇率下降)而一国货币不贬值时,就意味着该国货币相对于其他国家货币升值了(汇率上升)。由于中国和东南亚许多国家在出口产品结构与出口对象上的相同。人民币相对升值,使国内价格未变的商品在国际市场上价格上升。这样中国的出口就会减少。出口是总需求的一部分,出口减少引起总需求的减少。这对中国的宏观经济状况的影响可以用总需求-总供给模型来分析。如图10-14所示。

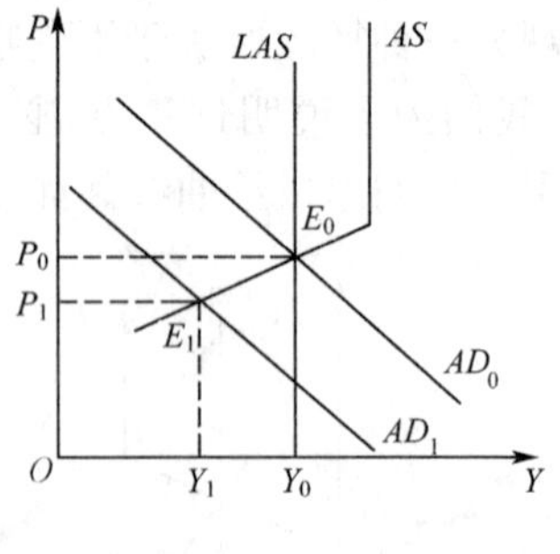

图10-14　人民币不贬值与宏观经济均衡

在图10-14中,中国原来的经济处于充分就业均衡状态,从图上看就是短期总供给曲线(AS),总需求曲线(AD_0)与长期总供给曲线(LAS)相交于E_0。这时均衡的国内生产总值Y_0,也是充分就业的国内生产总值,物价水平为P_0。人民币不贬值使出口减少,总需求减少,总需求曲线由AD_0向左移至AD_1。这时,总需求曲线AD_1与原来的短期总供给曲线AS相交于E_1,决定了均衡的国内生产总值为Y_1,Y_1小于充分就业的国内生产总值Y_0,物价水平为P_1,低于充分就业均衡时的物价水平P_0。只有增加总需求才能恢复充分就业均衡。积极的财政政策就是为了扩大内需,增加总需求而提出来的。

问题：总需求变动对国民经济有何影响？结合上述案例分析1998年中国政府出台积极财政政策的原因及效果。

本章小结

1. 总供给（*AS*）是一个经济社会在一定时期内所生产出来的所有物品和劳务的数量总和，也就是一个经济的总产出，其市场价值总和构成该社会这一时期的GDP总量。总需求（*AD*）是一个经济社会中所有成员对最终产品和劳务的有效需求之和。

2. 宏观经济均衡是指当各种相互作用的宏观经济变量之间达到某种平衡，彼此不再变动时，经济处于一种相对稳定的状态。宏观经济均衡是在总需求与总供给的相互作用中实现的，当经济中的总供给等于总需求时，宏观经济就实现了均衡。

3. 消费是总需求中最主要的部分，影响消费的主要因素是收入，收入越高，消费水平越高。收入中用于消费之外的部分是储蓄，收入也是影响储蓄的主要因素，两者是正相关关系。

4. 国民收入在宏观经济均衡中决定，当总支出等于总收入时，就实现了宏观经济均衡。国民收入的均衡条件为：$I=S$。

5. 乘数是最初支出增加所引起的国民收入增加的倍数，即K，$K=1/(1-c)$。总需求任何部分的变动如消费支出的变动、政府支出的变动、投资支出的变动、税收的变动、净出口的变动都具有乘数效应。乘数产生的原因是国民经济活动的相互关联性。

6. *IS*曲线是描述商品市场达到均衡，即投资等于储蓄（$I=S$）时，国民收入与利率之间存在反向变动关系的曲线。*LM*曲线是描述货币市场达到均衡，即货币需求等于货币供给（$L=M$）时，国民收入与利率之间存在同向变动关系的曲线。*IS-LM*模型说明在商品市场和货币市场同时均衡时，利率与国民收入间的相互关系。

7. 总需求曲线就是用图形表示与某种价格水平相对应的实际国内生产总值的需求量。总供给曲线表示经济中总供给与物价水平之间的关系。分析总供给曲线时，要区分短期总供给曲线与长期总供给曲线。

关键概念　总供给　总需求　均衡的国民收入　消费函数　自发消费　引致消费　边际消费倾向　平均消费倾向　储蓄函数　平均储蓄倾向　边际储蓄倾向　乘数　*IS*曲线　*LM*曲线　*IS-LM*模型

复习思考题

1. 单项选择题

(1)均衡的国民收入是指(　　　)。

A. 一国每年所生产的产品的货币价值

B. 总需求大于总供给时的收入

C. 总需求小于总供给时的收入

D. 总需求等于总供给时的国民收入

(2)边际消费倾向与边际储蓄倾向之和(　　)。

A. 等于1　　B. 大于1　　C. 小于1　　D. 等于0

(3)在以下情况中,乘数最大的是(　　)。

A. 边际消费倾向为0.6　　B. 边际消费倾向为0.4

C. 边际消费倾向为0.75　　D. 边际消费倾向为0.2

(4)在 IS 曲线和 LM 曲线的交点(　　)。

A. 商品的供给等于商品的需求

B. 实际货币供给等于实际货币需求

C. 商品市场和货币市场同时处于均衡状态

D. 消费等于储蓄

2. 问答题

(1)什么是均衡的国民收入,均衡国民收入是如何决定的?自发总需求的变动对均衡国民收入会产生怎样的影响?

(2)根据下列资料试计算平均消费倾向、边际消费倾向、平均储蓄倾向、边际储蓄倾向。假如一个社会的总收入是1 000亿元,其中的消费是600亿元。如果收入增加到1 200亿元时,则消费增加到700亿元。

(3)什么是乘数?如何理解乘数的"双刃剑"特征。

(4)假定边际消费倾向为0.8(按两部门计算 K_G 和 K_T),政府同时增加20万元政府购买支出和税收。试求:

①政府购买支出乘数 K_G;

②税收乘数 K_T;

③ΔG 为20万元时的国民收入增长额;

④ΔT 为-20万元时的国民收入增长额。

(5)假设经济起初处于小于充分就业时的国民收入均衡的状态。在以下连续四年中,发生了这样一些经济事件。

第一年:政府增加对物品与劳务的购买;

第二年:石油输出国组织提高石油价格;

第三年:中央银行增加货币供给量;

第四年:中央银行减少货币供给量。

请分析:①用一个图说明这四件事引起的一系列变化及结果。

②描绘出这些年实际国内生产总值变动,并解释变动的原因。

实训指导

主题:分析论证我国2000年~2007年居民消费支出、政府购买支出、国内投资支出和进出口分别在GDP中所占的比例及变化,并进行宏观经济分析。

要求:1.运用国内生产总值和总需求函数的有关知识,计算有关总量和相对量数据;

2.分析统计数据,说明居民消费支出、政府购买支出、国内投资支出和进出口变动的基本状况。

建议:1.查阅中经专网,收集2000～2007年宏观经济数据;

2.计算居民消费支山结构、居民消费支出贡献率并进行分析;

3.计算政府消费支出结构、政府消费支出贡献率并分析;

4.计算国内投资支出结构、国内投资支出贡献率并分析;

5.编写分析报告。

阅读书目

[1] 曼昆.经济学原理(下).梁小民,译.北京大学出版社,2004.

[2] 刘树成.我国五次宏观调控比较分析.经济日报,2004年6月29日第9版.

[3] 高鸿业.西方经济学.中国人民大学出版社,2000.

[4] 辛宪.西方经济学形象导读.中国国际广播出版社,1999.

[5] 张淑云.经济学——从理论到实践.化学工业出版社,2004.

第十一章

宏观经济政策

知识目标

理解宏观经济政策的目标和工具，掌握财政政策、货币政策的内容与运用。

技能目标

能够理解宏观经济政策的意义和现实社会中政府发布各种宏观经济政策的意图，学会分析宏观经济政策在现实世界的运用，具备解读各种宏观经济政策的能力。

导入新课

2007 年与 2008 年对于中国股民来说是两个大起大落的特殊年份。2007 年的有买必赚造就了无数的股市暴发户，多少人蜂拥入证券市场，炒股票、炒基金。2007 年 4 月 30 日的股票、基金日开户总数为 1 083 931 户。这是有史以来日开户数的最高纪录。2008 年的股市大滑坡又使多少闻风而动卖房炒股，甚至是贷款炒股的投机者们血本无回、倾家荡产。这股市的一热一冷反映的也正是我国经济的过热与低迷的状况。政府在这两年中采取的经济政策可谓层出不穷。例如，出现次数最多的是对银行存款准备金率的调整，在 2007 年 1 月 15 日到 2008 年 9 月 25 日之间，共计十六次调高。2007 年一年内连续六次调高银行存款基准利率，而 2008 年下半年却连续五次下调。再如，财政部对证券（股票）交易印花税税率的调整，2007 年 5 月 30 日由 1‰ 提高为 3‰，2008 年 4 月 23 日又由 3‰重新调整为 1‰，2008 年 9 月 19 日起，调整证券交易印花税政策，由双边征收改为单边征收，税率保持 1‰。

这一系列的调整究竟意味着什么呢？其实这些调整就是政府在运用宏观经济政策工具对宏观经济进行调控。提高银行存款准备金率的目的是为了降低银行的信贷能力，间接地调整货币供应量以避免经济过热产生通货膨胀。调高证券交易印花税税率会增加交易成本，一部分投资者可能会因为交易成本的升高而放弃频繁买卖股票，从而达到降低股市活跃程度的效用。而降低证券交易印花税率等同于降低了交易成本，能增强投资者信心，促进股市的发展。

就一个国家的宏观经济而言，经济增长过快或过慢，都不是好现象。为了使国家的总供给与总需求达到平衡，政府需要运用各种政策工具不断地对宏观经济政策进行调整。

本章将介绍政府调节宏观经济的必要性、目标和政策工具，重点介绍财政政策和货币政策。

第一节　凯恩斯革命与需求管理

介绍宏观经济政策之前必须论证政府调节宏观经济的必要性，而这首先要从分析市场经济的弊端开始。

一、市场经济的弊端

亚当·斯密在他的著作《国富论》中敦促国家采取自由放任政策，让市场这只看不见的手来决定合意的产出组合。在他看来，市场机制是一个有效的机制，能决定生产什么，如何生产，甚至是支付多少的报酬。由于市场销量和价格在向消费者和生产者传递信息并指导着市场的运作，政府对经济的干预显得多余。然而，事实是，市场并不能完全反映社会需求的长期趋势，难以自动地实现社会总供给与社会总需求的均衡。因此，市场并不是一直都能运转得很好，存在自身难以克服的弊端。

1. 市场调节的滞后性

市场对资源配置的调节是一种事后的调节，会引起经济波动。虽然价格机制是市场机制中最有效的调节机制，通过价格的变动能反映市场供求状况，从而达到调节生产的目的，但供给量的变动却难以与价格的变动同步。例如，产品价格上升，企业就会增加市场供给，但由于各方面条件的限制而难以同步；产品价格下降，企业就会减少市场供给，但对已经生产出的产品却不得不降价销售，或形成积压造成浪费。

2. 市场无法解决收入分配的差距问题

在市场经济中，商品和服务的分配亦很难找到最优的方式。市场机制按照人们在市场中的贡献付给报酬，自然高收入者有能力消费更多的产出，而低收入者只能获得极少的商品和服务。这样的市场分配使社会的贫困率居高不下，贫富悬殊过大。

3. 市场无法解决社会目标问题

市场经济遵循的原则是利益最大化，但这一原则会带来一系列问题，如失业、通货膨胀、两极分化等。这显然与社会管理的目标背道而驰。

4. 市场不能自行维护市场秩序

维护市场秩序，包括保护市场交易双方的合法权益，打击假冒伪劣商品和其他违法侵权行为，保护有效竞争，消除人为垄断，这一系列问题的解决只有通过政府运用法律等手段方能有效。

此外，市场自身无法消除垄断，无法克服外部不经济，无法提供公共物品。

诸多的市场经济弊端导致市场在完全自由运作时问题不断。如何解决市场经济存在的问题呢？新的经济理论应运而生，其主要观点在于市场机制只有在政府干预这只“看得见的手”的控制下才能更好地发挥作用。

二、凯恩斯革命

1929 年至 1933 年爆发了席卷世界、规模空前的经济大危机，产品滞销，企业倒闭，工人失业，信用崩溃，资本主义经济陷入了长期萧条状态。宣扬市场自我调节、无危机发展的传统经济学由于无法解释这一生产过剩的现象而开始衰落。与此同时，凯恩斯经济理论在这一大背景下发展起来。

1936 年凯恩斯发表了著名的《就业、利息和货币通论》(简称“通论”)一书。《通论》的发表引起了西方经济学界的极大震动，凯恩斯抨击“供给自动创造需求”的萨伊定律和新古典经济学的一些观点，对资本主义经济进行总量分析，提出了有效需求决定就业量的理论。他主张用扩大总需求的方法来扩大就业并带动经济总量的增长。这种与以往经济学家们的不同的观点和主张被称为是一场革命，史称“凯恩斯革命”。凯恩斯革命的核心内容是，在理论上以有效需求原理否定社会总供求由市场调节自动平衡的理论；在政策主张上反对自由放任，提倡国家干预经济；在分析方法上采用总量分析，代替个量分析，从而创立了现代宏观经济学。

凯恩斯的理论迎合了 1929 年～1933 年大危机后资本主义经济发展的需要，使西方国家政府在思想上摆脱了自由放任主义经济理论的束缚。第二次世界大战后发达资本主义国家相继推行凯恩斯倡导的国家干预经济的政策。由此带来的经济上的发展进一步证实了国家干预经济的必要性。

凯恩斯的有效需求原理，即有效需求决定国民收入的理论是通过总支出函数进行分析的。正如前面分析的那样，总支出函数中的总支出与总收入相等，决定均衡国民收入。如果引入潜在国民收入(充分就业时的国民收入)的概念，可以通过图 11-1 发现需求缺口，凯恩斯称为有效需求不足。

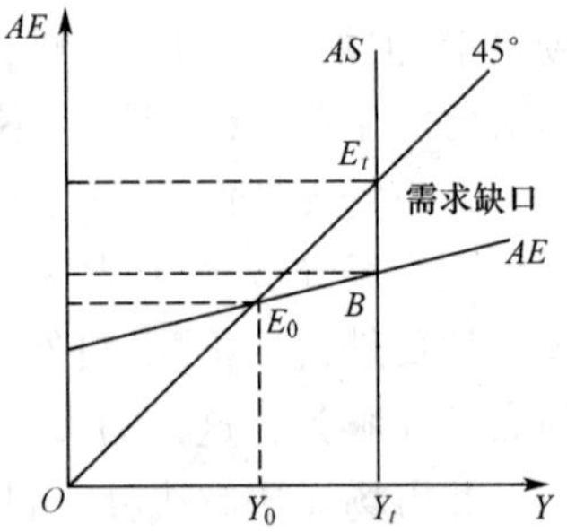

图 11-1 需求缺口

图 11-1 中总支出曲线与 45°线相交于均衡点 E_0，此时，总支出与总收入相等，形成均衡国民收入 Y_0。如果总支出构成社会的有效需求，那么，它不等于总供给，即不等于潜在国民收入，出现了均衡点 E_t 与 B 点之间的需求缺口，表现为总需求小于总供给的状况，即有效需求不足。

凯恩斯用三大心理规律解释有效需求不足形成的原因，它们是：

第一，边际消费倾向递减规律。所谓边际消费倾向递减规律，是指随着收入的增加，消费也会增加，但在增加的收入量中，用于消费的部分所占的比重越来越少，用于储蓄的部分所占的比重越来越大。也就是说，消费量的增加总是小于收入的增加，且在收入增量中的比例呈递减趋势，不论是个人、家庭还是社会，均是如此，按照这个规律，必然会引起消费品需求的不足。

第二，资本边际效率递减规律。所谓资本边际效率递减规律，是指在其他条件不变的情况下，投资越多，生产越多，资本的预期收益势必递减，预期利润率就降低，当降低到利息率以下时，资本家就停止投资。所以，资本边际效率会随着投资的增加呈递减趋势。

第三，流动偏好心理规律。所谓流动偏好心理规律，是指在货币供给一定时，由于人们愿意以货币的形式保持自己的财富和收入，从而对货币产生过大的需求，并使利息率保持在较高的水平，进而阻碍了投资的增长。

上述三大规律说明了造成消费需求和投资需求不足的原因，也就必然造成有效需求不足。

凯恩斯认为,在一般情况下有效需求总是不足的,因而产生了失业和经济危机。同样由于上述原因使消费者和生产者都不能自动地增加有效需求,要克服经济危机、消除失业,只有通过国家加强对经济生活的调节和干预。

凯恩斯认为国家对经济生活的调节和干预是行之有效的,他通过乘数理论加以证明。乘数理论说明,增加投资就可以增加需求,它不是起一次效果,是累进性的,即连锁反应。这也就是说,任何一次投资支出都会增加投资品的生产增加,从而可以增加收入,而收入的增加,也使消费随之增加,从而引起消费品生产的扩大,这样又可以增加就业,如此继续下去,投资变动给国民收入总量带来的影响要比投资本身变动大得多,投资的增加,可能引起国民收入的成倍增加。因而,政府可以通过增加投资等注入类变动,必然产生成倍的调节效果。

三、宏观经济政策目标

宏观经济政策是指国家或政府为了克服市场经济本身所固有的缺陷,促使经济发展,增进社会福利而制定和实施的解决经济问题的指导原则和政策措施。

宏观经济政策的目标主要在于实现一国或一个经济体的充分就业、物价稳定、经济增长和国际收支平衡。

1. 充分就业

充分就业是指不存在周期性失业的一种经济状态。在充分就业的状态下并不是所有劳动者都能就业,有可能存在失业。一般认为,当失业率等于自然失业率时,就实现了充分就业。因为即使经济能够提供足够的空缺职位,失业率也不会等于零,经济中仍会存在摩擦性失业和结构性失业等自然失业。因此,实现充分就业就是把失业率保持在自然失业率的水平,或者说是控制在社会允许的范围之内。

虽然对什么样的失业率水平构成充分就业,经济学家一直没有达成一致的答案。但目前大多数西方经济学家认同的是:最佳失业率应介于4%～6%之间。

2. 物价稳定

物价稳定,不是指各种商品价格都固定不变,也不是指通货膨胀率为零,而是指保持一般价格水平或物价总水平的稳定,维持一个低而稳定的通货膨胀率。物价稳定时的通货膨胀率能为社会所接受,对经济也不会产生不利影响

西方经济学家一般认为每年平均为1%～3%或不超过3%的通货膨胀率是可以接受的,认为通货膨胀率控制在这一变动幅度内即算实现了物价稳定的目标。

3. 经济增长

经济增长是指在一定时期内经济社会所生产的人均产量和人均国民收入的持续增长。经济增长通常以实际国民生产总值或国内生产总值的年平均增长率来衡量。

持续的经济增长是保证国民物质生活水平提高的重要条件。经济增长应达到一个适度的增长率,以使其既能满足社会发展的需要,又是人口增长和技术进步所能及。然而,由于各国所处的经济发展阶段以及资源和技术状况各异,经济增长的速度也各不相同。一般来说,经济处于较低发展阶段国家的经济增长率较高,而处于较高发展阶段国家的经济增长率会较低。故而,很难用具体的增长率数值来规定经济增长。就某一个国

家来说，要实现经济的可持续增长就要根据本国的具体情况，包括资源、技术进步、环境保护等方面的情况来确定与本国国情相符的适度增长率。

4. 国际收支平衡

国际收支平衡是指一国汇率保持稳定，同时进出口大致平衡，达到既无大量的国际收支赤字、又无过度的国际收支盈余的状态。当一个国家的国际收支处于失衡状态时，必然会对国内的经济产生一定的影响，从而限制和影响其他宏观经济政策目标的实现。过度的国际收支赤字会给一国带来沉重的债务负担，而过度的国际收支盈余又会造成资源的闲置。

国际收支平衡不是消极地使一国在国际收支账户上经常收支和资本收支相抵，也不是消极地防止汇率波动，而是使一国国际收支赤字或盈余保持在一定范围内，汇率的变动幅度也相对较小。

以上四个宏观经济政策目标之间存在着矛盾，要同时实现并不容易。例如，要实现充分就业，就必须运用扩张性政策，加速经济增长，但经济增长加速，便会导致物价上涨，而无法实现物价稳定；反之，要控制物价上涨，就要采取紧缩性的政策，放慢经济增长速度，从而导致失业率上升。由此可见，充分就业、经济增长与物价稳定之间存在着矛盾。国际收支平衡与充分就业、物价稳定这些国内经济目标之间也存在着矛盾。

宏观经济政策目标间的矛盾，要求政策制定者或者确定重点政策目标，或者对这些政策目标进行协调。政策制定者在确定宏观经济政策目标时，既要受到自己对政策目标重要程度理解的限制，又要受社会可接受程度的制约。如何对这些目标作出最适当的抉择和取舍，是当代各国政府与经济学者所面临的难题。

资料 11-1　宏观经济政策的形成发展阶段

20 世纪 30 年代以来，宏观经济政策的形成发展大致经历了三个阶段。

第一阶段：从 20 世纪 30 年代到第二次世界大战前。其间，凯恩斯在 1936 年发表的《就业、利息与货币通论》，为各国政府干预经济提供了理论依据。该书从总需求的角度分析国民收入的决定，并用有效需求不足来解释失业存在的原因，提出了放弃放任自由，由国家干预经济的主张。

第二阶段：第二次世界大战后到 20 世纪 70 年代。美国政府在 1946 年通过的《就业法》把实现充分就业、促进经济繁荣作为政府的基本职责。这标志着国家全面而系统地干预经济，由此，宏观经济政策的发展进入一个新时期。这一时期的宏观经济政策是以凯恩斯主义为基础的，主要政策工具是财政政策和货币政策。

第三阶段：20 世纪 70 年代初，西方国家出现了高通货膨胀率和高失业率并存的“滞胀”现象，迫使它们对国家干预经济的政策进行反思。这一阶段最主要的特征是自由放任思想的复兴。自由放任思想要求减少国家干预，加强市场机制的调节作用。因此，经济政策的自由化和多样化，成为宏观经济政策的重要发展。

四、宏观经济政策工具

宏观经济政策目标需要通过运用宏观经济政策工具来实现。实施宏观经济政策的关键在于能否根据各种宏观经济政策工具的性质、作用方式和特点结合所要达到的目标来选择与运用各种政策工具。宏观经济政策工具是实现宏观经济政策目标的手段。常用的宏观经济政策工具有:需求管理、供给管理和对外经济管理等。

(一)需求管理

凯恩斯把国家对经济的调节和干预称为需求管理。所谓需求管理是指通过调节总需求来达到一定政策目标的宏观经济政策工具。这是凯恩斯主义特别推崇的政策工具,也是短期中重要的政策工具。需求管理政策包括财政政策和货币政策。

凯恩斯主义认为,在短期内生产技术条件、资本设备的质量与数量、劳动力的质量与数量都是不变的,国家调节就是在总供给为既定的前提下,来调节总需求,即进行需求管理。需求管理就是要通过对总需求的调节,使总需求等于总供给而达到既无失业又无通货膨胀的目标。当总需求小于总供给时,整个经济会因需求不足而产生失业,此时就要运用扩张性政策工具来刺激总需求以消除失业;当总需求大于总供给时,整个经济会因过度需求而引起通货膨胀,此时要运用紧缩性政策工具来抑制总需求以消除通货膨胀。

(二)供给管理

供给管理是指通过调节总供给来达到一定政策目标的宏观经济政策工具。

通过需求管理调节总需求,不仅会影响产量水平,而且会影响价格水平和工资水平。实施扩张性财政政策和货币政策,虽然有助于失业问题的解决,但会引发成本推动型通货膨胀,即来自供给方面的成本提高引发的通货膨胀。因此必须从供给方面进行管理。短期内影响供给的主要因素是生产成本,尤其是其中的工资成本。长期内影响供给的主要因素是生产能力,即经济潜力的增长。因此,供给管理包括收入政策、指数化政策、人力政策、产业政策和经济增长政策等。

(三)对外经济管理

在现实中,世界各国的经济大都是开放的,各国通过商品、资本与劳动力的流动来相互影响。因此一国的经济不仅影响其他国家,而且也受其他国家的影响。一国的宏观经济政策不可避免地会对国际经济关系产生作用。对外经济管理即是政府通过宏观经济调控对国际经济关系进行调节的工具。内容主要包括对外贸易政策、汇率政策、对外投资政策以及国际经济关系的协调等。

案例分析 11-1　近年来我国宏观经济政策目标的转变

2003 年以来,我国经济连年快速增长,一些矛盾和问题也在逐渐积累。2007 年,国民经济中投资增长过快、信贷投放过多、外贸顺差过大的矛盾仍在发展,又出现物价涨幅攀升等新问题。7 月 26 日召开的中央政治局会议明确指出,要坚持把遏制经济增长由偏快转为过热作为当前宏观调控的首要任务。为此,国家出台一系列包括财政、货币等在内的各项政策手段,适时调控。2008 年政府的调控目标从 2007 年的"单防"(防止经济过快增长),转变为"双防"(防止经济增长由偏快转向过热,防止价格由结构性上涨演变为明显通货膨胀)。但随着发端于美国的次贷危机演变成国际金融危机,并对世界经济产生重大影响,世界上越来越多的国家出现经济困难。在这样的国际背景下,我国经济增长明显放缓,东南沿海的一些外向型企业因订单减少而经营困难。面对近几年最为严峻的形势,2008 年 11 月,我国政府为了保持国民经济长期稳定发展,果断决定实施积极的财政政策和适度宽松的货币政策，并明确提出了进一步扩大内需、促进经济增长的10项措施，总投资将达到4万亿元。

评析：充分就业、物价稳定、经济增长、国际收支平衡是宏观经济政策的四大目标，各国政府应根据本国经济的实际情况制定宏观经济政策的目标。2007年，我国宏观调控的目标是防止经济增长由偏快转为过热；2008年，宏观调控的目标转变为防止经济增长由偏快转为过热、防止物价由结构性上涨演变为明显通货膨胀；而11月后宏观经济政策的目标转变为保持经济平稳较快增长。这些转变是根据我国经济形势的变化作出的，表明我国政府宏观调控的能力日臻成熟。

问题：什么是宏观经济政策？结合案例分析如何确定宏观经济政策目标。

第二节 财政政策

一、财政政策的内容和运用

（一）财政政策的内容

财政政策是一个国家为了达到预期的宏观经济目标而通过调节财政收入和支出以影响宏观经济活动水平的政策措施。

财政政策的实施主要是通过调整政府的财政支出，如政府购买、转移支付，政府的财政收入，如税收、公债以及其他相关财政措施来调节社会的总需求，从而实现对宏观经济的调控。财政政策主要有财政收入政策和财政支出政策两类。

1. 财政收入政策

财政收入包括税收与公债两个部分。

（1）税收。税收是政府财政收入中最主要的组成部分，在国民收入中所占的比重相当大，在发达国家，税收占国民收入的比重在20%～50%之间。税收既是国家财政收入的主要来源，又是国家实施财政政策的一个手段。

税收根据不同的标准有不同的分类。根据征收对象，可分为财产税、所得税和货物税；根据纳税方式，可分为直接税和间接税；根据收入中被扣除的比例，可以分为累退税、累进税和比例税。

税收作为政策工具，既可以通过变动税收总量来实现，也可以通过改变税率来实现。税收总量和税率的改变会影响社会总需求，影响国民收入。一般来说，降低税率、减少税收会导致居民消费量和企业投资的增加，则社会总需求和社会总产出增加；反之，提高税率、增加税收使居民收入减少，企业投资减少，则社会总需求减少和社会总产出下降。因此，在经济高涨时，政府可以采取增税措施来抑制通胀；而在经济萧条时，则可以采取减税措施来抑制衰退。

税收对整体经济的影响主要是通过两种途径。一是影响人们的收入。通过增加或减少人们的可支配收入影响人们的消费量与储蓄量，进而对产出和投资产生重大影响。二是影响生产要素成本。降低投资者相应的税款将激励投资，推动经济增长。

（2）公债。公债是政府除了税收之外的另一个收入来源。它是对政府债券持有人的负债。公债与税收不同的是，它是政府运用信用形式筹集财政资金的特殊形式。公债包括中央政府和地方政府的债务。中央政府的债务称为国债。

政府发行公债不但能增加财政收入，还能调节金融市场，影响货币供求和社会总需求水平。

2. 财政支出政策

财政支出政策是政府财政资金的分配和使用政策。政府财政支出包括政府购买和转移支付两大类。

(1)政府购买。政府购买指的是政府在市场上对商品和劳务的购买，包括公共工程支出(如政府投资兴建公共基础设施)、政府采购(如政府购买机关办公设施与用品、购买军需品等)。政府购买是一种实质性的交易，直接形成社会购买力，对社会总支出具有重要的调控作用。经济衰退时，政府对购买的增加，能增加社会总需求水平以抵制经济衰退；经济过热时，政府对购买的减少能降低社会总需求以控制通货膨胀。

(2)政府转移支付。政府转移支付是指政府在社会福利等方面的各种支出，包括社会保障和社会福利支出、政府对农业和部分企业的补贴、失业救济金以及公债利息等方面的支出。政府转移支付是政府对现有收入的再分配，社会总收入并没有增加。这部分支出仅在消费者和厂商的手中形成潜在的购买力，而边际消费倾向决定该购买力的大小。

(二)财政政策的运用

财政政策的运用主要是通过财政支出与财政收入来调节经济，即通过财政支出和税收直接影响消费需求和投资需求，以使总需求与总供给相适应，从而稳定经济。

具体来说，在经济萧条时期，由于总需求小于总供给，国民经济中存在失业，政府就要通过采用扩张性的财政政策来刺激总需求，以达到实现充分就业的目标。扩张性财政政策就是通过增加政府支出和减少税收来刺激经济的政策。政府购买(包括公共工程支出与政府采购)的增加有利于刺激私人投资，政府转移支付的增加可以增加个人消费，这样就会刺激总需求。减少税收(主要是降低个人所得税和公司所得税的税率)可以使个人和公司的可支配收入增加，从而增加个人消费和私人投资，这样也会刺激总需求。

在经济繁荣时期，由于总需求大于总供给，国民经济中存在通货膨胀，政府则需要通过紧缩性的财政政策来抑制总需求，以达到实现物价稳定的目标。紧缩性财政政策就是通过减少政府支出与增加税收来抑制经济的政策。政府购买(包括公共工程支出与政府采购)的减少有利于抑制私人投资，政府转移支付的减少可以减少个人消费，从而就会抑制总需求。增加税收(主要是提高个人所得税和公司所得税的税率)可以使个人和公司的可支配收入减少，从而减少个人消费和私人投资，这样也会抑制总需求。

资料 11-2　　肯尼迪的减税政策

1963 年，美国的失业率达到 5.5%，这是一个令人难以接受的高水平；10 年前，美国的失业率是 2.8%。属于凯恩斯主义学派的肯尼迪总统的经济顾问们相信，降低个人所得税可以促使居民更多地消费。这将导致产量的增加而价格并不上升。这是因为他们相信经济具有过剩的生产能力，产业工人与机器处于闲置状态。后来的情况表明，肯尼迪的经济顾问们的推测是正确的。随着减税这一扩张性财政政策的实施，美国经济中的产量增加了，就业也相应地增加。失业率在1965年时下降到4.4%，在20世纪60年代的其余年份，美国的失业率被保持在低于4%的水平。另一方面，从1964年到1966年，美国实际GDP却以令人注目的5.5%的速度增长。肯尼迪减税政策的成功被认为是凯恩斯主义经济学的主要成就之一。

二、财政政策的时滞

任何一项政策，从决策到对经济发生影响都会有一个时间间隔，这种时间间隔就叫政策时滞。财政政策时滞主要包括决策时滞和作用时滞。

决策时滞是指从认识到有必要采取某种政策到实际作出决策所需要的时间。一般来说，西方国家财政政策的变动，无论是政府支出还是税收，都要经过一个完整的法律过程。这个过程包括提出方案、议会讨论、政府部门研究、各利益集团的院外活动，最后经国家元首批准才能执行。由于任何一项财政政策措施都会涉及不同阶层、不同集团和不同部门的利益，要使各方对要实现的政策目标和政策措施达成一致，或者达到大多数人意见一致，是相当不容易的，所需要的时间较长。

作用时滞是指从政策执行到政策在经济中完全发生作用，达到调控目标之间的时间间隔。财政政策的作用时滞较短，因为财政政策对总需求有较为直接的影响。但不同的财政政策的作用时滞也有差别。某些财政政策对总需求有即时的作用，例如，增加政府购买支出会直接增加总需求。减税会即时增加个人可支配收入，但对消费支出的影响则要经过一定时间后才能产生。财政政策挤出效应的作用时滞最长，因为扩张性财政政策在引起总需求和国民收入的变动后，国民收入的增加又引起货币需求的增加，利率上升，投资减少。一般来说，在短期内，扩张性财政政策产生乘数效应，在较长时间后才会产生挤出效应。

由于财政政策存在时滞问题，特别是其决策时滞较长，这使财政政策工具对经济状况的变动反应较慢。比如当经济衰退时，为刺激总需求政府提出增支减税的方案，但两年后该方案才最后通过，但此时经济可能已经复苏，实施已经通过的扩张性财政政策不仅不能起到刺激经济回升的作用，反而会加剧经济波动，引起经济急速膨胀。

三、财政政策的内在稳定器

内在稳定器，又称自动稳定器，指经济系统本身存在着一种内在的机制，一种能自动调节经济，促进经济稳定的功能，即在经济高涨时期能自动抑制通胀，在经济衰退时期能自动减轻萧条，政府无需采取任何干预措施。经济学家认为，现代财政制度本身就具有自动稳定经济的功能，当经济发生波动时，财政制度的内在稳定器就会自动发挥作用，调节社会总需求，减轻以至消除经济波动。

财政制度的内在稳定器作用主要体现在三个方面：政府税收的自动变化、转移支付的自动变化以及农产品价格维持制度。

（一）政府税收的自动变化

主要是个人所得税和公司所得税的自动变化。这些税收具有累进的性质。对经济活动水平的变化反应十分灵敏。个人所得税和公司所得税的征收都有一定的起征点和相应的税率。在经济繁荣时期，经济高涨导致纳税的个人收入和公司收入增加，符合纳税条件的个人和公司增加了，政府的税收会自动增加。另外，由于累进性质的作用，当个人收入和公司收入自动进入了较高的纳税档次时，政府税收的增加幅度将快于收入增加的幅度。由此，政府税收的自动增加将有助于抑制过度需求，降低通货膨胀，减轻经济波动。相反，在经济萧条时期，由于经济衰退，失业人数增加，导致公司利润和个人收入减少，符合纳税规定的公司和个人减少了，政府税收会自动减少。在累进性质的作用下，当公司和个人收入自动进入了较低的纳税档次时，政府税收下降的幅度将超过收入下降的幅度，由此，政府税收的自动减少有助于维持总需求，抑制衰退进一步加剧。

（二）转移支付的自动变化

主要表现为政府失业救济金和各项政府福利支出的自动变化。失业救济金和政府各项福利开支都有一定的发放标准，发放的多少取决于失业人数的多少和他们收入水平的高低。当经济衰退时，失业率上升，个人收入减少，领取失业救济金和需要政府救济的人数增多，失业救济金和各项福利支出自动增加，由此抑制消费与投资的下降，缓和经济衰退的程度。相反，当经济高涨时，失业率下降，收入水平提高，政府支出的失业救济金和各项福利开支自动减少，这有利于抑制消费和投资的增长，缓和通货膨胀的程度。

（三）农产品价格维持制度

政府维持农产品价格的政策，实际上是保证农民的收入和消费不低于一定的水平。因此，也起到了减缓市场经济不可避免的经济波动的稳定器作用。当经济衰退时，国民收入下降，农产品价格下降，政府依照农产品价格维持制度，按支持价格收购农产品，使农民收入和消费维持在一定水平上。当经济高涨时，国民收入上升，农产品价格上升，这时政府减少对农产品的收购并抛售农产品，限制农产品价格上升，也就抑制农民收入的增长，从而减少了总需求的增加量。

财政制度的“内在稳定器”作为抑制经济波动的第一道防线，能对经济波动起到一定的稳定作用，但它的作用十分有限。它只能减轻经济萧条或通货膨胀的程度而不能改变其总趋势；它只能对财政政策起到自动配合作用，而不能代替财政政策。因此，政府仍需有意识地运用财政政策来调节经济。

四、赤字财政政策

经济萧条时期采用的是扩张性财政政策即增加政府支出，减少政府税收，这必然导致财政赤字，即政府的财政收入小于支出。凯恩斯认为，财政政策应该为实现充分就业服务，因此，必须放弃财政收支平衡的旧信条，实行赤字财政政策。

政府实行赤字财政政策是通过发行债券来进行的。债券根据持有对象可以有两种筹资方法，一种是货币筹资，另一种是债务筹资。货币筹资，指债券卖给中央银行，中央银行可以将政府债券作为准备金发行货币。债务筹资，则指将债券卖给中央银行以外的个人、企业、商业银行等，相当于政府向公众借钱。这两种类型债券的发行各有利弊。货币筹资的有利之处在于政府不用还本付息，不会因此负担债务，不利之处在于会使货币供应量增加而引发通货膨胀。债务筹资的好处在于它不会增加货币供应量，也不会直接引发通货膨胀，弊端则是政府必须还本付息，背负沉重的债务负担。现实中，政府在采用赤字财政政策的时候通常交替使用这两种方法。若仅仅使用一种方法，则可能对经济造成过多的负面影响。

赤字财政政策的运用能够在短期内刺激经济使其较快地走出低谷，但也存在诸多的弊端。当采用货币筹资弥补赤字时，赤字财政会引发通货膨胀。当采用债务筹资弥补赤字时，私人储蓄的减少对长期经济增长会产生不利因素。长期运用赤字财政政策还会引起赤字依赖症。由此看来，政府对赤字财政政策的使用是需要谨慎把握的。

五、财政政策的"挤出效应"

所谓财政政策的"挤出效应"，是指政府支出增加或税收减少时会引起私人消费或投资支出降低。在一个充分就业的经济中，政府支出的增加或税收的减少，会加剧商品市场上购买产品或服务的竞争，物价随之而上涨，人们的消费也相应减少；在货币供给量既定的情况下，货币需求随人们收入的增加而增加，并由此引起市场利率的上升。利率的上升减少了商品和服务的需求量。私人的消费与私人部门的投资因此受到抑制，最终产生政府支出挤占私人投资的现象。

挤出效应的大小左右着财政政策效果的大小。影响挤出效应大小的因素包括货币需求的利率弹性、私人投资需求对利率变动的敏感度以及货币需求对产出水平的敏感程度等。若扩张性财政政策引起货币需求量增加而使利率大幅度上升，挤出效应就会很大，财政政策效果则很小，反之，财政政策效果就很大。若私人投资需求对利率变动很敏感，挤出效应就较大，则财政政策效果较小，反之，财政政策效果就较大。

资料 11-3　　我国财政政策的挤出效应

1998 年为了应对亚洲金融危机和国内市场需求不足的不利影响，我国开始实行积极的财政政策。经过几年的实践，积极的财政政策取得了一定的效果，特别是在周边的国家和地区，在经济普遍出现萧条的情况下，我国经济仍保持了 7%以上的经济增长率。同时应该看到，当时实行的财政政策的挤出效应虽不明显，但在一定程度上却又是存在的，具体表现在以下几个方面：

第一，1995 年以来，我国个体经济的投资增长率呈现不断下降的趋势，说明了政府在实行积极的财政政策，努力扩大投资的过程中，引起了私人投资增长率的下降，财政政策的挤出效应是明显的。20 世纪 80 年代以来，一直到 1995 年，个体经济的固定资产投资增长率都高于国有经济的固定资产投资增长率，但从 1995 年以后，个体经济的固定资产投资增长率都低于国有经济的固定资产投资增长率，这说明了政府的积极财政政策确实存在着挤出效应。

第二，从 20 世纪 90 年代以来，随着我国金融体制改革的不断深入，利率市场化进程不断推进，同时，随着股票、企业债券、金融债券等有价证券发行量的不断增加，国债发行的规模及国债利率水平的高低影响到同业拆借市场和其他有价证券市场的利率水平，影响到私人的投资成本，影响个体经济的投资规模。因此，以大量增发国债为主的扩张性财政政策，肯定会引起挤出效应。实际上 1995 年以来个体经济投资增长率的下降就是例证。

第三，扩张性财政政策方向的不一致，即在扩张性财政政策中，有些政策属于扩张性的，但同时有些政策又是紧缩性的；或者存在政府的扩张财政政策与民争利的情况，是当时我国扩张性财政政策挤出效应的又一独特表现。如1998年，政府在增发1000亿国债的同时，当年税收却增加了约1000亿元。可能从加强税收征管的角度是合理的，但增发国债的扩张性政策应在很大程度上被紧缩性的增加税收政策所抵消了。对于非国有企业，紧缩性的政策效应甚至大于扩张性的政策效应。又比如，政府在实行扩张性财政政策时，不断鼓励居民增加消费需求，但中央和各级地方政府又出台了许多增加居民负担的改革措施，或者是降低居民收入的措施，使居民想扩大消费而又不敢消费。特别是城市下岗人员的增加，农民收入增加的减缓，都弱化了政府的扩张性财政政策的效应。

第三节　货币政策

货币政策是一个国家为了达到预期的宏观经济目标，通过中央银行运用其政策工具，调节货币供给量和利率，以影响宏观经济活动水平的政策措施。货币政策与财政政策一样，服务于宏观经济政策的四个基本目标。但货币政策还具有其特殊的政策目标，例如维持金融秩序以防止大规模的银行倒闭和金融恐慌、稳定利率以防止利率大幅度的波动等。

一、货币政策的基本知识

（一）货币的划分

货币政策的实施是通过货币供应量的变化来实现的。在经济学中，根据金融资产的流动性，货币被划分为狭义货币与广义货币，或称M_1与M_2。

狭义的货币包括硬币、纸币与银行活期存款，即

$$M_1 = \text{通货（流通中的现金）} + \text{商业银行活期存款}$$

广义的货币是在狭义货币的基础上再加上储蓄和定期存款，即

$$M_2 = M_1 + \text{商业银行的定期存款和储蓄存款}$$

在货币供给中，活期存款占的比例最大，因此，中央银行对货币供给的管理主要是对活期存款的管理，即通过利用活期存款的扩大或收缩机制影响储备金，从而实现对货币供给的管理与控制。

（二）银行制度

货币政策是通过金融政策来实现的，银行在其中发挥了重要的作用。

现代银行体系一般由中央银行、商业银行和其他金融机构组成。其中发挥主要作用的是中央银行与商业银行。

中央银行是国家的银行，政府通过它控制和管理全国银行体系，统筹全国金融活动，实施影响宏观经济的货币政策。几乎世界上所有的独立国家均设立了中央银行。

商业银行是办理活期存款和主要为大部分工商企业提供短期贷款的营利组织。其主要业务包括接收存款，发放贷款和代客结算三个方面。

其他金融机构承担部分商业银行的职责，主要是一些非银行金融机构，如信托投资公司、邮政储蓄机构。

（三）银行创造货币的机制

商业银行体系是如何创造货币的呢？

存款是商业银行的主要资金来源。不用事先通知就可以随时提取的银行存款就是活期存款。货币供给量中活期存款占的比重最大，商业银行通常是通过活期存款的派生机制来创造货币的。在现代银行制度中，为了应付存款客户随时取款的需要，商业银行会保留一定的存款供随时提取用，这部分的金额被称为存款准备金。存款准备金在存款中应占的比例由中央银行以法律形式规定，称为法定准备金率。按法定准备金率提留的准备金是法定准备金。通常一部分以通货的形式保留在商业银行以应付日常客户支取需要，另一部分需存入中央银行。

商业银行在接收存款后，按照法定准备金率留存准备金，余下的部分称作超额准备金，可作为贷款放出以获取利润。

例如：法定准备金率为10%，商业银行的存款总额为10 000元，则商业银行应留存的准备金为

$$10\ 000 \times 10\% = 1\ 000\ (元)$$

可贷的超额准备金为

$$10\ 000 - 1\ 000 = 9\ 000\ (元)$$

一方面，由于商业银行的活期存款就是货币，在西方国家，人们在市场交易时常常使用支票。活期存款的增加就代表着货币供给量的增加。另一方面，人们在得到商业银行的贷款后，一般不取出现金。通常客户会将贷款以活期存款的形式存在商业银行中，以方便随时开支票使用。这时，银行贷款的增加也意味着货币供给量的增加。银行体系就是这样通过商业银行的存款、贷款活动来创造货币的。

如前例，法定准备金率为10%，假设银行客户将一切货币收入以活期存款形式存入银行。客户张将1 000元存入自己已开立账户的银行A，则A银行的存款增加1 000元；A银行保留其中的10%即100元的准备金，其余900元全部贷给客户刘，客户刘将这900元又全部存入自己开立账号的银行B备用，则B银行的存款增加900元；B银行保留其中的10%即90元的准备金，其余810全部贷给客户孙……由此，不断存贷下去，整个商业银行体系的存款总和将可以增加到10 000元，也就是说1 000元的存款创造出了10 000元的货币。数学算法如下：

$$1\ 000 + 1\ 000 \times (1-10\%) + 1\ 000 \times (1-10\%)^2 + \cdots = 1\ 000 \div (1-90\%) = 10\ 000\ (元)$$

从该例看出，存款总和D同这笔原始存款R及法定准备金率r_d之间的关系为

$$D = \frac{R}{r_d}$$

商业银行体系的货币创造量与法定准备金率成反比，与最初存款成正比。即法定准备金率越高，货币存款创造量就越小。最初存款越多，则货币创造量就越大。

（四）货币乘数

超额准备金的数量是银行贷款能力的体现。如果银行体系中没有超额准备金，银行就不可能发放贷款。但是只要有超额准备金，银行提供贷款的过程就会是无限延续的循环往复。每发放一笔贷款就会产生新的超额准备金，从而为下一笔贷款提供资金。人们常把存款创造称为货币乘数进程。中央银行发行的货币量所引起的实际货币供给量的增加倍数，即为货币乘数。换句话说，货币乘数就是中央银行每新增一笔原始货币的供

给而使银行体系中活期存款总和增加的倍数，也称存款创造乘数。货币乘数通常可以表达为法定准备金的倒数。即

货币乘数＝1/法定准备金率

货币乘数创造贷款的潜力可以用以下公式来计算

银行体系中的超额准备金×货币乘数＝潜在存款创造

仍以法定准备金率为10％为例，客户张的最初存款1 000元产生了900元的商业银行超额准备金。根据货币乘数，银行体系的潜在存款创造为

超额准备金(900)×货币乘数(1/10％)＝900×10＝9 000(元)

如果所有的商业银行在货币乘数进程的每个环节都能够充分利用其超额准备金，那么整个银行体系能够贷出的款额为9 000元。1 000元的银行活期存款到9 000元的贷款之间的转换使我们对银行创造货币的机制一目了然。货币乘数与超额准备金的数量则成为整个银行体系贷款能力的决定因素。

二、两种不同学派的货币政策

货币政策的实施是经济理论在宏观经济管理中的具体实践。一种货币政策的运用总是代表着某一经济理论流派的理论观点和政策主张。

(一)凯恩斯主义的货币政策

1.货币政策的机制

凯恩斯主义的货币政策是通过对货币供给量的调节来调节利率，再通过利率的变动来影响总需求的货币政策。其货币政策的机制是：货币量→利率→总需求。在这种货币政策中，政策的直接目标是利率，利率的变动是通过货币量的调节实现的。调节利率的目的是调节总需求，所以总需求变动是货币政策的最终目标。

2.货币政策工具

凯恩斯主义货币政策工具主要包括中央银行实施货币政策的三大工具，即法定存款准备金率、再贴现率、公开市场业务。

(1)法定存款准备金率

如前所述，法定存款准备金率是由中央银行以法律形式规定的银行储备金对存款的比率。银行创造货币的多少与法定存款准备金比率成反比。法定存款准备金率越高，银行创造的货币越少；反之，法定存款准备金率越低，银行创造的货币越多。中央银行可以通过变动法定存款准备金率来调节货币供应量。当中央银行提高法定存款准备金率时，商业银行的超额准备金就会减少，货币创造能力减弱，从而使货币存量在短期内出现大幅度的缩减，减少总需求，消除通货膨胀。当中央银行降低法定存款准备金率时，商业银行的超额准备金就会增加，货币创造能力增强，从而使货币存量在短期内出现成倍的增加，扩大总需求，消除经济衰退。

变动法定存款准备金率的作用强烈，对银行信贷的扩张和收缩作用巨大，频繁变动的法定存款准备金率会严重干扰金融机构的正常信贷业务。因此，西方国家的中央银行较少使用这种强有力的武器，一般相隔较长时间才变动一次。

资料 11-4 我国法定存款准备金率政策的使用

我国的法定存款准备金制度是在1984年中国人民银行专门行使中央银行职能后建立起来的，法定存款准备金率已经经过多次调整。

(1)1984年，央行按存款种类规定了法定存款准备金率，企业存款为20%，农村存款为25%，储蓄存款为40%。

(2)1985年，为克服法定存款准备率过高带来的不利影响，统一为10%。

(3)1987年，为紧缩银根，抑制通货膨胀，从10%上调为12%，1988年进一步上调为13%。

(4)1998年3月21日，对存款准备金制度进行了改革，从13%下调到8%。1999年11月21日由8%下调到6%。

(5)2003年9月21日，为防止经济过热，存款准备金率由6%调高至7%，揭开了存款准备金率连续上调的序幕。2004年4月25日，上调至7.5%；2006年连续三次提高存款准备金率，提高至9.0%；2007年连续10次上调存款准备金率，提高至14.5%；2008年上半年连续6次提高存款准备金率，达到17.5%。

(6)2008年9月25日，为了贯彻党中央、国务院对下半年经济工作的部署，解决经济运行中存在的突出问题，落实区别对待、有保有压、结构优化的原则，保持国民经济平稳较快持续发展，中国人民银行决定下调中小金融机构人民币存款准备金率1个百分点，这是央行近9年来首度下调存款准备金率。

(2)再贴现率

贴现是商业银行向企业提供资金的一种方式，再贴现是中央银行向商业银行提供资金的一种方式。再贴现率是指商业银行向中央银行借款时的利息率。贴现政策包括变动贴现率与贴现条件，其中最重要的是变动贴现率。中央银行通过调高或调低对商业银行发放贷款的利息率，限制或鼓励银行借款，从而影响银行系统的存款准备金和利率，以达到调控货币供应量的目的。

当商业银行的存款准备金临时不足时，会以手中掌握的政府证券和商业票据向中央银行要求贴现或贷款取得资金。当贴现增加时，商业银行存款准备金增加，货币供给量增加。当贴现减少，商业银行存款准备金减少，货币供给量减少。中央银行正是通过调整给商业银行或其他金融机构的贷款利率来鼓励或收缩再贴现从而调节货币供应量。

调整再贴现率对银行存款准备金变动数额的影响不大，效用较小。因此，调整再贴现率的手段在现实经济中并不常用。另外，商业银行与其他金融机构为了保持良好的形象，通常会尽量避免使用再贴现来解决资金缺口。

(3)公开市场业务

公开市场业务是指中央银行通过在金融市场上买进或卖出政府债券，特别是短期债券，来调节商业银行的储备金，从而影响商业银行的货币创造能力，从而控制货币供给量和利息率的一种政策行为。这是目前西方国家中央银行实施货币政策的主要工具。中央银行通过买卖债券达到扩张或收缩货币供应量的目的。公开市场操作对放贷能力有迅速和直接的影响。

中央银行在公开市场上卖出政府债券，是将货币收回。若是商业银行买进政府债券，它就得向中央银行付款，这自然会减少商业银行的储备金；若是企业和个人买进政府债券，就相当于是减少了自己的活期存款，这也会减少商业银行的储备金。由于货币创造的乘数效应，商业银行储备金的减少将使活期存款多倍收缩，货币供给量减少，利息率上升。而中央银行卖出政府债券的行为也会导致债券价格下跌，利息率上升。利息率上升会使人们更愿意将钱存入银行，而导致投资与消费需求下降，从而对总需求扩张起到抑制作用。

反之，中央银行在公开市场上买进政府债券，是把货币投入市场。此时商业银行将持有的一部分政府债券卖给中央银行获得货币的行为会使商业银行的储备金增加；企业和个人将持有的政府债券卖给中央银行获得货币，再将货币存入商业银行的行为，也同样会增加商业银行的储备金。由于货币创造的乘数效应，银行存款将多倍放大，货币供给量大大增加，利息率下降。而中央银行买进政府债券的行为也会提升债券价格，降低利息率。利息率的下降会使人们选择取出存款进行消费或投资，从而刺激消费、扩张投资，使总需求扩大，并由此带动生产和就业的增长。

公开市场业务相比较于其他两种措施具有不可替代的优势。首先是公开市场业务的作用缓和，不会引起社会的强烈反应。它对经济起到的是一种微调的作用，可以相对频繁地使用。其二，中央银行在公开市场操作中占主动地位，可以根据经济形势灵活操作，及时改变货币供给的方向与数量。其三，借助货币乘数，可以较准确地预测公开市场业务对货币供给的影响。

3. 货币政策的运用

在不同的经济形势下，中央银行要运用不同的货币政策来调节经济活动。

在经济萧条时期，由于总需求小于总供给，为了刺激总需求，就要运用扩张性货币政策，即通过增加货币供给量，降低利率，刺激总需求的货币政策。其中包括降低存款准备金率，降低贴现率并放宽贴现条件，在公开市场上买进有价证券，等等。这些政策可以增加货币供给量，降低利率，刺激总需求。

在经济繁荣时期，由于总需求大于总供给，为了抑制总需求，就要运用紧缩性货币政策，即通过减少货币供给量，提高利率，抑制总需求的货币政策。其中包括提高存款准备金率，提高贴现率并严格贴现条件，在公开市场上卖出有价证券，等等。这些政策可以减少货币供给量，提高利率，抑制总需求。

资料 11-5　　次贷危机与格林斯潘

美国联邦储备委员会（简称美联储）前主席格林斯潘自 1987 年以来先后由里根、老布什、克林顿、小布什任命为美联储主席，在美国货币政策的决定中起了至关重要的作用，被认为是仅次于美国总统的二号人物。在他任内美国经济在 20 世纪 90 年代和 21 世纪初实现了持续增长。但他卸任后爆发的美国次贷危机把他推上了风口浪尖。人们纷纷指责，格林斯潘在任时奉行的低利率政策与金融监管的失职，为当前的金融危机埋下了祸根。诺贝尔经济学奖得主斯蒂格利茨甚至用“斯人已去，贻害犹在”来形容格老的影响。批评人士指出，2000 年底美国科技股泡沫破裂后，格林斯潘并没有让美国经济经过合理的调整过程，而是通过催热房地产市场疗伤，让利率从2000年底的6.5%降至2003年中旬的1%，货币政策过于宽松，而之后又用了过长时间重回从紧政策。这催生了过多的抵押贷款，导致了房产泡沫，加之金融监管的失职，共同酿就了危害甚广的金融危机。面对这些指责，格林斯潘认为有失公允。他辩解道，当时联储降息旨在促进经济发展和预防可能发生的通货紧缩。“我想不出美联储的决策过程有哪一次是不对的。”无论如何，危机已然发生，难题留给了后任伯南克。

4. 货币政策的时滞

货币政策对经济的影响也有相当长的时滞。货币政策时滞是指中央银行决定采取某种货币政策后到这项政策完全发挥作用时的时间间隔。与财政政策时滞一样，它也包括决策时滞和作用时滞。

货币政策的决策时滞较短。因为货币政策由中央银行决定，无需政府有关部门讨论，也无需议会批准，各利益集团也难以进行院外活动，从而决策快得多。因此，货币政策在短期内可经常变动，对经济进行微调。例如，在美国，决定货币政策的是美联储的公开市场委员会。该委员会每周六开一次会，根据经济状况来决定货币政策，就是对经济的微调，这有助于经济的稳定。

货币政策的作用时滞比较长。这是因为货币政策对总需求的影响不是直接的，它的作用是逐渐发生的。当中央银行改变货币供给量时，只有在经过一段时间之后，随着利率的改变，才会有越来越多的家庭和企业对此作出反应，如果某项投资决策是企业在数月或数年前作出的，那么该投资决策对利率变动反应的时滞更长。这种时滞的长短会影响货币政策的时滞。一般来说，在成熟的市场经济国家，货币政策变动对总需求发生较大的作用需要6～9个月的时间，而这些作用可持续两年。

由于货币政策的时滞，中央银行也不能够对经济状况的变动作出及时的反应，常常是经济衰退已经发生，中央银行才出台货币政策，该政策在经过一个相当长的过程发挥作用时，经济状况可能已经改变了。这时货币政策不仅起不到抑制经济衰退的作用，反而引起经济的不稳定。

(二)货币主义的货币政策

20世纪60年代中期以后，西方主要国家在不断推行扩张性经济政策之后，通货膨胀日益严重，经济形势不断恶化，甚至出现了滞胀的现象。在凯恩斯主义者束手无策时，货币主义理论对其进行了挑战。货币主义的代表人物是米尔顿·弗里德曼。货币主义者极力反对政府干预经济，他们认为货币政策只能在短期内刺激生产，但从长期来看，扩张性的货币政策不但不能影响生产，反而只能造成通货膨胀。其分析过程如下：在短期内，工资的调整落后于物价的调整，当政府增加货币的供应量时，物价上涨，但由于工资保持不变，生产成本下降，因此，在短期内货币政策可以刺激生产。从长期来看，物价上涨，工人会要求增加工资，最终物价的上涨等于工资的上涨，生产成本没有变化，生产又回落到原来的水平。而工资的上涨又会使物价进一步上涨，加剧通货膨胀。

货币主义者认为资本主义经济周期的原因在于政府所推行的干预经济的政策。货币主义者强调货币对经济活动的重要作用，认为经济波动是货币供给的不稳定造成的，要稳定经济就要先稳定货币。货币主义否定凯恩斯主义的“斟酌使用”或根据经济情况而进行调节的经济政策，认为凯恩斯主义为克服萧条而制定的扩张性财政政策不但无助于降低失业率，反而会引起通货膨胀，加剧经济波动，阻碍经济增长。货币主义提出"自然失业率"，认为适当的失业是市场经济的正常现象，政府不必采取措施减少失业。

货币主义的货币政策在传递机制上与凯恩斯主义的货币政策不同。货币主义的理论基础是现代货币数量论，它主张实行"单一规则"的货币政策。坚持货币政策的首要目标是稳定货币、稳定经济。货币政策只能以货币供应增长率为控制指标。货币增长率一经确定，就应该长期固定，而不能因为长期经济波动或其他因素而作随便调整。只有切实坚决地实施单一规则，才能有效地稳定货币，克服货币政策的摇摆性和失误，赢得公众对货币政策的信任，真正为经济社会提供稳定的货币环境。

案例分析 11-2　20 世纪 90 年代中国经济的"软着陆"

1988 年的经济过热与通货膨胀以及随后 1989 年和 1990 年国民经济的低速增长，使决策部门认识到，必须改变过去那种"一松就热、一紧就冷"的传统做法，做到既要为经济过热降温，也要保证国民经济的正常发展速度，防止经济运行中的大起大落现象再次发生。基于这样一种思路，1993 年中央适时提出了"适度从紧"的财政政策，并与"适度从紧"的货币政策搭配，对过热的经济实施恰如其分的宏观调控。

"适度从紧"的财政与货币政策从以下三个方面发挥作用：第一，严格控制财政支出，特别是工资性支出和社会集团消费，通过调整支出结构、合理安排支出，把财政支出的增长势头控制住；第二，严格控制信用总量，合理调整信贷资金投向，严格控制固定资产贷款，严禁用流动资金搞固定资产投资；第三，在控制固定资产投资规模的同时，加大投资结构调整力度，重点是严控新形式项目、加大企业技改力度，投资资金用于保投产、保收尾、保国家重点等等。

经过 1993 年后政府实施的"适度从紧"的财政政策和货币政策，严重的通货膨胀由 1995 年开始得到了抑制，该年的全国商品零售价格指数比上年回落了 6.9 个百分点，而同期的国内生产总值仍维持了 10.5%的较高增长速度；到 1996 年，经过三年的治理整顿，我国基本实现了国民经济的"软着陆"，是年全国商品零售价格指数回落至 6.1%，但仍保持了 9.6%的经济增长速度，经济环境得到明显改善，经济增长质量显著提高，取得了既遏制通货膨胀又保持国民经济持续增长的良好态势，实现了在低通胀下国民经济高速增长的"双赢"格局。

1993～1995 年的宏观调控是运用经济手段进行宏观调控的成功范例，改变了计划经济时代常常运用行政手段控制国民经济的传统做法，跳出了计划经济下宏观调控的框框，有效地解决了过去一直困扰我们的"一管就死"宏观调控的难题，这在新中国成立以来还是头一次，是我国宏观调控史上的重要事件，为治理市场经济条件下通货膨胀积累了宝贵的经验。

评析：宏观财政政策和宏观货币政策是市场经济条件下政府调节经济的两大主要政策。20 世纪 90 年代初，我国经济出现了过热现象。为了稳定经济，政府应该采取紧缩性的财政政策和货币政策，同时结合我国国情，在抑制经济过热的同时需要保持经济的稳定增长，从紧的财政政策和货币政策又是适度的。由此，保证了我国经济的成功"软着陆"。

问题：如何运用宏观财政政策和宏观货币政策调节经济？我国应采取怎样的财政、货币政策以应对当前国际金融危机的不利影响？

本章小结

1. 市场经济的弊端主要有：市场调节的滞后性，市场无法解决收入分配差距问题，市场无法解决社会目标问题，市场不能自行维护市场秩序等。这些弊端导致市场在完全自由运作时问题不断。因此，市场机制只有在政府干预这只看得见的手的控制下才能更好地发挥作用。

2. 1929年至1933年世界经济大危机后，1936年凯恩斯发表了著名的《就业、利息和货币通论》，抨击"供给自动创造需求"的观点，提出了有效需求决定就业量的理论，主张国家干预经济，史称"凯恩斯革命"。

3. 宏观经济政策主要有四大目标：充分就业、物价稳定、经济增长和国际收支平衡。四大目标之间既有一些互相促进的关系，也有一些相互矛盾的关系。

4. 宏观经济政策的工具可分三类：需求管理、供给管理和对外经济管理。

5. 财政政策包括财政收入政策与财政支出政策两方面。财政收入政策的主要手段是改变税率。财政支出政策的主要手段是改变政府购买水平和转移支付水平。

6. 财政制度本身具有"自动稳定器"功能。

7. 银行体系可以通过贷款创造货币。商业银行放出贷款等同于在借款人账户中创造了一笔存款。

8. 货币乘数是中央银行发行的货币量所引起的实际货币供给量的增加倍数。货币乘数可以表达为法定存款准备金的倒数，可以用来衡量银行的贷款能力。

9. 中央银行的三大货币政策工具是：法定存款准备金率、再贴现率、公开市场业务。

10. 凯恩斯主义货币政策的主要内容是改变货币供给和利率，手段主要有改变法定存款准备金比率，调整再贴现率，进行公开市场业务买入或卖出债券。

11. 货币主义者强调货币对经济活动的重要作用，认为经济波动是货币供给的不稳定造成的，要稳定经济就要先稳定货币。

关键概念 凯恩斯革命 宏观经济政策 财政政策 内在稳定器 存款准备金 存款准备金率 货币政策 存款创造 货币乘数 再贴现率 公开市场业务

复习思考题

1. 单项选择题

(1)以下不属于宏观经济政策目标的是（ ）。

A. 物价稳定　　B. 充分就业　　C. 完全竞争　　D. 经济增长

(2)以下属于需求管理的是(　　)。

A. 收入政策　　B. 人力政策　　C. 货币政策　　D. 指数化政策

(3)扩张性财政政策对经济的影响是(　　)。

A. 缓和了经济萧条,也减轻了政府债务

B. 缓和了经济萧条,但增加了政府债务

C. 缓和了通货膨胀,但增加了政府债务

D. 缓和了通货膨胀,也减轻了政府债务

(4)在经济衰退时,一般(　　)。

A. 税收减少,政府支出减少　　B. 税收减少,政府支出增加

C. 税收增加,政府支出减少　　D. 税收增加,政府支出增加

(5)假设法定存款准备金率为20%,如果整个银行系统的总准备金是100万元,则相应的潜在货币供给量是(　　)。

A. 2 000万元　　B. 400万元　　C. 200万元　　D. 以上都不对

(6)当经济过热时,所采用的货币政策工具是(　　)。

A. 在公开市场上买进有价证券　　B. 降低再贴现率

C. 降低法定存款准备金率　　D. 在公开市场上卖出有价证券

2. 问答题

(1)市场经济有何弊端?

(2)宏观经济政策的目标有哪些,它们之间有什么关系?

(3)财政政策的内容有哪些? 如何运用?

(4)你怎样理解财政政策的局限性?

(5)什么是货币乘数,其大小与哪些变量有关?

(6)试述常用的货币政策手段如何发挥稳定经济的作用。

3. 计算题

某银行的总准备金为100万元,如果法定准备金是20万元,请计算:

(1)法定准备金率与货币乘数。

(2)假设准备金率变为15%,计算现在的法定准备金和超额准备金。

(3)在15%的准备金率下,计算该银行能够发放的新贷款总额。

(4)在15%的准备金率下,计算整个银行系统能够增加的贷款总量。

实训指导

主题:分析宏观经济政策对国家经济的影响。

要求:1. 收集近期我国宏观经济政策变化相关资料;

2. 学习相关基本知识,运用所学知识分析宏观经济政策对国家经济的影响;

3. 根据目前我国经济发展现状,试分析未来经济发展走向。

建议：1. 收集有关经济数据；

2. 列出近期国家实施的具体宏观经济政策；

3. 分析宏观经济政策实施效果；

4. 撰写调查、分析报告。

阅读书目

[1] 曼昆. 经济学原理. 机械工业出版社，2005.

[2] 张成武. 西方经济学. 上海财经大学出版社，2007.

[3] 李海东. 经济学基础. 机械工业出版社，2008.

[4] 陈承明，凌宗诠，方东风. 简明西方经济学. 上海财经大学出版社，2008.

第十二章

失业与通货膨胀

知识目标

掌握失业与通货膨胀的概念、类型及形成原因；理解失业与通货膨胀的影响及治理；了解我国失业、通货膨胀的状况及治理。

技能目标

能够运用所学概念和原理分析失业和通货膨胀的原因，了解我国失业和通货膨胀的状况，并懂得运用失业和通货膨胀理论分析我国失业、通货膨胀的原因及治理。

导入新课

2007 年下半年开始，受国际石油市场价格持续上涨的影响，通货膨胀开始在全球范围内蔓延。世界上绝大多数国家都出现了不同程度的通货膨胀。2008 年上半年，各国的物价水平仍然持续走高。在我国，从 2007 年 5 月起，物价总水平也出现了较大幅度的上涨，CPI(居民消费价格指数)同比呈逐月上升的态势，特别是从 2007 年 8 月起，CPI 涨幅连续 5 个月达到 6%以上，2008 年上半年 CPI 上涨 7.9%。正当各国政府全力以赴准备应对通货膨胀时，通货膨胀却像个幽灵一样，在达到高峰后，突然神秘地消失了。2008 年 7 月国际油价刚创下 147 美元一桶的历史新高，8 月国际油价突然出现了明显回落。9 月金融危机爆发以后，国际油价跌破了 100 美元一桶。伴随着国际油价快速下滑，全球物价水平整体回落。与此同时，经济衰退开始在全球蔓延，失业问题取代通货膨胀成为各国政府的头号敌人。经济合作与发展组织预测不断蔓延的金融危机将导致 2009 年、2010 年两年内全球失业人数增加 2 000 万人至 2 500 万人。在我国，国际金融危机的影响迅速从中小企业蔓延到大中型企业，从出口部门蔓延到其他部门，从东部沿海地区蔓延到内陆地区。受此影响，失业问题加剧，全国 1.3 亿外出农民工中，失业返乡的估计有 2 000 万人。

失业与通货膨胀是现代社会各种经济“病症”中最常见、后果最为严重的两大经济问题，也是当代宏观经济学研究的两大难题。那么，到底什么是失业、什么是通货膨胀？如何衡量？有哪些类型？形成的原因是什么、对经济有何影响、该如何应对？两者之间又有什么关系？等等。这些问题是本章所要学习和了解的。

第一节　失业及其对策

一、失业的概念与衡量

（一）失业的概念

失业是指凡是在一定年龄范围内（世界上多数国家定为16～65岁）有劳动能力、愿意工作而没有工作，并且正在寻找工作的状态。依据失业的概念，失业主体必须具备三个条件：第一，有劳动能力。第二，愿意工作。第三，没有工作，并且正在找工作。

从失业的概念可以看出，有工作的人就是就业者；没有工作但正在寻找工作的人是失业者；没有工作而不寻找工作的人不是失业者；另外，丧失劳动能力的人不计入失业者。

明确了失业的概念后，又该如何界定失业呢？一般来说，我们可以按照下列程序来界定失业：首先，确定劳动年龄人口。根据世界上大多数国家的规定，我们可以把16～65周岁的人口确定为劳动年龄人口。其次，确定非劳动力人口。非劳动力人口主要是指那些有劳动能力而不愿意劳动的人。再次，确定劳动力人口。用劳动年龄人口减去非劳动力人口，得到的数字就是劳动力人口。最后，确定失业人口。用劳动力人口减去就业人口，得到的数字就是失业人口。

需要说明的是，以上对劳动年龄人口、劳动力人口、非劳动力人口、就业人口、失业人口的划分只是大致的划分，事实上许多介于就业与失业、就业与非劳动力人口、失业与非劳动力人口之间的现象，难以明确地划分。比如从事地下经济的人，既可以归入就业人口，也可以归入失业人口，还可以归入非劳动力人口。

（二）失业的衡量

衡量一个经济社会中失业状况的最基本指标是失业率。

1. 失业率的概念

失业率是指失业人口占劳动力人口的比率。用公式表示为

$$失业率=\frac{失业人口}{劳动力人口}\times 100\%$$

需要特别注意的是：失业率所计算的并不是失业人口占总人口的比率，而是失业人口占劳动力人口的比率。

下面举例说明失业率的计算。

例：某国总人口为3 000万人，就业人口1 500万人，失业人口500万人。那么该国的失业率是多少？

解：　劳动力人口＝就业人口＋失业人口＝1 500＋500＝2 000（万人）

$$失业率=\frac{失业人口}{劳动力人口}\times 100\%=\frac{500}{2\ 000}\times 100\%=25\%$$

从以上计算可知，该国的失业率是25%。

失业率的变动在西方国家中每月都是重要新闻。以美国为例，有关失业的数据是国家设计和收集的最详细和全面的经济数据之一。这个数据是政府在每个月通过对约

60 000个家庭进行随机抽样调查并估算出来的，并在每个月第一个星期五发表上月的失业率估计数字。尽管官方对失业率的估计不一定能准确地反映失业的严重程度(因为一是有些失业者由于未登记而未计入失业人数中，二是用抽样调查来估算)，但它仍是重要的宏观经济指标。因为失业率不仅在一定程度上反映了失业的严重程度，而且可以反映出失业的特点。

资料 12-1　　美国 2008 年金融危机与失业

2009 年 1 月 9 日美国劳工部公布的数据显示，2008 年 12 月美国的失业率从 11 月的 6.7%升到 7.2%，创下 1993 年 1 月以来的最高水平，全年美国失业人数总计 260 万人，为第二次世界大战结束以来的最高水平，这其中有将近 200 万人是在 2008 年最后四个月中失去工作的，这表明随着金融危机的加剧，经济衰退状况也进一步恶化，并将延续至新的一年。分析师预计，房地产泡沫的破灭以及金融风暴来袭已经使许多美国人失去了就业岗位。而随着经济衰退程度不断加深，美国失业人员寻找新工作的机会变得愈发渺茫。

2. 失业率的调查统计方法

目前世界各国基本上采用两种方法获得失业率的有关统计数据。一种方法是抽样调查方法，即通过访谈，向有代表性的样本人询问一系列问题，包括是否有工作，如果没有，是否可以工作并采取了何种措施寻找工作。这种方法得到的失业率称为调查失业率。以美国为例，有关失业的数据是政府在每个月大约对 60 000 个家庭进行随机抽样调查并估算出来的。另一种方法是以政府机构登记为基础的行政登记方法，主要是为政府管理服务。这种方法得到的失业率称为登记失业率。总体上看，两种方法各有利弊。同时，由于种种原因，这两种方法得到的失业率都不一定能准确反映失业的严重程度。但它们所反映的就业和失业变化趋势基本上是一致的。我国目前主要使用登记失业率。

资料 12-2　　我国的失业率统计

2009 年 2 月 26 日国家统计局公布的 2008 年国民经济和社会发展统计公报(摘要)揭示 2008 年末我国城镇失业率为 4.2%，而之前中国社科院的一项调查显示，我国城镇失业率大概是 9.4%，二者相差 5.2%。这是不同的统计方法造成的。国家统计局公布的是城镇登记失业率，中国社科院公布的是城镇调查失业率。由于我国从 2005 年起才开展劳动力调查，缺乏经验的积累，所以目前调查失业率仅供有关部门内部使用，正式对外公布的是城镇登记失业率。

长期以来我国一直沿用待业率这个指标。1994 年 2 月国家统计局公布的国民经济与社会发展统计公报中，首次出现了失业率指标，但是我国所指的失业人口一般指城镇登记失业人口，并把它界定为“非农业人口，在一定劳动年龄内(男 16～50 岁，女 16～45 岁)，有劳动能力，有就业要求而未就业，并已在劳动部门进行登记的人员。”这一数据既不包括农村失业人口，也尚未包括城镇的全部公开失业人员。因此，由于统计资料的不足，对我国的失业状况进行全面分析还比较困难，我国的失业统计工作需要与国际做法接轨。

二、失业的类型与原因

一般来说，失业可以根据其产生的原因分成三种类型，即自然失业、周期失业和隐性失业。

（一）自然失业

自然失业是指由于经济中某些难以避免的原因而引起的失业。在任何国家和任何动态经济中，这种失业都是不同程度存在的。因此，经济学家们认为这是正常的失业。

自然失业按其具体原因主要分为以下三种类型，即摩擦性失业、结构性失业和古典失业。

1. 摩擦性失业。摩擦性失业是由于人们在不同的地区、职业和生命周期的不同阶段不停地变换工作而引起的失业，这是一种由于劳动力的正常流动而引起的失业，因而是一种自然失业。在一个动态经济中，各地区、各行业、各部门之间劳动需求的变动是经常发生的，这种变动必然导致劳动力的流动，因此总有一部分人或者自愿或者被迫离开原来的地区和职业。劳动力从旧的工作岗位到新的工作岗位之间需要一段找工作的时间，这一段时间内，劳动力就处于失业状态；当他们找到新的工作时，又流出失业队伍。

摩擦性失业有以下几种类型：

(1)求职性失业。求职性失业是指劳动者不满意现有的工作，自动离职去寻找更理想的工作所造成的失业。所谓“炒老板鱿鱼”即是这种情况。近年来由于大学生就业形势比较严峻，国内流行一种大学生“先就业后择业”的观念，这虽然有助于学生就业，但可能造成日后的求职性失业。

(2)失职性失业。失职性失业是指劳动者被雇主解聘，被迫寻找新的工作所造成的失业。如“被老板炒鱿鱼”即是这种情况。与求职性失业中劳动者自动离职不同的是，失职性失业中劳动者是被迫离职的。

(3)寻职性失业。寻职性失业是指新加入劳动力队伍的劳动者，由于暂时没有找到工作，而正在寻找工作所造成的失业。如大学毕业生刚离开学校正在社会上寻找工作即是这种状况。

造成摩擦性失业的具体原因主要有以下几点：

第一，劳动力市场的组织状况。主要包括劳动力市场供求信息的完整性，职业介绍与指导的完善与否，劳动力流动性的大小等。

第二，失业者的能力与寻找工作的愿望。主要包括失业者的工作能力和学历程度，获得工作的难易程度，劳动者劳动的愿望等。

第三，社会保障的程度。主要包括最低工资标准，失业救济制度的完善与否，退休制度等。

2. 结构性失业。结构性失业是因劳动力的供求结构不一致而引起的失业，它也是一种自然失业。此时，劳动力的供给与需求在总量上也许是平衡的，但在结构上不一致，于是，一方面出现了有人找不到工作的失业现象，另一方面又存在着有工作无人做的职位空缺现象。出现这种失业与职位空缺现象并存的原因，是由于随着经济结构的调整，对某些劳动力的需求增加，对另一些劳动力的需求减少，与此同时劳动力的供给却没有迅速作出调整。由于这种失业的根源在于劳动力的供给结构不能适应劳动力需求结构的变动，所以称为结构性失业。

结构性失业有以下几种类型：

(1)技能性失业。技能性失业是指由于劳动力的技能不能适应经济结构、地区结构和性别结构的变动而引起的失业。这种失业一般会集中体现在某一个结构变动的时期。比如在现代社会中，很多从事传统民间艺术的艺人会由于民俗文化的衰弱而失业，这就属于技能性失业。

(2)技术性失业。技术性失业是指在经济增长的过程中由于技术进步而引起的失业。属于这种失业的劳动力大都是文化技术水平低、不能适应现代化技术要求的非技术性劳动力。比如在纺织、机械等传统劳动密集型行业中应用现代先进技术后，就会造成大量非技术性员工失业。

(3)季节性失业。季节性失业是指由于某些行业生产的季节性变动而引起的失业。一般季节性行业(如旅游业、农业等行业)经常出现这种失业。比如广大的农村，在农忙季节需要大量劳动力，但一过了秋季，就进入农闲季节，对劳动力的需求大大减少，原来的劳动力大都会面临季节性失业问题。

造成结构性失业的具体原因主要有以下几点：

第一，经济结构变化，产业兴衰转移。随着经济结构的调整，一些传统行业衰弱甚至萎缩，另一些新兴行业则蓬勃发展；新兴行业缺少合格的技术人员，存在职位空缺，而传统行业又有大量人员失业，这就是结构性失业。

第二，经济发展的区域性差异。在一个国家的经济发展过程中，往往会出现区域性的不平衡，有些地区经济发展迅速，有些地区经济停滞甚至衰弱，这种地区发展的差异也会造成结构性失业。即经济落后地区存在失业，而经济发展快的地区却可能存在职位空缺。

第三，就业人口的性别构成不合理。20世纪以来劳动力构成中的一个主要变化是妇女劳动力人口的不断增长，虽然妇女就业率的提高有助于妇女社会地位的提高，但也使劳动力市场供大于求的现象更加明显，为结构性失业埋下了潜在的危机。

3. 古典失业。古典失业是由于工资刚性而引起的失业。刚性是与弹性(或伸缩性)相反的概念。按照古典经济学家的假设，如果工资具有完全的伸缩性，则通过工资的调节就能实现人人都有工作。这也就是说，如果劳动的需求小于供给，则工资下降，直至全部工人都被雇佣为止，从而不会有失业。但由于人们不愿使工资下降，而最低工资法又限制了工资的下降，这就形成工资只能升不能降的工资刚性。这种工资刚性的存在，使部分工人无法受聘，从而形成失业。由于这种失业是古典经济学家提出的，所以称为古典失业。

古典失业现象可以从劳动的供给与需求相结合的角度来分析。从需求的角度看，企业对劳动的需求与劳动的价格即工资成反方向变动关系，即随着工资的上升，企业对劳动的需求下降，当工资水平下降时，企业对劳动的需求增加。从供给的角度看，劳动的供给与工资成同方向变动关系，即工资水平越高，劳动者愿意提供的劳动越多，反之，工资水平越低，劳动者愿意提供的劳动就越少。因此，如果企业对劳动的需求与劳动的供给相等，则决定了劳动的均衡价格(即工资)。此时，劳动力市场上，劳动的供给量、需求量及就业量都相等，不存在失业。如果工资水平上升，则劳动的供给会因工资上升而增加，超过了劳动的需求，就会有失业人口的存在。当失业人口出现时，只要劳动力市场遵循一般市场机制的运行规则，即当市场供给大于需求时，价格就下降，从而工资回落，失业便会消失。如果失业还存在，那么一定是工资的下降遇到了市场以外的其他因素的阻挠，如制度力量、工会力量等。比如工会的存在，会迫使政府通过立法规定最低工资，这样，即使劳动的供给大于劳动的需求，也可使工资维持在一定水平上，从而造成失业。

（二）周期失业

周期失业是指由于社会总需求不足而引起的失业。它一般只是在经济周期的萧条阶段才存在，故称周期失业。

经济发展是有周期性的，在经济繁荣时期，社会总需求会上升，在经济萧条时期，总需求就会不足了，所以周期失业常与经济周期同步，在经济繁荣时期比较少见，在经济萧条时期就大量出现。2008 年的国际金融危机导致美国、日本和欧盟等发达经济体的经济出现同步衰退，以“金砖四国（中国、印度、俄罗斯、巴西）”为代表的新兴经济体也受到重大冲击，上述经济体出现了不同程度的失业率上升现象。这种几乎在每个地区都发生的失业率上升现象表明这种增加了的失业主要是周期性的。

周期失业的原因可以用紧缩性缺口来说明。在经济萧条阶段，社会实际总需求小于经济繁荣阶段可以达到的社会总需求，即实际的社会总需求小于充分就业时的社会总需求，出现紧缩性缺口（也就是实际的社会总需求与充分就业时的社会总需求的差额）。紧缩性缺口导致企业生产积极性下降，大量企业倒闭，幸存的企业也会减产，因此整个社会对劳动的需求会减少许多，从而社会失业人口增加，造成周期失业。

可以用图 12-1 说明周期失业的原因。

图 12-1 中，横轴 OY 代表国民收入，纵轴 AE 代表总支出。从图中可以看出，当国民收入为 Y_t 时，经济中实现了充分就业，Y_t 为充分就业时的国民收入。实现这一国民收入水平所要求的总支出水平为 AE_0，即充分就业时的总支出。但现在的实际总支出为 AE_1，这一总支出水平决定的国民收入为 Y_e，$Y_e<Y_t$，这就必然引起失业。$Y_e<Y_t$ 是由于 $AE_1<AE_0$ 造成的，因此，实际总支出 AE_1 与充分就业总支出 AE_0 之间的差额，就是造成这种周期失业的根源。这种失业由总支出或总需求不足引起，故而也称为“需求不足的失业”。

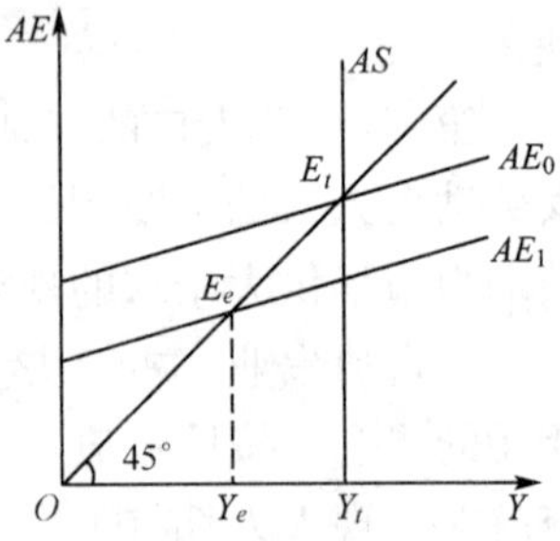

图 12-1 周期失业

周期失业其实就是凯恩斯所分析的非自愿失业，非自愿失业是与自愿失业相反的概念。自愿失业是指劳动者因不愿意在现行市场工资水平下工作而造成的失业。在竞争性经济中这种失业的存在一定程度上能使经济更有效地运行。而非自愿失业是指劳动者愿意在现行工资水平下工作却找不到工作而造成的失业。

既然周期失业的原因在于社会总需求不足，那么社会总需求不足的原因又是什么呢？凯恩斯认为造成社会总需求不足的原因是三大心理规律的作用，即边际消费倾向递减规律导致消费不足，资本边际效率递减规律导致投资需求不足，流动偏好心理规律使利率的下降有一个最低限度，从而无法刺激投资。消费需求和投资需求的不足最终导致社会总需求的不足。

（三）隐性失业

隐性失业是指就业者表面上有工作，实际上对生产并没有作出贡献，即有“职”无“工”的现象。隐性失业主要存在于发展中国家、某些福利国家和社会主义国家。

隐性失业在经济活动中是经常存在的，当经济中减少就业人员而产量仍没有下降时，就存在着隐性失业。例如，一个经济中有 3 000 万工人，如果减少 600 万工人而国内生产总值并不减少，则经济中存在着 20%（600/3 000＝20%）的隐性失业。这种失业在发展中国家存在较多，特别是发展中国家的农业部门就存在着严重的隐性失业。隐性失业的存在给经济带来巨大的损失，阻碍了经济的快速发展，因此，消灭隐性失业对提高经济效益是十分必要的。

长期以来，我国不论是农村，还是城镇，都存在着比较严重的隐性失业。新中国成立后，由于国家实行城乡分割的户籍管理制度，农村剩余劳动力向非农产业转移的速度是相当缓慢的，农村形成了严重的隐性失业。虽然改革开放后大量农村劳动力流向城市，但农村仍有相当数量的隐性失业人口。与此同时，城镇长期实行低工资、高就业、国家包分配的劳动就业政策，形成了大量的冗员，这种就业政策导致了城镇的隐性失业。近年来，随着国有企业改革、政府机构改革和事业单位改革的逐步深入，城镇隐性失业有了明显减少。同时，由于农村城镇化进程的加快，城镇对农村进城务工人员容纳能力的提高，农村的隐性失业也有了很大的改观。

三、失业的经济损失

美国著名经济学家保罗·萨缪尔森在他的《经济学》一书中对失业的经济损失有过如下描写：高失业伴随着高水平的生产损失或者高水平的生产停顿——就好像干脆把相同数量的汽车、食品和房屋扔进大海……在高失业期间的损失是现代经济中有文献记载的最大浪费。它们比垄断或关税和限额导致的浪费所造成的缺乏效率（或“无谓的损失”）据估计要大许多倍。

失业的经济损失究竟有哪些呢？这可以从个人、企业、国家、社会等方面分析。

对个人来说，失业会给失业者本人及其家庭造成损失。一方面，失业者失去了本来用劳动可以换得的收入，而收入的减少，又造成他们生活水平的下降；另一方面，失业者除了从国家或社会得到一定补贴外，还得从就业的家庭成员中获得救助，从而降低了家庭人均收入和生活水平。

对企业来说，人力资本的损失是失业造成的最大经济损失。人力资本是指劳动者受到的教育和获得技能的价值。人力资本来源于劳动者所受的教育和从工作中获得的经验，还包括长期形成的工作习惯。失业给人力资本造成了双重损失：一是失业者已有的人力资本得不到应用；二是失业者无法通过工作增加自己的人力资本。虽然劳动者个人和企业都会因为失业而造成人力资本的损失，但企业的损失会更大，因为对企业来说，人力资本的价值是企业产品生产的重要因素，能够为产品的价值增值作出贡献。

对国家来说，失业的经济损失主要是增加了财政负担。为解决失业问题国家就要负担就业经费投入、辅助失业人员再就业、对失业人员给予生活补助和救济、保障他们的最低生活需要等，这些都会加重国家的财政负担，造成财政困难。如果财政出现支付困难而提高失业救济标准，必然影响社会的安定，甚至造成社会动乱。

对社会来说，大量失业人员的存在是社会不稳定的重要因素。由于失业人员和就业人员收入水平的差距、失业人员生活的贫困与高收入人群富裕生活的差距，容易造成失业人员心理失衡，带来诸如酗酒、自杀等消极现象，甚至造成某些人违法犯罪，影响家庭和谐与社会安定。

四、奥肯定律

失业会带来经济损失，对国内生产总值来说，失业造成实际国内生产总值的减少。那么，失业的具体经济损失究竟有多大呢？美国经济学家阿瑟·奥肯在 20 世纪 60 年代根据统计资料回答了这个问题。奥肯应用统计的方法，提出了用以说明失业率与实际国内生产总值增长率之间关系的一条经验规律，这条规律被称为“奥肯定律”。这一规律表明：失业率每增加 1%，则实际国内生产总值减少 2.5%；反之，失业率每减少 1%，则实际国内生产总值增加 2.5%。它表明了失业率与实际国内生产总值增长率成反比例关系。但要注意，失业率与实际国内生产总值增长率之间 1∶2.5 的关系只是一个平均数，是根据经验统计资料得出的，在不同时期、不同国家这个数字略有不同。表 12-1 列出了部分国家的奥肯系数。

表 12-1　部分国家的奥肯系数

	1960～1980 年	1981～1994 年	1985～1999 年
美国	0.40	0.47	
德国	0.27	0.42	
英国	0.17	0.49	
日本	0.15	0.23	
中国			0.29

从表 12-1 中可以看到，依据“奥肯定律”估算，在 1985～1999 年我国失业率每增加 1%，实际国内生产总值增长率减少 2.9%，反之，失业率每减少 1%，实际国内生产总值增长率增加 2.9%。我国的“奥肯定律”是依据我国的失业率或就业率与经济增长率的关系做出的。1980～1989 年，全国 GDP 年平均增长率为 9.3%，同期全国就业人员年平均增长率为3.0%。1990～1999 年，全国 GDP 年平均增长率为 11.9%，同期全国就业人员年平均增长率为 1.3%，比 80 年代低 1.7 个百分点。也就是说，1980～1989 年，GDP 每增长 1 个百分点，就业增长 0.311 个百分点；1990～1999 年，GDP 每增长 1 个百分点，就业增长 0.17 个百分点，比 1980～1989 年下降了约 40%。综合分析之后，得出奥肯系数为 0.29。

五、失业治理对策

（一）凯恩斯的失业治理对策

世界上首次大规模的失业是在 1929～1933 年席卷全世界的经济危机中首次出现的，当时凯恩斯认为失业是由于社会总需求不足，因此提出通过政府的宏观调控来治理，即运用财政政策和货币政策来治理失业。

1. 扩张性财政政策

在经济萧条时期，为应对失业，政府可以通过扩张性的财政政策来刺激总需求，以实现充分就业。扩张性的财政政策包括增加政府支出与减税。增加政府支出包括增加政府购买和转移支付。政府购买的增加有利于刺激私人投资，转移支付的增加可以增加个人消费，这样就会刺激总需求。减税主要是减少个人所得税和公司所得税。减少个人所得税可以使个人可支配的收入增加，从而消费增加；减少公司所得税可以使公司收入增加，从而增加投资，这样也会刺激总需求。

2.扩张性货币政策

在经济萧条时期，为应对失业，政府还可以通过扩张性的货币政策来刺激总需求，以实现充分就业。扩张性的货币政策包括降低存款准备金率、降低再贴现率、在公开市场上买入政府债券。降低存款准备金率有利于商业银行在活期存款不变的条件下扩大放款，增加市场上货币量，降低利息率水平，促进企业投资。降低再贴现率有利于促进商业银行向中央银行借款，从而使商业银行扩大对企业的放款，放款扩大了货币供给量，降低利息率，从而增加总需求。买进政府债券，中央银行的支票进入市场，并存于商业银行，商业银行在增加存款后，可以扩大放款。于是，货币供应量增加，迫使利息率降低，从而增加总需求。

（二）现代经济学家的失业治理政策

现代经济学家主张对失业进行综合治理，他们的失业治理对策可以分为两大类，即主动的失业治理政策和被动的失业治理政策。

1.主动的失业治理政策

主动的失业治理政策是指依据失业的原因，提出相应的对策，使失业状况根本好转。其措施主要有：

(1)从根本上提高经济活动的水平。根据奥肯定律，失业率与实际国内生产总值增长率之间存在一种反向变动的关系，因此要减少失业，必须增加国内生产总值，而这又是以经济活动水平的提高为条件的。正是在这个意义上，西方经济学家普遍认为提高经济活动的水平是治理失业的根本性措施。为此，政府可以通过增加投资，提高投资效率，使国内生产总值获得成倍增加，从而提高国内生产总值增长率，以吸收更多的劳动力，从根本上改变失业状况。

(2)加强职业培训。当前世界失业问题中有相当部分是因为劳动者技术素质偏低，无法适应就业岗位日益提高的技术要求而造成的，如技能性失业、技术性失业等结构性失业。为了消除这类失业，必须提高劳动者的技术素质。因此相关部门应加强对劳动者的职业培训，这样既提高了劳动者素质，又增加了接受培训人员的就业机会。

资料 12-3　国外的职业培训

世界上许多国家都很重视职业培训。从国外大部分市场经济国家的情况来看，职业培训主要包括职前培训、在职培训和转岗培训（或称就业培训）。近年来，由于就业形势严峻，不少国家为减轻失业压力，又相继推出了“创业培训”。

(3)控制和减少劳动力供给。战后世界失业问题日趋严重的一个直接原因是劳动力供应过大，特别是一些国家在过去生育高峰中出生的人从 20 世纪 70～80 年代开始逐渐进入就业年龄，导致劳动力供应持续增大。因此，在面临失业人口和失业率增加的情况下，对失业的治理应考虑控制和减少劳动力的供给。具体做法可以考虑延长人口受教育的年限，以就学替代和延迟一批新增劳动力就业，这样既可缓解就业压力，又能提高人力资本的价值含量；还可以考虑让一部分就业者提前退休，使其提前退出劳动年龄人口，以减缓劳动力供应过大的压力。

(4)缩短就业者的劳动时间。这样既可以增加劳动者的休闲时间，提高其生活质量，又可以吸收更多的劳动力就业。如国外许多企业对雇员强制实行的“带薪休假”制度。我国近年实行的五天工作制，“五一”、“国庆”放长假（“五一”长假已于 2008 年取消），也有这方面的考虑。

2. 被动的失业治理政策

被动的失业治理政策是指由于失业总是存在，政府只能采取补救对策。其措施主要是：

(1)建立和完善社会保障制度。建立社会保障制度主要是通过建立失业保险制度，具体做法是：劳动者在岗就业时，由企业和个人分别向社会保险机构缴纳一部分保费，劳动者一旦失业，就可向保险公司领取失业保险金，以保证日常生活的正常进行。

(2)建立失业救济专项基金。失业救济金制度是对失业者按一定标准发放能使其维持正常生活的补助金。建立失业救济制度，首先是要确立失业救济线和最低生活标准，然后经过再确认，发放失业救济金，以确保失业人口的基本生活。

需要强调的是，以上两类失业治理政策各有特点，必须相互补充，综合治理。

资料 12-4　　欧盟失业治理对策的转变

欧盟国家原有的就业政策从总体上讲是偏重于采取被动的失业治理政策，通过强化失业保障制度体系来应对失业，使失业者得到较好的社会保障，以避免贫富过分悬殊。但近年日益沉重的失业保障负担已经侵占了一部分欧盟国家未来经济增长的潜力，而且长期以来，欧盟国家完善的社会保障体系还形成了民众对它的依赖心理，不利于人力资源适应各种新趋势的发展。因此，目前欧盟在就业政策方面也已开始从对失业的被动治理向主动治理转变。

(三)我国的失业原因及治理对策

失业是一个国家经济发展中的正常现象，近年来我国也出现了较为严重的失业问题。因此，要从我国实际出发，认真分析失业的原因，并采取有效的失业治理对策。

1. 我国失业的原因

我国的失业问题不是单一因素造成的，而是许多因素合成的结果。

(1)计划经济向市场经济体制过渡的转轨性失业

在传统的高度集中的计划经济体制下，计划就业指标是考核企业经营好坏的重要指标，企业领导者具有强烈的“就业指标饥渴”，结果是企业员工日益增多，隐性失业问题越来越严重。随着我国社会主义市场经济体制的建立和完善，国有企业摆脱了就业指标的约束，追求利润最大化成为企业的最大目标，许多企业采取“减员增效，下岗分流”的措施，隐性失业逐渐显性化。

(2)产业结构调整导致的结构性失业

发达国家经验表明，当一个国家的经济处于高速发展阶段时，必然伴随着产业结构的快速调整，夕阳产业不断被淘汰，朝阳产业不断涌现。这就要求劳动力的供给能够及时做出调整，否则，就会出现“失业”与“空位”并存的现象。目前我国正存在这种产业结构调整导致的结构性失业。农业、纺织业等传统的第一、二产业劳动力供过于求，失业严重；大量新兴的第三产业劳动力则供不应求。

（3）经济周期波动引起的周期性失业

自改革开放以来我国宏观经济基本上每隔4～5年就波动一次，在经济紧缩阶段，由于有效需求不足、市场疲软，企业往往采取减员增效的措施，造成失业人口增加。例如1997年亚洲金融危机的发生对我国外贸行业造成严重的不利影响，随后我国国内又面临通货紧缩和需求不足的严重局面，因此随后几年我国出现了比较严重的失业问题。

（4）其他原因

除了上述原因以外，劳动力市场的不完善、劳动力素质偏低、新劳动力大量增加等，都是我国失业问题的重要原因。

2. 我国失业的治理对策

（1）提高经济活动水平，减少经济周期波动，促进经济持续稳定健康发展

改革开放以来，我国宏观经济经历了数次周期性的波动。经济周期波动是造成我国失业问题的重要原因。每当经济处于萧条阶段，市场有效需求不足，就业机会减少，失业就会增加。因此，政府必须深化改革，充分挖掘潜力，确保国民经济的持续稳定健康发展，避免经济大起大落。只有这样，才能形成社会经济发展与就业再就业工作良性互动的局面。

据测算，在我国，国内生产总值每增加一个百分点，可创造80万个就业岗位。因此，如果我国经济增长率能够保持在8%左右，即可新增就业岗位640万个左右。2009年受国际金融危机和国内劳动力供给增加的双重影响，我国就业压力非常大，在此背景下中央明确提出确保经济增长8%，这对促进就业无疑是十分重要的。

（2）实行有利于促进就业的财政政策和货币政策

国家应继续实行有利于促进就业的财政、货币政策。财政政策方面，应继续加大公共项目的投资，这样既能直接创造就业机会，又能刺激经济需求，带动社会投资，从而间接促进就业；同时，要对下岗、失业人员自主创业和自谋职业，企业吸纳失业人员就业或减少裁员，给予一定的税收优惠。货币政策方面，应改革商业银行管理体制，加强对中小企业的金融支持，通过促进中小企业的发展发挥其吸纳就业的优势。

（3）实行有利于促进就业的产业政策

在拓宽就业渠道、增加就业岗位的同时，为促进就业，我国应积极调整产业结构，实行有利于促进就业的产业政策。针对我国劳动力资源丰富、当前世界制造业从发达国家向发展中国家转移、国际上许多国家纷纷运用高新技术改造传统产业、大力发展新兴产业的现状，我国应大力发展就业容量大的劳动密集型产业，面向国际市场发展制造业，鼓励具有较高科技含量，又能吸纳较多劳动力就业的行业的发展。与此同时，要积极发展第三产业，作为今后扩大就业的主攻方向，使其成为吸纳就业的主要载体。

（4）大力发展乡镇企业、中小企业、非公有制经济，充分发挥其吸纳就业方面的优势和潜力

发展乡镇企业可以充分利用农村劳动力资源丰富的优势，国家应当在政策、资金、技

术等方面大力支持和促进乡镇企业的发展。同时，发展乡镇企业要与小城镇建设结合起来，扩大农村就业空间。中小企业一般侧重于劳动密集型的产业，吸收的劳动力相对要多，在扩大就业渠道、创造就业机会等方面具有大型企业无法替代的作用。而非公有制经济事实上已成为目前我国就业的一个主要增长点。因此，国家在发展国有大型企业、高新技术企业的同时，也要重视并加快中小企业和非公有制经济的发展，进一步创造有利于中小企业和非公有制经济生存和发展的环境，以增强其对劳动力的吸收能力。

(5)完善劳动力市场

要建立统一、开放、竞争、有序的劳动力市场体系，实行国家政策指导下的市场就业方针。建立全国统一的劳动力市场，建立覆盖全国的劳动力信息网络，制定就业服务体系建设的整体规划，加强劳动力市场法规和法制建设，促进公平就业。

(6)大力发展基础教育和职业技术培训，提高劳动力素质

针对我国劳动力素质偏低的现状，要加强基础教育和职业技术培训，提高劳动者素质，以增强其就业能力。为此，要进一步深化教育体制改革，构建现代国民教育体系，培养终身教育体系，建设学习型社会，全面推进素质教育。同时，要加强职业教育和技术培训，把它作为预防失业和促进就业的重要内容。加强在职培训，推行职业资格认证制度，可以借鉴国外先进经验和做法，实行以初级和中级职业技术培训为主，高等职业培训为辅的方式。强化再就业培训，增强培训的针对性、实用性和有效性，帮助失业下岗人员掌握再就业的技能和本领。在此过程中，政府和相关部门、企业要加大教育和培训的投资。

(7)要加快建立和完善多层次的失业保障制度

针对我国目前社会保障制度不健全的现状，国家应加快建立与我国经济发展水平相适应的社会保障体系。社会保障制度应从消极救济转向积极促进就业。通过把国外经验和我国国情有机结合，逐步建立起覆盖面广、可持续、促进发展的失业保障体系。要完善失业保险体系，建立范围覆盖全部职工，费用由国家、单位、个人三方合理负担，失业救济与再就业紧密结合，国家立法强制实施的失业保险制度，同时加强社会保险基金的管理和监督。要进一步强化最低生活保障制度建设，推进养老保险制度改革，充分发挥失业保障制度在促进就业中的积极作用。

案例分析 12-1　金融危机影响下的我国失业问题

中国，以世界上 9.6%的自然资源，9.4%的资本资源，1.85%的知识技术资源，以及 1.83%的国际资源等，要为占世界人口 26%的劳动力提供就业机会，毫不夸张地说，这本来就是一场就业战争。“十一五”时期，中国进入新的劳动力增长高峰，5 年内全国新增劳动力总供给将达到 5 000 多万人，但劳动力就业需求岗位只能新增 4 000 万个，劳动力供求缺口在 1 000 万个左右。

2008 年的国际金融危机加剧了我国的就业压力。受金融危机影响，大量企业出现经营困难，不少企业甚至倒闭。全国约有 2 000 万农民工失去工作，或者还没有找到工作就返乡了，占外出就业农民工总量的 15.3%。与此同时，据人力资源社会保障部预计，2009 年全国还有 610 万大学毕业生作为城镇新增就业的主要力量进入劳动力市场。在这两个庞大的就业群体之外，还有城镇下岗失业人员、就业困难群体等，2009 年我国就业形势

将非常严峻。

就业乃民生之本。面对当前严峻的经济形势，促进就业，无疑成为2009年政府面临的民生最大考题。为应对就业面临的严峻挑战，2009年中央经济工作会议明确提出："必须实施更加积极的就业政策，全方位促进就业增长，确保就业形势基本稳定。"以前所未有的力度部署了涉及就业的政策措施。在财政政策和货币政策方面，继续加大对"三农"、就业等方面的支持力度。同时提出，支持内部治理结构完善、就业容量大的劳动密集型企业，有效引导结构调整。针对农民工这支庞大的劳动力大军，中央经济工作会议特别指出，要高度重视农民工就业和促进农民增收出现的新情况，最大限度拓展农村劳动力就业渠道和农村内部增收空间。随后召开的国务院常务会议，具体部署了农民工就业问题。要求要广开农民工就业门路，加强农民工就业能力培训，扶持有条件、有能力的农民工返乡创业等。另外，扩大失业保险基金使用范围，除了失业保险金和就业服务这两个方面以外，还可以用于社保补贴和其他岗位补贴等。与此同时，各级地方政府也纷纷采取措施，加强职业培训，提供更多公益性岗位，帮助农民工返乡创业，为大学毕业生提供就业指导等。这些措施为正在苦熬就业"寒冬"的求职者带来丝丝暖意。

2009年3月5日温家宝总理在十一届全国人大二次会议上作政府工作报告时提出国内生产总值增长8%左右，城镇新增就业900万人以上，城镇登记失业率4.6%以内。并特别指出，提出8%左右的国内生产总值增长目标，综合考虑了发展的需要和可能。在我们这样一个13亿人口的发展中国家，要扩大城乡就业，增加居民收入，维护社会稳定，就必须保持一定的经济增长速度。只要政策对头，措施得当，落实有力，就有可能实现这一目标。

评析：就业是民生之本。受国际金融危机影响，2009年我国遇到了前所未有的就业压力，农民工、大学生、城镇下岗失业人员、就业困难群体等都面临严峻的就业形势。对此，政府应积极出台促进就业的政策，通过财政货币政策、社会保障、失业救济、职业培训等促进就业，特别是通过经济增长这一根本办法促进就业。

问题：什么是失业？原因何在？如何治理？结合案例分析我国应如何应对失业？

第二节　通货膨胀及其经济影响

一、通货膨胀的概念与衡量

（一）通货膨胀的概念

虽然通货膨胀至今没有统一的定义，但经济学界一般接受这样的定义，即通货膨胀是指物价水平普遍而持续的上涨。换句话说，通货膨胀就是单位货币的购买力（即单位货币所能购买的商品和劳务的数量）不断下降的现象，也就是一般人所说"钱不值钱了"的现象。

从通货膨胀的概念，我们可以看出它有以下两个方面的特征：

1. 通货膨胀是指物价水平的普遍上涨。通货膨胀不是指一种或几种商品的价格上涨，而是指物价水平的普遍上涨，即物价总水平的上涨。如果只是一种或少数几种商品的价格在上涨，我们不能断定就是发生了通货膨胀。比如，我们不能单从房价的上涨就推断发生了通货膨胀。

2.通货膨胀时期物价水平的上涨必须持续一定时期。如果物价只是一次性、暂时性、季节性上涨,都不能称为通货膨胀。比如,节假日期间,宾馆、饭店的收费标准一般都会上升,我们不能就说是发生了通货膨胀。因为,节假日过后,这些收费标准都会由于客人的减少而降低。

(二)通货膨胀的衡量

经济学中使用价格指数来衡量通货膨胀。

1.价格指数的概念

价格指数,也称物价指数,是表明某些商品的价格从一个时期到下一个时期变动程度的指数。由于在通货膨胀时期,并非所有商品的价格都按同一比例上涨。比如有的商品价格上涨了10%,有的商品价格只上涨了5%,而有的商品价格反而下降了1%,因此,西方经济学使用价格指数这一反映全社会物价总水平的概念来衡量通货膨胀。价格指数一般不是简单的算术平均数,而是加权平均数,即根据某种商品在人们日常生活总支出中所占的比例来确定其价格的加权数的大小。比如住房和食品,前者在人们的日常生活总支出中所占的比例大,它的价格变动情况在价格总水平中相应应占较大比例,其价格的加权数也就较大;后者在人们的日常生活总支出中所占的比例小,它的价格变动情况在价格总水平中相应应占较小比例,其价格的加权数也就较小。

价格指数需要用一个时期的物价作为基期物价,价格指数计算的就是报告期的物价比基期的物价变动了多少,用公式表示就是

$$\text{价格指数}=\frac{\text{报告期物价水平}}{\text{基期物价水平}}$$

2.价格指数的类型

价格指数根据其计算时所包含的商品品种的不同,通常有以下几种类型:

(1)消费价格指数,又称生活费用指数,简称CPI。它是衡量各个时期居民家庭日常消费的生活用品和劳务的价格变化的指标。世界各国都倾向于根据本国居民的消费习惯,选定一些有代表性的生活必需品和服务项目,并以这种方法编制出来的价格指数来判断本国是否发生了通货膨胀。消费价格指数能衡量消费品的价格变动,消费者比较关心,因此它是当今世界使用广泛的价格指数,我国目前也使用它来衡量通货膨胀状况。消费价格指数的缺陷在于它只统计市场上零售给居民的生活消费品和劳务,不包含社会公共需要的商品和劳务。

资料12-5　世界各国消费价格指数的编制

世界各国在编制消费价格指数时由于国情不同而列入编制范围的商品和劳务的具体项目有所不同。美国是以食物、衣服、住房、交通、燃料、医疗等几大类商品和劳务为主编制得出消费物价指数;而我国消费价格指数的构成包括食品、烟酒及用品、衣着、家庭设备用品及服务、医疗保健及个人用品、交通和通信、娱乐教育文化用品及服务、居住等八大类300多项,其构成权重分别为34%、4%、9%、6%、10%、10%、14%以及13%。另外,按照世界各国普遍遵守的统计规则,住房作为不动产以及长期消费商品,其价格并不

纳入CPI统计，我国仅把房租、建筑装修等费用纳入居住这一项。因此目前国内城市居民消费比重较大的住房消费无法反映在CPI的构成中。

(2)零售价格指数。它是衡量各个时期市场上商品零售价格总水平变动趋势和程度的指标。零售价格指数的优点在于资料比较容易收集，反映价格变动情况及趋势比较直观，比较快速。因此，许多国家以零售价格指数的变化来衡量通货膨胀的状况。由于零售价格指数的统计范围既包括市场上零售给居民的生活消费品和劳务，也包括社会公共需要的商品和劳务，因此消费价格指数比零售价格指数更贴近居民的实际生活。

(3)生产者价格指数，简称PPI。它是衡量生产原料和中间投入品等价格变化的指标。PPI是对给定的一组商品的成本的度量。它与CPI的一个不同之处在于，它包括原料和中间产品。根据价格传导规律，PPI对CPI有一定的影响。PPI反映生产环节价格水平，CPI反映消费环节的价格水平。整体价格水平的波动一般首先出现在生产领域，然后通过产业链向下游产业扩散，最后波及消费品。由于PPI是表示一般价格水平变化的一个信号，被当作经济周期的指示性指标之一，因此在许多国家受到政策制定者的密切注视。

(4)国内生产总值折算指数，又称国内生产总值平减指数。它是衡量各个时期一切商品与劳务价格变化的指标。国内生产总值折算指数被定义为名义国内生产总值与实际国内生产总值的比率，即按当年价格计算的国内生产总值与按固定价格或不变价格计算的国内生产总值的比率。国内生产总值折算指数的统计范围包括一切商品和劳务，因此，它比消费价格指数和批发价格指数更能全面反映社会价格总水平的变动趋势，西方国家大多由于上述原因采用国内生产总值折算指数反映通货膨胀。但需要注意的是，由于国内生产总值通常每年统计一次，因此，国内生产总值折算指数不能迅速反映价格总水平的变动情况。

需要指出的是，上述四种价格指数由于计算时所包含的商品不尽相同，因此其数值也各不相同。但这四种价格指数都能反映出基本相同的通货膨胀变动趋势。

二、通货膨胀的类型

通货膨胀按不同的划分标准可以划分成不同的类型，常见的划分方法是按照物价上涨速度或通货膨胀的程度来划分。

物价上涨速度或通货膨胀的程度可以用通货膨胀率来表示，其计算公式是

$$\text{报告期通货膨胀率}=\frac{\text{报告期的物价水平}-\text{基期的物价水平}}{\text{基期的物价水平}}\times 100\%$$

公式中的物价水平用价格指数来表示。

根据通货膨胀率的大小，通货膨胀可以划分为以下几种类型：

1.温和的通货膨胀

温和的通货膨胀是指通货膨胀率低而且较为稳定的物价水平。一般认为，在温和的通货膨胀情况下，物价上涨速度不超过两位数（即在10%以下），而且人们对于这种通货膨胀比较容易预测。这种通货膨胀对经济的负面影响一般不大。温和的通货膨胀在大多数发达工业国中是比较常见的。以瑞典为例，从1954～1967年间物价上涨了64%，年平均通货膨胀率为3.9%，而且每年变化不大，比较稳定，最低时不低于2.5%，最高时不

高于5%。美国在20世纪90年代一直保持2%左右的通货膨胀率也属于温和的通货膨胀。

2. 急剧的或奔腾的通货膨胀

急剧的或奔腾的通货膨胀是指通货膨胀率高而且继续攀升的物价水平。一般认为，在急剧或奔腾的通货膨胀情况下，物价上涨速度高达两位数(即在10%到100%之间)。这种通货膨胀率会使经济发生严重的扭曲。由于货币购买力迅速下降，人们更愿意囤积商品而不愿意持有货币，金融市场陷于瘫痪。急剧的或奔腾的通货膨胀的典型例子是20世纪70年代的南美洲国家，如巴西和阿根廷，都出现了两位数的通货膨胀率。我国在20世纪80年代和90年代都出现过两位数的通货膨胀，好在我国政府在很短的时间内将其遏制住了。

3. 恶性通货膨胀

恶性通货膨胀是指通货膨胀率高而且失去控制的物价水平。一般认为，在恶性通货膨胀下，物价上涨的速度高达三位数以上(即超过100%)，通货膨胀完全失去了控制，货币极度贬值。这种通货膨胀会导致金融体系乃至整个经济的崩溃，甚至导致一个政权的垮台。历史上最典型的恶性通货膨胀的例子是20世纪20年代初德国魏玛共和国时期和20世纪40年代后期旧中国国民党统治区的通货膨胀。在德国，从1922年1月到1923年11月，价格指数从1上升到100亿，假如一个人在1922年初持有价值3亿马克的债券，那么两年后，这些债券的面值便连一块橡皮糖也买不到了。有人形容这时期马克的价值就像从一艘战列舰缩小成一粒豌豆那样在缩减。在旧中国，由于国民党政府大量发行金圆券，导致物价飞涨，1936年，100元钱能买一头牛，到了1946年只能买到一个煤球，1949年新疆地方政府还曾发行过面值达60亿元的钞票，仅能买77粒大米。

资料12-6　津巴布韦的通货膨胀

近年来，地处南部非洲内陆的津巴布韦出现了人类历史上最严重的通货膨胀。由于国内政局动荡和西方国家的制裁，津巴布韦的通货膨胀到了疯狂的地步。2009年2月津巴布韦的通货膨胀率达到了百分之十亿，一美元可以兑换250万亿津巴布韦元。1月16日，津巴布韦发行了一套世界上最大面额的新钞，这套面额在万亿元以上的新钞包括10万亿、20万亿、50万亿和100万亿津元四种。2月2日，津巴布韦中央银行决定从巨额钞票上删除12个零，也就是现在的1万亿元将等于1元。而在2008年8月，津巴布韦中央银行刚宣布去掉钞票后的10个零，但由于恶性通货膨胀又涨了回来。

三、通货膨胀的形式与成因

西方经济学家认为，通货膨胀按成因分主要有四种形式：需求拉动的通货膨胀、成本推动的通货膨胀、供求混合推动的通货膨胀和结构性通货膨胀。

(一)需求拉动的通货膨胀

需求拉动的通货膨胀，是指总需求过度增长引起的通货膨胀，即太多的货币追逐太少的商品和劳务。

需求拉动的通货膨胀，是从总需求的角度来分析通货膨胀的原因，把通货膨胀归因于对社会资源的需求超过了按现行价格所能得到的供给。由于总需求的过度增长，总供给相对不足，总需求超过总供给的能力，供不应求引起价格上升，从而导致通货膨胀。

需求拉动的通货膨胀产生的过程，可以分成两个阶段来说明。如图 12-2 所示。

当经济中未实现充分就业时，最初，总需求曲线 AD_0 与总供给曲线 AS 相交于 E_0，决定了均衡的国民收入为 OY_0，价格水平为 P_0。随着总需求的增加，总需求曲线 AD_0 向右平行移动到总需求曲线 AD_1，总供给曲线向右上方倾斜，表明此时总供给能够随着总需求的增加而增加。此时，总需求曲线 AD_1 与总供给曲线 AS 相交于新的均衡点 E_1，决定了新的均衡国民收入为 OY_1，新的价格水平上升到 P_1。但这不是真正意义上的通货膨胀。从图中我们可以看到，当总需求增加引起价格上升时，总供给和国民收入都在增加，均衡点随之上移，说明总供给与总需求重新获得了平衡，所以，不认为是发生了真正意义上的通货膨胀。

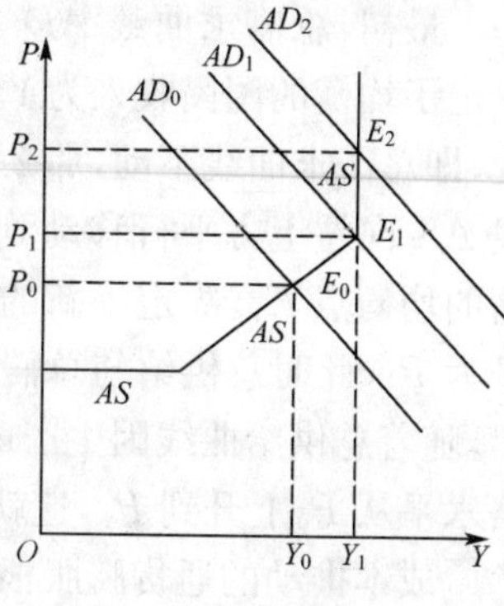

图 12-2 需求拉动的通货膨胀

当总需求继续增加时，总需求曲线从 AD_1 平行移动到 AD_2，总供给曲线 AS 变为垂直的直线，总需求曲线与总供给曲线相交于 E_2，表明总供给已不能再增加，社会经济处于充分就业状态。此时，国民收入不能再增加，仍为 OY_1，价格则继续上升到 P_2。此时的价格上升，才是发生了真正意义上的通货膨胀。从图中可以看到，当总需求继续增加时，价格的上升不会引起总供给和国民收入的增加，总供给和总需求也不能重新获得平衡。可见，价格的上升是总需求继续增加的唯一结果，所以，我们认为发生了真正意义上的通货膨胀。

社会总需求由总消费、总投资、政府支出、净出口共同组成，其中任何一个构成因素的增加，都会造成社会总需求的增加，当需求过度时，就会引起需求拉动的通货膨胀。

资料 12-7 我国 1993～1995 年的通货膨胀

1993 年～1995 年我国发生了一次严重的通货膨胀，这三年的零售物价指数分别达到 10.3%、21.7%和 14.8%，物价涨幅之高、持续时间之久，是改革开放以来所没有的。从社会总需求方面看，一是由于投资过度膨胀，1992～1994 年全社会固定资产投资规模年平均增长 42.06%，其中 1993 年第一季度比上年同期增长 70%；二是由于消费需求膨胀，1992 年～1994 年工资性现金支出分别比上年增长 25.3%、30.3%、40.1%，都超过同期劳动生产率的增长，货币的数量大大超过了商品的可供量，从而形成日益拉大的商品供需缺口，引发通货膨胀。

（二）成本推动的通货膨胀

成本推动的通货膨胀，是指在资源尚未充分利用时因成本因素推动而引起的价格上涨。

成本推动的通货膨胀，是从总供给的角度分析通货膨胀的原因。它认为引起通货膨胀的原因在于成本的增加，成本的增加意味着只有在高于从前价格的水平时，才能达到与以前相同的产量水平（也就是说，由于成本的增加，厂商只有在高于从前的价格水平时，才愿意提供同样数量的产品），从而引起通货膨胀。

成本推动的通货膨胀的产生过程，可以通过图 12-3 来说明。

最初，总需求曲线 AD 与总供给曲线 AS_0 相交于 E_0 点，决定了均衡的国民收入为 Y_0，价格水平为 P_0。假定总需求不变，即总需求曲线不动，那么，随着生产成本的增加，总供给曲线 AS_0 向左上方平行移动到 AS_1，与总需求曲线 AD 相交于新的均衡点 E_1，决定了新的均衡国民收入为 Y_1，新的价格水平为 P_1，此时总供给与总需求达到新的平衡。从图中可以看出，随着总供给曲线因生产成本的增加从 AS_0 移动到 AS_1，价格水平从 P_0 上升到 P_1，这就是成本推动的通货膨胀。

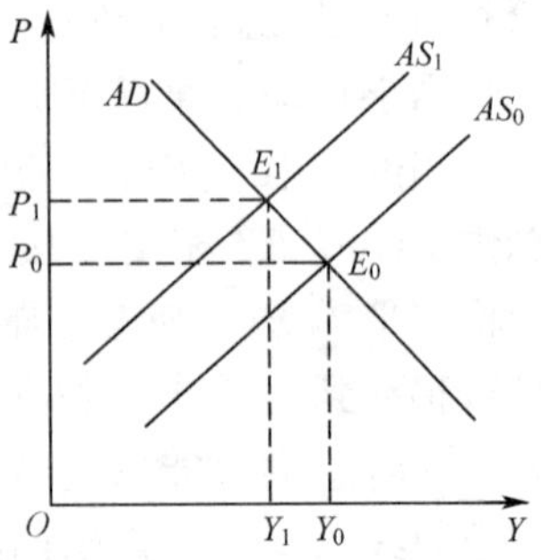

图 12-3 成本推动的通货膨胀

成本推动的通货膨胀根据成本增加的具体原因，又主要分为三种类型：

1. 工资成本推动的通货膨胀

工资是企业生产成本的主要部分，工资的提高自然会使生产成本增加，从而引起产品价格水平上升，导致通货膨胀。引起工资上升的一个很重要原因是在不完全竞争的劳动市场上，工会往往会利用其拥有的垄断地位迫使雇主提高工资。当工资的增加超过生产率的增长时就提高了单位产品的生产成本，为了维持原有的利润水平，企业必然提高产品的价格。

2. 利润成本推动的通货膨胀

在不完全竞争的市场上，处于垄断地位的企业往往控制着产品的销售价格，为了获取更多的利润，这些企业不是采取通过提高生产效率来降低成本的途径，而是利用提高产品价格的方式，使得产品价格的上升速度超过产品成本的增长速度，进而从中获利。这种方法同样提高了企业的生产成本，从而产生通货膨胀。

3. 进口成本推动的通货膨胀

原材料、能源等都是数量有限的资源，很多国家都需要进口。当这些进口的生产要素价格提高时，会促使国内产品价格提高，从而引发通货膨胀。例如 1973 年，为了抗议美国等西方国家在阿拉伯和以色列冲突中偏袒以色列，以中东产油国为主的石油输出国家以石油为武器，通过减少产量和出口量，迫使国际市场石油价格翻了两番，由此导致的成本推动的通货膨胀使美国在 1973～1975 年的物价水平迅速上升，失业率也从 1973 年的不到 5％上升到 1975 年的 8.5％。2007 年中期以来受国际大宗商品价格快速上涨的影响，我国也出现了较大的物价上涨压力。

（三）供求混合推动的通货膨胀

在现实生活中，很难分清通货膨胀究竟是需求拉动还是成本推动引起的，因为这两种原因可以互为因果。比如，最初由于政府增加支出造成总需求增加，引起需求拉动的通货膨胀；而工人出于对通货膨胀延续的担忧，会通过工会向企业施加压力，迫使企业增加工资，从而提高了企业的成本，引起成本推动的通货膨胀。物价、工资轮番上涨……如此反复。如果最初通货膨胀是由成本推动开始，也是如此。因此，很难简单地说通货膨胀是由需求拉动的还是成本推动的。为此，必须把总需求和总供给结合起来分析通货膨胀的原因。

供求混合推动的通货膨胀，就是把总需求和总供给结合起来分析通货膨胀的原因，认为通货膨胀的根源不是单一的总需求或总供给，而是这两者共同作用的结果。如果通货膨胀是由需求拉动开始的，即过度需求的存在引起物价上升，这种物价上升又会使工资增加，从而供给成本的增加又引起了成本推动的通货膨胀。如果通货膨胀是由成本推动开始的，即成本增加引起物价上升。这时如果没有总需求的相应增加，工资上升最终会减少生产，增加失业，从而使成本推动引起的通货膨胀停止。只有在成本推动的同时，又产生总需求的增加，这种通货膨胀才能持续下去。

(四)结构性通货膨胀

结构性通货膨胀是指由于经济结构方面的因素而引起的通货膨胀。它是从社会各生产部门之间劳动生产率的差异、劳动市场的结构特征和各生产部门之间收入水平的赶超速度等角度来分析由于经济结构的特点而引起通货膨胀的过程。从经济结构的角度看，即使整个社会经济的总需求和总供给处于均衡状态，但由于经济结构方面的因素发生变动，如社会经济部门发展的不平衡，也会引起一般物价水平的上涨，从而导致通货膨胀。

在一个社会的经济中，社会各生产部门的劳动生产率存在差异，一些生产部门劳动生产率较高，生产扩张，需要更多的资源和劳动力；而另一些生产部门劳动生产率较低，生产在收缩，资源与劳动力因需求减少而显得过剩。如果资源与劳动力能够自由而迅速地由劳动生产率低的部门转移到劳动生产率高的部门，结构性的通货膨胀就不会发生。但事实上现代社会经济结构的特点限制了劳动生产率低的部门的资源与劳动力向劳动生产率高的部门转移。这样，劳动生产率高的部门由于资源与劳动力的短缺，导致资源价格上升，工资上升。而劳动生产率低的部门尽管资源与劳动力过剩，其资源价格和工资并不会下降，特别是工资不仅不会下降，还会由于追求所谓"公平"而在向劳动生产率高的部门"看齐"的过程中上升。这样，由于两类部门的成本增加，尤其是工资成本的增加而产生了通货膨胀。

总之，以上从不同角度阐述了通货膨胀产生的原因，但通货膨胀往往不是单个原因造成的，而是由各种因素共同作用所引起的，只不过有时候某种因素更加重要而已。

四、通货膨胀对经济的影响

通货膨胀对一国经济的影响可以总结为两类：影响财富和收入再分配；造成微观经济的效率损失。

(一)影响财富和收入再分配

在温和的通货膨胀情况下，通货膨胀对财富和收入分配没有太大影响，但如果发生了比较严重的、出乎意料的通货膨胀，通货膨胀将会引起人们之间任意的财富和收入的再分配。具体体现在对以下三对主体的不同影响上。

1. 在债务人与债权人之间，通货膨胀将有利于债务人而不利于债权人

债务契约是根据债权人、债务人双方签约时的通货膨胀率来确定名义利息率的。当发生了双方未预期到的通货膨胀(即比较严重的通货膨胀)以后，由于债务契约事先已经签订，无法更改，从而就使实际利息率下降，因此债务人受益，而债权人则受损。比如，某人向银行贷款 10 万元用于购买小汽车，贷款利率为 10%，则每年须向银行支付利息 1 万

元。现发生了20%的通货膨胀，意味着现在的1元钱只相当于原来8角钱的购买力。虽然贷款买车的人每年仍须向银行支付1万元利息，但这1万元只相当于原来的8千元了。而对银行来说，本来每年可收回利息1万元，现在收回的只是相当于原来的8千元。可见，通货膨胀有利于债务人而不利于债权人。通货膨胀实际上是靠牺牲债权人的利益而使债务人获利。这意味着通货膨胀将一部分财富从债权人手中转移到了债务人手中。

经济学家认为，这种财富再分配有助于解释为什么政府总是倾向于发行过多的货币。因为，政府是一个巨大的债务人，向公众发行了巨额的国债，政府为筹集收入而印刷纸币，会增加货币供给，引发通货膨胀。当价格水平上升时，政府还本付息的负担减轻了，而公众的财富则被转为政府的收入。例如，假定你的实际财富为3 000元，可以买一台电脑，现在你把这3 000元用于购买1年期国债，这等于你的财富被政府用3 000元纸币收购了。如果1年后价格水平上涨了一倍，你手里的3 000元只能买一台显示器，你的实际财富只有一年前的一半，另一半财富成为政府的收入，这类似于对居民的征税，所以经济学家把政府通过发行货币而对人们的财富的攫取部分称为通货膨胀税。实行浮动利率有助于减少通货膨胀的再分配效应。

2. 在企业与工人之间，通货膨胀将有利于企业而不利于工人

企业与工人间的工资关系从某种意义上说也是一种契约关系。工人为企业工作，企业支付工人工资。当发生了未预期到的通货膨胀以后，由于工人的工资不能迅速地根据通货膨胀率进行调整，从而在名义工资不变或仅是略有增长的情况下使实际工资下降。实际工资的下降明显对工人不利，但有利于企业。这是因为工人实际工资的下降会使企业利润增加，而利润的增加是对企业有利的。比如，工人原来的工资够他过一种小康生活，现在由于发生了比较严重的通货膨胀，工人工资的上涨赶不上物价的上涨，工人只能过上温饱的生活了。相反，企业的产品价格由于通货膨胀而上涨，相应增加了企业的利润。可见，通货膨胀有利于企业而不利于工人。类似的情况还有领取固定养老金的退休工人和养老基金之间、按合同内规定的固定租金获取租金收入的出租人和承租人之间，也会因通货膨胀而发生财富的再分配。把固定收入改变为浮动收入，如工资和养老金支付的指数化（即与价格指数挂钩）有助于减少通货膨胀的再分配效应。

3. 在政府与公众之间，通货膨胀将有利于政府而不利于公众

通货膨胀对政府与公众的不同影响体现在税收上。当发生了不可预测的通货膨胀以后，公众的名义工资会有所增加，随着名义工资的增加，达到纳税起征点的人增加了，而原来已达到纳税起征点的人则适用更高的税率等级，这样，政府的税收总额增加了；相反，随着公众纳税数额的增加，公众的实际收入在减少。因此，通货膨胀对政府有利而对公众不利。比如，某国个人所得税的起征点是2 000元，某人的工资是1 800元，因此不用纳税。现在发生了比较严重的通货膨胀，这个人的工资涨到2 100元，进入纳税阶层，而原来已纳税的人则由于工资的上涨而适用更高的税率等级，要交纳比原来更多的税。因此，政府的税收收入增加了。

需要注意的是，虽然从税收角度看，通货膨胀对政府有利，但通货膨胀给政府带来的负面影响远远超过政府从通货膨胀中得到的税收收入的增加，因此，世界上没有一个国家的政府喜欢通货膨胀。

(二)造成微观经济的效率损失

如果通货膨胀是可以预期的,它对经济的影响主要表现为效率的损失。

1.增加了持有现金的成本

当通货膨胀发生时,人们已有的货币的实际购买力下降,现金变得"烫手",人们会减少现金持有量以减少损失。但是减少现金持有量并不容易,它要增加人们跑银行的次数,例如,你不是每4周提取2 000元,而是每周一次提取500元。通过更经常地到银行,你可以使更多的货币以有利息的存款的形式存在。经济学家把人们为减少现金持有量而花费的大量的时间和精力称为"皮鞋成本"。在温和性通货膨胀的情况下,皮鞋成本是微不足道的。但如果通货膨胀非常严重(例如恶性通货膨胀),皮鞋成本会相当大。

2.引起税收扭曲

预期通货膨胀率的上升会引起名义利率的上升,上升的这部分名义利率是对通货膨胀的补偿,实际利率并没有改变,但由于税率不变,利息税把名义利率提高后的全部利息作为储蓄所增加的收入看待,政府对它按不变的税率征税,实际利率下降了,通货膨胀增加了利息收入的税收负担。在这种情况下,人们就会增加当前的消费,减少储蓄,从而使投资者无法得到足够的资金来源。类似的情况还存在于实行累进税的场合,在发生通货膨胀时,企业和个人将因为名义收入的上升而承担较高的税率,这种税负的加重会影响到生产的积极性。

3.引起相对价格扭曲,从而使资源无法得到有效配置

在通货膨胀的环境下,价格水平频繁变动,引起企业间产品相对价格的变动,市场经济是依靠相对价格配置稀缺资源的,当通货膨胀扭曲了相对价格时,企业和消费者的投资决策和消费决策也被扭曲了,市场也就不能把资源配置到最好的用途,从而不可避免地带来效率损失。比较突出的表现是由于通货膨胀增大了未来的不确定性,企业为避免风险,往往从生产周期较长的产业转向生产周期较短的产业,经济中各种短期行为,投机行为盛行,这显然不利于经济的长期发展。

通货膨胀对经济发展究竟是有利还是不利,经济学家褒贬不一。大体上可以分为"有利论"、"不利论"、"中性论"三种观点。尽管三种观点各有各的依据,很难说哪种观点正确。但是根据我国的情况,我国不宜用通货膨胀来刺激经济增长。

五、通货膨胀的治理对策

世界各国主要通过财政政策和货币政策来治理通货膨胀,此外还有供给管理方面的政策等。

(一)财政政策方面,主要采取紧缩性财政政策

在通货膨胀时期,由于总需求大于总供给,存在需求过度,因此政府可以采取紧缩性财政政策抑制总需求,以实现物价稳定。由于财政政策主要包括政府支出与税收,因此紧缩性财政政策主要从减少政府支出和增加税收入手,主要内容有:

1.削减政府预算,压缩政府购买

政府购买是政府财政支出的重要组成部分。通过削减政府预算,压缩政府购买,能够抑制政府投资,减少政府对商品和劳务的需求,缓和通货膨胀的压力;同时也能因减少政府财政支出而减少财政赤字。

2. 降低政府转移支付水平，减少社会福利费用

除了失业救济金、养老金等福利费用外，其他福利、津贴等都要随经济的过热而压缩。在许多国家，社会福利费用在政府支出中占重要地位。通过减少社会福利费用，能减少居民的可支配收入，从而抑制消费需求的膨胀，缓和通货膨胀的压力。

3. 增加税收

税收在政府收入中占有非常重要的地位。通过增加税收，可以增加政府收入，弥补财政赤字；同时增加税收以后，企业和居民的实际收入减少，从而也减少了企业的投资支出和居民的消费支出，最终可以控制总需求的膨胀。

4. 对部分商品开征特别消费税

通货膨胀时期不同商品的供求矛盾不同，因此可以考虑对部分需求特别旺盛的商品开征特别消费税，通过这些商品的高税率来限制其过度膨胀的需求。

（二）货币政策方面，主要采取紧缩性货币政策

在通货膨胀时期，由于总需求大于总供给，存在需求过度，因此政府可以采取紧缩性货币政策抑制总需求。由于货币政策主要包括中央银行三大货币政策工具和利率政策等，因此，紧缩性货币政策主要从这些政策入手，具体内容包括：

1. 提高商业银行的法定存款准备金率

通过提高商业银行的法定存款准备金率，可以减少商业银行贷款的发放，继而通过银行创造货币的机制减少货币供应量，从而提高利息率，最终减少社会总需求。

2. 提高再贴现率

通过提高再贴现率，可以减少商业银行向中央银行的借款，从而减少商业银行的货币供应量，这就势必带来银行信贷的紧缩和利息率的上升，有利于控制银行信贷的膨胀，最终减少社会总需求。

3. 通过开展公开市场业务卖出政府债券

中央银行在公开市场上卖出各种政府债券，能够从商业银行和公众那里收回货币，从而减少货币供应量，进而促进利息率的上升，最终减少社会总需求。这是最重要且经常被利用的一种抑制通货膨胀的政策工具。

4. 直接提高利息率

法定存款准备金率、再贴现率、公开市场业务是通过变动货币供应量以间接影响利息率，最终影响社会总需求。为了抑制通货膨胀，中央银行有时会通过直接提高利息率来收缩信贷。因为利息率的提高会增加信贷资金的使用成本，从而减少信贷的发放；还可以吸收储蓄存款，减少消费和投资，以减轻通货膨胀的压力。

（三）其他政策

紧缩性财政政策和紧缩性货币政策主要是从需求方面抑制通货膨胀，在通货膨胀比较严重的时候，现代经济学还主张采用其他一些政策措施，着重从供给方面来抑制通货膨胀，并与财政政策、货币政策相结合，起到对通货膨胀的综合治理作用。这些政策主要包括收入政策、指数化政策等。

1. 收入政策

根据成本推动的通货膨胀理论，通货膨胀是由于成本增加，特别是工资成本的增加

引起的。但财政政策和货币政策被认为不足以对付这种成本推动的通货膨胀，因此，有些西方经济学家建议通过对工资和物价进行调控来抑制通货膨胀，由于这项政策控制的重点是工资，所以又称收入政策。在一般情况下，收入政策主要是通过确定工资-物价指导线，以限制工资和物价的上升。具体做法是政府根据劳动生产率的增长速度和其他因素，规定工资与物价的上涨限度，特别是规定工资的增长率。当通货膨胀十分严重的时候，收入政策会采用工资-物价冻结的形式。具体做法是政府采用行政手段禁止在一定时期内提高工资与物价，把全社会工资与物价固定在一定水平上。但需要注意的是，这种形式只能在短期内使用。

2.指数化政策

指数化政策是为了消除通货膨胀造成的一部分人受益、另一部分人受损的分配不公的不利影响，维持社会原有的利益分配格局。具体做法是定期根据通货膨胀率来调整工资、利息、债券收益以及其他收入的名义价值，以使其实际价值保持不变。指数化政策主要包括工资指数化和税收指数化等措施。

3.道德规劝

政府对工会和企业进行劝说，争取它们自觉限制工资和物价的增长。从实践看，这种做法成效甚微。

4.政府、工会与企业之间的协商

在这种协商过程中，各方面都会讨价还价，实施起来难度也较大。

(四)我国的通货膨胀及治理对策

1.我国通货膨胀概况

社会总需求增长过快(特别是投资需求过度膨胀)历来是我国通货膨胀的重要原因。如在通货膨胀严重的1985～1988年，全国固定资产投资增长率分别为38.7%、18.7%、16.1%、18.5%，大大超过同期社会总产值、国民收入以及财政收入的增长。同期，通货膨胀率分别达到8.8%、6.0%、7.3%、18.5%，1988年12月更是高达26.7%，创下新中国成立以来最高纪录，结果导致1989～1991年长达三年的治理整顿。1992年我国经济步入新的发展阶段，但下半年开始的开发区热和房地产热，到1993年更进一步发展为投资膨胀，投资膨胀的结果是推动投资品价格的大幅度上涨，结果又导致新一轮的通货膨胀。经过宏观调控，1996年国民经济才成功实现软着陆。2003年下半年以来我国又出现了局部的经济过热，部分地区和行业投资增长过快，物价上升的压力开始显现。党中央和国务院及时做出正确的判断，采取果断有力的宏观调控措施，取得了明显的成效，2006年我国居民消费价格仅比上年上涨1.5%。但受多方面因素影响，特别是国际市场大宗商品价格暴涨的影响，2007年下半年开始我国又出现了物价快速上涨的状况，党中央和国务院再次果断决策，及时出台一系列宏观调控措施，基本遏制了物价的过快上涨。2008年9月国际金融危机全面爆发后，全球物价水平整体回落，通货膨胀对我国的威胁也暂时解除。尽管如此，对通货膨胀还是不能掉以轻心。特别是上涨过快的房价已经超出了许多普通百姓的承受能力，隐藏着极大的风险。

2. 我国通货膨胀的治理

(1)运用适度从紧的财政政策。现行体制下，由于地方政府和国有企业在投资中占主导地位，而一些可盈利的行业又不准民间资本进入。一旦经济发展预期看好，一方面，地方政府为了追求本地区经济的高速增长，国有企业为了提高经营业绩，都会出现投资扩张的冲动，另一方面，现有投资体制对地方政府和国有企业两类主要投资主体都未能形成有效的约束，这种扩张冲动所引起的经济过热往往是造成我国社会总供求失衡的原因所在。因此，当经济出现过热苗头时，不能再用扩张性的财政政策去刺激，以免引起通货膨胀。此时，政府应采取适度从紧的财政政策，适当削减支出，减少政府购买和不必要的转移支付，同时，可考虑鼓励民间资本适度进入公共领域。

(2)运用适度从紧的货币政策。我国的通货膨胀，往往与货币信贷的过量发放有关。因此，为防止通货膨胀，应考虑实行适度从紧的货币政策。商业银行应严格控制信贷资金的发放。中央银行可考虑提高法定存款准备金率，并实行差别准备金率，提高再贴现和再贷款利率，以缓解货币供应和贷款的过快增长，并回笼过多的货币。但由于我国货币政策比较缺乏独立性，操作空间太小，所用工具太少，因此，必须和财政政策等其他政策工具相结合。特别需要注意的是，在运用财政政策和货币政策抑制通货膨胀时，一定要从实际出发，重点控制不合理的投资需求和消费需求，要“有保有压”，而不应该搞“一刀切”。

(3)深化体制改革。造成我国投资需求膨胀的深层次原因在于地方政府存在追求本地经济高速增长的倾向和现有投资体制的不合理。因此，一方面，地方政府必须改变传统的发展观和政绩观，不片面追求经济的高增长，不“唯 GDP 论英雄”；另一方面，必须加快投资体制改革，要充分发挥市场配置资源的基础性作用，实行政企分开，减少行政干预。确立企业在投资活动中的主体地位，自主投资，自负盈亏。合理界定政府投资职能，通过制订发展规划、产业政策，运用经济和法律手段引导社会投资。

(4)加快经济结构的调整。长期以来，我国的经济结构处于失衡状态，过多地发展重工业和加工工业，而忽视基础产业的发展，形成经济发展中的“瓶颈”，特别是农业和交通、能源、原材料等基础产业部门的发展严重滞后。农业发展的缓慢，导致农产品供求矛盾日益尖锐，引起农产品价格上涨；而交通、能源、原材料等基础产业部门的发展滞后，则引起基础工业产品价格的上涨。这种经济结构的严重失衡是导致我国通货膨胀具有结构性特点的重要原因。由于通货膨胀中的经济结构失衡的原因，治理通货膨胀有赖于经济结构的调整。因此，必须针对我国经济结构中农业和交通、能源、原材料等基础产业部门发展滞后的现状，加快这些部门的发展。政府可以借助产业政策和有关的财政金融配套措施促进这个进程。

案例分析 12-2　　我国 2007～2008 年的通货膨胀

2007 年 5 月起，我国物价总水平出现了较大幅度的上涨，CPI(居民消费价格指数)同比呈逐月上升的态势，特别是从 2007 年 8 月起，CPI 涨幅连续 5 个月达到 6%以上，2008

年上半年 CPI 上涨 7.9%。与 1988 年和 1994 年两轮通货膨胀主要由境内过旺的需求拉动不同的是，此轮通货膨胀是境内、境外、成本上涨、需求拉动等因素共同推动而形成的。

首先，境外成本上升的输入导致了我国物价的快速上涨。近年来全球实体经济的强劲增长客观上拉动了国际原材料及大宗商品价格的上涨；美元的持续贬值直接导致了黄金、石油和国际原材料及大宗商品价格的飙升；供给增长的相对滞后亦是国际原材料及大宗商品价格不断走高的一个原因。

其次，境内成本上升推动了我国物价的快速上涨。境内农产品价格推动食品价格上涨；食品价格向非食品价格传导，导致非食品价格上涨；工业品价格上涨导致消费物价上涨；企业劳动力成本、环保成本逐步回归真实也导致其成本上升。

第三，境内投资需求高速增长拉动原材料、农产品等价格上涨。从国际层面看，近年来我国快速增长的投资需求亦在一定程度上拉动了相关产品的国际市场价格，使得我国进口的这些产品价格持续走高。典型的如铁矿石、石油的价格。

分析：通货膨胀的原因有多种，包括需求拉动、成本推进、供求混合作用、结构型通货膨胀。我国 2007～2008 年的物价上涨不是单一因素造成的，而是需求拉动、成本推进，国内外因素共同作用而成的。表明我国通货膨胀出现了新的特点，需要引起特别重视。

问题：什么是通货膨胀？结合案例分析我国通货膨胀的原因及治理对策。

第三节　失业与通货膨胀的关系

失业与通货膨胀是宏观经济中的两个重要问题，那么，两者之间是否存在一定关系，又是存在怎样的关系呢？

一、通货膨胀与失业交替发展

按照凯恩斯主义的理论，失业和通货膨胀是不会同时并存的：在充分就业前，总需求增加只会引起国民收入增加而价格水平不会上升；达到充分就业时，总需求增加只会引起通货膨胀而国民收入不会继续增加。菲利浦斯曲线则说明了失业与通货膨胀之间的交替关系。

1958 年，新西兰经济学家菲利浦斯在《1861～1957 年英国失业和货币工资变动之间的关系》一文中提出了失业与通货膨胀存在交替发展的关系。他根据英国 1861 年～1957 年近 100 年间失业率和货币工资变动率的经验统计资料，提出了一条用以表示失业率和货币工资变动率之间交替关系的曲线。它表明：当失业率较低时，货币工资增长率较高；反之，当失业率较高时，货币工资增长率较低，甚至是负数。因为工资是成本的主要组成部分，从而也是产品价格的主要组成部分，所以从某种意义上说，工资的增长意味着物价的上涨，这就是成本推动的通货膨胀。于是，这里的货币工资增长率的变动就可以用来表示通货膨胀率的变动。因此，这一条曲线描述的现象可以用来表示失业率与通货膨胀率之间的交替关系，即失业率高，则通货膨胀率低；失业率低，则通货膨胀率高。

可见，失业率与通货膨胀率之间存在反向变动关系。

我们可以用图 12-4 来说明菲利浦斯曲线的原理。

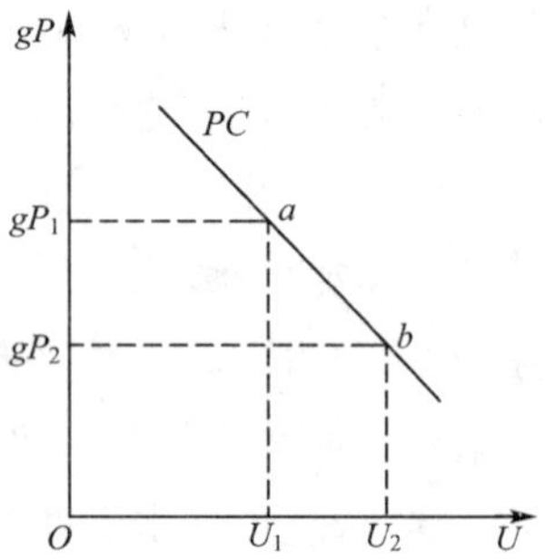

图 12-4 菲利浦斯曲线

图中，横轴代表失业率，用 U 表示；纵轴代表通货膨胀率，用 gP 表示；PC 代表菲利浦斯曲线。从图中我们可以看出，菲利浦斯曲线自左上方向右下方倾斜，表明失业率与通货膨胀率呈反向变动关系，失业率越高，通货膨胀率越低；反之，失业率越低，通货膨胀率越高。

为什么通货膨胀与失业之间会存在上述反向变动的关系呢？这是因为当失业率降低时，就业的人越来越多，失业的人越来越少，企业雇佣工人时的挑选余地相应地也越来越小了。为了能雇佣到优秀的工人，企业间必定会展开争夺工人的竞争，于是工人工资的提高就在所难免。工资提高使企业成本增加，最终将导致通货膨胀。失业率越低，通货膨胀率越高，反之，通货膨胀率越低，失业率越高。

二、通货膨胀与失业同时并存

菲利浦斯曲线所反映的失业率与通货膨胀率之间的交替关系基本符合 20 世纪 50～60 年代西方国家的实际情况。第二次世界大战以后，西方主要发达资本主义国家的经济经历了 20 世纪 50～60 年代资本主义经济发展的又一个黄金时代。但进入 20 世纪 70 年代以后，失业率和通货膨胀率之间的这种交替发展的关系发生了很大变化，许多西方国家出现了高失业率和高通货膨胀率并存的现象，一方面，生产过剩，产品积压，企业破产，工人失业，经济停滞不前；另一方面，物价持续上涨，而且涨幅较大。经济学界称之为“滞胀”，即经济增长停滞、失业和通货膨胀并存。

为什么会出现这种现象呢？这是因为当经济中没有通货膨胀（或只有较低的通货膨胀）时，根据菲利浦斯曲线的原理，经济中将存在比较严重的失业状况。如果政府下决心要降低失业率，无疑会引起通货膨胀率上升，人们出于对通货膨胀的预期，将会要求雇主提高工资，而工资的提高又会引起新的通货膨胀……通货膨胀在人们的预期下会不断发展下去。这时候如果政府认为通货膨胀率太高而想降低的话，就会付出巨大代价。如果政府想让通货膨胀率降低到最初水平，失业率将不会同步回到最初水平，而是会高得多。可见，通过通货膨胀来降低失业率的方法可能在短期内有效，但从长期看，任何降低高通货膨胀率的方法都只会使失业率更快地上升，这样就出现了高通货膨胀率和高失业率并存的滞胀现象。

经济停滞和通货膨胀并存的现实使凯恩斯主义在理论上不攻自破，在实践中处于两难境地。

资料 12-8　　2006 年诺贝尔经济学奖获得者费尔普斯

2006 年度诺贝尔经济学奖授予了美国经济学家、哥伦比亚大学教授埃德蒙·费尔普斯，以表彰他在20世纪60年代末取得的成果，该成果推翻了通货膨胀与失业间存在稳定关系（即著名的菲利普斯曲线）的传统观念。费尔普斯提出了这样一个观点：通货膨胀不仅取决于失业水平，而且取决于人们的通货膨胀预期。这样较高的通货膨胀会使人们产生较高的通货膨胀预期，其结果是即使在高失业的情况下也会产生高通货膨胀。这一关系彻底改变了人们对通货膨胀与失业之间相互关系的理解，它很好地预测了20世纪60年代的通货膨胀急剧加重和70年代的滞胀。

本章小结

1. 失业是指凡是在一定年龄范围内（世界上多数国家定为16～65岁）有劳动能力、愿意工作而没有工作，并且正在寻找工作的状态。衡量经济中失业状况的最基本指标是失业率。失业率是指失业人口占劳动力人口的比率。失业可以根据其产生的原因分成三种类型，即自然失业、周期失业和隐性失业。失业的经济损失可以从个人、企业、国家和社会四个方面分析。

2. 现代经济学家的失业治理对策可以分为主动的失业治理政策和被动的失业治理政策。前者措施主要是：从根本上提高经济活动的水平，加强职业培训，控制和减少劳动力供给，缩短就业者的劳动时间。后者措施主要是：建立和完善社会保障制度，建立失业救济专项基金。

3. 我国的失业问题是许多因素合成的结果：计划经济向市场经济体制过渡的转轨性失业，产业结构调整导致的结构性失业，经济周期波动引起的周期性失业，其他原因。我国失业的治理对策：提高经济活动水平；实行有利于促进就业的财政政策和货币政策；实行有利于促进就业的产业政策；大力发展乡镇企业、中小企业、非公有制经济；完善劳动力市场；大力发展基础教育和职业技术培训；加快建立和完善多层次的失业保障制度。

4. 通货膨胀是指物价水平普遍而持续的上涨。它有以下两个方面的特征：通货膨胀是指物价水平的普遍上涨；通货膨胀时期物价水平的上涨必须持续一定时期。衡量通货膨胀的指标是价格指数。主要有消费价格指数、零售价格指数、生产者价格指数、国内生产总值折算指数几种类型。

5. 在治理通货膨胀的政策体系中，财政政策（紧缩性财政政策）、货币政策（紧缩性货币政策）是最重要的两种，此外还有供给管理方面的政策。我国通货膨胀的治理：运用适度从紧的财政政策和适度从紧的货币政策；深化体制改革；加快经济结构的调整。

6. 凯恩斯主义认为失业和通货膨胀不会同时并存；菲利浦斯曲线则解释了失业率与通货膨胀率之间存在反方向变动的交替发展的关系；进入20世纪70年代以后，许多西方国家出现了高失业率和高通货膨胀率并存的现象，经济学界称之为“滞胀”。

关键概念 失业 失业率 自然失业 周期失业 奥肯定律 通货膨胀 价格指数 CPI PPI 菲利浦斯曲线

复习思考题

1. 单项选择题

(1)假设一国人口为 2 000 万人,就业人数为 900 万人,失业人数为 100 万人。这个国家的失业率为(　　)。

A. 11%　　B. 10%　　C. 8%　　D. 5%

(2)如果 1987 年底的物价指数是 128,1988 年底的物价指数是 136,那么,1988 年的通货膨胀率是(　　)。

A. 4.2%　　B. 5.9%　　C. 6.25%　　D. 8%

(3)在下列引起通货膨胀的原因中,(　　)最可能是成本推动的通货膨胀的原因。

A. 银行贷款的扩张　　B. 预算赤字

C. 世界性商品价格的上涨　　D. 投资增加

(4)如果实际的通货膨胀率低于预期水平,那么(　　)。

A. 政府和公众都受损失　　B. 政府和公众都受益

C. 政府受益,公众受损失　　D. 政府受损失,公众受益

(5)为减少经济中存在的失业,应采取的财政政策工具是(　　)。

A. 增加政府支出　　B. 提高个人所得税

C. 增加失业保险金　　D. 增加货币供应量

(6)抑制需求拉动的通货膨胀,应该(　　)。

A. 控制货币供应量　　B. 降低工资

C. 解除托拉斯组织　　D. 减税

(7)根据菲利浦斯曲线,通货膨胀(　　)。

A. 有可能和失业增加同时发生

B. 不可能和失业增加同时发生

C. 有可能和国民收入水平的增长同时发生

D. 不可能和国民收入水平的增长同时发生

2. 问答题

(1)什么是失业?

(2)失业有哪些类型?

(3)主动的失业治理政策主要有哪些措施?

(4)通货膨胀的成因有哪些?

(5)治理通货膨胀有哪些对策?

实训指导

主题:调查你所在地区的失业状况和物价状况

要求:1. 运用失业和通货膨胀理论的相关知识,收集当地失业和物价的有关资料;

2. 分析统计数据，说明该地区失业和物价的基本状况；

3. 分析该地区失业成因，并提出相应对策；分析该地区是否发生了通货膨胀？如果发生了通货膨胀，原因又是什么？该如何应对？

建议：1. 走访附近企业、社区、居民家庭、市场，了解当地失业和物价的基本情况；

2. 走访当地劳动保障部门和物价部门，查阅相关数据；

3. 撰写调查报告。

阅读书目

[1]　潘光军. 中国就业问题的宏观经济研究. 中国财政经济出版社，2006.

[2]　史纹青. 中国通货膨胀问题研究. 中国财政经济出版社，2000.

[3]　杨宜勇. 中国转轨时期的就业问题. 中国劳动社会保障出版社，2002.

[4]　韩秀云. 推开宏观之窗. 经济日报出版社，2003.

第十三章

经济周期与经济增长理论

知识目标

掌握经济周期、经济增长、经济发展的含义，经济增长的影响因素，循环经济、经济增长与经济发展的关系，可持续经济发展模式。

技能目标

学会应用基本的概念和原理对经济增长与经济发展的原因进行分析，了解我国经济的周期性，经济增长与发展的状况，懂得运用相关的理论来分析我国经济增长与发展的对策。

导入新课

2008 年世界经历了严重的金融危机，主要发达经济体美国、欧盟、日本均难摆脱衰退厄运，新兴市场国家的经济增长也因为主要消费国需求萎缩而放缓，世界经济恶报频传：国际知名大企业接二连三倒下；国际大宗商品价格集体暴跌；股票市场争相跳水；货币市场动荡异常。原有的经济增长模式已经无力维持世界经济的平衡，次贷危机一步步将美国脆弱的金融系统拖至崩溃边缘，各国政府纷纷注资挽救金融系统，来减少金融危机对实体经济的冲击。但任何规模的经济拯救计划和刺激方案在强大的经济周期运行力量面前都略显无奈，2008 年全球经济还是来到了该轮经济周期的下行区间。与此同时，中国经济交出了一份相对靓丽的答卷：中国国家统计局公布的 2008 年国民经济和社会发展统计公报表明，尽管遇到南方雨雪冰冻天气、汶川大地震等历史罕见的特大自然灾害和国际金融危机，中国经济仍然保持较快发展，初步核算，2008 年全年国内生产总值 300 670亿元，比上年增长 9.0%，各项社会事业取得新的进步。为什么 2008 年世界经济会遇到如此大的困难，是偶然的还是必然的，中国经济为什么能够一枝独秀，这种情况能否维持。要回答这些问题，就必须了解什么是经济周期，什么是经济增长，什么是可持续发展，等等。

本章主要学习和了解与经济周期、经济增长、经济发展、可持续发展、循环经济有关的内容。

第一节　经济周期理论

一、经济周期及其阶段

（一）经济周期概念

1825 年，英国爆发了资本主义社会历史上第一次生产过剩性的经济危机，以后每隔几年到十几年就有一次这样的危机。1862 年，法国经济学家朱格拉发表了《论法国、英国和美国的商业危机及其发生周期》一书，此后，西方经济学家把危机作为经济周期性波动的一个阶段，不断研究经济中这种周期性波动的规律与原因，从而产生了经济周期理论。

关于经济周期的定义，经济学界普遍接受的是美国经济学家米契尔和伯恩斯 1946 年在《衡量经济周期》一书中所下的定义："经济周期是在主要按商业经济来组织活动的国家的总体经济活动中所看到的一种波动，一个周期由几乎同时在许多经济活动中所发生的扩张，随之而来的同样普遍的衰退，收缩和下一周期的扩张阶段相连的复苏所组成；这样变化的顺序反复出现。"

概括而言，经济周期是指国民收入及其总体经济活动的周期性波动，它是现代经济社会中不可避免的现象。

（二）经济周期的阶段

经济周期表现为总体经济活动的扩张和收缩的交替反复出现。因此，经济周期可以分为两个大的阶段，即扩张阶段和收缩阶段。如果更细一些，则每一个典型的经济周期包括四个阶段和两个转折点，即繁荣、衰退、萧条、复苏四个阶段和顶峰、谷底两个转折点。可以用图 13-1 来说明经济周期的阶段划分以及各阶段的特点。

在图 13-1 中，纵轴表示国民收入（Y），横轴表示时间（t），向右上方倾斜的直线 N 是一条趋势线，表示经济活动的正常水平。从图中可以看出经济活动从而国民收入的变动趋势是：顶峰—衰退—萧条—谷底—复苏—繁荣—顶峰—衰退—萧条—谷底……如此周而复始。从一个顶峰到下一个顶峰之间，即为一个经济周期。

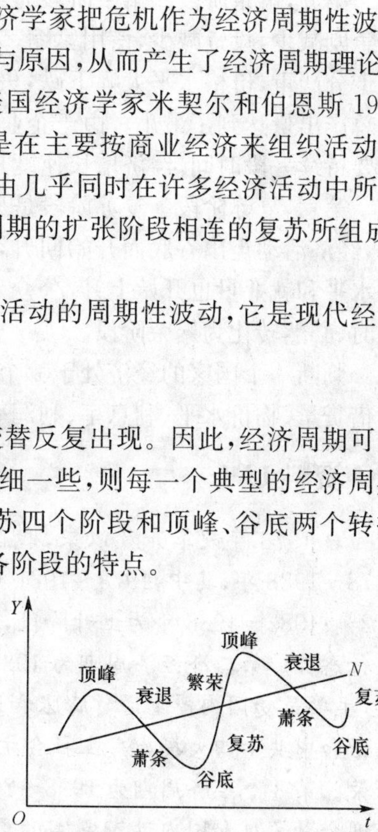

图 13-1　经济周期的阶段

经济周期的各个阶段有其各自的特点：

第一，顶峰。顶峰是经济活动变化的最高点，也是经济周期的上转折点，在这一点上经济从扩张转向收缩。在这一点上，由于企业开工充足，实现充分就业，现有生产能力得到充分利用，就业和产量水平达到最高点，但价格开始下降，公众的情绪正由乐观开始转向悲观。

第二，谷底。谷底是经济活动变化的最低点，也是经济周期的下转折点，在这一点上经济从收缩转向扩张。在这一点上，由于企业倒闭，失业增加，社会上存在大量的失业工人和闲置的生产设备，就业和产量水平跌至最低，但价格水平开始回升，公众对未来的看法正由悲观开始转为乐观。

第三，繁荣阶段。繁荣阶段是经济活动高于正常水平的一个阶段。在这个阶段，生产迅速增加，投资增加，信用扩张，劳动力、原材料和银行贷款开始变得短缺，供不应求现象频繁发生，价格水平趋于上涨，发生通货膨胀。繁荣阶段的最高点即顶峰，此时，国民经济的总产出量达到了最大。此后，经济随时会进入衰退阶段。

第四，衰退阶段。衰退阶段是从繁荣阶段到萧条阶段的一个过渡阶段。在这个阶段，经济活动水平在达到最高点后开始从顶峰下降，由于生产过剩，价格、就业和产量水平随之下降，公众对未来感到悲观。当经济继续衰退，低于正常水平时，必然转化为萧条阶段。

第五，萧条阶段。萧条阶段是经济活动低于正常水平的一个阶段。在这个阶段，生产急剧减少，投资减少，信用紧缩，劳动力、原材料和银行贷款都显得过剩，供大于求的现象十分严重，价格水平大幅下跌，失业严重。萧条阶段的最低点即谷底，此时，国民经济的总产出量达到了最小。由于企业倒闭、失业增加、收入下降、社会有效需求减少等现象还要持续一段时间，经济增长速度是在缓慢地上升，而后经济才转入复苏阶段。

第六，复苏阶段。复苏阶段是从萧条阶段到繁荣阶段的一个过渡阶段。在这个阶段上，经济活动走出谷底而开始回升，随着投资的逐渐增加，闲置的机器设备得到利用，价格水平和就业量也开始上升，公众对未来感到更加乐观。当经济继续复苏，高于正常水平时，必然转化为繁荣阶段。

判断一个国家的经济处于哪个阶段的标准，主要是一个国家的工业产量、销售量、资本借贷量、物价水平、利息率、利润率和就业量等经济指标的变动。

资料 13-1　　中国的经济周期

自 1978 年改革开放以来，我国经历了 3 个完整的经济周期。第一个经济周期为 1978～1988 年，其中，1978～1981 年为这次周期的下降阶段，经济增速由 11.7%下降到 5.2%；1982～1988 年为上升阶段，经济增速迅速恢复到 10%以上并保持了 5 年的高位运行态势。第二个经济周期为 1989～1997 年，其中，1989～1991 年为这次周期的收缩阶段，主要是受国内严重通货膨胀和国外苏联、东欧剧变的影响。1992 年受邓小平“南巡”讲话和中共十四大提出建立社会主义市场经济体制的鼓舞，我国经济开始了持续 5 年的繁荣。第 3 个经济周期为 1998～2008 年，其中 1998～2001 年为此次周期的收缩阶段，受亚洲金融危机和国内洪涝灾害的影响，1998 年我国经济运行转入下降通道。2002 年开始，得益于世界经济发展和“入世”带来的外部需求增长，中国经济又进入了上升通道。2008 年受美国次贷危机引发的国际金融危机影响，中国经济在第四季度急剧下滑，结束了第三个经济周期。

二、经济周期的分类

西方经济学家不仅分析了经济周期波动的阶段，而且根据经济周期波动的时间长短的不同把经济周期划分为不同的类型，主要有：

基钦周期，或称短周期，是 1923 年由美国经济学家基钦在《经济因素中的周期与趋势》中提出的。他研究了 1890～1922 年间英国与美国的物价、银行结算、利息等资料后，认为经济周期实际上有大周期（也称主要周期）和小周期（也称次要周期）两种。小周期平均长度约为 3.5 年（40 个月），大周期则是若干个小周期的总和。这里的小周期就称为基钦周期，或称短周期。

朱格拉周期，或称中周期，是1860年由法国经济学家朱格拉提出的。他认为危机或恐慌不是一种独立现象，而是经济中周期性波动的三个连续阶段——繁荣、危机、清算中的一个。这三个阶段在经济中顺序地反复出现，就形成了经济周期现象。他在对统计资料分析后，根据物价水平、生产等指标，确定了经济中平均每一个周期为9～10年。这种周期称为朱格拉周期，或称中周期。

康德拉季耶夫周期，或称长周期，是前苏联经济学家康德拉季耶夫于1925年在《经济生活中的长期波动》中提出的。他分析了有关法国、英国、美国、德国等一些国家长期的时间序列资料，根据这些国家批发价格水平、利率、工资和对外贸易、煤炭、生铁等产量和消费量的变动情况得出结论：在资本主义经济中存在着平均长约50年的长期波动。

熊彼特周期，或称综合周期，是奥地利经济学家熊彼特在1939年出版的《经济周期》第一卷中提出来的。他对基钦周期、朱格拉周期、康德拉季耶夫周期进行了综合分析，认为每个长周期包括6个中周期，每个中周期包括3个短周期。短周期为40个月，中周期为9～10年，长周期为48～60年。

三、经济周期的原因

（一）传统经济周期理论

为了说明经济活动周期波动的原因，经济学家们从19世纪中期开始到20世纪30年代凯恩斯主义形成之前提出了多达几十种的经济周期理论，我们可以称之为传统经济周期理论。概括起来，主要有两大类，即外生经济周期理论和内生经济周期理论。

外生经济周期理论以经济以外的因素来解释经济周期，认为经济周期波动的根本原因在于经济之外的某些因素的变动。虽然这种理论并不否认经济中内在因素的重要性，但它们强调引起这些因素变动的根本原因在于经济体系之外。外生经济周期理论主要包括创新理论、太阳黑子理论、非货币投资过度理论、政治性周期理论等。

内生经济周期理论是在经济体系之内寻找经济周期自发运动的因素。这种理论虽然不否认外生因素对经济的冲击作用，但它强调经济中这种周期性的波动是经济体系内的因素引起的。内生经济周期理论主要包括纯货币周期理论、投资过度理论、消费不足周期理论、心理周期理论等。

（二）现代经济周期理论

从20世纪30年代凯恩斯建立现代宏观经济学以来，宏观经济学形成了不同的流派，因而也有不同的经济周期理论，我们可以称之为现代经济周期理论。现代经济周期理论的各种理论的共同点是强调内生因素即经济因素引起经济周期的关键作用，因而也属于内生经济周期理论。这些理论中影响最大的是美国经济学家萨缪尔森用乘数-加速数原理来解释经济波动的理论模型。

根据乘数的原理，当投资增加以后，所引起的产量（或国民收入）的增加会远远大于最初投资的增加量，而加速原理则说明了产量（或国民收入）水平的变动是影响投资水平变动的重要因素。把这两种原理结合起来，就是乘数-加速数原理，可以说明经济周期的原因。根据乘数-加速数原理，产量（也就是需求）的增加会引起投资的增加，而投资的增加又会引起需求的进一步增加，而且这期间的每一次的增加量都在放大。反之，产量（也就是需求）的减少会引起投资的减少，而投资的减少又会引起需求的进一步减少，而且这期间的每一次的减少量也在放大。经济周期波动的直接根源在于这种投资和需求之间的互动关系。

案例分析 13-1　关于 20 世纪 30 年代大萧条的争论

20 世纪 30 年代的大萧条已经过去 70 多年了，但经济学家围绕这次大萧条的争论一直没有停止。这种争论不是纯学术性的，是为了更深入地认识引起大萧条的原因，避免这种悲剧的重演。

一种观点认为，引起大萧条的原因是支出的减少。20 世纪 20 年代后期是美国经济极度繁荣的时代，新住房、新工厂不断建立，资本积累迅速增加，股市上扬，但这种繁荣背后亦有潜在的危机。由于世界经济增长的不平衡，一些国家采取了限制性贸易政策。人们对未来有不确定的感觉。1929 年秋的纽约股市崩溃引发了危机，支出大大减少，投资崩溃，建筑业几乎消失。这就是悲观与不确定性引起支出减少，包括耐用品消费和投资减少。这是大萧条的真正原因。

另一种观点认为，大萧条更深刻的原因是货币供给的大幅度减少。这种货币供给减少并不是由美联储的货币紧缩引起的。因为基础货币并没有减少，货币供给减少的原因在于大量银行破产或停业，不能创造货币。在大萧条之前，经济极度繁荣，银行信贷亦大量增加，但大萧条开始之后，许多企业破产，无力偿还银行债务，这就使银行银根吃紧。银根吃紧又引发了挤兑风潮，使银行破产或停业，银行破产，货币供给减少，使企业得不到贷款，更无法维持。同时又使利率上升，压抑了投资。如果没有银行的破产与货币供给的减少，大萧条也不至于如此严重。

经济学家争论大萧条的原因，就提出了大萧条会不会重演的问题。

（资料来源：张淑云. 经济学——从理论到实践. 224-225 页）

评析：关于大萧条原因的两种观点都有其可取之处。但一般认为，大萧条不会简单重演。因为，第一，在制度上有了许多进步。例如，中央银行作为商业银行的最后贷款人和存款保险制度防止了银行的大量倒闭。第二，国家加强了对经济的干预。1929 年国家的支出仅占 GDP 的 6%，如今这一比例已上升到 20%以上。政府的行为是可以控制的，政府的支出增加有利于稳定和避免大萧条的出现。第三，经济发生变化，无论个人和社会抵抗衰退的能力都加强了。比如，劳动参工率提高和双职工家庭增加，社会福利制度的不断完善，使消费稳定地维持在一定水平上。尽管大萧条不会简单地重复，但在市场经济中经济波动是不可避免的。比如，如果放松了对金融机构的监管，同样可能对经济造成重大不利影响。由 2007 年美国次贷危机引发的国际金融危机就充分说明了这一点。

问题：什么是经济周期？为什么经济会发生周期性波动？联系美国 2007 年的次贷危机及由此引起的国际金融危机分析其原因。

第二节　经济增长理论

一、经济增长的概念

经济增长，是指一个国家或地区在一定时期内生产的产品和劳务总量的增加，即国民经济总量的增长。在经济分析中，通常用一国实际国内生产总值的增长率或国民收入的增长率作为衡量指标。该指标消除了价格变动因素，能准确真实地反映一国经济的实际生产能力和综合国力水平。美国经济学家西蒙·库兹涅茨曾给经济增长下过这样一个定义："一个国家的经济增长，可以定义为给居民提供种类日益繁多的经济产品能力的长期上升，这种不断增长的能力是建立在先进技术以及所需要的制度和思想意识之相应的调整的基础上的。"

从库兹涅茨关于经济增长的定义，我们可以看出经济增长的定义应该包含三层含义：

第一，经济增长集中表现在经济实力的增长上。经济实力的增长，是经济增长的标志。而经济实力的增长表现为产品和劳务总量的增加，即国内生产总值的增加。如果考虑到人口的增加和价格的变动，经济增长也可以说是人均实际国内生产总值的增加。所以，经济增长最简单的定义就是国内生产总值的增加。需要注意的是，经济增长仅仅是国内生产总值或人均实际国内生产总值的增加，而不是其他。

第二，技术进步是实现经济增长的必要条件。这就是说，只有依靠技术的进步，经济增长才是可能的。在影响经济增长的各种因素中，技术进步是第一位的。从历史的经验看，经济增长有一半以上要归功于技术进步。

第三，经济增长的充分条件是制度与意识的相应调整。这就是说，只有社会制度与意识形态与经济增长的需要相适应，技术进步才能发挥作用，经济增长也才成为可能。美国经济学家道格拉斯·诺斯强调"增长的路径依赖"，即一个国家只有选择一条正确的道路才能走上增长之路。

二、经济增长的基本特征

第一，按人口计算的产量的高增长率和人口的高增长率。这一个特征在经济增长过程中是十分明显的，可以用统计资料得到证明。1750 年以来的 200 多年中，发达国家人均产量的增长速度平均每年大致为 2%，人口每年平均增长 1%，因此总产量大约年平均增长 3%。这意味着，人均产量每 35 年翻一番，人口每 70 年翻一番，实际国民生产总值每 24 年翻一番，增长速度远远快于 18 世纪末工业革命开始前的整个时期。

第二，生产效率的增长是迅速的。在经济增长的过程中，所有投入的生产要素的产出效率都增长迅速。这是由于技术进步是实现经济增长的必要条件，而技术进步必然引起生产效率的提高。按库兹涅茨的估算，人均产量增长的 50%~75%来自于生产率的增长。也就是说，技术进步对于现代经济增长起了很大作用。

第三，经济结构的变革速度是快的。在经济增长过程中，从农业转移到非农业，从工业转移到服务业；生产单位生产规模的变化；劳动力职业状况的变化；消费结构的变化，等等，所有这些变革的速度都是快的。在美国，1870 年全部劳动力的 53%在农业部门，到 1960 年降到不足 7%。我国改革开放之初的 1978 年，农业劳动力占全社会总劳动力的比重高达 70.5%，而到 2006 年已经下降到 42.6%。此外，生产单位的规模、企业组织形式、消费结构、国内国外供应的相对份额也都发生了变化。

第四，社会结构与意识形态的迅速改变。例如：城市现代化以及教育与宗教的分离就是整个社会现代化的一个组成部分，也是经济增长的必然结果。

第五，经济增长在世界范围内迅速扩大。发达国家凭借其技术力量，尤其是运输和通讯方面的优势，通过和平的或战争的形式向世界其他地方伸展，使整个世界都卷入经济增长之中，成为一个经济增长的统一体。

第六，世界各国经济增长的状况不平衡。目前世界上还有占总人口 75%的国家是落后的，有些国家的经济成就远远低于现代技术的潜力可能达到的最低水平，同时，全球的贫富差距正在拉大。发达国家与发展中国家人均国内生产总值的差距已从 1983 年的 43 倍扩大到目前的 60 多倍。1971 年世界最不发达国家为 24 个，1981 年为 31 个，1990 年增加至 43 个，2007 年则有 50 个。

三、经济增长的因素分析

影响经济增长的因素主要有：生产要素的投入量、生产要素使用效率和经济体制。其中，生产要素投入量和生产要素使用效率是经济增长的直接制约因素，经济体制是影响经济增长的核心因素。

（一）生产要素的投入量

生产要素的投入是经济增长的第一推动力。生产要素的投入增加，将使经济增长，生产要素的投入减少，经济增长将受到制约。生产要素的投入包括包括劳动力、资本和自然资源的投入。

1. 劳动力

劳动力的增加可以分为劳动力数量的增加与劳动力质量的提高。劳动力数量的增加主要来源于：第一，人口的自然增长；第二，人口中就业率的提高；第三，劳动时间的增加。劳动力质量表现为劳动者的技术、知识、健康程度和纪律性。劳动力质量的提高主要来自于人力资本投资。由于劳动力数量的增加并不一定提高劳动生产率，因此，经济增长还需要靠劳动力质量的提高，况且劳动力数量的不足可以由质量的提高来弥补。一般在经济增长的初期，人口增长迅速，经济增长中劳动力的作用主要表现为劳动力数量的增加。在经济增长到一定阶段之后，人口增长率下降，劳动时间缩短，这时就要依靠提高劳动力的质量来弥补数量的不足。当今西方许多发达国家就是这样做的。

2. 资本

这里的资本包括物质资本和货币资本两种形态。物质资本主要是指厂房、机器设备及各种配套设施、存货等；货币资本包括现金、银行存款等。如果资本总量增加而劳动力数量不变，就相当于每个劳动力使用的机器设备等资本增加了，他的产量自然就会增加，整个经济也因此实现增长；如果在资本增加的同时人口也在增加，由于资本的增加一般要大于人口的增加，因此，人均资本量也增加，经济实现增长。总之，资本的增加会促进经济增长。一般来说，在经济增长的开始阶段，资本的增加是十分重要的，许多经济学家都把资本积累占国民收入的10%～15%，作为经济起飞的先决条件，把增加资本作为实现经济增长的首要任务。战后西方国家经济增长的经验告诉我们，储蓄率高、资本增加快的国家，其经济增长率是比较高的，例如日本。我国自20世纪90年代以来之所以能保持经济的持续快速增长，从资本因素来说，一方面是对外资有强大的吸引力，自1992年以来连续17年保持世界上吸引外资最多的发展中国家的地位；另一方面是由于我国的高储蓄率，使得国内居民储蓄连年不断攀升，从1990～2008年，城乡居民储蓄存款余额从7119.8亿元增加到217885亿元，从而保证了经济增长对资本的巨大需求。

3. 自然资源

自然资源主要包括土地、河流、森林和矿藏等等。丰富的自然资源会有利于一个国家经济的持续增长，而缺乏所需的自然资源则会对经济活动造成限制，在一国经济发展的初期更是如此。对于发展中国家来说，在经济发展初期都要伴随着一个缓慢而艰难的资本积累过程，需要依靠大量的投资，然而这个过程在具备丰富自然资源的国家就显得相对容易一些。如亚洲的印度尼西亚、马来西亚，拉丁美洲的委内瑞拉、智利等国，它们利用优越的自然条件，建立起相关产业，并通过出口换取所需的资本，从而大大缩短了资本积累过程，为经济起飞打下了基础。相反，一些自然资源贫乏的国家，如非洲撒哈拉沙漠以南的一些国家，则由于自然资源的贫乏对经济增长形成了明显的制约。当然，随着一国经济发展水平的提高和技术进步，自然资源条件对经济增长的制约作用会下降。例如，日本是一个自然资源严重缺乏的国家，99%以上的原油依赖进口，但日本非常重视科技和教育，重视技术进步，通过国际贸易，一方面进口所需的自然资源，另一方面制造技术含量大、附加值高的制成品并出口国外，从而成为世界上最富裕的国家之一。

（二）生产要素使用效率

生产要素使用效率，是指单位生产要素投入量的产出量。同样的要素投入，由于使用效率不同将产生极不相同的经济增长率。随着人类社会所面临的人口、资源、环境问题的加剧，通过提高要素生产率来促进经济增长具有更重要的意义。

1. 技术进步

技术进步是提高生产要素使用效率的最直接因素。技术的进步意味着同样的生产要素（劳动、资本等）投入可以有更高的产出；或者是同样的产出可以使用更少的投入。如果没有技术的进步，劳动力质量的提高和资本的增加就都是有限的，正因为技术的进步是无限的，所以劳动力质量的提高和资本的增加才有可能是无限的，经济增长也才可能无限。随着经济的发展，技术进步的作用将越来越重要。值得注意的是，技术进步不仅仅指生产技术本身即生产设备的更新、生产工艺和方法的完善、劳动者素质的提高等，而且还包括管理制度的改善和管理水平的提高，采取新的组织与管理方法，改善资源的配置方式等。在经济增长中，技术进步是作为一种渗透性要素作用到劳动、资本、自然资源等要素上，通过提高生产要素的组合过程从而提高生产要素的使用效率，促进经济增长。

资料13-2　　技术进步对经济增长的作用

美国经济学家库兹涅茨认为，发达国家人均收入的增加有50%～70%来自于技术进步产生的生产率的提高。各国经济增长的事实也证明了技术进步对经济增长的作用越来越大。在第二次世界大战结束到20世纪80年代的大部分时期中，日本经济以每年10%的惊人速度增长，这部分是由于投入的增长非常迅速，此外，与其他发达国家相比，日本在这个时期的技术变革极其迅速。美国在20世纪90年代后期经济实现持续快速增长也是归功于克林顿政府上台执政后对信息技术为主导的新一轮科技革命的重视。

2. 产业结构的变动

产业结构的变动是影响经济增长的重要因素。产业结构是指国民经济中各产业之间的比例关系和结合状况。由于生产要素在产业间配置的不均衡以及不完全的市场对产业间要素流动的制约，宏观经济运行往往呈现出非均衡性。劳动力和资本等要素在不同产业的生产率和收益是有差别的。因此，推进产业结构调整和优化，促进要素从生产率较低的产业向较高的产业转移，能够提高产出水平、加快经济增长。随着人均收入水平的提高，人们的需求结构将会发生变化。如果产业结构不能随着需求结构的变化而调整，将会导致供求结构的失衡，大量资源滞留在供过于求的衰退行业中，必然引起经济增长率下降；反之，如果能适时调整产业结构，推动资源从衰退的产业向兴旺的产业转移，就能促进资源配置效率的提高，推动经济增长。第二次世界大战后，先后崛起的日本和亚洲"四小龙"等国家和地区的经济增长过程表明，加快产业结构转换是推动经济增长的重要因素。

（三）经济体制

传统的经济增长理论一般不考虑经济制度的因素，将经济制度因素作为外生变量予以抽象掉。但现实的经济运行总是在一定的体制背景下进行的，经济体制不仅为经济增长提供制度框架和平台，而且是经济增长的重要动力来源和保障基础。经济体制是影响经济增长的核心因素。根据生产关系一定要适合生产力性质的规律，经济体制状况对经济增长有促进和阻碍两种作用。当经济体制和生产力发展水平相适应时，就能促进经济增长；当经济体制和生产发展水平不适应时，就会阻碍经济增长。20世纪70年代之后，以美国经济学家科斯、诺斯等为代表的新制度经济学深入研究了制度和经济增长的关系。他们认为，制度和资本、技术等要素一样，是经济增长的一个内生变量。诺斯还从历史的角度阐明，即使技术条件基本不变，只要经济制度发生变化（包括组织形式的革新、市场制度的变化、经营管理方式的革新、产权制度的变革等），生产率也能提高，经济也能增长。我国改革开放30年来经济持续快速增长的成功经验表明，经济体制是影响经济增长的核心因素，没有30年来坚定的改革开放，就没有今天为世界瞩目的"中国奇迹"。

上述影响经济增长的因素是相互影响、相互作用的，但每个因素在经济增长中的作用不尽相同。

四、经济增长的基本模型——哈罗德-多马经济增长模型

经济增长模型是用数学公式来表示的经济增长理论。它选择与经济增长有关的因素，在一定的假设条件下，分析这些因素与经济增长的关系，说明实现经济稳定增长、持续增长的条件，寻求经济长期稳定增长的途径。

经济学家们曾建立了为数众多的经济增长模型，这里只介绍现代经济学的经济增长的基本模型，即哈罗德-多马经济增长模型。

哈罗德-多马经济增长模型是由英国经济学家哈罗德和美国经济学家多马在20世纪40年代分别提出的，由于两人提出的经济增长模型在内容、形式和结论上都十分相似，因而被合称为哈罗德-多马经济增长模型。

1.哈罗德-多马经济增长模型的基本假设

哈罗德-多马经济增长模型有一系列严格的假定条件，主要是：

(1)全社会只生产一种产品，这种产品既可以作为消费品，也可以作为资本品(或称投资品)。

(2)生产过程中只使用两种生产要素：劳动与资本，且这两种生产要素为固定技术系数，即它们在生产中的比率是固定的，不能相互替代。

(3)生产的规模收益不变，即生产规模扩大时不存在收益递增或递减。

(4)不存在技术进步，即生产技术水平是不变的。

2.哈罗德-多马经济增长模型的基本公式

根据上述基本假设条件，可以推导出哈罗德-多马经济增长模型的基本公式，表达如下

$$\text{经济增长率}=\frac{\text{储蓄率}}{\text{资本-产量比率}}$$

公式中，经济增长率，是指国民收入的增长率。储蓄率，是指储蓄量在国民收入中所占的比例。资本-产量比率，是指生产一单位产量所需要投入的资本量。该公式表明一个国家的经济增长率是由该国的储蓄率与资本-产量比率二者共同决定的，经济增长率与储蓄率成正比，与资本-产量比率成反比。因此，如果资本-产量比率不变，则可以通过提高储蓄率来提高经济增长率；如果储蓄率不变，则可以通过降低资本-产量比率来提高经济增长率。

3.哈罗德-多马经济增长模型关于经济稳定增长条件的分析

哈罗德-多马经济增长模型的基本公式告诉我们，从短期来看，一个国家的经济增长取决于该国的储蓄率和资本-产量比率。那么，一个国家的经济又如何能实现长期稳定增长呢？为了说明这个现实的问题，哈罗德-多马经济增长模型还用实际增长率、有保证的增长率与自然增长率这三个概念进行分析。

实际增长率是实际上所发生的增长率，它是由实际储蓄率和实际资本-产量比率决定的，即

$$\text{实际增长率}=\frac{\text{实际储蓄率}}{\text{实际资本-产量比率}}$$

有保证的增长率，是长期中理想的增长率，它由有保证的储蓄率和有保证的资本-产量比率决定，即

$$\text{有保证的增长率}=\frac{\text{实际储蓄率}}{\text{有保证的资本-产量比率}}$$

自然增长率是长期中人口增长和技术进步所允许达到的最大增长率，它由最适宜的储蓄率和有保证的资本-产量比率决定，即

$$\text{自然增长率}=\frac{\text{最适宜的储蓄率}}{\text{有保证的资本-产量比率}}$$

哈罗德-多马经济增长模型认为，长期中实现经济稳定增长的条件是实际增长率、有

保证的增长率与自然增长率相一致,即

实际增长率=有保证的增长率=自然增长率

如果这三种增长率不一致,则会引起经济的波动。

五、经济增长与经济发展

(一)经济发展的内涵

经济发展,是指发展中国家通过各个时期的经济发展战略的实施使其经济实现工业化的过程。具体地说,经济发展的内涵包括三个方面:

一是经济数量的增长,即一个国家或地区通过增加投入或提高效率获得更多的产品和劳务,它构成了经济发展的物质基础。

二是经济结构的优化,即一个国家或地区的投入结构、产出结构、区域结构、就业结构、社会阶层结构、收入分配结构、消费结构等各种结构的协调和优化,是经济发展的必然环节。

三是经济质量的提高,即一个国家或地区的经济效益水平、社会和个人福利水平、居民实际生活质量、经济稳定程度、自然生态环境的改善程度以及政治、文化和人的现代化进程,是经济发展的最终标志。

美国经济学家库兹涅茨曾对经济发展作出了一个经典的说明。他认为,经济发展首先表现为一个国家满足本国人民日益增长的各种需要的能力的持续提高;而这种提高是建立在应用各种先进的现代化技术基础之上;而要保证先进技术的不断开发和充分发挥作用,则必须有相应的制度和意识形态的调整。

(二)经济增长与经济发展的关系

在现实生活中,人们往往把经济增长与经济发展混为一谈,认为经济增长了,就是经济发展了;国内生产总值高速增长了,就是经济快速发展了。其实这种认识是不正确的。经济增长与经济发展并不是一回事,二者既相区别又相联系。

从二者的区别上看:经济增长是指一个国家或地区国民经济总量(如国内生产总值和国民收入)的增长,它主要用国内生产总值增长率和人均国内生产总值增长率作为衡量指标。虽然在这种增长过程中也可能伴随经济结构的变化,但这种变化不是经济增长所追求的主要目标,它的主要目标是数量的增加而非质的变化。而经济发展不仅包括国民经济总量的增加,而且包括经济结构的基本变化,以及分配情况、社会福利、文教卫生、意识形态等一般条件的变化。其中,经济结构的变化是经济发展的标志,即一个国家或地区的经济从以传统农业为中心的缓慢增长,转变为以现代工业为中心的持续稳定发展。衡量经济发展的主要指标是经济结构、社会福利、文教卫生、环境质量以及经济效益的状态,它表明人类社会经济生活的质的变化。如果说经济增长是一个单纯的"量"的概念,那么经济发展就是比较复杂的"质"的概念。经济发展不仅包括经济增长的速度、增长的平稳程度和结果,而且还包括国民的平均生活质量,如教育水平、健康卫生标准、人均住房面积等,以及整个经济结构、社会结构等的总体进步。

从二者的联系上看:经济增长包含在经济发展之中,它是促成经济发展的基本动力和物质保障。一般而言,经济增长是手段,经济发展是目的;经济增长是经济发展的基础,经济发展是经济增长的结果。虽然在个别条件下有时也会出现无增长而有发展的情况，但从长期看，没有经济增长就不会有持续的经济发展。

总之，一方面，经济增长包含在经济发展之中。持续稳定的经济增长是促进经济发展的基本动力和必要的物质条件，经济发展是经济持续稳定增长的结果，国民生活水平的提高、经济结构和社会形态等的进步也都很大程度上依赖于经济增长。因此，没有经济增长便谈不上经济发展。另一方面，经济增长并不等同于经济发展。如果经济增长了，经济结构和其他经济条件未发生根本变化，将有可能造成社会贫富悬殊扩大，也有可能造成经济效益低下，更谈不上经济发展，表现为所谓"有增长而无发展"的现象。经济发展应该是指一个国家经济、政治、社会文化、自然环境、结构变化等方面的均衡、持续和协调的发展，它是反映一个经济社会总体发展水平的一个综合性概念。

资料 13-3　　有增长无发展的"拉美陷阱"

20 世纪 50 年代中期起，拉美许多国家全面推进工业化和城市化进程，在短短的十多年内，拉美国家依托工业化和城市化的强大动力，促进了经济的快速增长，年均增长 6.5%，人均 GDP 从 400 多美元一下提升到 1 000 多美元，创造了被人们普遍赞誉的"拉美奇迹"。但由于经济社会的畸形发展，不恰当的收入分配结构以及畸形的消费结构，导致社会出现了"有增长、无发展"，一边是现代化，一边是大多数人享受不到现代化成果的严峻现实，从而影响经济社会持续增长，甚至导致社会动荡和政局动荡，加上 20 世纪 70 年代后期严重的经济危机和外债危机，使拉美国家经济增长速度急速下滑，进入 20 世纪 80 年代出现了持续的衰退。20 世纪 90 年代后期，拉美地区经济严重恶化，GDP 与人均 GDP 的增速双双下跌。整个 20 世纪 90 年代，拉美国家 GDP 和人均 GDP 虽然略高于 20 世纪 80 年代，但远远低于 20 世纪 50 年代中期到 60 年代的"奇迹"时期，以致使人们认为是"难以跳出的拉美陷阱"。

案例分析 13-2　　中国经济增长率的 8%

1997 年东南亚金融危机爆发，中国经济遇到困难。1998 年 3 月，在九届人大一次会议上，朱镕基总理提出了确保 1998 年经济增长 8%的目标。2008 年，全球遭遇金融危机，中国经济再次遭遇困难。2009 年 3 月，在十一届人大二次会议上，温家宝总理在作政府工作报告中提出 2009 年国内生产总值要增长 8%左右。为什么中国经济增长至少要保持 8%左右，而不是 2%～3%？

评析：经济增长就是一个国家一年内经济总量增加了多少。改革开放 30 年来，尽管我国经济总量有了很大提高，但目前我国的 GDP 仍只相当于美国的四分之一。如果把中国的 GDP 比作一个房间那么大的一块蛋糕，则美国的 GDP 就是有四个房间那么大的一块蛋糕，而且中国是 13 亿人在分一块小蛋糕，美国只有不到 3 亿人在分一块大蛋糕。因此，中国要提高人民生活水平，缩小与美国这样的发达国家的差距，只有依靠持续健康的经济增长。而 8%的经济增长速度，则是根据我国与发达国家的差距，以及结合我国自身发展的水平和能力，综合研究之后，精密计算出来的结果。

问题：什么是经济增长？经济增长的因素有哪些？结合案例说明中国经济如何缩小与发达国家的差距？

※第三节　可持续发展

一、可持续发展的概念

可持续发展，是指既满足当代人的需求，又不损害后代满足其自身需求的能力的发展。可持续发展的内涵应包括以下三方面内容：一是要使当代人和后代人都获得同等的发展机会；二是要使一代内所有人都获得平等的发展机会，特别是世界上穷人的需求应该被置于压倒一切的优先地位；三是要使人类和自然界享有同等的生存和发展机会，做到人与自然的和谐统一。

可持续发展是20世纪80年代随着人们对全球环境与发展问题的广泛讨论而提出的一个全新概念，是人们对传统发展模式进行长期深刻反思的结晶。

20世纪60年代末期以来，世界经济快速增长带来的负面效应逐步显现。随着科学技术的进步，生产力的发展，人口的激增，人类破坏自然的能力，远远超过了历史上任何一个时期，人口、资源、环境等方面的压力与危机构成了对人类生存、发展、进步的严重威胁。人口膨胀、环境污染、生态破坏、资源枯竭引起了人们的高度重视。一些学者开始从地球对人类的支持能力的角度出发，考虑未来的发展问题，可持续发展战略就是在这样的背景下提出的。

1992年6月联合国在巴西里约热内卢召开环境和发展大会，把可持续发展作为人类迈向21世纪的共同发展战略，在人类历史上第一次将可持续发展战略由概念落实为全球的行动。

二、可持续发展的特征与指标

（一）可持续发展的特征

第一，可持续发展的核心是发展。发展既要考虑当前发展的需要，又要考虑未来发展的需要，不能以牺牲后代人的利益为代价来满足当代人利益的需要。

第二，可持续发展并不排斥经济增长。虽然经济增长不等于经济发展，更不等于可持续发展，但可持续发展并不排斥经济增长。因为经济增长是国家实力和社会财富的体现。只不过可持续发展要求世界各国（特别是发展中国家）重新审视如何达到可持续意义上的经济增长。可持续发展不仅重视增长的数量，更追求改善质量、提高效益、节约能源、减少废弃物，改变传统的生产和消费模式，实施清洁生产和文明消费。

第三，可持续发展要以保护自然为基础，与资源和环境的承载能力相协调。因此，发展的同时必须保护环境，包括控制环境污染，改善环境质量，保护生命保障系统，保护生物多样性，保持地球生态的完整性，保证以可持续的方式使用可再生资源，使人类的发展保持在地球承载能力之内。要通过适当的经济手段、技术措施和政府干预来减少自然资源的消耗速率，使之低于资源的再生速率。

第四，可持续发展要以改善和提高生活质量为目的，与社会进步相适应。单纯追求产量的经济增长不能体现发展的内涵。单纯的经济增长未必能使社会和经济结构发生进化。因此，不能承认其为经济发展。虽然当代世界各国的发展阶段不同，发展的具体目标也各不相同，但发展的内涵均应包括改善和提高人类生活质量，提高人类健康水平，促进人类社会进步。

以上四大特征可总结为：可持续发展包括生态持续、经济持续和社会持续，它们之间互相关联而不可分割。生态持续是基础，经济持续是条件，社会持续是目的。人类共同追求的应该是自然—经济—社会复合系统的持续、稳定、健康发展。

（二）可持续发展的指标

自从 1992 年里约热内卢联合国环境与发展大会提出可持续发展战略以来，世界各国纷纷开始研究并提出自己的可持续发展指标体系。为了对各国在可持续发展方面的成绩与问题有一个较为客观的衡量标准，联合国可持续发展委员会制定了由驱动力指标、状态指标、响应指标构成的联合国可持续发展指标体系。

驱动力指标：主要包括就业率、人口净增长率、成人识字率、可安全饮水的人口占总人口的比率、运输燃料的人均消费量、人均实际 GDP 增长率、GDP 用于投资的份额、矿藏储量的消耗、人均能源消费量、人均水消费量、排入海域的氮、磷量、土地利用的变化、农药和化肥的使用、人均可耕地面积、温室气体等大气污染物排放量等。

状态指标：主要包括贫困度、人口密度、人均居住面积、已探明矿产资源储量、原材料使用强度、水中的 BOD 和 COD 含量、土地条件的变化、植被指数、受荒漠化、盐碱和洪涝灾害影响的土地面积、森林面积、濒危物种占本国全部物种的比率、二氧化硫等主要大气污染物浓度、人均垃圾处理量、每百万人中拥有的科学家和工程师人数、每百户居民拥有电话数量等。

响应指标：主要包括人口出生率、教育投资占 GDP 的比率、再生能源的消费量与非再生能源消费量的比率、环保投资占 GDP 的比率、污染处理范围、垃圾处理的支出、科学研究费用占 GDP 的比率等。

需要说明的是，上述指标体系仅为各国提供参考。其原因是，一方面，由于不同国家之间的差异，整个指标体系无法涵盖各国的情况；另一方面，由于可持续发展的内容涉及面广且非常复杂，人们对它的认识还在不断加深，要建立一套无论从理论上还是从实践上都比较科学的指标体系，尚需要进行深入的研究和探讨。

三、可持续发展模式与传统经济发展模式的区别

（一）经济发展模式

现代经济理论认为，经济发展模式是与一定的生产力水平、一定的经济体制和经济发展战略相适应，能反映特定的经济增长动力结构和经济增长目标的一个经济范畴。其实质是指推动经济增长的各种生产要素投入及其组合的方式，也就是依赖什么要素，借助什么手段，通过什么途径，怎样实现经济增长。要素不同、手段不同、途径不同，所带来的增长质量和结果也不同。

（二）传统经济发展模式

传统经济发展模式具有以下特征：

第一，传统经济发展模式是以高速增长为主要目标的赶超型、粗放型发展模式。例如，我国社会主义制度建立以后一段时期，为了迅速摆脱贫穷落后的面貌，提出过在尽可能短的时间内赶超西方发达国家的口号，追求经济的高速度成为各级政府的首要目标，

从上到下存在强烈的数量扩张冲动，追求外延扩大再生产，通过资源的大量投入来增加产品数量。为了动员所有能利用的资源来推动经济的迅速增长，在宏观层次上，以提高积累率来筹措资金；在微观层次上，对产量、投入和存货实行严格的计划。

第二，传统经济发展模式是借助政府的行政力量实施的发展模式。例如，在传统计划经济体制下，企业只是被动接受计划指令的行政附属物，没有经营自主权。为了筹措必要的建设资金，政府一方面通过人为地压低消费，提高积累率，实行有利于加快工业化步伐的国民收入分配方式；另一方面，通过扩大工农业产品价格“剪刀差”，使农业部门为工业的发展提供积累资金。政府的行政力量在很大程度上左右了经济的发展。

第三，传统经济发展模式是重心倾斜的不平衡发展模式。传统的发展战略试图通过集中使用资源，迅速实现经济发展所要求的较快的结构变动，在较短时间内奠定工业化基础，建立完整的工业体系。但因资金严重短缺，在实践中只能采取以重工业为中心的发展战略，资源则根据经济部门的优先发展顺序按计划分配，优先发展项目可以优先得到资源供应。这种结构倾斜型发展模式导致了农业、轻工业等产业部门未能得到应有的发展。

第四，传统经济发展模式是封闭式、内向型的经济发展模式。这种模式发展的重点目标是建立自己独立完整的工业体系，建立满足国内需求的产业部门。由于片面强调自力更生，导致了本国经济与世界市场分开。在这种封闭式、内向型的发展模式下，经济的自给自足程度就成为衡量经济发展水平的重要标志。为了实现这一发展战略，相应地就必须实现进出口和汇率的严格控制，高估本币，隔开国际金融市场对本币汇率的影响，产品的国内价格与国际市场价格也严重脱节。

（三）可持续经济发展模式

为了实现经济的可持续增长，必须实现经济发展模式的转变，从传统的经济发展模式向可持续发展模式转变。即从过去以高速增长为主要目标，外延发展为主导方式和以重工业为中心，忽视自然生态环境保护的非均衡发展模式，逐步转向在不断提高经济效益的前提下，以满足人民物质文化、生态需要为目的和以内涵发展为主导方式，保护自然生态环境的相对平衡的新的经济发展模式。

可持续经济发展模式是效益型、集约型、外向型的平衡发展模式，其主要特征是：

第一，以满足人民日益增长的物质文化生活需要，增进人民福利为根本目标，一切经济活动以增加人民的实惠为出发点。

第二，转变经济增长方式，以不断提高经济效益为中心。经济增长的主要途径是科技进步和劳动生产率的提高，是实行内涵式扩大再生产，不仅要讲求积累量的增加，更要讲求积累效果的提高。

第三，重点发展与平衡协调发展相结合，即要求经济的发展是平衡的、协调的。要以实现平衡协调发展为发展重点，并同非重点部门的发展结合起来，不以牺牲非重点部门的发展为代价。

第四，自力更生与对外开放相统一。即要在强调自力更生的基础上实行对外开放，积极利用外资以弥补国内资金的不足，进口外国资源以补充国内资源的短缺，积极引进国外技术以加快国内技术进步的步伐，不断扩大出口以增加外汇。

四、可持续发展的原则与对策

（一）可持续发展的原则

第一，公平性原则。可持续发展的公平性原则，包括三层内容：一是代内间的公平，就是要使现有一代人的所有人的基本需要得到满足，向所有人提供实现美好生活愿望的同等机会。二是代际间的公平，就是要使当代人和后代人获得同等的发展机会，要认识到人类赖以生存的自然资源是有限的，当代人不能因为自己的发展需要而损害后代人满足其需求的自然资源和环境。三是权利与义务的公平，就是要公平分配资源、公平分配物质财富、公平承担保护自然资源与维持生态环境良性循环的责任与义务。当今世界的现实是一部分人富裕，而另一部分人（特别是占世界人口 1/5 的人口）处于贫困状态。这种贫富悬殊、两极分化的世界，不可能实现可持续发展。因此，要给世界以公平的分配和公平的发展权，要把消除贫困作为可持续发展进程特别优先的问题来考虑。

第二，可持续性原则。可持续性是指生态系统受到某种干扰时能保持其生产率的能力。资源与环境是人类生存与发展的基础和条件，离开了资源与环境就无从谈起人类的生存与发展。资源的永续利用和生态系统的可持续性的保持是人类持续发展的首要条件。因此，可持续性原则的核心指的是人类的经济和社会发展不能超越资源与环境的承载能力。

第三，共同性原则。共同性原则强调，虽然鉴于世界各国历史、文化和发展水平的差异，可持续发展的具体目标、政策和实施步骤不可能是唯一的。但是，可持续发展作为全球发展的总目标，所体现的公平性和可持续性原则，则是共同的。并且，实现这一总目标，必须采取全球共同的联合行动。

（二）可持续发展的对策

第一，控制人口增长。对于任何处于某一特定时期的经济体，只要非劳动资源的供应量是固定的，必然存在一个与之相适应的适度人口规模。事实表明，环境污染、生态破坏以及对资源掠夺式的利用等既与追求经济增长有关，也与人口迅速增长有关。因此，当人口的增长和物质资料生产的高度发达使社会经济的可持续发展受到威胁时，我们应该控制人口的增长以减少这种威胁。

第二，改变不适宜的生产方式和消费方式。可持续发展是一种经济上长期运行的战略模式，即基于自然资源基础对于经济发展的长期支持能力而制定的发展战略。它不仅要求经济总量规模的扩大，而且要求经济活动质量和人口生活质量的提高。但长期以来，人们只认识到资源和环境的经济价值，而没有认识到它们的社会价值，从而在生产和消费上陷入误区，结果导致资源枯竭、能源危机和环境污染。因此，为实现可持续发展，必须在生产方式上改变资源消耗型的粗放经营方式，在消费方式上要改变追求能源密集型的消费方式。

第三，合理开发利用资源、保护环境。资源不合理开发利用的结果，是资源的过早枯竭，包括动植物的退化和物种的灭绝；而环境的污染和破坏，严重威胁人类的生存和健康发展。因此，为实现可持续发展，必须恰当地利用现有资源，尽量采用对现有环境产生最小有害影响的发展技术；同时，必须从整体上采取防治环境污染和环境破坏的政策措施，把防治局部的环境污染与保护大自然的生态平衡结合起来。

第四，强化人力资本的积累。人类社会在经历农业经济的漫长、工业经济的辉煌之后，正逐步迈入一个崭新的经济发展阶段——知识经济时代。相对于以土地和劳动力为主要资源的农业经济、以资本和自然资源为主要投入的工业经济，知识经济以人力资本（即物化的知识）为主要资源，它具有投入要素可无限地反复使用、经济长期持续发展、知识要素的报酬递增等特点，这正是可持续发展所要求的。而且人力资本对人类社会和自然环境的和谐发展还具有促进作用。因为，使人类社会和自然环境和谐发展的重要途径是减少资源特别是不可再生资源的开采和利用，这要求人类找到这些资源的替代物，而这种替代要求有一定的技术，更要求有一定的人力资本。因此，要实现可持续发展，必须强化人力资本的积累。

第五，加强国际合作。世界各国在拥有按其本国环境与发展政策开发本国自然资源的主权的同时，负有保护在其管辖范围内或在其控制下不损害其他国家或在各国管辖地区以外环境的责任。因此，可持续发展是世界各国的共同使命，世界各国有必要加强这方面的合作。但现实并不令人满意。以环境问题为例，发达国家拥有雄厚的经济实力，为其国内环境问题的防治提供了必需的财力，也取得了较好的效果，但与此同时，他们却转嫁环境污染危机给发展中国家，以邻为壑，损人利己。其实此类行为从长远看是损人又不利己的，因为自然环境和自然资源的破坏将引起一系列地区性乃至全球性的严重生态后果，发达国家到时候又岂能独善其身？因此，世界各国应充分认识到人类根本利益的共同性，必须在可持续发展上相互合作，共同建设美好的未来。

资料 13-4　　我国的可持续发展战略

改革开放以来，我国经济快速发展，取得了举世瞩目的成就。与此同时，积累了不少矛盾和问题，主要是城乡差距、地区差距、居民收入差距持续扩大，就业和社会保障压力增加，教育、卫生、文化等社会事业发展滞后，人口增长、经济发展同生态环境、自然资源的矛盾加剧，经济增长方式落后，经济整体素质不高和竞争力不强等，这些矛盾和问题已越来越成为社会和经济发展的制约因素。鉴于此，我国急需实行可持续发展战略。

1992 年 6 月，我国政府在巴西里约热内卢联合国环境与发展大会上庄严签署了环境与发展宣言；其后又在全世界率先组织制定了《中国 21 世纪议程——中国 21 世纪人口、环境与发展白皮书》，作为指导我国国民经济和社会发展的纲领性文件，开始了我国可持续发展的进程。1995 年 9 月中共十四届五中全会提出经济体制要从传统的计划经济体制向社会主义市场经济体制转变，经济增长方式要从粗放型向集约型转变。1996 年我国正式把可持续发展作为国家的基本发展战略。2003 年 10 月中共十六届三中全会提出了科学发展观，即“坚持以人为本，树立全面、协调、可持续的发展观，促进经济社会和人的全面发展”，按照“统筹城乡发展、统筹区域发展、统筹经济社会发展、统筹人与自然和谐发展、统筹国内发展和对外开放”的要求推进各项事业的改革和发展。

案例分析 13-3　　我国的可持续发展问题

由于长期以来片面追求经济增长的速度，由于粗放式的经济增长方式没有根本改变，目前我国的经济正面临人口、资源、环境的制约与压力。

我国的人均资源并不多,(人均水资源拥有量仅为世界平均水平的1/4,石油、天然气、铜、铝等重要矿产资源人均储量分别为世界平均水平的8.3%、4.1%、25.5%、9.7%,就是在这样的自然条件下,我们对一些资源的过度开采甚至到了疯狂的地步,)生态环境又先天脆弱,而多年来盛行的高消耗、高污染、低效益的粗放扩张型经济增长方式,使得资源、能源浪费大、环境破坏严重等问题日益凸显。资料表明,按汇率法计算,我国GDP只占全世界GDP的4.1%,但消耗的原油、原煤、铁矿石、钢材、氧化铝、水泥的消费量却分别为世界消费总量的7.4%、31%、30%、27%、25%和40%;我国每创造1美元国内生产总值所消耗的能源,是美国的4.3倍、德国和法国的7.7倍、日本的11.5倍。

因此,依靠高投入维持的经济高速增长是不可能持久的,更谈不上社会的全面进步和造福子孙后代。有鉴于此,我国急需实行可持续发展战略。

评析:可持续发展是指既满足当代人的需求,又不损害后代满足其自身需求的能力的发展,包括生态持续、经济持续和社会持续。我国长期以来片面追求经济增长速度,实行高消耗、高污染、低效益的粗放扩张型经济增长方式,使得资源、能源浪费大、环境破坏严重等问题日益凸显。因此,在高速增长的同时,目前我国的经济正面临人口、资源、环境的制约与压力,不利于经济的长期健康稳定发展,不利于造福子孙后代。转变经济发展模式,实行可持续发展战略是我国的必然选择。

问题:可持续发展与传统经济发展模式有何不同?我国应如何实行可持续发展战略?

※第四节 循环经济

一、循环经济的概念

循环经济是对物质闭环流动型经济的简称,是指在人、自然资源和科学技术的大系统内,在资源投入、企业生产、产品消费及其废弃的全过程中,不断提高资源利用效率,把传统的依赖资源净消耗的线性增长的经济,转变为依靠生态型资源来循环发展的经济。循环经济的根本宗旨就是保护日益稀缺的环境资源,提高环境资源的配置效率。循环经济是一种最大限度地利用资源和保护环境的经济发展模式。它的指导思想是可持续发展理念。

循环经济观要求遵循"3R"原则:资源利用的减量化(Reduce)原则,即在生产的投入端尽可能少地输入自然资源;产品的再使用(Reuse)原则,即尽可能延长产品的使用周期,并在多种场合使用;废弃物的再循环(Recycle)原则,即最大限度地减少废弃物排放,力争做到排放的无害化,实现资源再循环。

资料13-5 循环经济思想的兴起与发展

从世界各国最初对环境资源问题的关注到循环经济思想和发展战略的提出,大致经历了三个发展阶段。第一阶段,20世纪60年代循环经济思想萌芽的产生。美国经济学家K·波尔丁提出的"地球宇宙飞船理论"可以作为循环经济的早期代表。大致内容是:地球就像在太空中飞行的宇宙飞船,要靠不断消耗自身有限的资源而生存,如果不合理开发资源、破坏环境，就会像宇宙飞船那样走向毁灭。第二阶段，20世纪70～80年代循环经济思想的形成。这一时期，巴里·康芒纳提出了“封闭的循环”的概念，比尔·麦克基提出了全球变暖的“反馈循环圈”的观点，但当时世界各国关心的问题仅仅是污染物产生后如何治理以减少其危害，主要采取的仍然是末端治理的环境保护方式。第三阶段，20世纪80～90年代循环经济战略的提出。1992年联合国环境与发展大会提出要走可持续发展道路后，循环经济的思想和理论问题引起了人们的广泛关注和重视。20世纪90年代德国等欧洲国家首先提出了循环经济战略，并得到其他发达国家的积极响应。以往零敲碎打的资源利用和环境治理的做法逐步被世界各国整合为系统的循环经济发展战略。

二、循环经济的特征与指标

（一）循环经济的特征

一是新的系统观。循环经济的系统是由人、自然资源和科学技术等要素构成的大系统。循环经济观要求人在考虑生产和消费时不再置身于这一大系统之外，而是将自己作为这个大系统的一部分来研究符合客观规律的经济原则，将生态系统建设作为维持大系统可持续发展的基础性工作来抓。

二是新的经济观。在传统工业经济的各要素中，资本在循环，劳动力在循环，而唯独自然资源没有形成循环。循环经济观要求运用生态学规律，要考虑生态承载能力。在生态系统中，经济活动超过资源承载能力的循环是恶性循环，会造成生态系统退化；只有在资源承载能力之内的良性循环，才能使生态系统平衡地发展。

三是新的价值观。循环经济观在考虑自然时，将其作为人类赖以生存的基础，是需要维持良性循环的生态系统；在考虑科学技术时，不仅考虑其对自然的开发能力，而且要充分考虑到它对生态系统的修复能力，使之成为有益于环境的技术；在考虑人自身的发展时，不仅考虑人对自然的征服能力，而且更重视人与自然和谐相处的能力，促进人的全面发展。

四是新的生产观。循环经济的生产观念是要充分考虑自然生态系统的承载能力，尽可能地节约自然资源，不断提高自然资源的利用效率，循环使用资源，创造良性的社会财富。同时，在生产中还要求尽可能地利用可循环再生的资源替代不可再生资源，如利用太阳能、风能和农家肥等，使生产合理地依托在自然生态循环之上；尽可能地利用高科技，尽可能地以知识投入来替代物质投入，以达到经济、社会与生态的和谐统一，使人类在良好的环境中生产生活，真正全面提高人民生活质量。

五是新的消费观。循环经济观要求走出传统工业经济“拼命生产、拼命消费”的误区，提倡物质的适度消费、层次消费，在消费的同时就考虑到废弃物的资源化，建立循环生产和消费的观念。同时，循环经济观要求通过税收和行政等手段，限制以不可再生资源为原料的一次性产品的生产与消费。

（二）循环经济的指标

发展循环经济是一项涉及面广、综合性很强的系统工程。为了科学地评价循环经济的发展状况，利用相应的数据信息资料，建立一套设计合理、操作性较强的循环经济评价指标体系，为循环经济管理及决策提供数据支持是十分必要的。循环经济评价指标既是国家建立循环经济统计制度的基础，又是政府、园区、企业制定循环经济发展规划和加强管理的依据。因此，循环经济评价指标体系的建立对于发展循环经济具有极为重要的意义。

设计循环经济指标体系，一是要紧扣“3R”原则，科学地将“减量化、再利用、资源化”这样一个从资源利用的源头到最终废弃物排放的大的循环经济体系用统计指标及统计数据进行客观、科学的描述；二是既要从宏观管理的角度考察总量指标，又要涉及经济个体如企业在生产和流通过程中的行为，将广泛意义上的微观活动用宏观指标体现出来。根据循环经济“减量化、再利用、资源化”原则，结合我国国民经济和工业园区的运行特点，宏观评价指标可以由资源产出指标、资源消耗指标、资源综合利用指标、再生资源回收利用指标和废物处置降低指标等构成；工业园区指标则由资源产出指标、资源消耗指标、资源综合利用指标等构成。

三、循环经济与传统经济增长方式的区别

从资源流程和经济增长对资源、环境影响的角度考察，经济增长方式存在着两种模式：一种是传统经济增长模式，另一种是循环经济模式。二者的区别在于：

传统经济增长模式是由“资源—产品—污染排放”所构成的物质单向流动的经济。在这种经济增长模式中，人们以越来越高的强度把地球上的物质和能源开采出来，在生产加工和消费过程中又把污染和废物大量地排放到环境中去，对资源的利用常常是粗放的和一次性的。通过把资源持续不断地变成废物来实现经济的数量型增长，这样最终导致了许多自然资源的短缺与枯竭，并酿成了灾难性的环境污染后果。

循环经济倡导的是一种建立在物质不断循环利用基础上的经济发展模式，它要求把经济活动按照自然生态系统的模式，组织成一个“资源—产品—废弃物—再生资源”的物质反复循环流动的过程，使得从整个经济系统以及生产和消费过程基本上不产生或者只产生很少的废弃物。循环经济可以更有效地利用资源和保护环境，以尽可能小的资源消耗和环境成本，获得尽可能大的经济效益和社会效益，从而使经济系统与自然生态系统的物质循环过程相互和谐，促进资源永续利用，从根本上消除长期以来环境与发展之间的尖锐冲突。

概括地说，循环经济是一种以资源的高效利用和循环利用为核心，以“减量化、再利用、资源化”为原则，符合可持续发展理念的经济增长模式，是对“大量生产、大量消费、大量废弃”的传统增长模式的根本变革。

四、循环经济增长的对策

要全面推动循环经济建设，使循环经济融入国民经济的发展之中，需要政府、企业、科技界、公众的共同努力，通过在理论思维、实现途径、操作方式等问题上的借鉴与创新，推进循环经济的发展。

第一，建立促进循环经济的法律制度

根据发达国家的经验，在取得循环经济和生态工业实践的基础上，必须加快制定循环经济法规，通过法规对循环经济加以规范，做到有法可依，有章可循。因为循环经济要实现环境资源的有效配置，需要建立一套绿色保障制度体系。该体系应该包括三个方面：一是绿色制度环境，包括绿色资源制度、绿色产权制度、绿色市场制度、绿色产业制

度、绿色技术制度等；二是绿色规范制度，包括绿色生产制度、绿色消费制度、绿色贸易制度、绿色包装制度、绿色回收制度等；三是绿色激励制度，包括绿色财政制度、绿色金融制度、绿色税收制度、绿色投资制度等。以上制度的有效运转都需要法治的保障，需要法律加以规范与调整。这是循环经济发展必然的基础设施。

资料 13-6　中华人民共和国循环经济促进法

2008 年 8 月 29 日中华人民共和国第十一届全国人民代表大会常务委员会第四次会议通过《中华人民共和国循环经济促进法》，该法自 2009 年 1 月 1 日起施行。《循环经济促进法》的颁布实施，是深入贯彻落实科学发展观、依法推进我国经济社会又好又快发展的现实需要，是落实党中央提出的实现循环经济较大规模发展战略目标的重要举措。当前，贯彻实施《循环经济促进法》、发展循环经济还将推动形成一批新产业和新产品，对拉动内需、创造新的就业岗位、解决民生问题具有积极的现实意义。

第二，探索建立绿色国民经济核算体系

要建立循环经济，关键之一就是要建立绿色国民经济核算体系，从企业到国家建立一套绿色经济核算制度，包括企业绿色会计制度、政府和企业绿色审计制度、绿色国民经济核算体系等。要改变传统国内生产总值(GDP)统计的方法，因为这种统计方法没有扣除资源消耗和环境污染的损失，是一种不真实、非绿色的统计核算。目前，一些国家已采用了新的绿色国民经济核算方法，在计算国内生产总值时，扣除资源的消耗和环境污染破坏的损失。

第三，建立绿色技术支撑体系

循环经济的技术思路，是通过对经济系统进行物流和能流分析，运用生命周期理论进行评估，旨在大幅度降低生产和消费过程的资源、能源消耗及污染物产生和排放。在这一意义下，绿色技术体系包括用于消除污染物的环境工程技术，包括用以进行废弃物再利用的资源化技术，更包括生产过程无废少废、生产绿色产品的清洁生产技术。可以认为，建立绿色技术体系的关键是积极采用清洁生产技术，采用无害或低害新工艺、新技术，大力降低原材料和能源的消耗，实现少投入、高产出、低污染，尽可能把对环境污染物的排放消除在生产过程之中。

第四，以绿色需求拉动循环经济发展

绿色需求是拉动循环经济的火车头。对此，可从投资和消费两个方面着手扩大绿色需求。一是在投资方面，可通过积极的绿色财政政策的实施，加大对循环经济基础设施建设的投入，对实施循环经济运作的企业给以财政补贴、减免税收、贷款担保与贴息等优惠政策；还可通过倾斜的产业政策，支持其到资本市场上进行直接融资，引导企业构建循环经济体系，实现生产的生态化。二是在消费方面，可通过传媒的作用，加大绿色消费教育力度，引导公众积极参与绿色消费运动，使循环经济的观念深入人心；同时大力开展绿色消费信贷，金融支持绿色消费。在消费引导方面，各级政府要起保护环境的表率作用，通过政府的绿色采购、消费行为影响事业单位、企业和公众。

第五，大力发展生态工业园区

作为国民经济的主体，工业领域应率先实施循环经济。循环经济下的工业体系在实践 3R 原则时，主要有三个层次，即单个企业的清洁生产、企业间共生形成的生态工业园区以及产品消费后的资源再生回收，由此形成"自然资源—产品—再生资源"的整体社会循环，完成循环经济的物质闭环运动。在这三个层次中，生态工业园区已经成为循环经济一个重要的发展形态。生态工业园区正在成为许多国家工业园区改造的方向。

生态工业园区是依据循环经济理念和工业生态学原理而设计建立的一种新型工业组织形态。生态工业园区的目标是尽量减少废物，将园区内一个工厂或企业产生的副产品用作另一个工厂的投入或原材料，通过废物交换、循环利用、清洁生产等手段，最终实现园区的污染"零排放"。

案例分析 13-4　循环经济是实现中国经济可持续增长的必然选择

在发展中国家行列中，中国可以算是一个奇迹，不仅经济保持了 30 年的快速增长，而且成了唯一一个能对世界经济产生显著影响的发展中国家。但是，以下几个方面的迹象表明，我国当前的经济增长不仅付出了沉重代价，而且开始遭遇增长的极限。一是环境污染严重；二是经济增长以牺牲生态环境质量为代价；三是在目前的经济增长模式下，我国自然资源支持体系已经无法持续地发挥有效作用。在世界产业分工链条中，属于中国的环节是制造业。这本身就是一个对自然资源需求量极大的产业，再加上利用效率低，导致在经济发展过程中对自然资源的消耗过快。据统计，我国矿产资源总回收率仅为 30%左右，比世界平均水平低 20 个百分点。其中，铜、铅、锌伴生金属冶炼回收率为 50%左右，比发达国家平均水平低 30 多个百分点。与此同时，我国能源的消耗率是日本的 11.5 倍，法国的 7.4 倍，美国的 4.3 倍。纵观历史，发展中国家如果以发展污染密集型产业和以破坏生态环境为代价来发展经济，虽然在短期内能够获得一定的增长，但却无一例外地不能持续，从长远看不仅不能大幅度提高人们的生活质量，反而加重了污染的程度，恶化了人居环境。这也是为什么 20 世纪 80 年代以来再也没有一个发展中国家进入发达国家之列的一个重要原因。我国虽然经济保持了 30 年的持续快速增长，但增长格局和其他发展中国家几乎完全一样。如果此经济增长模式不改，中国也迟早摆脱不了当前许多发展中国家正在经历的经济发展停滞、人民生活贫困、生存环境恶劣的厄运。幸运的是，循环经济的出现给我国摆脱困境提供了一个历史性机遇。

评析：循环经济是一种最大限度地利用资源和保护环境的经济发展模式。它的指导思想是可持续发展理念。改革开放以来我国经济持续增长，取得了举世瞩目的成就，但也付出了沉重代价，开始遭遇增长的极限。传统粗放型的经济增长模式已经难以为继。只有发展循环经济，实施可持续发展战略，才能实现经济、人口、环境的协调发展。

问题：什么是循环经济？它与传统经济增长方式有何不同？结合案例说明循环经济是中国经济可持续增长的必然选择的原因。

本章小结

1. 经济周期是指国民收入及其总体经济活动的周期性波动。一个典型的经济周期包括四个阶段和两个转折点，即繁荣、衰退、萧条、复苏四个阶段和顶峰、谷底两个转折点。

2. 经济增长和经济发展是一国长期追求的目标，是整个社会发展的基础。经济增长是指一个国家或地区在一定时期内生产的产品和劳务总量的增加。经济发展是指一个国家或地区随着经济增长而出现的经济、社会和政治的整体演进，它不仅包括这一国家或地区经济的量的增长，而且包括经济的质的变化。经济增长是经济发展的基础，经济发展是经济增长的结果。

3. 影响经济增长的因素有：生产要素的投入量、生产要素使用效率和经济体制。

4. 可持续发展是指既满足当代人的需求，又不损害后代满足其自身需求的能力的发展。实现可持续发展的原则：即公平性原则、可持续性原则、共同性原则。

5. 循环经济是指在可持续发展的思想指导下，在人、自然资源和科学技术的大系统内，在资源投入、企业生产、产品消费及其废弃的全过程中，不断提高资源利用效率，把传统的依赖资源净消耗的线性增长的经济，转变为依靠生态型资源循环来发展的经济。循环经济是我国经济可持续发展的必然选择。

关键概念 经济周期 经济增长 经济发展 可持续发展 循环经济

复习思考题

1. 单项选择题

(1)经济周期各阶段依次是(　　)。

A. 萧条、衰退、复苏、繁荣　　B. 繁荣、衰退、萧条、复苏

C. 复苏、萧条、衰退、繁荣　　D. 繁荣、萧条、衰退、复苏

(2)在经济增长中起最大作用的是(　　)。

A. 劳动　　B. 资本　　C. 技术进步　　D. 经济制度

(3)根据哈罗德-多马经济增长模型，若资本-产量比率为5，储蓄率为30%，要使储蓄全部转化为投资，增长率应为(　　)。

A. 6%　　B. 25%　　C. 35%　　D. 5%

(4)以下不属于可持续发展特征的是(　　)。

A. 强调经济增长是第一位的　　B. 不排斥经济增长

C. 以提高生活质量为目的　　D. 以保护自然资源为基础

2. 问答题

(1)什么是经济周期？经济周期包括哪些阶段？

(2)什么是经济增长？如何理解？

(3)什么是经济发展？经济发展与经济增长区别和联系怎样？

(4)什么是可持续发展，如何理解？

(5)循环经济与传统经济增长方式有何区别？

实训指导

主题:循环经济与中国经济的可持续发展。

要求:1. 运用经济增长、可持续发展、循环经济的有关知识,阅读历年《中国统计年鉴》;

2. 整理和分析统计数据,说明中国经济增长状况、影响因素;

3. 了解中国循环经济的发展状况。

建议:1. 收集、整理、计算历年宏观经济统计数据;

2. 了解我国经济增长过程中遇到的资源、生态、环境问题;

3. 开展小组讨论;

4. 撰写分析报告。

阅读书目

[1] 海韦尔·G·琼斯. 现代经济增长理论导论. 商务印书馆,1999.

[2] 李京文. 走向 21 世纪的中国经济. 经济管理出版社,1995.

[3] 辛宪. 经济学的第一堂课. 清华大学出版社,2006.

[4] 张培刚. 新发展经济学. 河南人民出版社,2001.

[5] 吴季松. 循环经济. 北京出版社,2003.

[6] 韩秀云. 推开宏观之窗. 经济日报出版社,2003.

附　录

现代西方经济学最新理论介绍

20世纪40年代以来，西方经济学获得了长足的发展，可谓学派林立，成果丰硕。下面着重给大家介绍一下新凯恩斯主义学派、货币主义学派以及供给学派的主要内容，以帮助同学们对西方经济学有进一步的了解。

一、新凯恩斯主义

新凯恩斯主义学派是当代西方经济学主流学派，也是当代世界各国制定经济政策的依据之一。学习现代西方经济学最新理论，首先要了解新凯恩斯主义学派。

（一）新凯恩斯主义概述

20世纪80年代，美国的新一代凯恩斯主义者在继承凯恩斯主义传统理论和基本学说的基础上，对宏观经济学的微观基础进行了重新构建，提出了许多新的研究成果和实证结论，形成了一个新学派——新凯恩斯主义学派，在西方经济学界崭露头角并迅速成为影响最大的学派之一。

凯恩斯主义的经济理论真正受到西方经济学界和西方各国政府的认可是在第二次世界大战以后，那时凯恩斯已经去世，将他的理论付诸实施的主要是新古典综合派和新剑桥学派。他们在理论上继承和发展凯恩斯主义的同时，着重将凯恩斯的理论运用于实际经济政策之中，并不断分析出现的新问题，及时提出对策建议，帮助政府解决现实经济问题，因而得到西方各国政府的重视。特别是20世纪50～70年代，西方各国政府都在不同程度上实施以政府干预为中心的凯恩斯主义经济政策，尤其是赤字财政政策和扩张性货币政策对于促进西方经济的发展，缓和各种社会矛盾起到了积极的作用。在1948～1973年间，西方各国的工业生产增长了三倍多，经济基本上是稳定和繁荣的，因此，著名经济学家希克斯曾把这段岁月称为“凯恩斯时代”。可惜好景不长，连年推行扩张性财政金融政策也带来了种种恶果。其中最严重的就是20世纪70年代初出现的通货膨胀与生产衰退、失业并存的“滞胀”局面。而凯恩斯主义的老药方已无法医治这种新病症：要刺激经济增长就会使通货膨胀加剧；要抑制通货膨胀又会使经济停滞加深。在这种经济顽症面前，现代凯恩斯学派已显得力不从心。20世纪70年代中期，整个西方世界陷入了“滞胀”的困境。在这种背景下，现代凯恩斯主义备受责难，随着时势变迁和政局更替，以1979年、1980年英国和美国的大选为契机，现代凯恩斯学派从官方经济学的宝座上跌落下来，在西方各国的地位和影响已大大削弱。

20世纪70年代至80年代，在凯恩斯主义日渐衰落的同时，经济自由主义在西方经济学界处于鼎盛时期，并成为影响和决定各国政府经济政策的主流学派。例如当时的美国总统里根、英国首相撒切尔夫人以及日本首相中曾根的经济政策都是以新自由主义经济学为依据的。但在现实中，经济自由主义取得的效果却令人失望，各国推行新经济自由主义的结果，是以巨大的代价换取了短暂的成功。新经济自由主义的成就主要表现在抑制通货膨胀、刺激供给、引发创新高潮等方面，而作为这些成就的代价却是经济衰退、资产及收入分配的恶化、金融风险加大及秩序的混乱、垄断加剧、经济不稳、社会动荡。就是在最为突出的成就——对“滞胀”的治理方面亦具有正反两方面的效果：一方面采用紧缩性政策对平抑通货膨胀收到明显的疗效；另一方面却造成了经济的低增长和失业的增加。例如，20 世纪 80 年代初英国的低通胀是以产业不振和高失业率为成本的，而美国则是以高赤字、高利率、高债务、高汇率、高逆差为代价的。

20 世纪 80 年代中期以后，新经济自由主义的理论和政策又受到人们的普遍怀疑和非难。新经济自由主义自由市场万能的理论和 20 世纪 70 年代至 80 年代各国政府深信的“市场机制最有效，政府干预越少越好”的观念均受到强有力的挑战和质疑，国家干预主义又重新抬头。20 世纪 80 年代美国一些有主见的中青年学者，在坚持凯恩斯主义基本信条的基础上，从理论上和分析技术上改进原凯恩斯主义，形成了标名“新凯恩斯主义经济学”的一个新学派。

新凯恩斯主义经济学派主要代表人物有哈佛大学的曼昆和萨墨斯、麻省理工学院的布兰查德和罗默、斯坦福大学的斯蒂格利茨、普林斯顿大学的伯南克等。

（二）新凯恩斯主义理论基础

与其他经济学派相比，新凯恩斯主义经济学派的理论缤纷繁杂。概括地看，他们在吸纳并融合各学派理论之长、有批判地继承和发展原凯恩斯主义的基础上，试图建立起一种有微观理论基础的新凯恩斯主义宏观经济学。

新凯恩斯主义是以不完全竞争、不完善市场、不对称信息和相对价格的黏性为基本理论，坚持“非市场出清”这个最重要的假设，认为在货币非中性的情况下，政府的经济政策能够影响就业和产量，市场的失效需要政府干预来发挥积极作用。

新凯恩斯主义经济学派认为，尽管经济主体具有相当的理性预期并按照最大化原则行事，即企业追逐利润最大化和家庭追求效用最大化，但由于市场上存在着不完全竞争、经济主体只能获得有限信息和相对价格存在刚性等原因，工资和价格并不是富有弹性的，而是具有黏性的特征。所谓的刚性是指工资和价格在外部冲击下根本不发生变化；而黏性则是工资和价格在外部冲击下不是不能调整，而是调整十分缓慢，要耗费相当时日。因此，黏性价格使得市场机制出现调节失灵，造成“市场非出清”。他们坚持的所谓“市场非出清”，是指在出现需求冲击或供给冲击后，由于工资和价格存在黏性，供求不能迅速调整到使市场出清的状态，缓慢的工资和价格调整使经济回到实际产量等于正常产量的状态需要一个很长的过程，在这个过程中，经济处于持续的非均衡状态，有明显的非瓦尔拉斯均衡特征。

在阐明“市场非出清”的同时，新凯恩斯主义经济学派认为，在价格黏性的作用下，货币不再是中性的，货币等名义变量的变动会导致产量和就业量等实际变量的变动，政府采用矫正性的需求管理政策就能够对经济运行发挥作用。因此，在市场失效时，需要政府采取行动，运用货币政策等多种经济政策来调节经济运行，解决市场机制调节失灵和由此造成的较长时期非均衡问题。

新凯恩斯主义经济学派与原凯恩斯主义学派在理论上的共同点在于坚持了凯恩斯主义的基本观点：他们承认实际产量和就业量的经常波动，承认实际产量和就业量波动的非均衡性质，特别是承认产品市场中的普遍生产过剩，承认劳动市场中非自愿失业的存在；认为名义总需求的冲击可以造成非均衡的产量和就业量的波动；经济体系本身的不完全性（而非经济主体的预期错误）是名义总需求的冲击产生实际效应的原因；主张应由政府对经济进行适度的干预，以弥补市场机制本身的缺陷。他们与原凯恩斯主义学派相比的特点主要表现在：

第一，强调工资和价格的黏性而非完全刚性。他们试图对这种黏性从微观的角度进行合理的解释，在此基础上说明非自愿失业、普遍生产过剩的可能性以及政府经济政策的作用。

第二，强调并从微观角度入手阐明了市场机制的不完善性。他们从垄断竞争的市场结构出发，研究了经济中存在的实际刚性、风险和不确定性、经济信息的不完全性和昂贵性、调整的成本因素等，从而说明了企业的最优定价行为及其宏观经济含义。证明在市场经济中"看不见的手"并不能引导以利益最大化为目标的经济主体最大限度地促进社会利益，达到"帕累托最优"的境界，恰恰相反，"看不见的手"导致了"协调失败"，出现了长期的市场非均衡和社会福利的巨大损失。

第三，强调政府干预经济的必要性。他们以需求冲击为假定，着重论证了企业为什么总是拒绝及时随总需求的变动而调整价格和工资，这种微观行为反映到宏观经济层面又如何导致总产出和就业的变动。因此，需要通过政府干预来解决这种市场机制的失效问题，由于货币的非中性，政府的经济政策可以是有效的。

（三）新凯恩斯主义的政策主张

新凯恩斯主义经济学派在坚持政府干预经济的政策主张上与其他凯恩斯主义学派并无差异，他们的主要贡献在于力图为原凯恩斯主义的宏观经济政策补充微观理论基础。他们除了运用大量模型论证工资、价格具有黏性外，又从不完全竞争和信息不完全两方面论证了市场机制的失灵，从而在微观理论基础的前提下坚持了原凯恩斯主义的宏观经济政策有效性的思想。他们认为，由于价格和工资的黏性，价格在遭受到总供求的冲击后，从一个非充分就业的均衡状态回复到充分就业的均衡状态是一个缓慢的过程，经济均衡的恢复不能等待或完全依靠市场机制作用下的工资和价格的缓慢调整，因为这将是一个长期的痛苦过程，因此需要政府运用经济政策来调节总供求，这不仅是必要的，而且是有效的。

在经济政策主张方面，新凯恩斯主义经济学派在财政政策上基本遵循原凯恩斯学派的政策主张，根本无创新之处。而在价格政策、人力政策和货币政策方面，他们的政策主张有一定的独到之处。

在价格政策上，新凯恩斯主义经济学派在论证价格黏性的基础上提出了一些价格政策建议：抑制价格黏性，使价格较有弹性，以恢复失灵的市场机制，稳定总产量。由于新凯恩斯主义经济学派对价格黏性有多种解释，因此提出对策的角度也有差异。例如，根据交错价格调整论的观点，经济中盛行交错方式调整价格会导致物价总水平有黏性，而当经济中流行同步调整价格时，物价总水平就会有弹性，总产出和就业比较稳定。因此，交错价格调整论者的政策建议是：制定能诱导企业实行同步调整价格的政策，减少经济中的交错调整价格，以克服物价总水平的黏性。而菜单成本论者认为，由于小的菜单成本会引起经济的大幅度波动，从而社会福利会有较大的损失，因此，为了稳定经济，增进社会福利，国家应推行抑制价格黏性，使价格较有弹性的政策，以纠正市场失灵，稳定总量。可见，两种理论的价格政策建议都是通过政府干预去协调经济主体的行为，纠正市场失灵。

新凯恩斯主义经济学派比较强调人力政策。根据“局内人-局外人”模型（“局内人”是指目前已在职的雇员，或暂时被解雇但与在职雇员同属某一利益集团的人，局内人受企业或工会的保护；“局外人”是指长期游离于企业之外的失业工人或短期在职的临时工，局外人不受企业或行业工会的保护），由于“局内人”比“局外人”拥有更多的信息和更低的转换成本，因而享有一种就业的“优先权”，雇主通常会优先雇佣局内人，然后才会考虑局外人，这就使得局外人在劳动市场中处于劣势，即使他们愿意接受比局内人低得多的工资仍然也得不到就业机会，所以非自愿失业存在并会持续。为了消除失业，政府必须干预劳动市场，实施有效的人力政策，以降低局内人的优先权，为局外人提供平等的就业机会。具体措施包括降低雇佣和解雇工人的各种转换成本，改良劳资关系，改善工人流动性，职工培训和减少工资刚性等。

在坚持国家干预的政策取向下，新凯恩斯主义经济学派在经济政策主张上的特点主要表现为：

第一，温和性。新凯恩斯主义经济学派赞成新古典综合派的“相机抉择”的政策主张，但更倾向于一种较为温和的表述方法，即：没有紧缩政策，通货膨胀会更加严重；没有扩张政策，失业会更加严重。这种表述被称为新凯恩斯主义经济学派的稳定政策。

第二，适度性。新凯恩斯主义经济学派在运用大量模型论证工资、价格黏性的基础上，提出了市场失灵。为了消除市场失灵，政府应该对经济进行适度干预。政府经济政策的着力点在于抑制工资、价格的黏性，以修复失灵的市场机制，从而稳定经济，增进社会福利。因此，强调微观经济基础的新凯恩斯主义经济学派更加强调市场机制的作用，主张适度的国家干预。在政策操作上，他们针对新古典综合派倡导的“微调”政策，设计出粗调政策，以抵消或避免宏观经济波动的问题。

第三，原则性。新凯恩斯主义经济学派通过数学模型推导出许多公式化的经济对策，但极少把这些对策具体化，以给出具体的可操作性的经济政策主张。这些政策建议的好处在于弹性较大，可以灵活运用；但却不便于政策执行者的实际运作。

二、货币主义

货币主义是继新凯恩斯主义学派之后的又一个具有影响力的当代西方经济学主流

学派，也是当代世界各国经济政策的依据之一。我们仍然要着重学习货币主义的理论与政策。

(一)货币主义概述

货币主义是20世纪50～60年代在美国出现的一个经济学流派，亦称货币学派，其创始人为美国芝加哥大学教授弗里德曼。货币学派在理论和政策主张方面，强调货币供应量的变动是引起经济活动和物价水平发生变动的根本的和起支配作用的原因。

第二次世界大战后，美英等发达资本主义国家长期推行凯恩斯主义扩大有效需求的管理政策，虽然在刺激生产发展、延缓经济危机等方面起了一定作用，但同时却引起了持续的通货膨胀。弗里德曼从20世纪50年代起，以制止通货膨胀和反对国家干预经济相标榜，向凯恩斯主义的理论和政策主张提出挑战。他在1956年发表《货币数量说——一个重新表述》一文，对传统的货币数量说作了新的论述，为货币主义奠定了理论基础。

此后，弗里德曼和他的同事们在理论细节方面不断进行琢磨补充，并且利用美国有关国民收入和货币金融的统计资料，进行了大量经济计量学方面的工作，为他的主要理论观点提供了论据。自20世纪60年代末以来，美国的通货膨胀日益剧烈，特别是1973～1974年在所有发达资本主义国家出现的剧烈的物价上涨与大量的失业同时并存的"滞胀"现象，凯恩斯主义理论无法作出解释，更难提出对付这一进退维谷处境的对策。于是货币主义开始流行起来，并对美英等国的经济政策产生了重要影响。货币主义的代表人物在美国有哈伯格、布伦纳和安德森等人，在英国有莱德勒和帕金等人。

货币主义学派是现代新经济自由主义流派中影响最大的一个学派。他们坚持经济自由主义，猛烈抨击现代凯恩斯主义的经济理论及其政策主张，反对国家过多干预经济生活；他们特别重视货币理论的研究，从现代货币数量说出发，把货币推到极端重要的地位。

(二)货币主义理论基础

货币学派的理论基础是弗里德曼在剑桥方程式和凯恩斯的流动偏好理论基础上提出的现代货币数量说。在《货币数量说——一个重新表述》一文中，弗里德曼认为货币数量说这个词语只是表示一项研究方法，而不是一个具有确定意义的理论的名称。它是关于货币需求的理论，而不是产出量或货币收入或价格水平的理论。在这篇论文中，弗里德曼在凯恩斯流动偏好函数基础上作了一些发展补充，建立了自己的货币需求函数。货币需求函数是一个稳定的函数，是指人们平均经常自愿在身边贮存的货币数量，与决定它的为数不多的几个自变量之间，存在着一种稳定的，并且可以借助统计方法加以估算的函数关系。

弗里德曼在1963年出版的《1867～1960年美国货币史》中估算出两个经验数据。其一是货币需求的利率弹性为－0.15，即利率增(减)1%，人们对货币的需求量减少(增加)0.15%，于是认为利率的变化对货币流通速度的影响是微不足道的。另一个数据是货币的收入弹性为1.8，即人们的收入增(减)1%，对货币的需求量增(减)1.8%，这就意味着从长期趋势来看，货币的收入流通速度将随着国民收入的增长而有递减的趋势。

货币主义认为引起名义国民收入发生变化的主要原因，在于货币当局决定的货币供应量的变化。假如货币供应量的变化会引起货币流通速度的反方向变化，那么，货币供应量的变化对于物价和产量会发生什么影响，将是不确定的、无法预测的。

弗里德曼突出强调货币需求函数是稳定的函数，正在于尽可能缩小货币流通速度发生变化的可能性及其对产量和物价可能产生的影响，以便在货币供应量与名义国民收入之间建立起一种确定的可以作出理论预测的因果关系。在短期内，货币供应量的变化主要影响产量，部分影响物价，但在长期内，产出量完全是由非货币因素（如劳动和资本的数量，资源和技术状况等）决定的，货币供应只决定物价水平。

通货膨胀理论是货币学派的核心理论，是他们反对现代凯恩斯主义的有力工具。货币学派将通货膨胀定义为是引起物价普遍上涨的一种货币现象，因此，通货膨胀的直接原因就是货币量过多。而货币量过多的原因源于政府的错误政策和行为，因此，垄断货币权的政府对通货膨胀有着不可推卸的责任，治理通货膨胀的办法只有一个，即减少货币增长。只有把货币供应增长率最终下降到接近经济增长率的水平，物价才可望大体稳定下来，然后政府采取"单一规则"来控制货币供应量，就能有效地防止通货膨胀。

（三）货币主义政策主张

弗里德曼强烈反对国家干预经济，主张实行一种"单一规则"的货币政策。也就是把货币存量作为唯一的政策工具，由政府公开宣布一个在长期内固定不变的货币供应增长率，这个增长率应该是在保证物价水平稳定不变的条件下，与预计的实际国民收入在长期内的平均增长率相一致。

弗里德曼坚持认为，货币政策必须保持其单一性、长期性和稳定性。货币政策的首要目标是稳定货币、稳定经济、而不是维持某一失业率或其他什么目标；货币政策只能以货币供应增长率为控制指标，而不能盯住利率、汇率、物价或其他经济变量；货币增长率一旦正式确定，就应该长期固定，而不能因长期经济波动或其他因素作随意调整。只有切实坚决地实施单一规则，才能有效地稳定货币，克服货币政策的摇摆性和失误，赢得公众对货币政策的信任，真正为经济社会提供稳定的货币环境。

货币主义者坚持认为，资本主义市场经济在动态上是稳定的，如果这种经济体系受到外生因素的干扰，为恢复均衡所必需的价格和产量的变动将顺利地并已迅速地进行。他们认为，市场体系所经历的破坏稳定性的震动大都是由于政府关于税收、支出和货币政策引起的，并不是像凯恩斯主义者所认为的那样，起因于私人投资的不稳定或私有部门行为的其他方面的不稳定，就是说，经济波动之所以发生，大都是由于政策干涉市场经济，采用了错误的政策。

三、供给学派

供给学派也是一个具有影响力的当代西方经济学主流学派，世界上许多国家曾经一段时间抛弃新凯恩斯主义学派，将其作为经济政策的依据。

（一）供给学派概述

供给学派是20世纪70年代在美国兴起的一个经济学流派。该学派强调经济的供给方面，认为需求会自动适应供给的变化，因此而得名。

第二次世界大战后，凯恩斯主义占据了经济学的统治地位，西方国家普遍依据凯恩斯的理论制定政策，对经济进行需求管理，并取得了一定的效果。于是凯恩斯主义盛极一时。但是，凯恩斯主义人为地扩大需求，最后导致20世纪70年代西方经济出现生产停滞、失业严重，同时物价持续上涨的“滞胀”局面。于是西方经济学界纷纷向凯恩斯主义提出挑战，并研究替代的理论和政策。供给学派就是在这样的背景下兴起的。

该学派的先驱者是美国哥伦比亚大学教授芒德尔。20世纪70年代初，他多次批评美国政府的经济政策，提出同凯恩斯主义相反的论点和主张。1974年他反对福特政府征收附加所得税控制物价的计划，主张降低税率、鼓励生产，同时恢复金本位、稳定美元价值来抑制通货膨胀。芒德尔的论点引起拉弗和万尼斯基的注意和赞赏，拉弗进一步研究并发展了芒德尔的论点。当时的美国国会众议员肯普也很重视芒德尔的主张，他任用罗伯茨为他拟定减税提案，聘请图尔进行减税效果的计量研究。

20世纪70年代后半期，拉弗，万尼斯基、罗伯茨等利用《华尔街日报》广泛宣传他们的论点。肯普也在国会内外竭力鼓吹减税能够促进经济增长的观点。1977年，肯普与参议员罗斯联名提出三年内降低个人所得税30%的提案。这个提案虽然未经国会通过，但在社会上产生了很大影响。

万尼斯基所著《世界运转方式》被认为是供给学派的第一部理论著作，吉尔德的《财富与贫困》阐述供给学派的资本和分配理论，被誉为是供给经济学的第一流分析。20世纪70年代末，供给学派在美国经济学界已成为独树一帜的学派。该学派认为，生产的增长决定于劳动力和资本等生产要素的供给和有效利用。个人和企业提供生产要素和从事经营活动是为了谋取报酬，对报酬的刺激能够影响人们的经济行为。自由市场会自动调节生产要素的供给和利用，应当消除阻碍市场调节的因素。在该学派形成过程中，有些倡导者如费尔德斯坦、埃文斯等在一些论点和政策上同拉弗、万尼斯基、肯普等人的意见差异很大。因为费尔德斯坦、埃文斯的观点比较温和，持折中论，西方经济学界称他们为温和派，称拉弗、万尼斯基、罗伯茨、吉尔德等为激进派。但后者则自称是供给学派正统派，西方各界通常也把后者作为供给学派的代表。

(二)供给学派的理论基础

供给学派认为，1929～1933年的世界经济危机并不是由于有效需求不足，而是当时西方各国政府实行一系列错误政策造成的。萨伊定律完全正确，凯恩斯定律却是错误的。

吉尔德坚持说，就全部经济看，购买力永远等于生产力；经济具有足够的能力购买它的全部产品，不可能由于需求不足而发生产品过剩。拉弗极力强调萨伊定律的重大意义，他指出萨伊定律不仅概括了古典学派的理论，而且确认供给是实际需求得以维持的唯一源泉。供给学派认为政府不应当刺激需求，而应当刺激供给。

供给学派重新肯定萨伊定律以后，进而确认生产的增长取决于劳动力和资本等生产要素的供给和有效利用，在生产要素中资本至关重要。资本积累决定着生产增长速度，应当鼓励储蓄和投资。

供给学派认为，在市场经济条件下，个人和企业提供生产要素和从事经营活动都是为了谋取报酬或利润。因此，对报酬和利润的刺激会影响经济主体的行为。对实际工资的刺激将影响劳动力的供给；对储蓄和投资报酬的刺激会影响资本的供给和利用。充分发挥市场机制，能够使生产要素的供求达到均衡并有效利用。应当消除不利于生产要素供给和利用的因素。

（三）供给学派的政策主张

供给学派并没有建立其理论和政策体系，只是学派的倡导者对于资本主义经济产生“滞胀”的原因及政策主张有些共同的看法。

供给学派指出，政府的经济政策是经济主体经营活动的刺激因素，其中财政政策最为重要。在分析经济政策对行为的影响时，供给学派反对凯恩斯主义只注意政策对经济主体收入和支出的效果，而不强调政策对生产活动的作用。

供给学派着重分析税制对生产要素供给和利用的效果。他们指出，经济主体从事经营活动所关心的并不是获得的报酬或利润总额，而是减去各种纳税后的报酬或利润净额。在累进税制条件下，边际税率又是关键因素。因为经济主体是否多做工作，或增加储蓄和投资，要看按边际税率纳税后增加的净报酬是否合算。

他们认为税率影响经济主体行为是通过相对价格变化实现的，税率提高，纳税后净报酬减少。就劳动力看，这意味着休闲对做工的价格下降，人们就会选择休闲而不去做工，劳动力供给就会减少。就资本看，这意味着消费对储蓄和投资的价格下降，人们就乐意把收入用作消费而不用作储蓄和投资，资本供给就会减少。此外，经济主体为了逃避高税率，还把经济活动从市场转入地下。这些都会使生产要素供给减少，利用效率降低，使生产下降。

供给学派进而分析税率与税收的关系。因为税收是税率与税收基础的乘积，税率变动既然影响生产，就必然影响税收。拉弗首次把税率与税收的关系制成模型，画在直角坐标图上，这就是以拉弗命名的拉弗曲线。如右图所示。

图中横轴 T' 代表税率，纵轴 T 代表税收额。税收与税率的函数关系呈曲线 OAB。当税率开始逐渐增高时，税收也随之上升；当税率增至 C 点时，税收达到最高额 AC；当税率超过 C 点，税收额不但不增反而开始下降，当税率达到 B 点（100%）时，将因无人愿意工作和投资使税收额降为零。所以，图中阴影部分被拉弗称为税收禁区。

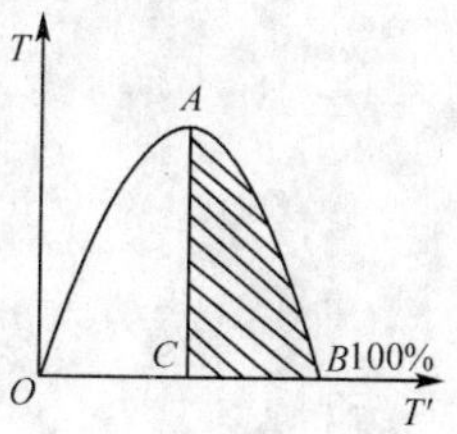

拉弗曲线

减税，特别是降低边际税率能促进生产增长，并可抑制通货膨胀。拉弗、万尼斯基、肯普等宣扬正是高税率挫伤了人们的劳动热情，阻碍了个人和企业储蓄与投资。这就必然导致生产率增长缓慢、生产呆滞，出现商品供给不足、物价上涨。这时再加上人为地扩大需求，通货膨胀势必加剧。通货膨胀又使储蓄和投资进一步萎缩，生产更加呆滞；还使纳税人进入高税率等级，而实际收入并未增加，纳税负担因而更重。

因此，供给学派竭力主张大幅度减税，特别鼓吹降低边际税率的作用。他们认为减税能刺激人们多做工作，更能刺激个人储蓄和企业投资，从而大大促进经济增长，并可抑制通货膨胀。他们还宣称，减税后政府税收不会减少，反而会增多。即使出现财政赤字，对经济也无关紧要。经济增长后，赤字自然缩小和消失。

供给学派认为，政府支出不论是公共支出还是转移支付，都或多或少起着阻碍生产的作用。公共支出中有些是浪费资源，有些虽然对经济有益，但效率很低。因此，他们主张大量削减社会支出，停办不必要的社会保险和福利计划，降低津贴和补助金额，严格限制领受条件。

供给学派虽然同意货币主义的基本观点，但在控制货币数量增长的目的和措施上，同货币学派大相径庭。供给学派认为，控制货币数量增长的目的不应只是与经济增长相适应，而是为了稳定货币价值。货币价值保持稳定，人们的通货膨胀心理就会消失。在安排货币收入时，人们就乐意保存货币，不去囤积物资，选择生产性投资，不做投机性投资。同时，货币价值稳定又是保证财政政策，发挥促进经济增长的必要条件。如何保持货币价值稳定，拉弗、万尼斯基、肯普等坚持必须恢复金本位制。

参考文献

[1] (美)平狄克.微观经济学.北京:中国人民大学出版社,2006
[2] 史纹青.中国通货膨胀问题研究.北京:中国财政经济出版社,2000
[3] 江时学.全球化对发展中国家的影响.世界经济研究,2000
[4] 刘华,李克国.经济学案例教程.大连:大连理工大学出版社,2007
[5] 刘树成.我国五次宏观调控比较分析.经济日报,2004.6
[6] 吴季松.循环经济.北京:北京出版社,2003.
[7] 李国政.经济学原理与实务.北京:清华大学出版社,北京交通大学出版社,2006
[8] 李京文.走向21世纪的中国经济.北京:经济管理出版社,1995
[9] 李海东.经济学基础.北京:机械工业出版社,2008
[10] 李炯.经济发展与公平分配.北京:中国经济出版社,2007
[11] 辛宪.经济学的第一堂课.北京:清华大学出版社,2006
[12] 辛宪.西方经济学形象导读.北京:中国国际广播出版社,1999
[13] 何璋.西方经济学.北京:中国财政经济出版社,2005
[14] 陈承明,凌宗诠,方东风.简明西方经济学.上海:上海财经大学出版社,2008
[15] 海韦尔·G·琼斯.现代经济增长理论导论.北京:商务印书馆,1999
[16] 杨宜勇.中国转轨时期的就业问题.北京:中国劳动社会保障出版社,2002
[17] 张道根.中国收入分配制度变迁.南京:江苏人民出版社,1999
[18] 张亚丽.经济学教程.广州:中山大学出版社,2005
[19] 张成武.西方经济学.上海:上海财经大学出版社,2007
[20] 张淑云.经济学——从理论到实践.北京:化学工业出版社,2004
[21] 张培刚.新发展经济学.郑州:河南人民出版社,2001
[22] 林祖华.经济学基础.北京:中国时代经济出版社,2006
[23] 茅于轼.寻求社会致富之道.成都:四川人民出版社,2002
[24] 曼昆.经济学原理.梁小民,译.北京:北京大学出版社.2004
[25] 高鸿业.西方经济学.北京:中国人民大学出版社,2000
[26] 梁小民.西方经济学.北京:中央广播电视大学出版社,2002
[27] 斯蒂格利茨.经济学(上册).北京:中国人民大学出版社,1997
[28] 韩秀云.推开宏观之窗.北京:经济日报出版社,2003
[29] 潘光军.中国就业问题的宏观经济研究,北京:中国财政经济出版社,2006